朱雪忠

同济大学上海国际知识产权学院特聘长聘教授，兼任国家知识产权专家咨询委员会委员、中国知识产权研究会副理事长等，曾任同济大学知识产权学院院长、华中科技大学知识产权战略研究院院长、中南财经政法大学知识产权学院院长等。作为首席专家，先后主持国家社科基金重大项目3项（其中2项已免于评审结题）、国家自科基金重点项目1项（结题评审为“优”）、国家重点研发计划专项1项等重要知识产权项目。在《中国法学》《管理世界》等国内外期刊发表论文百余篇，出版《知识产权协调保护战略》《国家资助发明创造专利权归属研究》《知识产权管理》等专著和教材。获教育部科技进步二等奖2项、教育部人文社科优秀成果二等奖1项等，曾被评为湖北省教育系统“教书育人”先进个人。

乔永忠

管理学博士，厦门大学法学院/知识产权研究院教授，入选国家知识产权专家库专家、全国知识产权领军人才、国家知识产权局百千万知识产权人才工程百名高层次人才。在《管理世界》《科研管理》《情报学报》《科学学研究》等期刊或国际会议发表中英文学术论文近80篇，其中国家自然科学基金委员会管理学部认定的重要期刊（A类）15篇、CSSCI检索论文41篇。在Springer 出版社、科学出版社、高等教育出版社、法律出版社、北京大学出版社、知识产权出版社出版中英文专（合）著或教材12部；获得省级社会科学优秀成果二等奖1项、全国知识产权（专利）优秀调查研究报告暨优秀软科学研究成果奖3项。主持省部级以上项目7项，其中国家自然科学基金面上项目2项。学术方向为知识产权管理。

詹　映

中南财经政法大学法学院、知识产权学院教授，教育部高校人文社科重点研究基地——中南财经政法大学知识产权研究中心专职研究员、国家知识产权战略实施研究（中南）基地副主任，国家知识产权局百千万知识产权人才工程百名高层次人才。在《法学》《法商研究》《中国软科学》《科研管理》以及JIPR等国内外期刊上发表学术论文40余篇，出版专著2部，主持国家社科基金项目、教育部人文社科项目、司法部国家法治与法学理论研究项目、国家知识产权局软科学项目、中国博士后科学研究基金特别资助等国家级和省部级课题10余项。参与国家知识产权战略、知识产权基本法以及国家知识产权“十二五”“十三五”“十四五”规划起草研究课题，并为腾讯、华为、三星、民生银行、三峡集团、中国航天科工集团等企业开展过知识产权咨询项目。

高等学校管理类专业基础课程教材

知识产权管理

（第三版）

主　编　朱雪忠
副主编　乔永忠　詹　映

中国教育出版传媒集团
高等教育出版社·北京

内容简介

本教材由总论和分论两部分共十四章组成。总论部分在介绍知识产权管理基础知识及管理体系的基础上，系统阐述了知识产权的取得、运用和保护。分论部分对知识产权行政管理、知识产权价值评估、知识产权人力资源管理、知识产权合同管理、专利信息检索与分析、技术标准与专利池管理、品牌战略与商标管理、软件著作权管理和商业秘密管理等专题进行了专门论述。各章前后均有案例或阅读材料，并在章后的案例中设计了讨论题，以便拓宽学生的思路。

本教材不仅适合知识产权管理、知识产权法或者相关专业的高年级本科生、硕士生和MBA等各类学员作为教材使用，也适合企事业单位作为知识产权管理教育培训教材使用。

图书在版编目（CIP）数据

知识产权管理／朱雪忠主编．--3版．--北京：高等教育出版社，2022.2（2025.2重印）

ISBN 978-7-04-057870-6

Ⅰ.①知… Ⅱ.①朱… Ⅲ.①知识产权－管理 Ⅳ.①D913.4

中国版本图书馆CIP数据核字（2022）第016718号

知识产权管理（第三版）
Zhishi Chanquan Guanli

策划编辑 刘 荣　　责任编辑 刘 荣　　封面设计 王 琰　　版式设计 童 丹
插图绘制 杨伟露　　责任校对 马鑫蕊　　责任印制 刘弘远

出版发行	高等教育出版社	网　　址	http://www.hep.edu.cn
社　　址	北京市西城区德外大街4号		http://www.hep.com.cn
邮政编码	100120	网上订购	http://www.hepmall.com.cn
印　　刷	北京七色印务有限公司		http://www.hepmall.com
开　　本	787mm×1092mm　1/16		http://www.hepmall.cn
印　　张	20.75		
插　　页	2	版　　次	2012年2月第1版
字　　数	510千字		2022年2月第3版
购书热线	010-58581118	印　　次	2025年2月第5次印刷
咨询电话	400-810-0598	定　　价	48.00元

本书如有缺页、倒页、脱页等质量问题，请到所购图书销售部门联系调换

物 料 号　57870-00

第三版前言

2020年11月30日，中共中央政治局就加强我国知识产权保护工作举行第25次集体学习。中共中央总书记习近平在主持学习时强调，知识产权保护工作关系国家治理体系和治理能力现代化，关系高质量发展，关系人民生活幸福，关系国家对外开放大局，关系国家安全。在第三版出版之际，中共中央、国务院印发了《知识产权强国建设纲要（2021—2035年）》，知识产权教育与人才培养、知识产权学科建设前所未有地受到高度关注。

《知识产权管理（第二版）》出版之后，我国知识产权主要法律相继修改，包括《中华人民共和国专利法》第四次修正案于2020年10月17日通过，《中华人民共和国商标法》第四次修正案于2019年4月23日通过，《中华人民共和国著作权法》第三次修正案于2020年11月11日通过，《中华人民共和国反不正当竞争法》于2017年11月4日修订通过，并于2019年4月23日第二次修订通过；《中华人民共和国民法典》于2021年1月1日生效后，原有的《婚姻法》《继承法》《收养法》《民法通则》《担保法》《合同法》《物权法》《侵权责任法》《民法总则》被废止。另外，2018年国务院机构改革时重新组建了国家知识产权局，国家知识产权局内部机构也进行了较大调整。为此，我们对教材再次修订。

具体修订工作分工如下：第一章，乔永忠教授（厦门大学知识产权研究院）和詹映教授（中南财经政法大学知识产权学院）；第二章，朱雪忠教授（同济大学上海国际知识产权学院）和乔永忠教授；第三章，黎运智副教授（广东财经大学）；第五章，谢惠加教授（华南理工大学知识产权学院）；第六章，金明浩教授（武汉工程大学法商学院）；第七章、第八章，陈朝晖教授（广西科技大学管理学院）；第九章，蒋逊明副教授（华中科技大学管理学院）；第十章，文家春副教授（同济大学上海国际知识产权学院）；第十一章，詹映教授；第十二章，杨远斌博士（暨南大学知识产权学院）；第四章、第十三章，孟奇勋副教授（武汉理工大学文法学院）；第十四章，黄光辉副教授（重庆理工大学知识产权学院）。全书由主编朱雪忠教授统稿。

书中不当之处在所难免，欢迎专家、同行和广大读者不吝赐教、批评指正，我们将在今后修订时加以完善。

编　者

2021年10月

第二版前言

近年来,国家知识产权战略实施取得了显著成效。2013年8月30日,第十二届全国人民代表大会常务委员会第四次会议审议并通过了《中华人民共和国商标法修正案》,于2014年5月开始实施。《中华人民共和国著作权法》修订草案已经于2013年1月提交国务院,《中华人民共和国专利法》修改草案正在讨论之中。2015年6月30日国家知识产权局等八部委印发了《关于全面推行〈企业知识产权管理规范〉国家标准的指导意见》等政策文件。随着企业知识产权管理水平有了大幅提升,在我国出现了大量的反映新时代知识产权管理的案例。值得一提的是,高等院校知识产权教学规模迅速发展。基于上述情况,我们对《知识产权管理》进行了如下修订:根据最新的《中华人民共和国商标法》对相关内容进行了修订;补充了《企业知识产权管理规范》等相关内容;增加了新的知识产权管理案例;修改了第一版的一些不当之处。具体修订工作的分工如下:

第一章:乔永忠教授(西南政法大学知识产权研究中心)和詹映副教授(中南财经政法大学知识产权学院);第二章:朱雪忠教授(同济大学法学院/知识产权学院)和乔永忠教授;第三章:黎运智副教授(广东财经大学);第五章:谢惠加教授(华南理工大学知识产权学院);第六章:金明浩副教授(武汉工程大学政治与法律学院);第七章、第八章:陈朝晖教授(广西科技大学管理学院);第九章:蒋逊明副教授(华中科技大学管理学院);第十章:文家春副教授(同济大学法学院/知识产权学院);第十一章:詹映副教授;第十二章:杨远斌博士(暨南大学知识产权学院);第四章、第十三章:孟奇勋副教授(武汉理工大学文法学院);第十四章:黄光辉博士(重庆理工大学知识产权学院)。全书由主编朱雪忠教授统稿。

编　者

2015年11月

第一版前言

2008年6月我国颁布实施的《国家知识产权战略纲要》强调,要大规模培养各级各类知识产权专业人才,重点培养企业急需的知识产权管理和中介服务人才。2008年7月17—18日,世界知识产权组织(WIPO)在日内瓦举行的题为"加强知识产权管理教育和研究"的国际会议呼吁,应该将知识产权管理教育纳入商学院、工程学院和法学院的教学计划,重视知识产权管理教育及其在商业组织中所发挥的关键作用。

在国际国内都非常重视知识产权管理教育和人才培养的大背景下,编写实用性强的知识产权管理教材显得十分迫切。为此,国内十余所高等院校致力于知识产权管理研究的相关教师、博士共同编写了本教材,以满足社会的需要。

本书在内容、结构和体例方面力求体现以下特色:

第一,突出管理内容。基于知识产权代表核心竞争力的无形资产的理念,本教材强化了知识产权的取得和运用,在知识产权保护方面增加了保护策略和技术保护的内容,强化了管理特色,克服了一些知识产权管理教材过分强调法律保护的缺陷。

第二,总论和分论相结合。总论和分论相结合的模式较好地协调了教材的体系性和针对性关系。尽管近年来知识产权管理得到了学术界的重视,但是知识产权管理教材还没有形成自己独特的体系。本教材总论部分按知识产权管理体系,知识产权取得、运用和保护的顺序展开,分论部分安排了针对我国知识产权管理实际的九个专题,这样的体系结构安排是一种尝试。

第三,重视案例。知识产权管理是一门实践性很强的应用性学科。本教材在每章的前后各设置一个案例或阅读材料。案例以知识产权管理案例为主,强调知识产权有效取得和合理运用对知识产权权利人利益的作用,兼顾知识产权法律保护的案例。

本书由朱雪忠主持编写,乔永忠协助统稿。具体分工如下:第一章,乔永忠(西南政法大学知识产权研究中心)和詹映(中南财经政法大学知识产权学院);第二章,朱雪忠(华中科技大学知识产权战略研究院)和乔永忠;第三章,黎运智(广东商学院);第四章,陶双文(武汉理工大学法学院);第五章,谢惠加(华南理工大学知识产权学院);第六章,金明浩(武汉工程大学政治与法律学院);第七章,刘林青(武汉大学经济管理学院);第八章,陈朝晖(广西工学院财经系);第九章,蒋逊明(华中科技大学知识产权战略研究院);第十章,文家春(华中科技大学知识产权战略研究院);第十一章,詹映;第十二章,杨远斌(暨南大学知识产权学院);第十三章,孟奇勋(华中科技大学知识产权战略研究院);第十四章,黄光辉(华中科技大学知识产权战略研究院)。

本书的部分内容源自国家自然科学基金重点项目“促进自主创新的知识产权管理研究”(项目编号为70633003)的研究成果,特此说明。

由于编者的学识有限,书中的不当之处在所难免。欢迎各位专家、同行和广大读者不吝赐教、批评指正,我们不胜感激,并将在今后修订时加以完善。

编　者

2009年7月

目录

第一篇 总论

第二篇 分论

第一篇

总　　论

第一章

知识产权及其管理概述

学习目标

1. 理解知识产权的概念
2. 了解知识产权的主体、客体和内容
3. 理解知识产权管理的概念
4. 了解知识产权管理的特征和功能
5. 掌握知识产权管理与竞争优势的关系

中国企业的知识产权之路

今天,绝大多数中国企业不仅尊重他人的知识产权,而且更加努力地健全自己的知识产权体系。但在40多年前,它们对于知识产权还多是“门外汉”,不仅缺少足够的重视,有的甚至连基本的知识产权概念都不清楚。40多年来,中国企业的知识产权工作走过了一条怎样的道路?这条路的未来又通向何方?

过去:在政府帮助下从零起步

20世纪70年代,知识产权制度在发达国家已经基本完备之时,大多数中国企业才刚刚开始接触知识产权这一概念。不少企业没有意识到“知识产权”对于企业的重要性,当时粗加工型企业在中国整体工业结构中占据了较大比重的现状,使得不少企业认为“知识产权与我无关”。后来,很多中国企业意识到,没有知识产权、不会运用知识产权,企业在国际贸易中将处处碰壁。于是,企业开始主动了解、学习国外企业在知识产权方面的经验和做法,同时,中国政府也开始积极参与国际知识产权活动。在政府推动下,立法机关大力加强知识产权相关法律法规的建设。在政府帮助下,中国企业克服了重重困难,从知识产权几乎为零开始起步,在艰难的摸索中努力前行。

现在:知识产权工作日渐成熟

今天,中国企业在知识产权方面已经取得了令世人瞩目的成就。2020年,中国共受理发明、实用新型和外观设计专利申请519.4万件,其中发明专利

149.7万件；共授权发明专利53.0万件；受理商标注册申请576.1万件；商标有效注册量达2 839.3万件；计算机软件著作权登记量172.3万件。如此高的知识产权增长量，与我国企业对于知识产权的重视是密不可分的。虽然我国很多企业的知识产权工作还存在不少问题，但我国确实涌现出一些在知识产权方面水平较高的企业。世界知识产权组织（WIPO）在2021年5月发布的报告显示，中国企业已成为专利合作协定（PCT）国际专利申请大户，2019年华为公司以4 411件PCT国际专利申请，连续三年高居榜首。短短的40余年里，中国走过了发达国家上百年才走完的知识产权建设之路，并初步建立起了属于自己的知识产权体系。如此巨大成就的取得，一方面是由于中国企业敢于在逆境中奋勇拼搏、刻苦钻研，另一方面得益于我们有大量的国外先进企业可以借鉴、学习。

当然，还应该清楚地看到，我国许多企业拥有的专利还很少，甚至没有专利的现实。

未来：知识产权建设任重而道远

中国《知识产权强国建设纲要（2021—2035年）》指出，到2035年，中国知识产权综合竞争力跻身世界前列；培育一批知识产权竞争力强的世界一流企业。目前中国企业在知识产权工作方面还有很多事情要做，还有很大的空间可以提升。继续向国际先进企业学习其先进的知识产权理念，无疑是迅速提高中国企业知识产权水平的有效方法之一。

总之，在过去40多年中，中国企业的知识产权工作已经取得了很大的成功，未来必将取得更大的成就。

（资料来源：根据中国国家知识产权局、国家版权局网站信息及统计年报等资料整理。）

推进知识产权与管理融合，强化知识产权管理教育，不但是经济全球化和知识经济发展的需要，也是我国社会经济发展，特别是实施国家知识产权战略的要求。本章主要介绍知识产权基础知识、知识产权管理基础知识以及知识产权对竞争优势的作用。

第一节 知识产权概述

一、知识产权基础知识

（一）知识产权的概念

“知识产权”一词来自英文“intellectual property”。17世纪中叶，法国学者卡普佐夫最早将一切来自知识活动领域的权利概括为“知识产权”。后来，比利时法学家皮卡第认为，知识产权是一种特殊的权利范畴，但是不同于对物的所有权。我国在20世纪70年代至80年代初曾称之为“智力成果权”，1986年《中华人民共和国民法通则》正式将其确定为“知识产权”。我国台湾地区称之为“智慧财产权”。在日本曾称为“无体财产权”，现在称为“知的所有权”。

知识产权的定义主要采用列举式和概括式两种方法，国际公约主要采用列举式，我国学者多采用概括式。

《成立世界知识产权组织公约》第2条第8款规定，“知识产权”应包括下列项目的权利：① 文学艺术和科学作品；② 表演艺术家的表演、录音制品和广播；③ 在人类一切活动领域内的发明；④ 科学发现；⑤ 工业品外观设计；⑥ 商标、服务标记、商号和其他商业标志；⑦ 防止不正当竞争；⑧ 在工业、科学、文学或艺术领域内其他一切来自知识活动的权利。

《与贸易有关的知识产权协议》（TRIPs）第1部分第1条规定，知识产权包括：① 版权与邻接权；② 商标权；③ 地理标志权；④ 工业品外观设计权；⑤ 专利权；⑥ 集成电路布图设计（拓扑图）权；⑦ 未披露过的信息专有权。

我国学者对知识产权的概念有如下几种代表观点：郑成思教授认为，知识产权是人们对其创造性的智力成果所依法享有的专有权利；吴汉东教授认为，知识产权是人们对自己的智力活动创造的成果和经营管理活动中的标记、信誉依法享有的权利；刘春田教授认为，知识产权是基于创造性智力成果和工商业标记依法产生的权利的统称；张玉敏教授认为，知识产权是民事主体依据法律的规定，支配其与智力活动有关的信息，享受其权利并排除他人干涉的权利。各位学者定义知识产权的侧重点不同，各有道理。在各位学者观点的基础上，本书将其定义为：知识产权是民事主体对其智力活动创造的成果和经营活动中的标记、信誉等依法享有的运用、保护和管理的专有权利。

（二）知识产权的保护对象

知识产权的保护对象是指在科技或文化等活动中创造或创作的、以发明创造或文艺作品方式等存在的产品，简称知识产品。知识产品大致分为三类：一是创造性成果，包括作品及其传播媒介、工业技术。其中，作品及其传播媒介泛指文学艺术领域中以不同表现形式出现并且具有原创性的创造成果（著作权客体），以及在作品传播过程中产生的与原创作品相关的各种产品、物品或其他传播媒介（邻接权客体）；工业技术一般是指在工业、农业、商业等产业领域中能够物化在物质载体上的知识和技能。二是经营标记，即在工业、农业、商业等产业领域中能够标示产品来源和厂家特定人格的商标、商号、产品名称等区别性标记。三是经营性资信，即工商企业在经营活动中具有的经营资格、经营优势以及在社会上所获得的特许专营资格、特许交易资格、信用及商誉等。

知识产品的基本特征包括：① 创造性或独创性。创造性是知识产品对现有技术或已有作品的创新程度。一般来说，专利对创造性的要求最高，享有著作权的作品对独创性的要求次之，而商标对创造性的要求只需达到能够区别不同产品或服务的程度即可。② 非物质性。非物质性是指知识产品没有形态，不占空间，且可以被不同主体同时占有和使用的性质。知识产品的非物质性通过其载体表现。例如，作品表现为文字著述、音乐、绘画等，发明表现为技术方案、形状和构造，商标表现为图案、色彩和符号等。③ 公开性。公开性是知识产权所有人必须将知识产品公之于众的要求。专利申请人必须将其发明的技术方案公开，才有可能获得专利权。尽管作品完成之时即可获得著作权，但是如果作品不公开，其权利的意义便无从谈起；如果商标不公开，便无法与他人的商品或服务分开，就更谈不上商标权。

（三）知识产权的特征

关于知识产权的特征，国内学者至今没有统一的观点。这里主要介绍公认的知识产权的特征：专有性、地域性和时间性。

1. 专有性

知识产权的专有性主要表现在两个方面：一是知识财产为权利人所独占，并受相关法律严格保护，没有法律依据或未经权利人许可，任何人不得使用权利人的知识产品。二是对同一项知识产品，不允许有两个或两个以上同一属性的知识产权并存。例如，依据《中华人民共和国专利法》（简称《专利法》）及《中华人民共和国专利法实施细则》的规定，两项相同的发明只能对其中先申请专利的一项发明授予专利权，也就是说，后申请专利的发明不能获得专利权。

2. 地域性

知识产权是按照一个国家或地区的相关法律规定，对知识产品授予的专有权利，只能在该国或该地区范围内发生效力。知识产品的非物质性决定了权利人对其无法进行实质性的占有，所以也无法像有形财产那样占有而适用"权利推定"，从而使知识产权在授权国家或地区以外的区域得到相应的保护。因此，除非签有国际公约或双边互惠协定，知识产权没有域外效力。或者说，授权国家或地区以外的其他国家或地区对该项知识产权没有保护的义务。也就是说，如果没有国际公约或双边互惠条约的规定，授权国家或地区以外的其他国家的任何人都有权在自己的国家内自由使用该知识产品，无须取得权利人的同意，也不必向权利人支付报酬。

3. 时间性

知识产权的时间性是指知识产权只能在法律规定的期限内受到保护，法定期限届满之后，该知识产品就会进入公有领域，成为整个社会的共同财富，供人类共同使用。它体现了对权利人知识产权的有限保护与社会公共利益的平衡。根据各类知识产权的性质、特征及本国实际情况，各国法律对著作权、专利权、商标权都规定了不同的保护期。著作权的保护期是指著作权人只能在一定期限内享有对作品的专有使用权和获得报酬权。专利权的保护期依据社会与权利人利益的协调和发明技术价值的寿命等因素确定。商标权的保护期与著作权和专利权的保护期不同，有效期届满后，在符合一定条件的前提下，可以无限续展，从而延长商标权的实际有效期。随着知识产权一体化程度不断加强，世界各国的知识产权保护期限呈现一致的趋势。

（四）知识产权的分类

《成立世界知识产权组织公约》第 2 条第 8 款将知识产权分为：著作权、邻接权、专利权、发现权、工业品外观设计权、商标权、商号权、其他标记权、制止不正当竞争的权利和其他一切来自工业、科学、文学、艺术领域的创作活动所产生的权利。该分类的最后一项作为兜底条款，包括了所有需要保护的客体，也就是说，该分类包括的知识产权范围最广。

《与贸易有关的知识产权协议》第 1 部分第 1 条将知识产权分为：著作权、邻接权、商标权、地理标志权、工业品外观设计权、专利权、集成电路布图设计权和未披露过的信息专有权（商业秘密）。可以看出，该协议涉及的主要是与贸易有关的知识产权，所以比《成立世界知识产权组织公约》包括的知识产权范围要小一些。

知识产权依据其适用领域可划分为文学产权和工业产权。文学产权是指关于文学、艺术、科学作品的创作者和传播者所享有的权利，包括著作权以及与著作权有关的权利。工业产权是指工业、商业、林业和其他产业中具有实用经济意义的知识产权，主要包括专利权、商标权、商号权、商业秘密权、集成电路布图设计权、地理标志权和植物新品种权等。

知识产权依据其权利来源可以划分为创造性成果权和经营性标记权。其中创造性成果权包括著作权及邻接权、专利权、商业秘密权、集成电路布图设计权和植物新品种权。这些权利保护的对象都是人类从事智力活动形成的成果。经营性标记权包括商标权、商号权、域名权、地理标志权等。该类权利保护的对象主要是指标示产品来源或经营厂商的区别性标记,主要存在于工商业经营活动中。

二、著作权概述

（一）著作权的概念

著作权是指文学、艺术和科学作品的创作者对其所创作的作品享有的权利,其中作品是指各种形式的表达,如小说、诗歌、散文、戏剧、绘画、音乐、舞蹈、电影等。广义的著作权中,作者除了享有就其所创作作品的权利外,还包括作品的传播者,如表演者、录音制品制作者和广播组织的权利,即邻接权或相关权。也就是表演者、录音制品制作者和广播组织在传播作品的过程中,就自己的创造性劳动成果所享有的权利。狭义的著作权仅指作者就其创作的作品而享有的权利。

（二）著作权的特征

著作权除了专有性、地域性和时间性外,还具有两个特征:一是权利自动取得。与专利权和商标权需要取得国家相关机构的授权不同,作品一经完成,作者(或者其他著作权人)就自动获得诸如署名、发表、修改、复制等法定权利。二是权利内容的二重性,即作者的精神权利与作者及其他著作权主体的财产权利。

（三）著作权的主体

著作权的主体,又称著作权人,是指依法就作品享有著作权的自然人、法人或其他组织,包括作者和著作权继受人:① 作者是直接创作作品的自然人,但是在特定情况下可以将法人或其他组织视为“作者”。那些只提供和收集资料,甚至提供想法和建议的人,只要没有参与创作,就不是作者。② 著作权继受人是指通过受让、继承或受遗赠而获得和享有著作权的人,是通过合同约定或法律规定获得和享有著作权,与作品的创作活动无关。

（四）著作权的客体

作品是著作权法的保护对象,即著作权的客体。受著作权法保护的作品必须具有独创性或原创性。缺乏独创性的作品或者抄袭他人的作品,不受著作权法保护。另外,依法禁止出版、传播的作品,不受著作权法保护。

著作权法保护的作品是指文学、艺术和科学领域内具有独创性并能以一定形式表现的智力成果,包括:① 文字作品;② 口述作品;③ 音乐、戏剧、曲艺、舞蹈、杂技艺术作品;④ 美术、建筑作品;⑤ 摄影作品;⑥ 视听作品;⑦ 工程设计图、产品设计图、地图、示意图等图形作品和模型作品;⑧ 计算机软件;⑨符合作品特征的其他智力成果。

（五）著作权的内容

在英美法系国家,著作权被认为是一种经济权利,对作者的精神权利不予重视。但大陆法系国家认为,著作权包括作者的精神权利和经济权利。我国沿袭了大陆法系的做法,在《中华人民共和国著作权法》(简称《著作权法》)中规定了作者的精神权利和经济权利:① 作者的精神权利是指作者就作品所体现的人格或精神所享有的权利,具体包括发表权、署名权、保护作品完整权和修改权。其中,发表权是指决定作品是否公之于众的权利;署名权是指作者在自己所创作的作品上署名,并宣告自己与作品的关系的权利;保护作品完整权是指禁止他人歪曲、篡改和割裂作品的权利;修改权是指修改或者授权他人修改作品的权利。② 经济权利,又称财产权利,是指作者或其他著作权人所享有的利用作品并取得经济利益的权利,具体包括:复制权、发行权和出租权,展览权、表演权、放映权、广播权和信息网络传播权,摄制权、改编权、翻译权和汇编权。

(六) 邻接权

邻接权是指作品的传播者就其传播作品过程中付出的创造性劳动和投资所享有的权利,其中作品的传播者包括表演者、录音录像制作者、广播组织和出版者。

表演者是表演作品的自然人,包括歌唱家、演奏者和舞蹈者等。表演者权是指表演者许可或禁止他人利用自己表演活动的权利,具体包括有许可他人实施下列行为并获得报酬的权利:① 从现场直播和公开传送其现场表演;② 录音录像;③ 复制录有其表演的录音录像制品;④ 发行录有其表演的录音录像制品。

录音录像制作者,简称为录制者,对其制作的录音录像制品享有复制权、发行权、出租权和通过信息网络向公众传播权。

广播组织是指通过载有声音、图像的信号而传播节目的电台、电视台等组织。广播组织享有许可或禁止同时传播其广播节目,许可或禁止他人将其广播节目加以固定,以及许可或禁止他人复制固定后的节目载体的权利。

出版者是指出版图书和期刊的出版社或杂志社,享有许可或禁止他人使用其出版的图书、期刊的版式设计的权利。

三、专利权概述

(一) 专利的概念

“专利”一词在不同的条件下,具有三种不同的意义。一是指政府主管部门依据申请人申请而颁发的,说明被授予专利的发明是什么、专利权人是谁的,用来保护该发明的文件,也称专利证书;二是指专利证书授予专利权人对发明的权利,即专利权;三是指专利权保护的对象,即发明。《保护工业产权巴黎公约》和西方一些国家所称的专利一般是指发明专利。《专利法》所称的专利包括发明、实用新型和外观设计三种智力成果。

(二) 专利权的主体

专利权的主体主要指发明人或者设计人、专利权人和专利受让人等。发明人或者设计人是指真正做出发明创造的人,即对发明创造的实质性特点独自做出创造性贡献的人。在完成发明创造过程中,只负责组织工作的人、为物质技术条件提供方便的人或者从事其他辅助工作的人,不是发明人或者设计人。发明人或者设计人的权利继受人包括继承人和受让人。发明人或者设计人有权在专利申请和专利文件写明自己是发明人或者设计人。

在我国境内有经常居所或者营业所的外国人,在专利方面与我国居民享有同样的待遇;在我国境内没有经常居所或者营业所的外国人,我国根据国际条约或互惠原则对其申请专利给予国民待遇。

职务发明创造是指在执行本单位的任务,或者主要是利用本单位的物质技术条件所完成的发明创造。非职务发明创造则是指除职务发明创造以外的发明创造。职务发明创造申请专利的权利属于发明人或者设计人的工作单位。非职务发明创造的专利申请权属于发明人或者设计人。获得授权后,发明人或者设计人为专利权人。

（三）专利权的客体

专利权的客体是指发明创造。《专利法》保护的发明创造是指发明、实用新型和外观设计。

1. 发明

通常所说的发明与专利法所称的发明具有不同的含义。世界知识产权组织认为,专利法所说的发明是发明人的一项构思,能在实践中解决技术领域的具体问题。美国专利法规定,可以获得授权的发明是指新颖而有用的制法、机器、制造品、物质的组成或者它们的新颖而有用的改进。日本专利法规定,发明是指利用自然规律所做出的高水平的技术创造。我国专利法规定,发明是指对产品、方法或者其改进所提出的新的技术方案,可以分为产品发明和方法发明。产品发明是指以有形形式出现的一切发明,如机器、仪器、设备、装置、用具和各种物质等。方法发明是指与某种活动有关的发明,具体可分为:① 制造产品方法的发明,如机械方法、物理方法、化学方法;② 其他方法,如通信方法、测试与计量方法、操作方法等。

2. 实用新型

实用新型是指对产品的形状、构造或者其结合所提出的适于实用的新的技术方案。实用新型只适用于产品,不适用于方法。

3. 外观设计

外观设计,也称工业品外观设计,是指对产品整体或者局部的形状、图案或者其结合以及色彩与形状、图案的结合所做出的富有美感并适于工业应用的新设计。它是利用人们的审美心理来达到美感的效果。

并不是所有发明都可以授予专利权。下列各项不能授予专利权:科学发现;智力活动的规则和方法;疾病的诊断和治疗方法;动物和植物品种;原子核变换方法以及用原子核变换方法获得的物质;对平面印刷品的图案、色彩或者二者的结合做出的主要起标志作用的设计。

（四）专利权的授权条件

《专利法》规定,授予专利权的发明创造不得违反法律、社会公德或者妨害公共利益,不得违反法律、行政法规的规定获取或者利用遗传资源,并依赖该资源完成的。此外,还要符合下列条件:授予专利权的发明和实用新型,应当具备新颖性、创造性和实用性。新颖性是指该发明或者实用新型不属于现有技术,也没有任何单位或者个人就同样的发明或者实用新型在申请日以前向国务院专利行政部门提出过申请,并记载在申请日以后公布的专利申请文件或者公告的专利文件中。创造性是指与现有技术相比,该发明具有突出的实质性特点和显著的进步,该实用新型具有实质性特点和进步。实用性是指该发明或者实用新型能够制造或者使用,并且能够产生积极效果。

授予专利权的外观设计,应当不属于现有设计,也没有任何单位或者个人就同样的外观设计在申请日以前向国务院专利行政部门提出过申请,并记载在申请日以后公告的专利文件中。授予专利权的外观设计与现有设计或者现有设计特征的组合相比,应当具有明显区别。

（五）专利权的内容

发明创造被授予专利权后，除《专利法》另有规定外，任何单位或者个人未经专利权人许可，都不得实施其专利，即不得为生产经营目的制造、使用、许诺销售、销售、进口其专利产品，或者使用其专利方法以及使用、许诺销售、销售、进口依照该专利方法直接获得的产品。这里的专利产品是指具备专利的权利要求书所记载的技术特征的产品。许诺销售专利产品是指许诺要将权利要求书中所说的产品从卖方转移到买方，卖方期望从买方得到价金的行为。

四、商标权概述

（一）商标的概念

商标是指能够将不同的经营者所提供的商品或者服务区别开来的显著性标记。它一般由文字、图形、字母、数字、三维标志、颜色组合和声音等，以及上述要素的组合构成，附注在商品、商品包装、服务设施或相关的广告宣传品上，有助于消费者将特定的商品或服务与特定的经营者联系起来，使其与其他经营者的同类商品或服务项目相区别，便于消费者认牌购物，经营者之间展开正当竞争。商标具有标示来源、保证品质、广告宣传和彰显个性的作用。

按照不同的标准，可以将商标分为注册商标与未注册商标、商品商标与服务商标、平面商标与立体商标、集体商标与证明商标。

（二）商标权的主体

因为不同国家商标权的取得途径不同，所以商标权的主体可能是通过使用商标而取得专有权的人，也可能是通过注册取得专有权的自然人、法人或者其他组织。根据《中华人民共和国商标法》(简称《商标法》)，商标权的主体应该是有资格申请商标注册的自然人、法人或者其他组织，或者转让注册商标中的受让人。

（三）商标权的客体

商标可分为视觉商标和非视觉商标。视觉商标是指用视觉可以感知的商标，包括文字商标、图形商标、立体商标、颜色商标以及各种要素组合的商标；非视觉商标是指无法用视觉感知的商标，包括听觉商标、嗅觉商标、味觉商标和触觉商标等。

现行《商标法》既保护视觉商标，又保护听觉商标。从发展形势来看，从平面商标到立体商标、从视觉商标到听觉商标，再到嗅觉商标，乃至出现味觉商标、触觉商标都有可能得到保护。

（四）商标注册的条件

《商标法》规定，申请注册的商标除了必须有合格的主体、适当的商品或服务及恰当的标志外，还应当具有合法性、显著性、非功能性及在先性。

合法性是指商标不得违反商标法及其他法律。我国《商标法》第 10 条规定了不得作为商标使用的标志。

显著性是商标的本质属性，是指该标志使用在具体商品或服务时，能够让消费者觉得，它应该或实际与商品或服务的特定出处有关。我国《商标法》第 11 条规定了缺乏显著特征的标志不得作为商标注册。显著性可分为固有显著性和获得显著性两种。

非功能性是指作为立体商标注册的三维标志，不能具有功能性，否则不予以注册。

在先性是指申请注册的商标不得与他人在先取得的合法权利相冲突。

（五）商标权的内容

商标权是指商标权人对其注册商标进行支配的权利。从权利内容方面看，商标权包括专用权、禁止权、转让权和使用许可权。专用权是指商标权人对注册商标专有使用的权利。注册商标的专用权，以核准注册的标志和核定使用商品为限。禁止权是指商标权人有权禁止他人未经许可使用其注册商标。商标权人对于未经许可在同一种商品或类似商品上使用与其注册商标相同或近似的商标的，均有权禁止。转让权是指注册商标所有人将其对注册商标的所有权转移给他人的权利。使用许可权是指注册商标所有人将其对注册商标的专用权许可给他人行使的权利。

五、其他知识产权基础知识

（一）植物新品种权

植物新品种是指经过人工培育的或者对发现的野生植物予以开发，具备新颖性、特异性、一致性和稳定性并有适当命名的植物品种。《保护植物新品种国际公约》规定，成员国可以自由选择专门法或专利法或二者并用的方式对植物新品种给予保护。《与贸易有关的知识产权协议》也有类似规定。植物新品种培育完成后，不能自动取得品种权，需要申请授权。《中华人民共和国植物新品种保护条例》规定，完成育种的单位或个人对其授权品种享有独占权。

（二）集成电路布图设计权

集成电路是指以半导体材料为基片，将至少一个是有源元件的两个以上元件和部分或全部互联线路集成在基片上，以执行某种电子功能的中间产品或最终产品。布图设计又称掩膜作品（mask works）或拓扑图（topography），是附着于各种载体之上的电子元件和连接这些元件的连线的有关设计。集成电路布图设计权包括复制权和商业利用权。这两种权利都可以向他人转让和许可。

（三）地理标志权

地理标志是指标示某商品来源于某地区，该商品的特定质量、信誉或其他特征，主要由该地区的自然因素或人文因素所决定的标志。其特征包括：① 指示性，即标示特定的地域；② 凝质性，即凝聚着商品特定的质量、信誉或其他特征；③ 附属性，即特定的质量、信誉或其他特征附属于特定地域的自然或人文因素。

第二节 知识产权管理概述

随着经济全球化不断加深和知识经济日益彰显，知识产权竞争越来越激烈。创新主体为了在市场竞争中获得并保持优势，获得更多经济效益，加强知识产权管理成为其提升整体管理水平的重中之重。首先，有效的知识产权管理，不仅有助于增强创新主体的创新意识和知识产权意识以及建立知识产权激励机制，而且有助于借助外部力量进行创新和研发，从而增强创新主体的创新能力；其次，有效的知识产权管理，有助于建立知识产权侵权预防机制和被侵权时的快速反应机制，从而增强创新主体的知识产权保护能力；再次，有效的知识产权管理可以提升创新主体的知识产权运营能力和应对知识产权纠纷及其相关事务的能力；最后，有效的知识产权管理有助于创新主体的各职能部门在知识产权事务中的配合与协调，从而提高创新主体的组织协调能力。

一、知识产权管理的概念和特征

（一）知识产权管理的概念

管理是协调工作活动使之有效率和有效果的过程，是同别人一起或通过别人使工作活动完成得更有效率和更有效果的过程，也是管理者对管理对象加以计划、组织、协调和控制，使其发展符合组织目标的活动和过程。知识产权管理是指政府机构、高校、科研院所、企业或者其他组织等主体计划、组织、协调和控制知识产权相关工作，并使其发展符合组织目标的过程，是协调知识产权事务的宏观调控和微观操作活动的总和。

（二）知识产权管理的特征

1. 合法性

知识产权管理的合法性是指管理主体所从事的知识产权管理活动，不得违反相关法律法规，特别是知识产权法律法规、规章制度的性质。从“法”的位阶来看，知识产权管理的合法性具体包括两个方面：一是管理活动必须符合国家法律法规、地方法规和部门规章；二是管理活动必须符合组织内部规章制度。从管理要素来看，知识产权管理的合法性包括五个方面：一是管理者的主体资格合法；二是管理对象即相关知识产权合法；三是管理行为合法；四是管理方法合法；五是管理制度合法。

2. 市场性

知识产权管理的市场性是指知识产权管理活动必须遵循市场经济规律，知识产权的转让、许可等交易活动必须符合价值规律，知识产权交易价格由创造该知识产权客体的社会必要劳动时间决定，并受市场供求关系影响的性质。知识产权制度是市场经济的产物，所以知识产权管理活动应当遵循市场经济原则，以市场机制为导向，以市场效益为目标。与法律制度的相对稳定不同，市场是善变的。因此，有效的知识产权管理活动不但可以激励人们创造更多的创新成果，提高创新主体的竞争能力，而且有利于维护较好的市场竞争秩序，同时促进国家采取适度的知识产权保护制度，强化企业、高等院校、科研院所等组织对其知识产权的保护措施。

3. 动态性

知识产权管理的动态性是指知识产权管理活动应该随着市场环境、知识产权法律状态、知识产权制度、组织内部环境及具体管理制度的变化而变化的性质。动态性体现在四个方面：一是知识产权管理的市场性特点，要求企业应当根据市场情况的变化对其知识产权管理做出相应的调整；二是知识产权管理活动应该随知识产权的法律状态（如有效期限、权利的有效性等）的变化而变化；三是知识产权管理活动应该随国家知识产权制度和政策的调整而变化；四是知识产权管理活动应该随着组织内部环境及规章制度的变化而变化。

4. 国际性

知识产权制度是一种涉及双边或多边条约的国际化制度。不同国家的知识产权管理活动不仅具有一定的相似性，而且具有紧密的相关性。知识产权管理不仅涉及国内法，也涉及国际公约以及相关国家的法律。知识产权交易不仅涉及国内市场，也涉及国际市场。随着经济全球化的深入，知识产权管理国际化趋势越来越明显。

二、知识产权管理的分类

知识产权管理是一种对知识产权工作的宏观调控和微观操作进行全面系统协调的活动。依据管理内容可将其分为知识产权工作的宏观调控和微观操作管理。宏观调控方面主要是指知识产权战略管理,具体包括国家知识产权战略管理、区域知识产权战略管理、行业知识产权战略管理和企业知识产权战略管理等。微观操作管理方面主要包括知识产权管理机构的设置、知识产权管理制度的制定、专利管理、著作权管理、商标管理、商业秘密管理、集成电路布图设计管理、地理标志管理及其他内容的管理。

依据管理主体来分,知识产权管理可分为六种类型:① 政府行政部门的知识产权管理,即知识产权行政管理部门依据相关法律的授权对知识产权进行的接受申请、审查、授权、登记等管理活动;② 企业知识产权管理,即企业根据自身条件和市场变化情况对其知识产权事务进行管理的相关活动;③ 事业单位知识产权管理,即高等院校、科研院所等事业单位根据自身特点和法律法规,参考市场需求对其知识产权进行管理的活动;④ 行业知识产权管理,即行业协会或组织依据自己的权力范围对知识产权进行相关管理的活动;⑤ 中介机构的知识产权管理,即知识产权中介机构依法对其从事的知识产权相关事务的管理活动;⑥ 个人知识产权管理,即个人对自己拥有的知识产权或者相关权利的管理,如作者对其精神权利的管理活动。

依据管理的客体,知识产权管理可以分为专利管理、商标管理、著作权管理和其他知识产权管理。具体内容将在相关章节中专门介绍。

三、知识产权管理的目标和手段

(一) 知识产权管理的目标

知识产权管理的总体目标是:管理主体利用相关资源,依据知识产权相关制度,强化知识产权意识,完善知识产权法治环境,实现知识产权资源的优化配置,提高知识产权的制造、运用、保护能力,提升自主知识产权的水平和拥有量,促进创新型国家建设。

具体目标是:强化创新主体的知识产权意识,提高创新主体的知识产权产出效率和质量,提升创新主体的知识产权运用能力,提高创新主体的知识产权管理水平,完善知识产权管理组织或机构的规章制度,培养知识产权管理人才,奠定知识产权文化基础。

(二) 知识产权管理的手段

知识产权管理的手段主要包括:行政手段、法律手段和市场手段。知识产权管理的行政手段,主要是指知识产权行政管理机关开展知识产权申请的审查、授权、登记等活动时所采取的手段,也包括企业、高等院校、科研院所等机构依托自身内部的知识产权管理部门制定有关人员聘用、奖励或惩罚,以及知识产权的利用、保护等方面的管理制度,构建企业的知识产权管理体系,以保证其有效运作的手段。知识产权管理的法律手段,主要是指政府知识产权行政机构等运用知识产权的相关制度、政策来处理属于其职权范围内的知识产权事务的方式。知识产权管理的市场手段主要是指企业、高等院校、科研院所等知识产权经营或研究主体以市场为导向,以市场竞争为内容,以市场效益为目标,运用市场手段对其知识产权工作进行管理的方式。

当然,知识产权管理的行政手段、法律手段和市场手段并不是各自独立的,而是相辅相成的。

四、知识产权管理的原则和功能

（一）知识产权管理的原则

1. 管理效益原则

管理效益原则是指知识产权管理活动必须遵循管理收益大于管理成本的原则。知识产权是一种无形资产，其收益有时可能非常丰厚，有时可能为负数。例如，畅销产品的核心专利技术、驰名商标，其收益极为丰厚，但是已经过时、没有实际价值的专利技术，还要缴纳维持费，使得该专利技术成为负资产。所以，管理者必须遵循管理效益原则，根据知识产权资产的特点，进行科学的管理，为创新主体带来合理的收益。

2. 依法管理原则

依法管理原则是指知识产权管理必须依据相关法律进行合法管理。这里的合法管理应该包括两个方面的含义。首先，知识产权管理和其他管理一样，要遵守国家的法律法规，如民法、经济法、商法、刑法等，不得违法管理。其次，知识产权管理必须遵守知识产权本身的相关法律法规。知识产权管理和其他管理最大的区别在于其管理的对象——知识产权本身涉及大量的法律法规，如专利法及其实施细则、著作权法及其实施条例、商标法及其实施条例、反不正当竞争法等。如果管理不当，可能使知识产权的价值减少，甚至消失。例如，发明在申请专利之前的不当公开，就有可能因为丧失新颖性而失去获得专利的资格；商标没有在法定时间内及时续展，失去其专有权；等等。因此，依法管理原则对知识产权管理具有非常重要的意义，关系到知识产权价值的大小甚至有无。

3. 系统管理原则

系统管理原则是指对知识产权进行系统化的分类、分层管理的规则。随着经济全球化的深入和知识经济的发展，以及我国国家知识产权战略的实施，创新主体的知识产权的储量不断增加。为了提高管理效率，对不同类型的知识产权，如专利、商标、著作权、商业秘密、植物新品种和集成电路布图设计等，必须进行分类管理。同时对不同层次的知识产权，如核心专利、外围专利等，进行分层管理。

4. 遵循价值规律原则

知识产权的运营是平等主体的法律行为。知识产权的充分运用是市场经济的产物。知识产权管理活动必须遵循市场经济的基本规律，充分利用知识产权制度与市场经济运行机制，根据价值规律制定管理制度，规范知识产权的转让、许可、质押等市场行为，在保障知识产权主体合法权益的前提下，获得更多的经济收益。

5. 功能管理原则

功能管理原则是指知识产权管理必须遵循保护知识产权、促进科学技术进步和文化传播的原则。专利管理必须有利于保护专利权人的合法权益，鼓励发明创造，推动发明创造的应用，提高创新能力，促进科学技术进步和经济社会发展。著作权管理必须有利于保护文学、艺术和科学作品作者的著作权，以及与著作权有关的权益，鼓励作品的创作和传播，促进文化和科学事业的发展与繁荣。商标管理应该有利于保护商标专用权，促使生产、经营者保证商品和服务质量，维护商标信誉，以保障消费者和生产、经营者的利益，促进社会主义市场经济的发展。

（二）知识产权管理的功能

知识产权管理贯穿了知识产权的创造、运用和保护整个过程。从宏观管理角度来看，知识产权管理应该包括国家知识产权战略的实施及其绩效评价、知识产权法律法规和规章制度的构建、知识产权行政执法和行政许可等涉及知识产权政治、经济、法制和文化的管理活动。从微观管理角度来看，知识产权管理应该包括创新主体的知识产权的取得、运用、保护等各项活动。对知识产权进行科学管理，有利于激励知识产权的创造、提高知识产权运用的效率和完善依法保护知识产权的措施。

强化知识产权的科学管理，有利于激励知识产权产出的数量和质量。首先，强化行政机构的知识产权管理，能够提高政府知识产权行政管理机构的工作效率，缩短专利和商标的审查周期，在单位时间里产出更多、质量更高的知识产权。其次，强化企业的知识产权管理，有助于企业产出更多的、价值更高的知识产权，提升企业竞争力，节约研发成本。最后，强化高等院校、科研院所的知识产权管理，有助于增强它们产出的知识产权的实用性，促进产学研的有机结合。

强化知识产权的科学管理，有利于提高知识产权的运用能力。提升知识产权运用能力是创新主体的目的，也是各种层次的知识产权战略的核心。因为只有提升创新主体的知识产权运用能力，才能为它们带来大量的经济价值。换句话说，知识产权只有运用，才有其存在的价值。因此，强化知识产权的科学管理，一定要围绕提高知识产权运用能力这个核心。

强化知识产权的科学管理，有利于完善知识产权保护的措施。适度的知识产权保护水平是有效运用知识产权的保障，也是使已经产生的知识产权为创新主体带来经济价值的前提。所以，只有通过对知识产权执法活动的有效管理，完善相关执法措施，才能完整、准确地维护知识产权财产。

第三节　知识产权管理与竞争优势

一、企业竞争优势及其来源

（一）竞争优势的概念

在某一产业内，总有一些企业的经营绩效长期优于其他企业，或者说其盈利能力持续地高于行业的平均水平，这时我们就称这些企业相对于竞争对手具有竞争优势。竞争优势是指竞争主体在市场竞争中建立起来的、持久的、获取优势地位的能力。这种优势必须是与竞争对手相比独有的某种能力或资源，是竞争对手“偷不去、买不来、拆不开、带不走”的东西。[①] 美国著名战略管理学者希尔（Charles W. L. Hill）和琼斯（Gareth R. Jones）在其代表作《战略管理》中提出，“战略的基本目标就是实现竞争优势”。要想运用战略实现竞争优势，“必须创建自己独特的竞争力”（distinctive competency）。他们认为，“独特竞争力是企业相对于竞争对手所独有的、引导企业产品差异化或实现持续低成本结构从而获得竞争优势的力量”。

关于竞争优势的来源，理论界分为两大学派：产业组织学派和资源基础学派。产业组

① 张维迎. 竞争力与企业成长. 北京：北京大学出版社，2006.

织学派强调企业竞争优势主要取决于外部环境尤其是行业组织结构。与此相反,资源基础学派则更加注重企业内部资源和能力对竞争优势的影响。

（二）基于企业外部环境的竞争优势

对于竞争优势的形成,产业组织学派更注重从外部产业环境分析。这一学派中的代表人物当属美国哈佛大学管理学家迈克尔·波特(Michael E. Porter),他的《竞争战略》《竞争优势》和《国家竞争优势》三部曲已成为竞争优势分析的经典之作。波特在《竞争战略》一书中提出,企业盈利能力取决于其竞争优势,而企业竞争优势又在一定程度上取决于企业所在产业基本的竞争结构,即由五方面竞争力量所构成的"五力模型"。这五种竞争力量是:新进入者的威胁、替代品的威胁、买方议价能力、供应商议价能力以及现存竞争者之间的竞争。这五种力量越强,意味着产业的盈利能力就越弱,企业的竞争力也就越低。

（三）基于企业内部资源和能力的竞争优势

资源基础学派的学者将研究视线投向企业内部,试图从企业的资源和能力方面解释竞争优势的来源。资源是指企业所拥有的、能够为顾客创造价值的、财务的、实物的、社会的、人力的、技术的和组织的要素禀赋。能力是指企业协调各种资源并将其投入生产性用途的技能,它决定了企业运用资源的效率。

美国管理学家巴尼(Jay B. Barney)提出企业竞争优势取决于企业内部的战略要素。他认为,企业要想保持持续的竞争优势,必须拥有以下四个特征的资源,即"有价值、稀缺性、不可模仿性、不可替代性"。一些学者进一步关注企业的能力问题。普拉哈拉德(C. K. Prahalad)和加里·哈默尔(Gary Hamel)在《企业的核心竞争力》一文中首次提出了"核心竞争力"(core competence)的概念,他们认为企业的"核心竞争力"是"在一个组织内部经过整合了的知识和技能,尤其是关于怎样协调多种生产技能和整合不同技术的知识和技能"。他们认为核心竞争力的特征是:价值性、稀缺性和延展性。

二、知识产权管理与竞争优势的获取

企业管理的基本目标就是获取竞争优势,那么知识产权管理能够帮助企业获取竞争优势吗?如果是,它又是如何实现的呢?根据竞争优势来源的两种学说,以下将分别从企业外部环境和内部资源及能力两个方面对知识产权管理的作用进行剖析。

（一）知识产权管理对企业外部环境的影响

波特的"五力模型"学说被认为是解释企业外部环境对企业竞争优势影响的经典模型。我们的问题是,知识产权管理对这五种力量,即新进入者的威胁、替代品的威胁、买方议价能力、供应商议价能力以及现存竞争者之间的竞争的作用是怎样的呢?以下分别予以分析。

1. 知识产权管理与新进入者的威胁

产业内的企业通常会试图阻止潜在竞争对手的进入,因而总是努力构筑行业进入壁垒。潜在竞争对手也往往需要考虑克服进入壁垒可能付出的代价。波特认为,阻碍新进入者的壁垒主要包括规模经济、品牌忠诚、绝对成本优势、顾客转移成本和政府管制。企业与潜在进入者的竞争战略就是围绕这些进入壁垒而进行的,要想保持企业的竞争优势,就必须构筑并尽可能提高这些进入壁垒。那么,知识产权管理在其中能扮演什么角色呢?

首先,知识产权管理有助于保证"品牌忠诚"壁垒发生作用。所谓品牌忠诚是指企业通过维持产品或服务的优良品质、持续的广告宣传等手段创造顾客对其品牌的偏好。企业品牌表现为商标、商誉、域名、厂商名称、原产地标记等,这些商业性标志都是知识产权保护的对象。知识产权管理可以防止品牌被人仿冒或故意混淆而被淡化,可以通过商标许可等知识产权运用战略扩大经营规模,提高收益水平,还能形成“规模经济”壁垒。

其次,知识产权管理有助于形成“绝对成本优势”壁垒。毫无疑问,拥有专利、版权、技术秘密等知识产权的企业较之竞争对手更易形成成本优势,因为竞争对手需要向其支付相关专利或版权费用,企业可以通过提高授权价格或者干脆拒绝对外授权加高潜在竞争对手的进入壁垒。因此,知识产权管理将帮助行业内的企业利用专利、版权等知识产权构筑“绝对成本优势”,并将其转化成产业竞争优势。

2. 知识产权管理与替代品的威胁

如果某一产业产品的替代品很少,通常意味着该产业有更多的机会保持高盈利能力。战略管理学者经常举的例子是计算机芯片行业的龙头老大——美国英特尔公司。由于计算机芯片几乎没有替代品,英特尔的盈利水平明显高于其他行业的企业。在缺少替代品现象的背后,关键的原因是英特尔控制了制造计算机芯片的大部分专利,而且通常不对外进行许可。正如英特尔公司标准和知识产权项目总监艾尔·尼德(Earl Nied)所言:“我们确实是储存了大量的专利,但是为了不同的目的,一个是为了开拓创新和保持英特尔的领先地位,为英特尔争取名誉,另外是防止别人进行这种设计,许可费的收入并不是我们最终的目的。”英特尔的这种专利策略使得其他厂商很难从他们那里获得专利授权,因而难以发展出相关计算机芯片的替代品。由此可见,知识产权管理通过控制专利、商业秘密等可以帮助行业内企业减少替代品的威胁。

3. 知识产权管理与买方议价能力

买方议价能力是指下游购买者与产业内企业讨价还价的能力,买方的这种能力越强,企业的利润空间就越小。那么,知识产权管理能否降低买方讨价还价的能力呢?让我们考察一种典型的知识产权战略联盟形式——专利池。所谓专利池,是指产业内的两个或多个企业将其相关专利集中起来交互授权或共同对外授权的协议或者由此达成的联营性组织。例如,由日立、三菱、东芝、时代华纳和松下等六家公司发起组成的 DVD 6C 以及由飞利浦、日本索尼和先锋公司发起组建的 DVD 3C 就是在国际产业界颇有影响的专利池。它们向 DVD 下游生产商出售 DVD 核心专利技术以及解码芯片。这样,本来分散在很多上游厂商的核心专利技术和芯片生产被少数几家专利池所控制,加之作为买方的下游厂商数量众多,使得买方几乎没有讨价还价的能力。DVD 6C 和 DVD 3C 都是单方面规定价格,下游厂商要么接受,要么离开这一行业。2004 年,DVD 6C 和 DVD 3C 在我国一度掀起的收费风波让我国许多企业至今仍刻骨铭心。可见,如果行业内的企业建立知识产权战略联盟,可以大大削弱买方的议价能力,这也是知识产权管理的策略之一。

4. 知识产权管理与供应商议价能力

供应商是向产业内的企业提供原材料或半成品的企业,供应商的议价能力越强,意味着产业将付出的成本越高,利润空间也越小。能否通过知识产权管理削弱供应商的议价能力呢?我国台湾地区的专利策略联盟或许可以对此提供一些启示。2000 年 12 月,台湾地区的 IT 企业成立了第一家专利策略联盟——“E-Patents”技术联盟。与前述专利联盟不同的是,该专利策略联盟主要针对的是位于产业上游的西方跨国公司,这些跨国公司往往拥有核心专利技术,且数量不多,成为占据优势地位的卖方。成立这种专利策略联盟最直接的目标就是为了共同应对上游厂商的专利收费,协调行业内企业的行动,以增强行业整体的谈判能力。

5. 知识产权管理与现有企业间的竞争

一旦产业内企业之间的竞争过于激烈,就会导致产品或服务价格下降、成本上升,从而拉低产业利润率。因此,行业内现有企业间的过度竞争会对产业竞争力构成威胁。我国彩电行业发生的价格大战就是典型的例子。价格大战令国内彩电业元气大伤,四川长虹、TCL等公司也由盛转衰。导致彩电价格大战的一个重要原因在于国内企业缺少核心技术,产品同质化严重。再以我国手机业为例,2003年我国本土手机企业一度后来居上,击败了长期垄断我国手机市场的洋品牌,市场占有率超过了50%。此后,国产手机品牌如雨后春笋般大量涌现,熊猫、夏新等许多家电企业也纷纷进入。但是,好景不长,由于缺乏核心技术和研发设计能力,本土手机厂商掀起了价格大战,短短两年之后,国产手机再度陷入低谷,迪比特、熊猫、南方高科等大批本土厂商不是倒闭就是退出,洋手机又卷土重来。由此可见,加强知识产权管理可以帮助行业摆脱低水平的价格竞争,转而通过技术研发和个性化产品设计实施差异化竞争,从而使企业获取竞争优势。

（二）知识产权管理与企业内部资源及能力的关系

知识产权管理的作用在于,一方面扩大企业所掌握的知识产权资源,另一方面提高企业运用这些资源的能力,从而提升企业的竞争力,形成竞争优势。

首先,从资源的角度来看,企业资源包括有形资源和无形资源。有形资源指土地、厂房、设备、资金等。无形资源指商标、专利、著作权、商誉以及通过经验掌握的知识等。其中,知识产权构成了无形资源的主要内容。由于知识产权是一种法定的独占权利,无论是商标权、专利权还是著作权等,都是具有排他性的权利,十分符合巴尼所提出的竞争优势资源的四个特征:有价值、稀缺性、不可模仿性、不可替代性,因此知识产权天然就是一种能给企业带来竞争优势的资源。促进知识产权的创造是知识产权管理的核心内容和起点,因此,加强知识产权管理,将有助于企业创造更多的知识产权,从而为企业获取竞争优势奠定内部资源基础。

其次,从能力的角度分析,取得知识产权只是获得了资源,企业还需要提高协调和运用这些资源的能力,其中自然涵盖了知识产权的运用和保护能力。企业知识产权管理的重要内容包括知识产权的运用和保护,整合、协调企业的知识产权(包括自主创造的以及购自他人的知识产权)的能力自然也成为企业竞争优势的重要来源之一。

例如,蓝色巨人IBM连续16年成为美国专利申请量和授权量排名第一的公司,目前拥有的有效专利超过4万件,这些专利成为IBM傲视群雄的法宝。IBM不但有着超强的科技创新能力,在专利的运用上也有着独到之处,它每年总收入的1/3来自专利许可费。

我国科技创新企业的代表——华为公司在2008年首次成为全球PCT专利申请量第一的公司。2020年,华为凭借5 464件PCT专利申请量遥遥领先,连续四年成为世界最大PCT申请来源企业。截至2019年底,华为在全球共持有有效授权专利85 000多件,其中90%为发明专利。华为坚持每年将10%以上的销售收入投入研究与开发。2019年,华为从事研发的人员约9.6万名,约占公司总人数的49%,当年研发费用支出高达1 317亿元人民币,已跻身全球最具创新力和竞争力的公司之一。

关键术语

知识产权(intellectual property)
专利(patent)
著作权(copyright)
商标(trademark)
管理(management/administration)
竞争优势(competitive advantage)

复习思考题

1. 简述知识产权的概念及其特征。
2. 举例说明什么是专利权、商标权和著作权。
3. 举例说明知识产权管理的重要性。
4. 简述知识产权管理对企业获取竞争优势的作用。

案例讨论

中控集团知识产权保护与管理

在艰苦的创业过程中,中控集团在知识产权管理方面经历了从专利申请、商标注册,到形成较为完整的知识产权保护与管理体制,并将知识产权管理提升到公司发展战略高度的过程。

中控集团在1994年推出了世界上第一台无纸记录仪,但当时没有形成垄断,没有获得高额利润。因为不够重视知识产权管理,担心申请专利后技术公开会被更多人抄袭,却没有意识到不申请专利,维权就没有依据。1995年、1996年,同类产品进入市场,虽然公司技术领先,且开发出了一系列产品,但还是有很多市场被别人占领。此时公司感觉到了知识产权保护和管理的重要性。从2000年开始,公司制定了一系列的知识产权管理制度,并付诸实施,也逐渐取得显著的效益,公司知识产权创造取得较大的进步。

中控集团的知识产权丰硕成果主要体现在以下方面:

1. 建立知识产权网络式管理体系

有效的管理体系是企业知识产权管理工作的组织保障。中控集团以总裁办公室作为知识产权管理主管部门,设有知识产权工程师及法务专员,子公司和技术开发部门、生产部门、营销部门等设置知识产权专职人员和联络员,建成立体网络式的知识产权管理体系,把知识产权工作延伸到企业的每个角落,形成了一个纵向贯通、横向协调的知识产权管理的良性运行机制。

总裁办公室一体化负责公司的知识产权管理事务，包括专利、商标、版权等方面的管理工作，尤其对专利申请的提交、评审、管理、补正、交费、核驳、复审、诉讼等全过程进行处理，对专利各项费用实施全面管理监控，优化了专利管理的各个环节，提高了知识产权管理工作效率。

2. 不断完善知识产权管理制度

为了规范管理，中控集团制定并建立了知识产权（专利）工作管理制度和激励、监督机制，把知识产权管理工作贯穿于企业技术创新、生产经营的全过程。先后制定了《专利申请、软件登记及技术论文管理办法》《知识产权类工作联络员管理办法》《中控集团知识产权管理办法》等。制度的改进和完善，保证了知识产权管理工作的有效深入开展，提高了知识产权管理工作的效率，较好地推动了企业知识产权战略的实施。

3. 持续开展知识产权培训活动

较强的知识产权意识是企业开展知识产权管理工作的首要条件。因此，中控集团采取多种形式对员工进行知识产权培训。主要有针对新员工知识产权基础知识的入职培训，针对科研人员、技术骨干的深层次培训，同时开展以“谁动了你的知识产权”“知识产权的司法保护”“专利操作实务经验交流”等为主题的知识产权讲座。公司多次邀请国家知识产权局领导、专家来公司授课，大大提高了企业员工的知识产权专业知识和管理人员的知识产权管理水平。此外，公司还组织知识产权管理机构负责人参加外部的较高层次的研讨会，以提高专利工作人员的管理水平。

4. 积极应对国内外知识产权诉讼

随着科技和经济全球化进程的加快，国内外的知识产权纠纷也越来越多。近年来，中控集团在商标、专利方面多次与国内外企业进行较量。“不畏强敌、坚持维护自主知识产权”是中控集团在面对知识产权诉讼时的态度。以下两个案例就说明了这一点。

案例一：宁波世控自动化有限公司在其注塑机产品以及对外宣传册上使用“SUPCON”商标，并将“SUPCON”商标在其产品中使用。而“SUPCON”商标作为中控集团合法注册并拥有的商标，宁波世控自动化有限公司的这一行为严重侵害了中控集团的合法权益。于是，中控集团以“商标侵权、不正当竞争”对对方提起诉讼。案件最后判决宁波世控自动化有限公司侵权事实成立，进行相应的赔偿，并同时认定中控集团的“SUPCON”商标为中国驰名商标，将受到全类别保护。

案例二：在美国 APC 电力转换公司就“APC”商标提起的“争议”案件中，中控集团作为“APC”商标在中国第 9 类商品上的合法注册人，美国 APC 公司却以其世界驰名、“福布斯 500 强”等理由提出撤销中控集团的“APC”商标。中控集团向国家商评委提交了充分的答辩理由，最后国家商评委裁定维持中控集团的“APC”商标的有效性。为了进一步保护自主知识产权，中控集团随后通过司法途径积极提起对美国 APC 公司的“APC”商标在中国的侵权行为的反诉。

通过一系列的诉讼案件，不仅使中控集团对知识产权保护和管理工作的重要性有了更深层次的认识，同时也增强了中控集团运用知识产权制度保护知识产权的能力和水平，使中控集团的知识产权保护工作上了一个新的台阶，为今后更全面地开展知识产权保护积累了经验。

有效的知识产权管理工作促进了中控集团的技术创新，提升了中控集团的研发水平，同时研发水平的提升也形成了更多的知识产权成果。

（资料来源：根据韩叙的《中控集团：坚持自主创新　培育知名品牌》一文改写，经济日报，2011-06-14.）

案例讨论题

1. 以中控集团为例，说明企业知识产权管理的重要性。
2. 中控集团是如何提高企业的知识产权管理和保护能力的？
3. 谈谈你对提高我国企业知识产权管理意识的建议。

第二章

知识产权管理体系

学习目标

1. 了解知识产权管理机构及其职能
2. 熟悉知识产权管理相关法律法规及规范
3. 掌握企业知识产权战略管理过程

知识产权管理帮助中兴通讯在“337调查”中获得四连胜

2014年8月15日，美国国际贸易委员会（ITC）对美国交互数字集团诉中兴通讯专利侵权案做出最终裁决，认定中兴通讯没有违反“337条款”，没有侵犯美国交互数字集团的专利权，使中兴通讯成为我国在“337调查”中获“四连胜”的企业。至此，重视知识产权管理，依托知识产权实力成功“走出去”的中兴通讯，再次成为业界关注的焦点。

中兴通讯在知识产权管理方面的付出可谓不遗余力。在2014年前的近五年中研发投入超过400亿元。截至2013年年底，中兴通讯共有已授权专利超过1.6万件。2011年、2012年PCT申请量均为全球第一，2013年申请量为全球第二、中国第一。与此同时，中兴通讯强化知识产权运用，加强在海外市场的专利布局，尤其是在欧美市场的专利布局，这提升了其在全球市场的知识产权竞争能力。

不过，纵观近年来“走出去”的中国企业，在海外知识产权竞争中的业绩并不乐观。据统计，在美国“337调查”中，由于知识产权管理水平较低、知识产权运用能力较弱、维权意识不足等原因，近60%的中国企业不主动应诉而只能退出美国市场。因此，中国企业应该高度重视知识产权管理，在加大知识产权创造力度的同时，推动知识产权运用，构筑抵御风险的“防护网”，从而增强国际竞争力。

（资料来源：根据赵世猛的《中兴通讯赢得美“337调查”案四连胜》一文整理。）

知识产权管理是一个系统工程，其有效运转有赖于高效的知识产权管理体系和有效的知识产权战略。本章主要介绍知识产权管理机构、知识产权管理制度和知识产权战略。

第一节　知识产权管理机构及其职能

一、知识产权行政管理机构及其职能

知识产权行政管理是指由国家行政机关依法管理知识产权资源，制定知识产权政策，开展知识产权审查、保护、运用、服务、教育的组织活动。其内容可分为两个方面：一是以国家权力为核心的管理；二是以保障当事人权利为核心的管理。知识产权行政管理机构是执行这些管理事务的组织保障。2008 年 6 月 5 日颁布的《国家知识产权战略纲要》指出，要健全知识产权管理体制，深化行政管理体制改革等。2018 年国务院机构改革时重新组建了国家知识产权局。

（一）我国知识产权行政管理机构的发展

我国已形成了包括知识产权管理、审查、研究、教育、执法、中介服务以及知识产权信息服务等组织机构在内的全国知识产权工作体系和运行机制。我国行政管理机构中，拥有知识产权直接管理权的部门有近 10 个，与知识产权密切相关的管理部门有 20 余个。这些有效且富有特色的管理机构的发展经历了不平凡的历程。2018 年 3 月，重新组建国家知识产权局，整合原国家知识产权局的职责、国家工商行政管理总局的商标管理职责、国家质量监督检验检疫总局的原产地地理标志管理职责，并由国家市场监督管理总局管理。

1. 我国专利行政管理机构的发展

1980 年 1 月 14 日，中国专利局经国务院批准正式成立。

1985 年 4 月 1 日《专利法》实施第一天，中国专利局共受理专利申请 3 455 件，被世界知识产权组织誉为创造了世界专利历史的新纪录。

1994 年 1 月 1 日，中国成为《专利合作条约》（PCT）成员国。

1998 年 3 月 29 日，国务院在机构改革中大力压缩编制、精简机构，将中国专利局更名为国家知识产权局，并作为国务院直属机构，列入政府行政序列，主管专利工作和统筹协调涉外知识产权事宜。

2007 年年底，国家知识产权局受理的国内外专利申请总量突破 400 万件，成为中国专利史上的一个里程碑。

2008 年 7 月，根据国务院办公厅印发的《国家知识产权局主要职责内设机构和人员编制规定》，国家知识产权局增加了新的管理职责，承担已撤销的国家知识产权战略制定工作领导小组和国家保护知识产权工作组的工作，负责组织协调全国保护知识产权工作和会同有关部门组织实施国家知识产权战略纲要。

2018 年 3 月，重新组建国家知识产权局负责管理原国家知识产权局中专利行政管理的职责。

2. 我国商标行政管理机构的发展

1954 年 11 月，成立中央工商行政管理局，商标管理是其职能之一。

1978 年 9 月 25 日，中华人民共和国工商行政管理总局成立，同时，在工商行政管理总局内设了国家商标局。

1979 年 11 月 1 日,商标局恢复商标全国统一注册制度。

1982 年,《商标法》实施后,商标局主管全国的商标注册和管理工作。同年 8 月,工商行政管理总局改称国家工商行政管理局。

1983 年成立商标评审委员会,负责处理商标争议事宜。

2001 年 4 月,国家工商行政管理局升格为国家工商行政管理总局。

2008 年,国家工商行政管理总局新设反垄断与反不正当竞争执法局。我国已建立了工商行政管理机关与司法机关并行保护商标专用权的、具有中国特色的"双轨制"执法体制。

2018 年 3 月,重新组建国家知识产权局负责管理国家工商行政管理总局的商标管理职责。

3. 我国著作权行政管理机构的发展

1985 年 7 月 25 日,国务院决定将文化部出版局改称国家出版局(国家版权局)。

1987 年 1 月,国务院决定撤销文化部所属国家出版局,设立直属国务院的新闻出版署,保留国家版权局,继续保持一个机构、两块牌子的形式。

2001 年,新闻出版署(国家版权局)升格为正部级单位,改称新闻出版总署(国家版权局),负责在出版环节对动漫进行管理,对游戏出版物的网上出版发行进行前置审批,同时增加了对音像制品的管理、"扫黄打非"等六方面职责。

(二)国家知识产权行政管理机构及其职能

1. 国家知识产权局的主要职责和内设机构

(1)主要职责。① 负责拟订和组织实施国家知识产权战略。拟订加强知识产权强国建设的重大方针政策和发展规划。拟订和实施强化知识产权创造、保护和运用的管理政策和制度。② 负责保护知识产权。拟订严格保护商标、专利、原产地地理标志、集成电路布图设计等知识产权制度并组织实施。组织起草相关法律法规草案,拟订部门规章,并监督实施。研究鼓励新领域、新业态、新模式创新的知识产权保护、管理和服务政策。研究提出知识产权保护体系建设方案并组织实施,推动建设知识产权保护体系。负责指导商标、专利执法工作,指导地方知识产权争议处理、维权援助和纠纷调处。③ 负责促进知识产权运用。拟订知识产权运用和规范交易的政策,促进知识产权转移转化。规范知识产权无形资产评估工作。负责专利强制许可相关工作。制定知识产权中介服务发展与监管的政策措施。④ 负责知识产权的审查注册登记和行政裁决。实施商标注册、专利审查、集成电路布图设计登记。负责商标、专利、集成电路布图设计复审和无效等行政裁决。拟订原产地地理标志统一认定制度并组织实施。⑤ 负责建立知识产权公共服务体系。建设便企利民、互联互通的全国知识产权信息公共服务平台,推动商标、专利等知识产权信息的传播利用。⑥ 负责统筹协调涉外知识产权事宜。拟订知识产权涉外工作的政策,按分工开展对外知识产权谈判。开展知识产权工作的国际联络、合作与交流活动。⑦ 完成党中央、国务院交办的其他任务。

(2)内设机构。国家知识产权局设八个内设机构:① 办公室。负责机关日常运转,承担安全、保密、信访、政务公开、信息化等工作。承担政策研究工作;组织开展知识产权宣传工作,承担发布重要政务信息工作。② 条法司。协调提出有关知识产权国际条约拟订、修改及有关知识产权对外谈判的方案;提出相关法律法规、规章草案。承担规范性文件的合法性审查工作,承担行政复议、行政应诉等工作。拟订商标、专利、原产地地理标志、集成电路布图设计审查政策和授权确权判断标准,组织实施申请、受理、授权等工作。组织普法宣传工作。③ 战略规划司。拟订国家知识产权战略和建设知识产权强国的政策措施。组织开展知识产权风险预测预警工作。拟订全国知识产权工作发展规划和商标、专利、原产地地理标志等审查、注册、登记计划。承担部门预决算和局直属单位财务、资产、基建计划等工作。承担知识产权统计、调查、分析、发布工作。④ 知识产权保护司。承担知识产权保护体系建设相关工作。组织拟订商标、专利侵权判断标准及保护执法的检验、鉴定和其他相关标准。承担商标评审、专利复审和无效等行政裁决工作。承担原产地地理标志、集成电路布图设计、特殊标志和奥林匹克标志、世界博览会标志等官方标志相关保护工作,承担指导地方知识产权争议处理、维权援助和纠纷调处工作。⑤ 知识产权运用促进司。拟订和实施强化知识产权创造运用的管理政策和制度。承担指导和规范知识产权无形资产评估工作。承担专利强制许可、商标专利质押登记和转让许可备案管理等有关工作。拟订规范知识产权交易的政策。拟订和组织实施知识产权中介服务体系发展与监管的政策措施。⑥ 公共服务司。组织实施全国知识产权信息公共服务体系和信息化建设,承担知识产权信息加工标准制定相关工作,推动信息服务的便利化、集约化、高效化。承担商标、专利等知识产权信息的传播利用相关工作,研究分析和发布知识产权申请、授权、注册、登记等信息工作。⑦ 国际合作司(港澳台办公室)。承办统筹协调涉外知识产权事宜。研究国外知识产权发展动态。拟订知识产权涉外工作的政策。承担相关对外谈判工作。承办相关国际联络、合作与交流活动。承办涉及港澳台的相关事项。⑧ 人事司。承担机关和直属单位的干部人事、机构编制、劳动工资和教育工作,指导相关人才队伍建设工作。承担机关离退休干部工作。

除此之外,国家知识产权局还设立下列直属单位:知识产权出版社、中国专利信息中心、中国知识产权报社、中国知识产权培训中心、知识产权发展研究中心、专利检索咨询中心、机关服务中心等。

2. 国家新闻出版总署(国家版权局)的主要职责和内设机构

国家新闻出版总署(国家版权局)是国务院著作权行政管理部门,主管全国的著作权管理工作,其主要职责是:

(1)起草新闻出版、著作权管理的法律法规草案,拟订新闻出版业的方针政策,制定新闻出版、著作权管理的规章并组织实施。

(2)制定新闻出版事业、产业发展规划、调控目标和产业政策并指导实施,制定全国出版、印刷、复制、发行和出版物进出口单位总量、结构、布局的规划并组织实施,推进新闻出版领域的体制机制改革。

(3)监管出版活动,组织查处严重违规出版物和重大违法违规出版活动,指导对从事出版活动的民办机构的监管工作。

(4)负责对新闻出版单位进行行业监管,实施准入和退出管理。

(5)负责出版物内容监管,组织指导党和国家重要文件文献、重点出版物和教科书的出版、印制和发行工作,制定国家古籍整理出版规划并承担组织协调工作。

(6)负责对互联网出版活动和开办手机书刊、手机文学业务进行审批和监管。

(7)拟订出版物市场"扫黄打非"计划并组织实施,组织查处非法出版物和非法出版活动的大案要案。

(8)拟订出版物市场的调控政策、措施并指导实施,指导对出版物市场经营活动的监管工作。

(9)负责全国新闻单位记者证的监制管理,负责国内报刊社、通讯社分支机构和记者站的监管,组织查处重大新闻违法活动。

(10)负责印刷业的监管。

(11)负责著作权管理工作,组织查处有重大影响的著作权侵权案件和涉外侵权案件,负责处理涉外著作权关系和有关著作权国际条约应对事务。

(12)组织开展新闻出版和著作权对外交流与合作的有关工作,负责出版物的进口管理工作,协调、推动出版物的进出口。

(13)承办党中央、国务院交办的其他事项。

国家版权局下设综合管理处、版权管理处、法律法规处、信息宣传处、行政复议处和国际业务处。

二、企业知识产权管理部门及其职能

企业知识产权管理部门的职责是专门履行企业知识产权管理事务。该部门不一定以"知识产权管理部"为名称,只要该部门是专门履行企业知识产权管理职能的,即可认为是企业的知识产权部门。比如,海尔公司早期的知识产权办公室、拜耳公司的专利委员会和专利处都是专门的知识产权管理部门,而企业中代行知识产权管理职能的部门则不是专门的知识产权管理部门。

(一)企业知识产权管理部门的类型

随着知识产权管理的作用和地位日益突出,很多企业都设立了专门的知识产权管理部门。依据知识产权管理部门在整个企业管理事务中的地位,可以将知识产权管理部门简单地分为以下类型:

1. 直属企业总部型

这种类型的知识产权管理部门属于公司总部直接管辖,是企业中技术部门与经营部门的支撑单位,并与企业的研发部门(技术部门)、法务部门等组建成企业最高层组织管理机构(见图 2-1)。在这种模式中,知识产权管理部门是一个独立的管理部门,与企业的技术部门和法务部门等相互发生作用。技术研发过程中,知识产权管理部门对研发人员需要进行必要的专利知识指导,比如,如何用外围专利保护核心专利,如何避开他人的专利的限制等;为研发人员提供相应的专利信息,评估技术获得专利保护的可能性,申请专利;处理知识产权纠纷等。

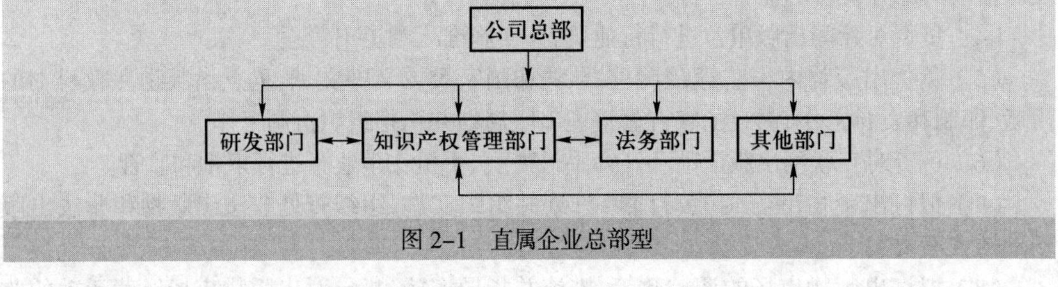

图 2-1 直属企业总部型

该模式的优点是:① 直属于企业总部或企业总裁(总经理)领导的知识产权管理部门,可以参加企业决策,能够在知识产权事务方面发挥重要作用;② 知识产权管理部门的特殊地位,决定了其可以与公司高层就知识产权信息或事务进展及时沟通;③ 便于知识产权管理部门与其他部门协调和沟通,有利于企业知识产权管理工作;④ 有利于提高企业管理人员和普通员工的知识产权及其管理意识。该模式的缺点是:① 成本较高;② 对知识产权管理部门及其工作人员的要求较高。海尔公司等很多企业采用这种模式。

2. 隶属于企业法务部门型

该类型将知识产权管理部门设置为法务部门下属的一个相对独立的机构,负责企业知识产权管理及其相关事务,并与企业的其他相关部门进行沟通和协调(见图 2–2)。

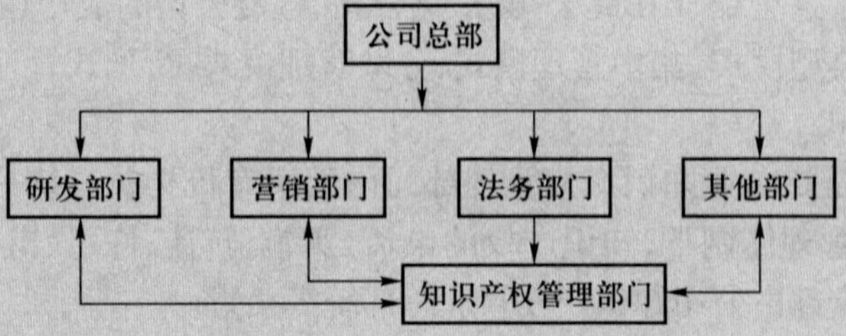

图 2–2 隶属于企业法务部门型

该模式的优点是:能够充分发挥企业法律工作人员在知识产权事务中的作用,对企业知识产权的法律事务(权利状态、侵权的处理等)较为熟悉。其缺点是:知识产权管理部门无法参与企业决策,在知识产权事务方面可能无法发挥其应有的作用,也不利于知识产权管理部门与研发部门的沟通。

3. 隶属于企业研发部门型

该类型是将知识产权管理部门隶属于企业研发部门,以便最大限度地发挥知识产权管理在企业技术研发中的作用。同时,知识产权管理部门在必要时可与企业相关部门进行沟通,以解决企业的知识产权问题(见图 2–3)。

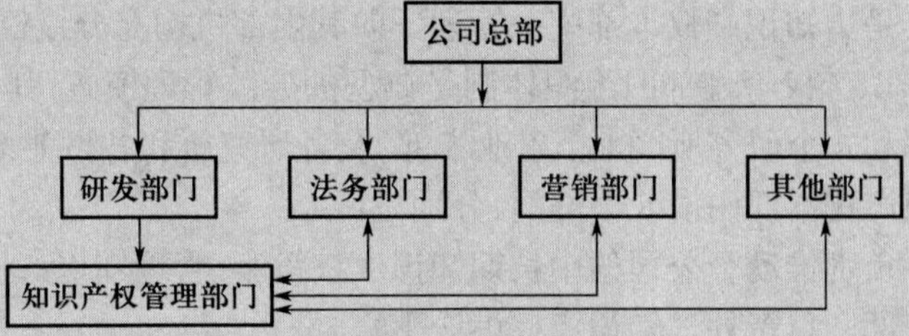

图 2–3 隶属于企业研发部门型

该模式的优点是:有利于知识产权管理部门从技术研发项目的确定到技术研发完成的过程以及技术评估等环节对企业研发活动进行全方位的指导,充分发挥知识产权管理(特别是专利管理)在企业技术创新中的作用;同时,由于知识产权管理人员,特别是专利管理人员直接参与企业的技术研发过程,对企业所开发技术的特点以及其他信息都较为了解,因此,在专利申请时能更好地撰写申请文件,有利于申请取得成功。其缺点是:该模式中,知识产权管理部门的地位较低,在知识产权事务上对企业的影响力较小,也不利于与其他部门的沟通和配合。

三种模式各有利弊,企业在组建其知识产权管理部门时,究竟采用哪种模式应当根据所处行业的特点以及自身的相关情况而定。在确定组建的知识产权管理机构模式后,企业就应根据知识产权管理的特点和要求来组建专门的知识产权管理队伍,并完成整个知识产权管理部门的组建工作。

(二)企业知识产权管理部门的内部结构

企业知识产权管理部门的类型确定后,其内部组织结构就在一定程度上决定了企业知识产权管理的模式。这里结合 IBM 公司、东芝公司、佳能公司的成功经验,介绍知识产权部门内部结构的三种典型模式:集中管理模式、分散管理模式、行列式管理模式。

1. 集中管理模式

集中管理模式是指企业知识产权管理部门内部所有机构执行统一的知识产权政策的管理制度。在这种管理体制下,知识产权的申请、实施、转让、许可、出资、质押等所有与知识产权相关的事务全部由公司知识产权管理总部统筹负责。

IBM 公司的知识产权管理部门组织机构是集中管理模式的代表,其基本设置为:知识产权管理总部内设专利部和法务部(见图 2–4)。总部负责管理所有与 IBM 公司业务有关的知识产权事务,专利部负责专利事务,法务部负责相关法律事务。

图 2–4 集中管理模式内部组织结构

2. 分散管理模式

分散管理模式是指知识产权本部统一管理下向其内部机构充分授权的管理体制。

东芝公司的知识产权管理部门组织体制是典型的分散管理模式,其知识产权管理部门是由知识产权本部和 4 个研究所、11 个事业本部,及各研究所和各事业部下属的专利部科、组共同构成。知识产权本部内设 8 个部门,分别是:

(1)策划部。负责推动全公司的中长期知识产权策略,管理知识产权行政事宜。

(2)技术法务部。负责处理知识产权诉讼事宜。

(3)软件保护部。负责软件、著作权的登记、运用、补偿事宜。

(4)专利第一部。负责统筹管理技术契约工作。

(5)专利第二部。负责统筹管理技术契约工作。

(6)专利申请部。集中管理国内外专利申请事宜。

(7)设计商标部。负责设计和商标的申请、登记。

(8)专利信息中心。负责管理专利信息,建立电子申请系统。

8 个部门与知识产权本部的关系如图 2–5 所示。

各研究所和各事业部配置知识产权部，直接隶属于负责技术工作的副所长或总工程师，主要担负该研究所、事业本部的知识产权行政事务，并负责从产品研发初期的专利发掘、专利调查、制作专利关系图到国内外专利的申请等所有事务。

3. 行列式管理模式

行列式管理模式主要是指按照技术类别、产品类别管理知识产权的管理模式。

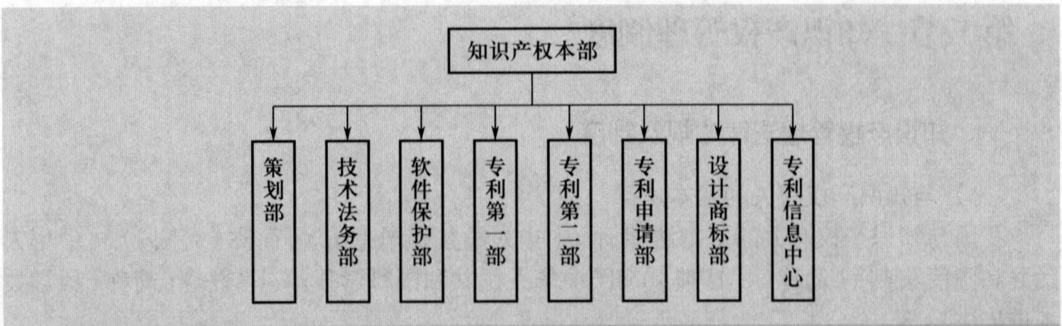

图 2-5　分散管理模式内部组织结构

佳能公司的知识产权法务部的内部设置是典型的行列式管理模式，该公司将知识产权管理部门内部机构分为技术类法务部和产品类法务部。产品类法务部设有四个部门，即法务策划部、法务管理部、专利业务部、专利信息部；技术类法务部设有七个技术分类专利管理部门。具体设置如图 2-6 所示。

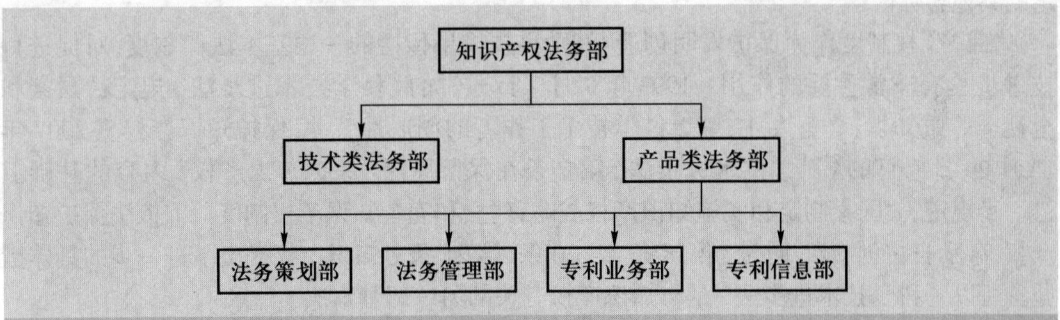

图 2-6　行列式管理模式内部组织结构

（三）企业知识产权管理部门的职能

一般说来，企业知识产权管理部门具有以下职能：

（1）制定企业的知识产权战略和知识产权管理制度。

（2）协调企业内各职能部门在知识产权工作中的关系，以保证知识产权工作顺利开展。

（3）实施企业高层关于知识产权重大问题的决定。

（4）收集、整理和分析与本企业经营相关的知识产权信息，为本企业知识产权的研发、知识产权工作的计划与调整提供参考。

（5）管理本企业的知识产权，包括知识产权的取得（如专利的申请、商标的注册等）、知识产权的维持（如专利年费的缴纳、注册商标的续展）以及知识产权的保护。

（6）参与企业的知识产权贸易，为企业的知识产权贸易提供咨询意见。

（7）处理与企业有关的知识产权纠纷。

（8）负责企业员工知识产权知识和意识的培训。

（9）就知识产权工作代表企业进行对外交流。

第二节 知识产权管理制度

一、知识产权管理法律法规及制度

（一）与知识产权有关的基本法律

我国与知识产权有关的基本法律有《中华人民共和国宪法》（简称《宪法》）、《中华人民共和国民法典》（简称《民法典》）和《中华人民共和国科学技术进步法》（简称《科学技术进步法》）等。

尽管《宪法》中没有明确规定知识产权条款，但是有学者认为，《中华人民共和国宪法修正案》（2004年）第20条至第22条中关于私有财产的保护和权利限制的内容为知识产权法，特别是为著作权法和专利法的内容提供了宪法依据。

《民法典》第123条规定："民事主体依法享有知识产权。知识产权是权利人依法就下列客体享有的专有的权利：（一）作品；（二）发明、实用新型、外观设计；（三）商标；（四）地理标志；（五）商业秘密；（六）集成电路布图设计；（七）植物新品种；（八）法律规定的其他客体。"

知识产权制度作为保护发明创造、鼓励科技成果传播的一项基本法律制度，对促进科技进步具有非常重要的作用。1993年7月2日通过的《科学技术进步法》规定："国家和全社会尊重知识、尊重人才，尊重科学技术工作者的创造性劳动，保护知识产权。"2007年12月29日修订的《科学技术进步法》第7条在保留原法"保护知识产权"内容的基础上进一步规定，"国家制定和实施知识产权战略，建立和完善知识产权制度"，"依法保护知识产权，激励自主创新"；同时，第18条、第20条、第21条对知识产权提出了进一步的具体措施。所以，《科学技术进步法》是与知识产权有关的另一部基本法。

（二）知识产权专门法及其法规

我国知识产权专门法及其法规包括《专利法》《商标法》《著作权法》及其法规和其他知识产权专门法律或者法规。与专利相关的法律法规及规章包括：《专利法》《中华人民共和国专利法实施细则》（简称《专利法实施细则》）《国防专利条例》《专利审查指南》《专利代理条例》《涉及公共健康问题的专利实施强制许可办法》《专利实施强制许可办法》《专利行政执法办法》《专利实施许可合同备案管理办法》《企业专利工作管理办法（试行）》《专利资产评估管理暂行办法》《专利权质押登记办法》和《中医药专利管理办法（试行）》等。与商标相关的法律法规及规章包括：《商标法》《中华人民共和国商标法实施条例》（简称《商标法实施条例》）《商标评审规则》《驰名商标认定和保护规定》《集体商标、证明商标注册和管理办法》《烟草制品商标使用管理规定》《商标使用许可合同备案办法》《对外贸易经济合作部国家工商行政管理局关于对外贸易中商标管理的规定》和《外国人或外国企业申请商标注册代理办法》等。与著作权相关的法律法规及规章包括:《著作权法》《中华人民共和国著作权法实施条例》(简称《著作权法实施条例》)《信息网络传播权保护条例》《计算机软件保护条例》《实施国际著作权条约的规定》《著作权集体管理条例》《互联网著作权行政保护办法》《计算机软件著作权登记办法》《著作权行政处罚实施办法》和《著作权质权登记办法》等。其他知识产权的法规及规章包括:《特殊标志管理条例》《地理标志产品保护规定》《世界博览会标志保护条例》《世界博览会标志备案办法》《奥林匹克标志保护条例》《奥林匹克标志备案及管理办法》《集成电路布图设计保护条例》《集成电路布图设计保护条例实施细则》《集成电路布图设计行政执法办法》《中华人民共和国植物新品种保护条例》(简称《植物新品种保护条例》)《中华人民共和国植物新品种保护条例实施细则(农业部分)》《农业植物新品种权侵权案件处理规定》《中华人民共和国植物新品种保护条例实施细则(林业部分)》《中华人民共和国知识产权海关保护条例》《展会知识产权保护办法》《关于全面推行〈企业知识产权管理规范〉国家标准的指导意见》《关于加强战略性新兴产业知识产权工作的若干意见》《国家高技术研究发展计划知识产权管理办法(试行)》和《高等学校知识产权保护管理规定》等。

(三)我国加入或者签署的主要知识产权国际条约

1.《保护工业产权巴黎公约》(简称《巴黎公约》)

《巴黎公约》缔结于1883年,是各种工业产权公约中缔结最早、成员国最为广泛的一个综合性公约。截至2016年4月,该公约已有176个成员,其中大多数国家已经批准了公约的最新文本(即1967年斯德哥尔摩文本)。我国于1985年参加了该公约。该公约的主要内容包括国民待遇、优先权、临时性保护、宽限期、其他关于专利和商标保护的内容等。

2.《国际商标注册马德里协定》(简称《马德里协定》)

《马德里协定》是关于简化商标在其他国家内注册手续的国际协定。该协定由法国、比利时、西班牙、瑞士、突尼斯等国于1891年4月14日在马德里缔结,1892年7月生效。该协定自生效以来共修改过6次。1989年10月4日我国加入《马德里协定》(1979年斯德哥尔摩文本),同时做出一些声明。截至2016年4月《马德里协定》的缔约方总数为97个国家。

3.《保护文学和艺术作品伯尔尼公约》(简称《伯尔尼公约》)

《伯尔尼公约》是1886年9月9日由英、法、德等10个国家缔结,并于1887年生效的世界上第一个国际版权公约。该公约确立了一个能够为多数国家接受的最低限度的保护著作权的国际标准。生效以来修订和补充过7次。截至2016年4月该公约共有171个成员。1992年7月1日我国决定加入该公约,同年10月5日成为该公约的第93个成员。该公约的主要内容包括国民待遇原则、自动保护原则、版权独立性原则、经济权利、精神权利、权利保护期和追溯力等。

4.《专利合作条约》

《专利合作条约》(Patent Cooperation Treaty, PCT)是为简化向多个国家申请专利的程序,避免申请、审查过程中的重复劳动而于1970年6月19日在华盛顿签订,并于1978年1月24日生效的。该条约规定只有《保护工业产权巴黎公约》的缔约国才有资格加入。到2016年4月,该条约共有148个成员。我国于1994年1月1日正式成为该条约的成员,并于1997年7月1日将PCT适用于香港地区,1999年12月20日将PCT适用于澳门地区。

同时,我国国家知识产权局(专利局)是PCT指定的受理局、国际检索机构和国际初步审查机构,中文也是该条约规定的国际申请程序的工作语言。

5.《与贸易有关的知识产权协议》(简称《知识产权协议》或TRIPs)

《与贸易有关的知识产权协议》是关税与贸易总协定一系列谈判的产物。从1986年第8轮"乌拉圭回合"关贸谈判开始,发达国家就力图把与贸易有关的知识产权问题纳入关贸总协定。1989年年初该协议被列入乌拉圭回合谈判的议题,成为这轮谈判的一揽子15个议题之一,并被捆在一起通过,而且不准保留。由美、英、日、德等10个发达国家和印度、巴西、中国等10个发展中国家的代表就知识产权保护问题,经过五年多的反复谈判,于1991年12月形成了一个框架文件(称为邓克尔文本)。乌拉圭回合谈判持续了7年多,在关贸总协定总干事萨瑟兰的敦促和斡旋下,于1993年12月25日达成了包括TRIPs在内的各项协议。该协议分7部分共73条,内容包括:总则及基本原则;有关知识产权的效力、范围和使用的标准;知识产权执法;知识产权的获得、维持和相关程序;争端的预防和解决;过渡阶段的安排;机构设置和最终条款。该协议内容涉及知识产权的各个领域,在知识产权保护水平的很多方面都超出了现有的国际条约的标准,并且强化了执行措施和争端解决机制,对过渡阶段的安排也做出了严格的规定。

二、企业知识产权管理制度与管理规范

(一)企业知识产权管理制度

企业知识产权管理是企业为充分发挥知识产权在其发展中的重要作用,通过运用知识产权制度,提高企业知识产权的创造、运用和保护效率,而进行的有计划的组织、协调、谋划活动。企业知识产权管理制度是指企业依据相关法律法规或规则制定的其在从事知识产权事务过程中应当遵循的行为规范。其内容主要包括企业知识产权的规划、权属、创造、转化、纠纷、合同、信息等方面的管理制度。

1. 知识产权规划管理制度

企业应该建立专门的知识产权规划管理制度,有针对性地规范其专利战略、商标战略、版权战略、商业秘密战略及其他知识产权战略的决策和发展规划(包括知识产权战略管理机构的设置及其职权等事项)。该制度应体现企业的组织章程、发展战略和政策纲要。

2. 知识产权权属管理制度

企业应依法制定并不断完善、规范其员工在技术创新过程中完成的知识产权归属的相关制度。企业要通过签订协议、制定章程,明晰职务发明创造和非职务发明创造、职务作品和非职务作品的产权归属。对合作项目、委托项目中产生的知识产权要根据《专利法》及《专利法实施细则》等法律法规制定企业的知识产权归属制度。对国家资助科技项目完成知识产权应该根据《科技进步法》以及科技部等部门颁布的规章制度等,制定本企业的知识产权归属制度。

3. 知识产权创造管理制度

提高知识产权的数量和质量是企业知识产权管理的目的之一。企业提高技术、产品、品牌、软件或者作品的数量和质量,并以此在市场竞争中赢得先机、获取利润,其前提是必须建立合理的激励机制,能够有效激励研发人员或创作人员,使其有足够的动力进行创作或研究开发。因此,企业应当制定与知识产权有关的奖励制度,激励企业员工对知识产权

创造的热情，提高他们知识产权的创造能力。奖励额度不得低于相关法律法规（如《专利法》及《专利法实施细则》）规定的最低标准。企业知识产权创造管理制度合理与否，执行是否符合要求，直接影响着企业知识产权的产出效率和质量。

4. 知识产权转化管理制度

企业的知识产权应该在产业链条中得到充分利用，以促进产业结构调整和社会财富增长。企业的知识产权一方面是为本企业创造价值，另一方面也可以通过许可、转让等形式向外传播。此外，还应采取措施，运用知识产权质押、知识产权证券化等融资手段获取风险投资，或者直接利用知识产权投资，借助各种知识产权产业化运用形式，将知识产权产业化与其对外扩展、产品出口紧密结合起来，使知识产权运营成为商务新策略的核心部分。所以，制定并完善知识产权转化管理制度也是企业知识产权管理制度中不可缺少的内容之一。

5. 知识产权纠纷管理制度

企业知识产权纠纷管理一般包括两种情况：一是企业知识产权诉讼攻击。企业可以利用自己的知识产权，在法律法规和商业道德允许的范围内，起诉竞争对手侵犯其知识产权，向竞争对手发起攻击，并通过这种方式将竞争对手赶出市场或者挤压其竞争空间，使自己在竞争中占据主动地位。二是权利被侵犯后的救济。企业在其知识产权被侵犯后，应当及时采取有力的救济措施，以维护企业的利益。在企业被指控侵犯了他人知识产权的情况下，应当采取相应的对策。通过对自身行为合法性的分析，采取诉讼策略，寻求调解或和解，并充分利用法律以外的力量和手段，包括商业手段、社会舆论、政府支持及行业调解，以求知识产权纠纷的妥善解决。在市场经济的大潮中，知识产权纠纷是企业经常面对的问题，所以，企业制定高效的知识产权纠纷管理制度对其发展乃至生死存亡将发挥非常重要的作用。

6. 知识产权合同管理制度

企业在知识产权创造、运用、管理中需要与其他利益主体（包括外部的业务伙伴或第三人以及企业内部的员工）发生各种合同关系。如果不能对这些合同关系进行有效管理，将不利于其知识产权事务的处理。所以，企业必须制定与知识产权相关的合同管理制度，管理其知识产权事务。这些制度主要包括：

（1）企业员工的合同管理制度。该制度用于规范职务发明或作品以及非职务发明或作品等方面的知识产权归属、员工的保密义务、相关人员的竞业禁止义务以及员工的奖惩制度等事项。

（2）知识产权许可中的合同管理制度。在许可他人使用企业作品、软件、发明、商标或者商业秘密时，应与其签订一份许可使用合同，其中应对许可使用的权利种类、许可使用的方式以及地域范围和期间、许可使用的报酬及支付报酬的方法、被许可方的保密义务以及对方的违约责任等事项予以规定。

（3）知识产权转让中的合同管理制度。企业在向他人转让自己的知识产权时，应订立一份较为完善的合同，明确规定相互间的权利义务关系，以免发生纠纷，并在发生纠纷时尽量保护自己的利益。

7. 知识产权信息管理制度

知识产权制度的重要特征之一就是通过知识产权信息的公开实现社会利益与个人利

益的平衡。知识产权信息成为提升企业知识产权研究开发起点的重要途径，也是企业利用知识产权制度有策略性地压制竞争对手、实现横向竞争优势的有效砝码，所以建立有效的知识产权信息管理制度对企业发展非常重要。

（二）企业知识产权管理规范

1. 企业知识产权管理体系

企业知识产权管理规范提供基于过程方法的企业知识产权管理模型，指导企业策划、实施、检查、改进知识产权管理体系，包括以下四个部分：

（1）策划。理解知识产权管理需求，制定知识产权方针和目标。

（2）实施。在业务环节（产品的立项、研发、采购、生产、销售和售后）中获取、维护、运用和保护知识产权。

（3）检查。监控和评审知识产权管理效果。

（4）改进。根据检查结果改进知识产权管理体系。

2. 企业知识产权管理职责

（1）确保知识产权管理体系的有效性。① 制定知识产权方针；② 制定知识产权目标；③ 明确知识产权管理职责和权限；④ 确保资源的配备；⑤ 组织管理评审。

（2）确保知识产权管理体系的针对性。① 策划知识产权管理体系，满足知识产权方针的要求；② 运行和控制知识产权获取、维护、运用和保护活动；③ 改进知识产权管理体系。

（3）确保企业知识产权方针满足以下要求：① 符合相关法律法规和政策的要求；② 与企业的经营发展情况相适应；③ 在企业内部得到有效运行；④ 在持续适宜性方面得到评审；⑤ 形成文件，付诸实施，并予以保持；⑥ 得到全体员工的理解。

（4）确保知识产权目标满足以下要求：① 形成文件并且可考核；② 与知识产权方针保持一致，内容包括对持续改进的承诺。

（5）管理者代表承担以下职责：① 建立、实施和保持知识产权管理体系；② 报告知识产权管理绩效和改进需求；③ 确保员工理解知识产权方针和目标；④ 落实知识产权管理体系运行和改进需要的各项资源；⑤ 确保知识产权外部沟通的有效性。

（6）专职或兼职工作人员承担以下职责：① 制定企业知识产权发展规划；② 建立知识产权管理绩效评价体系；③ 参与监督和考核其他相关管理机构；④ 负责企业知识产权的日常管理工作。

3. 企业知识产权资源管理

明确知识产权工作人员任职条件，制定人员培训要求，按照不同要求组织管理者、研究开发人员等与知识产权关系密切的员工进行知识产权培训。

通过合同等方式与员工约定知识产权权属、保密条款，明确发明创造人员的权利和义务。适当调查新入职员工的知识产权背景，避免侵犯他人知识产权；对于研究开发等与知识产权关系密切的岗位，应要求新入职员工签署知识产权声明文件。提醒离职员工知识产权注意事项；涉及核心知识产权的员工离职时，应签署离职知识产权协议或执行竞业限制协议。

根据需要配套相关资源，如知识产权管理软件、数据库、计算机和网络设施等以及办公场所，确保知识产权管理体系正常运行。

4. 企业知识产权基础管理

（1）知识产权的获取和维护。根据知识产权目标，制定知识产权获取计划，明确获取方式和途径，并在获取知识产权前进行必要的检索和分析，保持知识产权获取记录。建立并维护知识产权评估、权属变更等活动的分类管理档案。

（2）知识产权的运用。促进和监控知识产权的实施，评估知识产权对产品销售的贡献；对知识产权许可和转让进行调查并评估。投融资时调查知识产权风险和评估知识产权价值。企业合并或并购前，应开展知识产权尽职调查，根据合并与并购的目的确定对目标企业知识产权状况的调查内容；企业出售或剥离资产前，应对相关知识产权开展调查和评估，分析出售或剥离的知识产权对本企业未来竞争力的影响。

（3）知识产权的保护。采取措施，避免或降低生产、办公设备及软件侵犯他人知识产权的风险；定期监控产品可能涉及他人知识产权的状况，分析可能发生的纠纷及其对企业的损害程度，提出防范预案。

及时发现和监控知识产权被侵犯的情况，适时运用行政和司法途径保护知识产权；在处理知识产权纠纷时，评估诉讼、仲裁、和解等不同处理方式对企业的影响，选取适宜的争议解决方式。

（4）知识产权的保密。明确涉密人员，设定保密等级和接触权限；明确可能造成知识产权流失的设备，规定使用目的、人员和方式；明确涉密信息，规定保密等级、期限和传递、保存及销毁要求；明确涉密区域，规定客户及参访人员活动范围等。

5. 企业知识产权管理的分阶段实施

（1）立项阶段。分析项目所涉及的知识产权信息；明确产品潜在合作伙伴和竞争对手；进行知识产权风险评估。

（2）开发阶段。检索知识产权信息，分析项目技术、知识产权和竞争对手状况，跟踪与监控研发活动中的知识产权，避免或降低知识产权侵权风险；督促研发成果的报告；评估和确认研发成果，明确保护方式和权益归属。

（3）采购阶段。收集相关知识产权信息，避免采购知识产权侵权产品；做好供方信息、进货渠道、进价策略等信息资料的管理和保密工作；明确知识产权权属、许可范围、侵权责任等。

（4）生产阶段。评估并确认生产过程中涉及产品与工艺方法的技术改进与创新，明确保护方式，适时形成知识产权；在委托加工、来料加工、贴牌生产等对外协作的过程中，明确知识产权权属、许可范围、侵权责任等。

（5）销售阶段。销售前分析产品涉及知识产权状况，制定知识产权保护和风险规避方案；在产品宣传、销售、会展等商业活动前制定知识产权保护或风险规避方案。

（6）售后阶段。建立产品销售市场监控程序，跟踪调查产品升级或市场环境的变化。

6. 企业知识产权管理体系的审核和改进

确保知识产权管理体系的适宜性和有效性；确保产品、软硬件设施设备符合知识产权有关要求；定期对知识产权管理体系进行内部审核，满足企业知识产权管理规范的要求。根据知识产权方针、目标以及检查、分析的结果，制定和落实对存在的问题的改进措施。

第三节　知识产权战略

实施知识产权战略，提升知识产权创造、运用、保护和管理能力，有利于增强我国自主创新能力，建设创新型国家。知识产权战略体系包括国家知识产权战略、地区知识产权战略、行业知识产权战略和企业知识产权战略。国家知识产权战略主要解决体制性和政策性问题；地区知识产权战略是区域性知识产权战略规划，主要为本地区提供配套性的政策和制度；行业知识产权战略是行业整体知识产权发展规划，为提高行业整体技术创新能力和知识产权保护水平发挥重要作用；企业知识产权战略是企业充分利用知识产权制度，通过提高自身竞争力，实现其利益最大化的策略。国家知识产权战略通过地区、行业和企业知识产权战略发挥作用。

一、我国国家知识产权战略概述

（一）实施国家知识产权战略的意义

实施国家知识产权战略，对于推动我国经济发展、文化繁荣和社会进步，实现建设创新型国家和全面小康社会的奋斗目标，具有重要的战略意义。首先，实施国家知识产权战略是提高我国自主创新能力、建设创新型国家的需要。建设创新型国家，需要保护创新者利益；保护创新者利益，必须依靠知识产权制度。只有通过实施国家知识产权战略，建立和完善现代知识产权制度，全面提高知识产权创造、运用、保护和管理能力，用知识产权制度保障和促进自主创新，才能实现建设创新型国家的目标。其次，实施知识产权战略是完善社会主义市场经济体制、规范市场秩序和建设诚信社会的需要。现代知识产权制度是市场经济的有机组成部分，是维护市场经济有效运行、促进市场主体诚信经营和充分竞争的基本法律制度。实施国家知识产权战略，必将促进我国市场经济的发展。再次，实施国家知识产权战略是增强我国企业市场竞争力、提高国家核心竞争力的需要。通过实施国家知识产权战略，引导企业实施自己的知识产权战略，提高其知识产权数量和质量，提升企业运用知识产权制度、参与市场竞争的能力，进而提高国家核心竞争力。最后，实施国家知识产权战略是扩大开放、实现互利共赢的需要。

（二）国家知识产权战略重点

1. 完善知识产权制度

完善知识产权法律法规制度，主要有以下三方面的工作：一是要及时修订《专利法》《商标法》《著作权法》等知识产权专门法律及有关法规；二是要适时做好遗传资源、传统知识、民间文艺和地理标志等方面的立法工作；三是要健全知识产权执法和管理体制，加强司法保护体系和行政执法体系建设，发挥司法保护知识产权的主导作用，提高执法效率和水平，强化公共服务。

2. 促进知识产权创造和运用

创造是知识产权运用的前提，而运用是知识产权创造的目的。为此，要重点做好下列工作：第一，要运用财政、金融、投资、政府采购政策和产业、能源、环境保护政策，引导和支持市场主体创造和运用知识产权；第二，要强化科技创新活动中的知识产权政策导向作用，坚持技术创新以能够合法产业化为基本前提，以获得知识产权为追求目标，以形成技术标准为努力方向；第三，制定相关政策，引导和推动企业成为知识产权创造和运用的主体；第四，创造条件，促进自主创新成果的知识产权化、商品化、产业化，引导企业采取知识产权转让、许可、质押等方式实现知识产权的市场价值；第五，充分发挥高等学校、科研院所在知识产权创造中的重要作用。

3. 加强知识产权保护,防止知识产权滥用

合理的知识产权保护水平不仅有利于保护权利人的正当权益,也可以有效促进科技进步和社会发展。因此,在加强知识产权保护的同时,必须防止权利人对知识产权的滥用。为此,要做好以下工作:首先,要及时修订惩处侵犯知识产权行为的法律法规,适度加大司法惩处力度;其次,要采取措施,提高权利人自我维权的意识和能力;再次,要降低维权成本,提高侵权代价,有效遏制侵权行为;最后,要完善相关法律法规,合理界定知识产权的界限,防止知识产权滥用,维护公平竞争的市场秩序和公众合法权益。

4. 培育知识产权文化

知识产权文化是知识产权制度协调运行的思想基础。因此,要加强知识产权宣传,提高全社会知识产权意识;要广泛开展知识产权普及型教育,在精神文明创建活动和国家普法教育中增加有关知识产权的内容;要在全社会弘扬以创新为荣、剽窃为耻,以诚实守信为荣、假冒欺骗为耻的道德观念,形成尊重知识、崇尚创新、诚信守法的知识产权文化。

二、地区知识产权战略

我国经济发展不平衡,各地区拥有的知识产权数量和质量不同,知识产权的运用和管理能力也不同。所以,各地区可以从各自的实际出发,制定自己的知识产权战略。但是,地区知识产权战略应根据国家知识产权法律法规和国家知识产权战略的要求,以及该地区知识产权事业的发展情况,特别是知识产权创造、运用、保护和管理中存在的问题,制定具有针对性的、可操作的、适用于该地区的知识产权战略措施。目前,我国已有上海市、广东省、江苏省、山东省、四川省和贵州省等省市颁布了各自的知识产权战略纲要,开始正式实施各自地区的知识产权战略。

三、行业知识产权战略

行业知识产权战略是行业企业的联合行动战略,解决影响行业竞争力和企业共同关注的重大问题,实现共同利益,其主要任务是组织本行业自觉遵守知识产权规则,联合应对知识产权的国际竞争,提高行业整体竞争力。行业知识产权战略的主要内容包括以下三个方面:一是制定本行业企业在知识产权保护中共同遵守的行为准则;二是制定和实施该行业知识产权创造、运用、保护和管理的规划,编制行业标准;三是建立行业内知识产权事务的组织、协调和监督机制。行业知识产权战略应该由企业自觉联合行动,不同于政府行政管理部门的行业规划。行业协会将在制定和实施行业知识产权战略中发挥组织和协调作用。

四、企业知识产权战略

(一)企业知识产权战略的概念

企业知识产权战略是作为主要技术创新主体的企业在技术创新活动中,为获得并保持市场竞争优势,运用知识产权制度,维护自身合法权益,谋取最佳经济效益而进行的全局性谋划和采取的重要策略。它不仅是知识产权战略体系的主要组成部分,而且是现代企业战略的核心内涵。

企业知识产权战略在企业知识产权管理中具有重要的意义。首先,企业知识产权战略是企业经营战略的重要组成部分。知识产权已经成为企业的一项重要无形资产,知识产权

战略将影响企业、地区乃至一个国家的经济发展。其次,企业知识产权战略有助于提高企业市场竞争力。企业知识产权战略的有效和成功实施将有助于企业获取和保持市场竞争的优势。最后,企业知识产权战略是国家、地区以及行业知识产权战略实施的基础。

(二)企业知识产权战略的特点

企业知识产权战略具有以下几个特点:

(1)法律性。制定和实施企业知识产权战略必须遵循相关知识产权法律制度,同时,企业知识产权战略需要相关法律制度的规范和保障。

(2)保密性。企业知识产权战略涉及企业关于知识产权的战略规划、经营策略、企业情报分析、市场预测以及新产品动向等信息,因此,企业对其知识产权战略相关部分会采取保密措施。

(3)从属性和相对独立性。企业知识产权战略必须从属于企业整体战略并为其服务,但这并不排斥企业知识产权战略的相对独立性。

(4)风险性。在变幻莫测的市场竞争中,企业如果不能根据自身情况以及客观环境的变化制定、调整和实施其知识产权战略,则可能导致企业在竞争中处于被动的局面或者导致一定的经济损失。

(5)时间性和地域性。与某一知识产权战略相应的知识产权期限届满或因故提前终止,相关的知识产权战略就应及时调整。企业在进行跨国生产经营时,则应当考虑知识产权的地域性,即企业知识产权战略的制定和实施应当根据有关国家和地区的知识产权及有关制度进行。

(6)灵活性。每个企业需要根据本企业的内部条件及外部环境,灵活制定企业的知识产权战略;在相关情况发生变化时,企业应当对其知识产权战略加以调整。

(三)企业知识产权战略的分类

依据权利内容不同,可将企业知识产权战略分为专利战略、商标战略、商业秘密战略和著作权战略;依据战略目的不同,可将企业知识产权战略分为进攻型战略、防御型战略和混合型战略;依据战略内容不同,可将企业知识产权战略分为知识产权取得战略、知识产权实施战略、知识产权资本运营战略、知识产权预警战略、知识产权保护战略和知识产权人才战略;根据战略对象不同,可将企业知识产权战略分为内部战略和外部战略;根据战略实施的区域不同,可将企业知识产权战略分为国际战略和国内战略。

(四)企业知识产权战略的内容

企业知识产权战略是企业整体竞争战略的重要组成部分。它是在综合企业所处市场环境及其竞争水平和本企业创新能力、经济实力、人力资源等因素的基础上,制定的有利于本企业可持续发展的宏观策略。其内容主要包括以下五个方面:

(1)企业知识产权定位,即根据企业的性质、技术水平、所处环境和市场竞争程度明确知识产权对本企业发展的重要性。

(2)企业知识产权规划,即企业在知识产权方面通过何种途径发展、解决哪些问题、最终达到什么样的目标的整体规划。

(3)企业知识产权策略,即企业提高知识产权取得、运用、保护和管理能力,特别是企业通过知识产权获得市场竞争力或竞争优势的具体谋略。

(4)企业知识产权模式,即企业知识产权相关事务的决策模式和经营方式,如有些企业以自主研发知识产权为主,有些企业则主要是通过被许可或者受让等方式获得知识产权。

（5）企业知识产权预测,即通过对技术市场发展趋势和本企业发展前景的评估,预测企业知识产权战略的发展趋势。上述五个方面需要相互协调、相互促进、不断完善,促进企业知识产权战略目标的实现。

（五）企业知识产权战略的管理

从动态过程来看,企业知识产权战略管理包括战略制定、战略实施和控制、战略评估和调整等。

1. 企业知识产权战略的制定程序

制定一个有特色并适合本企业的知识产权战略对企业可持续发展非常重要。企业知识产权战略制定主要包括如下环节:

（1）企业知识产权战略制定的准备阶段。在制定知识产权战略之前,企业应当对其经济实力、技术创新能力、经营规模与状况、资源的配置、相关的产业政策与经贸政策、市场状况、技术发展方向和市场前景等方面的情况进行调查研究和综合分析,掌握本企业在市场竞争中的优势与劣势,从而扬长避短,为制定适合本企业发展的知识产权战略奠定基础。

（2）各职能部门的配合与协调阶段。对企业而言,知识产权战略具有全局性,它的制定不仅仅是企业知识产权部门的工作和任务,还需要企业其他职能部门紧密配合和大力支持。比如,企业制定知识产权战略时,必须预测本行业的发展趋势和技术前景,而这些都需要企业市场部门的参与,因为市场部门对市场上产品的优缺点以及需求状况更为了解与熟悉,从而可以为该领域的技术前景和发展趋势的预测提供帮助;在涉及具体的是否侵犯别人知识产权等法律问题时,企业的法务部门则必须提供相应的说明等。

（3）企业知识产权战略的制定阶段。在充分的准备和各职能部门积极的配合和支持前提下,知识产权战略的制定程序更为重要。首先,应成立由企业负责人、知识产权工作人员、专业技术人员以及市场部门人员等组成的战略制定机构,为战略的权威性奠定基础。其次,由制定机构对企业自身的经济实力、科技实力、经营规模与状况、资源的配置、相关的产业政策与经贸政策、市场状况、技术发展方向和市场前景等方面的情况进行调查研究,以保证战略的针对性。最后,在充分调查研究的基础上,拟订企业知识产权战略草案,提交企业相关部门和人员进行讨论和征求意见,最终确定企业的知识产权战略,确保战略的可操作性。

2. 企业知识产权战略的实施和控制

企业知识产权战略实施是实现企业战略目标的关键环节之一。企业有效实施知识产权战略的主要条件包括:① 建立高效的知识产权工作机构,即企业应当设立专门且高效的知识产权管理部门,并配备相应的高素质工作人员;② 制定切实可行的配套制度,保障企业知识产权战略有效实施;③ 较强的知识产权意识,使企业负责人、管理人员及普通员工能够积极主动地参与和配合企业知识产权战略的实施;④ 相关职能部门的配合,即知识产权研发部门、市场部门、知识产权管理部门、法务部门等应该密切配合。

在知识产权战略实施过程中,企业还应当注意知识产权战略的控制。在发现知识产权战略实施偏离企业知识产权战略目标时,应及时纠正,确保知识产权战略有效实施。知识产权战略实施是一个不断完善的循环过程。在这个过程中,战略管理部门应该根据技术发展和市场环境以及企业自身实力的变化，及时调整战略内容，确保战略目标实现。

3. 企业知识产权战略的评估和调整

企业知识产权战略评估是指战略绩效评估主体运用科学的评估方法、标准和程序，依据评估指标体系，对战略取得的成就或者实施效果做出尽可能准确的评价过程。对知识产权战略实施绩效进行客观全面评估是企业知识产权战略的重要组成环节，是知识产权战略有效实施的保证，其目的是提高战略实施效率。

对企业知识产权战略实施绩效进行全面而客观的评估不仅是现代企业健康发展的内在要求，也是企业知识产权战略自身发展和完善的必然要求。首先，企业知识产权战略实施绩效评估是检验战略实施效果的重要手段；其次，企业知识产权战略实施绩效评估是决定战略实施取向的关键依据，评估结果可能是决定战略延续或者调整的关键因素；最后，企业知识产权战略实施绩效评估是调整战略实施力度、提高实施效率的重要保障。通过战略实施过程的评估，能够及时发现战略实施中存在的问题，并及时调整，可以有效地监督、预防实施主体怠于实施或者实施出现偏差，保证战略正确实施，提高实施效率。

关键术语

国家知识产权战略（national intellectual property strategy）

企业知识产权战略（corporate intellectual property strategy）

企业知识产权管理规范（enterprise intellectual property management specification）

复习思考题

1. 简述我国知识产权行政管理机构及其职能。
2. 简述企业知识产权管理部门的类型。
3. 简述我国企业知识产权管理规范。
4. 结合我国实际情况，说明我国实施知识产权战略的重要意义。
5. 论述企业知识产权战略的管理过程。

案例讨论

西门子公司知识产权管理分析

西门子公司是拥有160多年历史的跨国公司，其始终将知识产权作为企业的核心竞争力。创始人维尔纳·冯·西门子凭借其发明奠定了公司的知识产权发展基础，并组织和实施企业知识产权战略。

1. 完善知识产权管理模式

在知识产权管理模式方面，西门子公司主要采取如下措施。一是通过知识产权信息为知识产权决策提供支撑。公司在知识产权管理部内设立了由约30位专家组成的信息研究中心，专门收集与经济、科学、技术和知识产权等相关的信息，监测市场态势，分析竞争者专利组合和技术状态。二是以专利价值为导向优化专利组合。公司组织专利评审会评估公司员工提交的发明报告，并判断可能的专利价值，选择有价值的发明申请专利。在授权专利维持过程中，坚持动态评估，淘汰没有维持价值的专利。每年组织约220名专利专家重新评估公司的专利，重点评估维持时间超过5年的专利。公司非常重视围绕关键专利进行布局，优化专利组合。三是构建集中统一、内部共享的知识产权管理模式。公司知识产权管理机构设在公司中央研究院内部，拥有超过500名专家从事知识产权工作，管理公司在全球的5.8万多件专利。公司内部采取知识产权共享管理模式。中央研究院和事业部创造和申请的知识产权，各业务领域都可以免费使用。公司的知识产权共享管理模式，促进了知识产权的转化效率，推动了公司知识产权战略的实施，使得各业务部门知识产权形成一个整体，为公司知识产权战略的实施提供了良好的内部环境。

2. 规划知识产权发展战略

为确保知识产权战略目标实现，并与企业整体战略相一致，西门子公司始终重视专利的创造、运用、保护和管理。首先，公司知识产权管理部门针对各部门特征，分别制定各自的知识产权策略。公司每个业务部门都有其独特的技术特征和不同的竞争对手。在公司享有一定独占性的技术领域，突出企业特色，促成市场良性竞争；在公司独占性不明显，但是有一定实力的技术领域，坚持公平原则，共享知识产权，促进合作与创新；在特定领域，公司会免费推广和促进新技术的利用和转化，将公司各业务部门的知识产权共享并相互融合，形成竞争优势。其次，公司知识产权管理部门为各地区分支机构制定本地化的知识产权战略。在产品销售量较好的地区，制定符合本地特征的地区知识产权战略，有利于保持该地区的竞争优势。最后，公司重视将知识产权与标准化相结合。20世纪之前，西门子公司内部开始制定有关安全的标准化工作。在第二代和第三代移动通信技术开发过程中，公司非常重视标准化与知识产权的结合，该措施使得公司在知识产权管理和运用中获得了不少收益。

（资料来源：根据顾晓月的《西门子知识产权管理工作研究初探》一文整理。）

案例讨论题

1. 以西门子公司为例，说明实施企业知识产权战略的重要性。

2. 通过西门子公司知识产权管理的经验，谈谈你对提高我国企业知识产权管理水平的建议。

第三章

知识产权的取得

学习目标

1. 比较各种知识产权的权利取得方式
2. 了解各种知识产权的权利取得流程
3. 掌握知识产权取得中的注意事项

朗科公司的专利与商标

深圳市朗科科技有限公司（简称朗科公司）是一家由留学归国人员于1999年创办的企业，该公司创始人邓国顺等人所发明的优盘牌闪存盘是世界上首创的基于USB接口、采用闪存（flashmemory）介质的新一代存储产品。从公司创建开始，朗科公司就将其闪存技术发明向我国国家知识产权局申请了发明专利，同时向美国专利商标局申请专利，并相继于2002年、2004年分别在中国和美国获得了相关发明的基本专利。朗科公司已经累计向国内外申请了300多项专利，其中部分重要发明专利申请已经在中国、美国、韩国及其他国家和地区获得授权。

2002年9月，朗科公司以发明专利权受到侵犯为由，分别将北京华旗资讯数码科技有限公司、北京宏碁讯息有限公司（隶属于台湾宏碁集团）、深圳市富光辉电子有限公司以及有关代理商送上了深圳市中级人民法院的被告席。该案件经历深圳市中级人民法院一审、广东省高级人民法院二审，历时4年之久，最终朗科公司与华旗公司握手言和。朗科总裁邓国顺表示，作为闪存盘产业的开拓者和领路人，朗科公司的目标是将朗科建设成闪存应用领域的全球领导者和世界级企业。朗科一直坚持知识产权战略的“三步走”计划，即从“专利申请”到“专利维权”，最后走向“专利运营”。以这次朗科与华旗的和解为标志，朗科将迈向“专利运营”阶段，未来依靠专利授权，朗科将获得相当可观的收入。

2006年2月10日，朗科公司委托美国著名的摩根路易斯律师事务所向美国得克萨斯州东区联邦法院递交了一纸诉状，将PNY公司送上了被告席，要求

PNY公司立即在全美国停止生产和销售闪存盘,并且索要巨额赔偿。经过艰苦的诉讼,最终朗科公司与PNY公司达成和解,由PNY公司向朗科公司支付适当的补偿费用,从而赢得了中国企业在境外专利维权的首次胜利。这次诉讼之后,朗科公司的专利成功地经受了美国法律的检验,最终又促使多家公司为利用朗科公司的专利技术而向朗科公司支付专利使用费用,从而进一步拉开了朗科公司走专利许可的国际化道路的帷幕。

1999年朗科公司向我国商标局申请注册"优盘"商标,使用在移动存储设备上,并于2001年成功注册。从"优盘"标志被使用于移动存储设备上并面市销售开始,朗科公司并没有刻意区分"优盘"商标与其所标示的移动存储商品,整个市场对此也没有区分,基本上形成了用"优盘"指代所有的移动存储设备的局面。2002年10月,北京华旗资讯数码科技有限公司以注册不当请求国家工商局商评委撤销该商标。2004年10月,商评委给出《关于撤销第1509704号"优盘"商标争议裁定书》。商评委认为"优盘"是计算机存储器的通用名称,从"优盘"汉字本身的含义来看,是对这类商品质量、功能、用途等特点的直接叙述,缺乏显著特征。而原告也一直将"优盘"作为商品名称使用,客观上淡化了优盘作为商标的显著性。同时,众多同行业经营者和消费者已经普遍将"优盘"作为一种新型的计算机移动存储器的商品通用名称加以使用。如果允许原告将该商标独占,就会妨碍同行业其他经营者正当合理使用这一名称,也会导致消费者的误认。朗科公司对商评委的裁定不服,向北京市第一中级人民法院提起行政诉讼,后来,北京市第一中级人民法院判决撤销商评委裁定。华旗公司不服一审判决,提出上诉,但后来又申请撤回上诉,一审判决遂发生法律效力。经历此变故之后,朗科公司对"优盘"标志的使用极为注意,冀图通过这种使用,改变对其不利的后果。

"优盘"商标纠纷,给众多商标权人敲响了警钟。

(资料来源:根据中国知识产权报及有关网络资料整理。)

知识产权的取得是知识产权运用、管理和保护的前提,有效取得知识产权对创新主体具有非常重要的意义。本章主要探讨技术开发与专利申请、商标标志的设计与商标注册申请、版权的产生与软件的登记,以及其他知识产权的取得等问题。

第一节 技术开发与专利申请

一、企业技术开发的概念、作用及类型

(一)企业技术开发的概念及作用

按照学者们的归纳,技术是用来为人类生产和生活服务的各种物质技术手段、工艺方法、工艺技巧、操作方法、经验的综合,不仅包括工具、机器、设备和装置等有形物,还包括运用这些有形物所需要的技能、方法、经验等无形物。从企业角度看,通常情况下,人们将企业技术开发与企业产品开发等同起来,这种认识实际上是不完全正确的。企业技术开发既包括企业产品开发,也包括企业进行产品生产制造所需要的工艺流程、生产方法等方面的开发。

因此,企业技术开发是指企业利用从研究和实际经验中获得的现有知识,为生产新的材料、产品和装置,建立新的工艺、系统和服务以及对已生产和已建立的上述各项进行实质

性改进而进行的系统性工作。企业技术开发的对象主要包括：产品开发、设备和工具的开发、工艺开发、能源和原材料的开发、改善环境的技术开发等。

在当今，人们经常提到技术创新，但是技术创新并不是本章中所提到的技术开发行为，企业技术开发行为的实质是企业为了提高其产品和企业的市场竞争力而进行的发明创造活动，其目的是获得发明创造成果。按照熊彼特（J.A.Schumpeter）的观点，发明创造是知识的创造，是科技行为；而技术创新则是科技成果的商品化，是经济行为。因此，虽然技术创新中必然包含了技术开发过程以及技术开发成果，但是不能用技术创新来代替技术开发的概念。

技术开发活动对企业具有如下作用：

1. 取得技术成果，增强企业技术实力

企业通过技术开发活动，将可能获得本行业具有领先地位的科技成果，如新产品、新工艺或者新技术。这些成果必然会对企业的技术实力起到增强的效果。

2. 申请专利，取得技术的独占实施权

企业对其开发所取得的技术成果，向国家知识产权局申请专利并获得专利授权。在这种情况下，即使其他企业通过自身努力获得了相同的技术成果仍然不能实施该技术。对取得的技术成果申请专利是企业合法阻止其他企业进入的最有效手段。

3. 获得竞争性产品，在市场中占据竞争优势

通过技术开发，企业将具备市场开发前景的产品予以实施，从而在市场中占据优势地位，吸引消费者。按照企业技术战略的类别，无论是领先创新战略、跟随创新战略还是模仿创新战略，进行技术开发都是企业的第一要务。从领先创新战略来说，领先创新一般有利于在消费者中建立领导者的形象，有利于形成主导性的市场地位，赢得先行者的优势。技术领先是企业创造和保持竞争优势的重要途径。而对于跟随创新战略，企业能够通过技术开发活动，维持在市场中的优势地位，更好地适应市场需求，或者选择抓住关键技术来获得在局部细分市场上的领先。采取模仿创新战略的企业，虽然其技术能力建立在外部技术购买的基础上，但是仍然存在着对部分技术的适应性开发问题。

（二）企业技术开发的类型

根据不同企业自身情况，企业进行技术开发主要有以下三种类型：

1. 独立开发

独立开发是指企业在进行技术开发时，完全依靠企业自身的实力，组织、协调本企业内部技术开发人员为取得技术成果而进行的技术开发活动。技术开发中所需要的人员、设备、资金、场地等均由企业一方承担。这种开发类型一般在实力很强的企业中才能开展，但是在某些情况下，实力较弱的企业同样也能够进行独立的技术开发活动。独立开发对企业发展具有较重要的意义，如可以促使企业摆脱粗放型经营的发展道路，走以技术为核心的集约型发展道路；推动企业形成良性循环的发展机制，提高企业的技术创新能力和市场竞争能力；有助于企业形成自己的知识产权等无形资产，树立企业良好形象和提供富有竞争优势的产品。例如，1964 年 IBM 成功研制出 360 家用计算机系统，其中多项突破性技术及所有关键部件均是 IBM 自主研发，其销售额从 1963 年的 28.6 亿美元上升到 1973 年的 110 亿美元，同期利润从 3.6 亿美元上升到 15.8 亿美元，在计算机产业形成了垄断地位。

2. 合作开发

合作开发是指企业在进行技术开发时，联合企业之外的其他技术开发力量，如其他的企

业、科研机构等,在技术、资金、人员上予以合作,取得技术成果的技术开发活动。这是企业进行技术开发的重要途径,最常见的形式是产、学、研合作,由合作成员共担风险、互利互惠、优势互补、共同发展。在我国目前绝大多数企业还不具备自主技术开发能力的情况下,通过合作开发企业所需要的技术不失为迅速提升企业技术水平和技术能力、抢占市场先机的有效方式。在技术迅速发展和开发规模日益庞大的情况下,采用合作开发的方式日益普遍。其优点在于:可以分担庞大的研究与开发费用,可以共享新技术,也为互相学习、提高能力创造了条件。随着科技的发展和竞争的日益剧烈以及重大创新所需研究与开发投入的剧增,这种方式不仅在非竞争对手间被采用,即使竞争对手也在不同程度上采用这种方式。例如,为振兴日本计算机产业,开发第四代计算机所需的超大规模集成电路(VLSI)基础技术,1975 年 7 月 15 日日本政府与富士通、日立、三菱、NEC 及东芝签署成立 VLSI 研究协会协议,政府和五大公司共投入 300 亿日元,经过 4 年的合作创新,成功开发出 256 K 动态存储器,并获得 600 多项专利,改变了日本计算机和半导体产业在世界上的地位。合作创新前,日本的计算机产业落后美国 10 年,到 1983 年日本在存储器世界市场的占有量已与美国持平。1986 年日本市场占有量升为 65%,美国降至 30%;1988 年,日本升为 85%,美国降至 8%;20 世纪 90 年代以后,日本一直保持世界领先地位。这种政府主导企业参与的合作创新模式的成功,大大缩短了 VLSI 创新的形成时间,增强了各成员的核心能力,提高了日本计算机产业的竞争能力。

3. 委托开发

委托开发是指企业在进行技术开发时,由企业通过招标等方式,将本企业所需要实现的包含技术指标、技术效果等因素的技术设计任务委托给第三方进行设计,第三方完成设计任务之后,将技术成果交给委托方,从委托方取得研发报酬的技术开发活动。这种技术开发方式主要发生在企业自身不具有技术研发能力,无力取得所需的技术成果,而企业迫切需要通过提升技术层次来提高产品竞争能力,因而委托他人进行技术开发,取得自己希望获得的技术成果。这种技术开发方式使企业能够根据市场变化情况,决定研发的方向,具有一定的灵活性。但是由于这种方式是从企业外部引进技术,在一定程度上容易受制于人,有时候容易产生技术、法律上的一系列问题,存在一定的风险。例如,华晨汽车集团开发的中华轿车,由于华晨设计能力有限,又希望产品一上市就能成功,于是将中华轿车的全部设计都委托给意大利著名汽车设计师乔治·亚罗,花费了巨额设计费用,同时将发动机总成和主要零部件配套委托给了国际知名汽车零部件公司开发。然而,中华轿车上市后却因为返修率过高而导致市场反响并不尽如人意。最后经过分析发现,根本原因在于虽然花钱引进了先进的技术,但并没有消化吸收,特别是在零部件配套生产上,工艺没有达到设计要求。明白了问题的关键之后,华晨公司在此后的骏捷汽车制造上,做到有的放矢,有针对性地进行系统集成、工程设计,以我为主,最终使骏捷汽车在市场上取得了良好的反响。

二、企业技术开发中的成果及其权利归属

(一)企业技术开发各流程中的成果分类

企业在技术开发过程中所获得的技术成果,根据其与企业技术开发目标的关系可以分为阶段性成果和最终成果。

1. 阶段性成果

阶段性成果是指在企业技术开发过程中某一阶段所取得的成果。阶段性成果还不是

企业所希望获得的最终成果,但是这些成果对企业同样具有重要的意义。某些阶段性成果是最终成果的过渡性成果,正是对这些成果的进一步开发、研究,才能获得最终成果。某些阶段性成果可能是企业技术开发中的副产品,与最初的技术开发目标相比,这些阶段性成果可能偏离了研发的轨道,但是却歪打正着,使企业获得了意想不到的新技术和新产品。企业的阶段性成果可能指向企业研发的成功方向,也有可能指出企业研发的失败之处。企业可以从这些阶段性成果中获得是否进行进一步研究和开发的启示。

2. 最终成果

最终成果是指企业按照技术开发计划,得到了符合要求的技术成果。该技术成果应该是满足企业需求,而且从技术上来讲是完全可以实施的完整技术方案。这些最终成果可以是企业希望获得的新产品、新工艺、新的生产方法等。

(二) 企业技术开发中的成果权利归属

按照法律规定,在不与其他人的技术成果权利发生冲突的情况下,企业对技术开发成果按照下列情形享有权利:

1. 完全享有权利

企业对技术成果完全享有权利包括两种情况:一种是该技术成果完全由企业自行开发,没有其他组织的参与;另一种情况是按照约定该技术成果的权利归企业完全享有,其他组织除了获取合同中所约定的利益之外,不再对技术成果享有任何权利,如通过委托开发合同,受托方开发技术成果之后,按照合同约定由委托方完全享有该技术成果,受托方按照合同约定从委托方处收取约定的报酬即可。

需要指出的是,此处所说的完全享有权利,是在没有其他人对该技术成果申请并获得专利的情况下,企业对其所开发的成果所享有的一种事实上的权利,这种权利不能对抗其他人通过法律程序取得专利权的技术成果。当然,自行开发的技术成果,企业可以自主选择通过何种方式进行保护、如何保护,享有自主申请专利并获得专利权的权利,其他组织不得进行干预。

2. 部分享有权利

一项技术成果,如果是由几个企业或者是企业与科研院所联合开发所取得的,则此时参与技术开发的企业、科研院所对该技术成果共同享有权利。未经同意,任何一方合作者不得将属于各方共有的技术成果单方面处分,必须按照合作协议的规定对该技术成果予以实施,如果允许合作方之外的组织实施该技术,则所获得的许可使用费应当按照约定进行分配。按照《民法典》的有关规定,合作各方有权对该技术成果共同申请专利;对于合作开发所取得的技术成果,如果有合作一方不允许申请专利的,则其他合作方不得申请专利;如果一方合作者放弃申请专利的权利,其他合作方可以申请专利并取得专利权,放弃申请专利的一方对该专利有免费实施权。因此,一个企业如果准备通过合作的方式开发技术成果,就必须在合作开始时对技术成果的相关权利归属做出约定,以免事后发生纠纷。

另外,通过委托开发的技术成果,如果委托合同中对技术成果的归属没有做出规定,则申请专利的权利归受托方享有。虽然如此,作为委托方,其委托他人开发技术成果的目的就是要取得对技术实施的权利,因此按照合同目的,即使委托人不能获得技术成果的专利申请权以及专利权,但专利授权之后,委托人应当有权免费实施该专利技术。

三、企业申请专利的意义

企业在取得技术开发成果之后，如果希望能够以独占的方式来行使对该技术成果的权利，排除他人对自己实施技术成果的干扰，阻止竞争对手进入相关技术领域从事与本企业相竞争的技术研发工作，则应当迅速向国家知识产权局申请专利，以获得专利权。

（一）部分成果不申请专利难以有效行使权利及获得保护

虽然部分技术成果能够一定程度上通过保密的方式实现保护，但是以这种方式保护技术成果需要非常严格的条件，如保密措施、外部技术研发的水平和能力、产品本身包含的信息不能透露技术成果信息等，事实上某些技术成果由于完全表现在产品上，只要产品进入流通渠道，就难以通过保密的方式进行保护，或者说无密可保。通过商业秘密的方式保护技术成果的最大缺陷是，难以做到对其他独立开发出相同成果的人予以禁止。反过来，假如其他企业开发出了相同的技术，抢先申请了专利，在获得专利授权之后，反而有权对先完成技术的企业予以限制。

因此，尽管申请专利可能对企业所希望的技术保护期限有所限制，如我国《专利法》规定发明专利的保护期限为 20 年，而实用新型专利的保护期限仅仅为 10 年。但是如果考虑到在专利保护期限内的独占保护，申请专利应当是值得的。很多人往往会提到可口可乐的配方保密的例子，实际上，可口可乐的成功不完全是依赖于其配方的独特。

（二）可以此对抗他人取得的相同成果

专利权具有极强的独占性或者垄断性，这种独占性是通过专利法律来强制取得的。这种权利除了能够排斥其他人未经许可实施专利权人开发的专利技术之外，还能够对抗其他人经过自己努力所取得的与专利权人专利技术相同或者等同的技术。现代社会，越来越多的企业开始建立自己的专利战略，通过及时申请专利对竞争对手的跟踪策略予以破坏，专利权的获得能够使专利权人的竞争对手既浪费了人力、物力，同时也付出了时间成本。

（三）作为企业充分行使其成果权利的前提

企业在取得了技术开发成果之后，就该技术而言，如果没有取得专利，则企业对这些技术成果的权利仅仅限于事实上的权利，并不能得到法律的完全保护。作为该技术成果的开发方，企业只能在有限的范围来行使其部分权利，要彻底、有效地行使其成果权利，必须通过申请专利获得专利权来进行。具体而言，企业在以自己实施、转让、许可等方式来行使其技术成果权利时，将会因为专利权而处于有利地位。

四、企业专利申请前的准备

（一）确定是否申请专利

不同的发明创造成果，其本身特性是不相同的。有些发明，其发明点完全体现在相应的产品上，一旦产品上市销售，就意味着该发明对社会的公开。这些发明，如果不及时申请专利，则很容易导致技术公开而使发明人丧失独占的可能性，故而必须申请专利。还有一些发明，由于是产品的生产方法或者是工艺的改进，并不会随着产品的销售而公开，只要发明人采取的措施得当，完全有可能以商业秘密的方式予以长期保护，这样就可以大大延长发明人对其发明的技术独占实施的期限，从而不受专利权固定的相对较短期限的限制。可口可乐的配方就是用后者保护的一个典型。

从发明所能产生的经济效益来看，如果一项发明创造的经济效益比较显著而且持久，而技术又相对容易仿冒，则此时就有必要申请专利。相反，如果一项发明创造虽然可以带来一定的经济效益，但是技术更新较快，则此时快速抢占市场可能就要比申请专利有效得多。

（二）决定是否委托专利代理人代为申请

专利申请的专业性很强，如果一件发明创造从实质条件上完全符合授权条件，可以获得专利权，但是因为形式要件不能满足专利法关于申请和审查的要求，最终也不能获得专利权，这是相当可惜的。发明人对其取得的发明创造从技术上来说是非常清楚的，但是要让每一个发明人都能准备好符合要求的专利申请文件以及能够准确界定专利权的保护范围，是不容易的。专利代理人能够为发明人、申请人解决这方面的问题。它不仅能够对发明人的发明创造从专利申请的角度予以理解并撰写申请文件，而且能够运用其经验、知识在专利申请审查以及其他相关程序中提供专业服务，更好地与专利行政机关的审查人员进行沟通，对有关专利申请、审查期限等事项进行监督，以防止申请人因为对程序不熟悉而导致权利丧失，如避免视为撤回、视为未提交、视为放弃专利权等。不排除某些申请人自己撰写申请文件，自己处理相关申请事宜，并最终获得授权，但是在专利权保护的质量上，可能会因为如权利要求书中对必要技术特征的认识不足，从而导致保护范围缩小的情形发生。申请人必须对这一后果认真考虑，决定是否委托专利代理人代为申请专利。

（三）选择专利申请的类型

《专利法》中规定了三种专利类型，对同一发明创造，存在着获得三种不同专利的可能性。选择何种专利类型，既需要考虑发明创造本身的特性，如创造性高低，也需要考虑发明人的经济承受能力，以及专利法对不同专利类型的不同要求。

一般来说，如果发明创造为开创性发明，则其创造性程度很高，这样的发明创造可以申请发明专利。如果发明创造为小革新、小发明，则可以申请实用新型专利。当然这两种专利类型的界限并不是绝对的，有的发明创造既可以申请实用新型专利，也可以申请发明专利，完全取决于申请人的意愿。按照我国《专利法》的规定，发明专利申请费用比实用新型专利申请费用要高，而且在专利授权之后的专利年费也相差比较悬殊，如果申请人经济压力较大的话，则可以申请所需费用较少的实用新型专利，否则可以申请发明专利。特别是由于我国《专利法》对发明专利申请实行实质审查制度，而对实用新型专利申请采取初步审查制度，因此从审查授权程序的复杂性以及难易程度上来看，实用新型专利申请要简单得多，而且能够在较短时间内得到授权。由此所产生的不足则是由于没有经历实质审查，所以这样的实用新型专利在无效宣告程序中被确定为无效的可能性就增加了。而对于发明专利申请来说，虽然花费的时间和费用较多，但是专利授权之后比较稳定，保护期限相对较长。申请人可以根据这些因素考虑申请专利的类型。

（四）把握专利申请的时机

申请专利时，总的原则是，及早申请专利，以防止他人申请在先而使自己丧失权利。但在某些特殊情况下，并不是越早申请专利越好。某些具有创造性的发明，如果整个社会对该成果还不能接受，或者不具备实施的社会环境，则即使获得了专利也不能从实施中获得经济回报，反而要为了维持专利有效而支付专利年费。把握专利申请的时机需要发明人对自己的发明做出准确的评价。

（五）确定专利保护的范围

对专利申请人来说，专利保护范围越大，对其越有利。但是在申请专利时，申请人必须对自己的发明创造与现有技术的区别有清楚的认识，正确界定专利权的保护范围，也就是在权利要求书中准确确定该发明创造的全部必要技术特征。《专利法》第 64 条规定：发明或者实用新型专利权的保护范围以其权利要求的内容为准，说明书及附图可以用于解释权利要求的内容。如果拟保护的范围过大，将导致专利行政部门无法授权；如果拟保护的范围比该发明所能获得的保护范围小，则专利权人取得的专利权将有损失。因此，申请人应当考虑专利申请文件中的有关措辞，尽可能地将专利保护范围拓展，指出该技术方案的技术目的、效果、功能等与现有技术相比所具有的新特点，指出其本身的区别技术特征，这样将使专利权保护更加完善。

（六）决定专利申请的国别

现代社会是开放的社会，国际范围的商品流通以及技术流通相当活跃。由于专利的地域性，一个国家授予的专利在另一个国家并不能得到保护，因此，申请人还必须根据自己专利产品的销售地域或者专利技术的主要应用地区来决定应当在哪些国家或地区申请专利。当然也不是所有的国家都要申请专利，否则，专利申请费用将是不小的负担。

五、企业技术开发部门与专利申请人员的协作

申请专利是一项非常专业的活动，其与技术开发活动有非常密切的关系，但又是一项相对独立的活动。企业专利申请人员，无论是企业内部的专职专利申请人员还是企业委托专利代理机构的代理人，都必须同企业技术开发部门的技术人员通力协作，理解发明创造的实质、发明点、与现有技术的区别，在全面理解发明创造的情况下，才可能撰写出比较准确的专利说明书和权利要求书，顺利进行专利申请以及专利审查程序的相关活动。企业技术开发部门也要对专利申请人员给予协助，整理技术文件，与专利申请人员仔细沟通，帮助他们理解发明创造的基本情况和主要发明内容。

（一）技术开发部门整理完整的技术交底书

技术开发部门对其所取得的技术成果最熟悉。按照技术开发流程，技术开发部门应当有完整的技术开发记录。在进行专利申请时，技术开发部门应当整理完整的技术交底书给专利申请人员，包括技术开发进程的有关内容，与发明创造相关的已经参考过的现有技术资料等，以便于专利申请人员更好、更准确地理解该发明创造。技术交底书应当清楚、完整地说明技术方案的构成，以能够基本实现该技术方案为准。

（二）技术开发人员与专利申请人员仔细沟通

技术开发部门除了要整理出技术交底书之外，在专利申请人员对技术理解有困难或者难以把握时，应派有关技术人员与专利申请人员仔细沟通，以使专利申请人员更好地理解技术，从而撰写出更加完善的专利申请文件，根据发明创造的实际，最大范围地界定专利权保护范围。许多国家的专利代理工作实践都证明，专利代理人对帮助发明人正确理解其发明内容、发掘其发明创造的新内容、制定替代方案、找到最佳保护方式等方面，可以发挥很重要的作用。

（三）专利申请人员准备专利申请文件

专利申请文件主要是指说明书、权利要求书、摘要、说明书附图等，其中最为关键的是

说明书和权利要求书的撰写。说明书是表明发明创造成果内容的技术文件，而权利要求书是权利人所希望获得专利权保护范围的法律文件，这两份文件十分重要。在文件撰写过程中，专利申请人员往往会发现原始资料、数据不足，需要技术部门提供进一步的资料和数据。技术开发部门仍然需要对专利申请人员提供帮助，在专利申请文件基本撰写完成之后，专利申请人员将撰写好的文件交给企业进行审查。如果技术开发部门对说明书中公开的技术内容有进一步限制要求的，则专利申请人员应当和技术开发部门的人员重新研究，确定技术公开的最大范围。

在专利申请和审批的过程中，专利申请人员与专利行政机关、专利审查员之间各种往来的文件，其中涉及技术内容的，如果专利申请人员难以把握，这时仍然需要技术开发部门提供进一步的技术支持。

第二节 商标标志的设计与商标注册申请

一、商标对企业的意义

（一）商标能够指明商品或者服务来源

商标的最主要功能在于能够指明商品或者服务的来源，即商标能够把不同经营者所提供的相同商品或者服务区分开来，从而使消费者、社会公众能够根据不同的商标选择自己所需要的商品或者服务。能够对消费者、社会公众选择商品或者服务提供引导作用的商业标记很多，如商品外观、包装、装潢、商号等，但是这些商业标记区分商品来源的功能都没有商标强。正是这个原因，企业在选择使用商标时，往往会将商标与其他商业标记刻意区别，使之更加醒目，以引起人们注意。我国有很多企业在选择商标以及使用商标时就非常注意这个问题，如将商标文字、图案放大，表示在商品或者经营场所的显著位置，如“娃哈哈”饮用水、“王老吉”凉茶、“雕”牌洗衣粉等。还有一些企业，为了更加突出企业商标，将企业商号也以“商标”命名，以防止其他企业利用我国企业名称注册的不同规则来注册与其商号相同的企业名称，从而使商标更加准确地指明商品或者服务的来源。但是，仍然还有很多企业对商标的作用体会不深刻，认为商标只不过是履行某种监管的需要或者是无关紧要的标志，即使注册了，使用时也是不显眼地标记在商品装潢的角落，根本不能引人注意。特别是一些商品本身尺寸就很小，如果商标再不突出显示的话，怎么可能产生商标应该产生的效果。这不能不说是一种遗憾。

（二）商标具有很强的广告宣传作用

现代社会，各种媒体的影响力十分强大，在对商品进行广告宣传时，设计独特、特点鲜明突出、呼叫响亮、易于记忆的商标将更能达到宣传效果，如“健力宝”“娃哈哈”等。因此，企业在设计商标时，也应当充分考虑现代广告媒体的特点，选择易于宣传并能够带给人强烈印象的商标。

（三）商标具有标示商品质量的作用

商标作为一种商业标记，本身并不能直接反映商品质量、性能，那么为什么说商标具有标示商品质量的作用呢？这主要可以从三个方面来说。首先，商标权利人使用商标、注册商标的目的不仅仅是为了将自己的商品或服务与他人的区别开来，更主要的是，在现代社会，商标权越来越成为企业的一项财产。企业通过创建在市场中具有一定声誉的商标，特别是驰名商标，将可以获得比一般商品更强的竞争力。可以说，任何正当经营的商标使用者在最初使用该商标时，都怀有这样的目的。如何实现这一目的，就需要经营者在提供商品时，保证商品质量，取得消费者信赖，建立良好的社会声誉。一般来说，在社会中知名度高的商标，其商品质量更符合相关标准及要求，或者优于一般企业所提供的同种商品。其次，按照《商标法》规定，商标注册人所提供的商品质次价高、欺骗消费者的，商标管理部门可以做出撤销商标注册的决定。这就在一定程度上对使用注册商标的商品质量提出了要求。最后，商标使用许可中，商标权人对被许可人进行商标许可，如果被许可人生产的商品质量不能满足商标权人的产品质量要求，则将影响商标权人及其商标声誉，商标权人必将对这种情况进行干预，从而保证商品质量维持在一定的水平。

（四）驰名商标对企业具有特别意义

驰名商标是指为相关公众所熟知的商标。驰名商标与一般商标的不同之处在于，按照国际公约规定，对驰名商标的保护要比对普通商标的保护更为严密。普通商标的保护范围仅限于与注册商标所注册的商品相同或类似的商品上不得使用与注册商标相同或近似的商标或者其他商业标记；而驰名商标则采用跨类保护的原则，无论驰名商标的权利人是否在其他商品类别上从事商品经营活动，都有权禁止其他人使用与驰名商标相同或近似的标志（如果可能误导公众）。而且由于驰名商标的知名度更高，一般比较容易认定他人搭驰名商标的便车。例如，可口可乐公司不仅可以在“可口可乐”商标注册的商品类别上对他人进行禁止，而且可以对他人在文具或者其他商品上使用该标志进行禁止，而一个刚刚注册的“乐怡”饮用水商标权人则无权干涉他人在服装上注册或者使用该标记作为商标。除此之外，对企业意义更大的应该是驰名商标荣誉背后所蕴含的巨大商业价值。驰名商标标志的商品，其价格往往比一般企业的商品价格高，企业可以因为驰名商标而获取部分垄断利益。对企业而言，从开始生产商品时起，就应该有创建驰名商标的目标，努力提高商品质量，提高企业竞争力。驰名商标的确认，对企业来说意味着一项独立的财产，其同样具有非常高的价值，甚至这个价值比企业的固定资产还要高，如经过评估，“可口可乐”商标的价值高达几百亿美元。

2006 年世界十大品牌价值排行如表 3–1 所示。

表 3–1　2006 年世界十大品牌价值排行

排名	1	2	3	4	5	6	7	8	9	10
品牌	可口可乐	微软	IBM	通用电气	英特尔	诺基亚	丰田	迪士尼	麦当劳	梅赛德斯 – 奔驰
品牌价值（亿美元）	670	599	562	489	323	301	279	278	275	218

数据来源：世界著名品牌顾问公司“INTERBRAND 国际品牌”2006 年度全球最有价值品牌调查。

但是，也要看到，驰名商标对企业而言也是一把双刃剑，知名度越高，意味着关注度越高。企业当然可以享受因为商标驰名而带来的利益，不过如果因为商品质量控制不到位，酿成了严重的质量事故，就会对企业形成严重危机，部分企业很可能会一蹶不振。如“康泰克”商标，由于药品中含有违禁成分，社会对其反应强烈。后来企业虽然改变了药品配方，重新以“新康泰克”形式投放市场，但在相当长的时间内并不能获得社会接受。可口可乐公司老总曾经说，即使公司在一夜之间被焚烧殆尽，他也能在一夜之间重建公司。其底气当然来自“可口可乐”商标巨大的价值。但是如果设想一下，可口可乐本身出现了质量问题，而公司又没有能够及时处理、公关，导致事态扩大，那么多米诺骨牌效应可能也会马上出现。我国南京“冠生园”公司陈年月饼馅事件，波及其他以“冠生园”命名的企业，社会公众对这些企业避之唯恐不及，使这些企业的生产经营受到极大影响。驰名商标需要一个不断培育、保持和完善的过程，企业如果对此不重视，忽视了对品牌的培养，就会失去驰名商标这一荣誉。我国改革开放30多年，不断有驰名商标被认定，但也有不少驰名商标不再为公众所知，如曾经的中央电视台标王“秦池”，现在早已名声不再。驰名商标评估价值并不是一个确定不变的数据，而是根据各种情况、因素不断变化的，今天评估价值1亿元，明天有可能会暴跌为几百万元。2008年9月三鹿集团以及国内其他乳品生产企业爆发出“三聚氰胺”丑闻，最终导致三鹿集团破产。国内众多乳品生产企业纷纷与三鹿划清界限，唯恐避之不及。2007年年底，三鹿的品牌价值高达140余亿元，但“毒奶粉”事件之后，2008年年底，三鹿的品牌价值已经接近于零。

无论如何，企业需要懂得，驰名商标是创建出来的，即企业通过诚实经营，提高商品或服务质量，取得社会公众、消费者认可和接受，而不可能是一夜之间凭空冒出来的。有些企业希望通过设计比较独特的商标来达到驰名的目的，应该说，商标设计对商标能否驰名具有一定的影响，但不是绝对的。有的企业使用名人的姓名作为商标，但该商标是否驰名并不是由该名人的姓名所能决定的。这是企业创建驰名商标要注意的。

二、商标标志的设计与选择

（一）商标标志的构成要素

《商标法》第8条规定，任何能够将自然人、法人或者其他组织的商品与他人的商品区别开的可视性标志，包括文字、图形、字母、数字、三维标志、颜色组合和声音等，以及上述要素的组合，均可以作为商标申请注册。这一条规定了我国商标标志的构成要素，即包括文字、图形、字母、数字、三维标志、颜色组合和声音等，以及上述各种要素的组合。原来《商标法》强调商标标志的可视性，即为人眼识别的可能性，但是在2013年《商标法》第三次修改之后，我国已经接受将声音作为商标的构成要素，因此，我国将出现越来越多的声音商标注册和使用的情况。目前，某些国家所认可的气味商标尚未被我国所接受，故气味不是我国《商标法》所认可的商标构成要素。

1. 文字

作为商标的文字可以是汉字、汉语拼音、少数民族文字、英文或者其他国家的文字，从广义上来说，字母和数字同样也包含在文字的范围之内。用文字作为商标的构成要素，具有一定的优势。文字商标便于称呼，广告宣传、商品交易中交流也比较方便。由于文字构成商标的显著部分，其文字、字义、字音、字形以及书写方式等起着主要的认读作用，因此易于判断区别，易于保护。但文字商标也易受语言文字的限制，特别是附有该商标的商品营销地区的人们的风俗习惯、社会心理对商标文字的选择影响很大。如非常著名的“golden lion”商标，其中文含义为“金狮”，但在中国香港地区，“狮”与“输”谐音，显然“金狮”商标在香港地区就不能被人所认可，后来其创始人将其改名为“金利来”，取得了意想不到的效果。

一般来说，文字商标中的文字从字面上看是有确定含义的，如“幸福”“永久”等。但是也存在一些商标，其文字不表现出任何含义，或者根本就是生造的文字，如“SONY”“NIKE”等。这些商标的文字一般都是企业费尽周折、花费大量资金才取得的，体现了这些企业的商标战略。这些商标已经成为世界驰名商标，在社会公众中具有广泛的声誉。设计得比较好的文字商标能够产生较大的影响，迅速赢得社会公众的关注。如“娃哈哈”商标，读起来朗朗上口，而且容易产生联想，这样对于品牌的宣传具有事半功倍的效果。我国联想集团曾经长期使用“legend”作为自己的商标，并在海外广泛使用和注册。但是经过调查发现，“legend”这一词汇被广泛使用在各类产品上作为商标，这样联想集团的“legend”商标并不能凸显其特色。经过认真权衡，联想集团决定弃用“legend”商标，而改用“lenovo”商标。

2. 图形

作为商标的图形，其范围非常广泛，有着无限的变化空间和易于表达的视觉外观。它不受语言文字的限制，无论是在使用什么语言文字的国家和地区，人们只要认识图形就很容易识别。图形商标的特点是比较直观，艺术性强，并富有感染力。由于图形商标往往给人以直观的视觉效果，因而往往能够引起人们的兴趣与关注。例如，海尔公司的“海尔兄弟”图像商标，可爱的小男孩形象很容易让人记住海尔公司的产品。但是，单纯的图形商标具有一定的局限性，即这些图形商标很难通过人们的口头方式予以表达出来，虽然人们普遍对该图形商标有所了解，口头表述上的困难将有可能导致该商标难以进一步宣传和传播，特别是某些抽象的图形，由于没有文字作为商标的辅助要素，则这种困难更甚。设想一下，假如 Chanel 公司仅仅使用 Chanel 经典的美女形象而没有 Chanel 这一名称的话，在进行广告宣传如广播或者消费者之间传播该品牌时，将陷入难以准确称呼的境地。

因此在绝大多数情况下，图形要素应当和文字要素一起作为商标的组成部分，而不是单独作为商标，除非该图形商标对于社会公众而言，具有明确的含义，而且便于社会公众称呼。如玫瑰花的图形、燕子的图形等。像我国中央电视台原来所使用的台标，即几个环套在一起的标志，虽然比较形象，但是难以识记、表述，因而中央电视台按照国际惯例，放弃原来的标志而改用“CCTV”标志。中国 2004 年 6 月公布的驰名商标名录中没有一种是单纯意义上的图形商标，要么是文字商标，要么是文字与图形的组合商标。

3. 颜色组合

《商标法》规定，在进行商标注册时，商标注册申请人应当提交商标的图片，需要保护特定颜色的则需要提交商标的彩色图样。显然，商标颜色对于商标具有不可忽视的意义。但是单一的颜色不能独立作为商标的构成要素。我国长期以来禁止将颜色作为商标进行注册，《商标法》在 2001 年第二次修订时，允许注册人将颜色组合进行商标注册。独特、新颖的颜色组合，不仅可以给人以美感，而且能够使人产生强烈的视觉对比效果。例如，壳牌公司的贝壳形状的商标，其实质就是一个颜色组合商标。实际上不同颜色的组合，按照一定规律放置在一起，其效果与前述图形商标有些相同。笔者认为，颜色组合商标亦不能多用，必须与文字商标结合起来，否则将陷于与图形商标相同的情形。

4. 三维构型

上面所提到的三种商标构成要素，都是在平面上表现出来的。而三维构型商标则是以具有长、宽、高三种度量的立体物质形态出现，既可以出现在商品的外形上，也可以表现在商品的容器或者其他地方。三维构型进一步使商标的构成要素得以扩充，企业在选择商标时，选择余地更大。目前比较有影响的三维构型商标有可口可乐公司的“可乐瓶”造型三维商标。由于我国2001年才放开三维构型商标注册，因此到目前为止，企业申请注册三维构型商标的数量还不是很多。雀巢公司曾试图将我国调味品行业广泛使用的长颈方形瓶作为其商标进行注册，这一举动引起了我国调味品行业的强烈反应。

5. 声音

声音或者声响，也可以作为商标的构成要素。一种声音或者一段音乐伴随着某种商品或者服务出现时，往往同样能够使得消费者和社会公众将特定的商品或服务与该声音联系起来，因此该声音就具备了指示商品或服务来源的功能，即该声音可以作为商标来指示商品或者服务。如人们在观看电影时，就会自然地将雄狮低吼的声音与米高梅电影公司联系起来。当然，用声音作为商标的构成要素，必须满足一定的要求。《商标法实施条例》第13条规定，以声音标志申请商标注册的，应当在申请书中予以声明，提交符合要求的声音样本，对申请注册的声音商标进行描述，说明商标的使用方式。对声音商标进行描述，应当以五线谱或者简谱对申请用作商标的声音加以描述并附加文字说明；无法以五线谱或者简谱描述的，应当以文字加以描述；商标描述与声音样本应当一致。

可以预见，声音商标放开注册之后，我国将迎来一个声音商标注册的高潮。

6. 要素组合

上述几种要素既可以单独作为商标注册，也可以选择两个或者更多要素组合起来，注册组合商标。组合商标中包含了多种要素，提供信息较多，比较容易满足商标使用人希望尽可能向社会提供较多信息的心理，同时由于多种要素所涵盖的标记含义范围较大，因而能够尽可能地排斥其他人使用类似标记的可能性。但是反过来，由于组合商标中的要素过多，有可能使得人们难以记忆该商标。一般来说，越简单的标记被人记忆的可能性越大。正是这样的原因，我们在市场上就难以见到包含十几个词汇、多个图形的组合商标，因为这样的商标在满足商标所要求的显著性的情况下，却增加了社会公众、消费者识别的难度。因此，一般情况下，组合商标主要是以文字和图形结合在一起而出现的。

组合商标在注册后应当作为一个整体对待，不可以更换其中组合或者排列，也不可以擅自改动其中某一部分，否则，商标管理部门将对这种行为予以处理。

（二）商标法禁用构成要素

《商标法》在第10条、第11条中对哪些标志不可以作为商标使用、哪些标志不可以作为商标注册作了明确的规定，企业在选择使用商标以及在注册商标时，应当予以重视，否则将导致其标志不得作为商标使用或者无法获得商标注册。

1. 绝对禁止使用标志

《商标法》第10条规定，下列标志不得作为商标使用：

（1）同中华人民共和国的国家名称、国旗、国徽、国歌、军旗、军徽、军歌、勋章等相同或者近似的，以及同中央国家机关的名称、标志、所在地特定地点的名称或者标志性建筑物的名称、图形相同的；

（2）同外国的国家名称、国旗、国徽、军旗等相同或者近似的，但经该国政府同意的除外；

（3）同政府间国际组织的名称、旗帜、徽记等相同或者近似的，但经该组织同意或者不易误导公众的除外；

（4）与表明实施控制、予以保证的官方标志、检验印记相同或者近似的，但经授权的除外；

（5）同“红十字”“红新月”的名称、标志相同或者近似的；

（6）带有民族歧视性的；

（7）带有欺骗性，容易使公众对商品的质量等特点或者产地产生误认的；

（8）有害于社会主义道德风尚或者有其他不良影响的。

以上这些标志，要么与我国国家形象有关，要么涉及对外国政府、国际组织的尊重，要么涉及民族、种族平等，或者社会道德风尚等方面，如果允许将这些标志作为商标使用将产生严重的社会后果。对于某些标志，有些组织如果允许作为商标使用的，则不受该条限制。

另外，根据《保护奥林匹克会徽内罗毕条约》，国际奥委会的相关标志也不得作为商标使用。北京举办 2008 年奥运会，我国对国际奥委会、中国奥委会、北京 2008 年奥运会申办委员会、北京 2008 年奥运会组委会的相关标志也做出了相关规定，未经许可，任何单位、个人均不得擅自使用这些标志。在此之前，北京市第一中级人民法院就曾经对金味公司没有得到中国奥委会许可而使用奥林匹克五环标志一案做出了判决。

2. 地理名称

《商标法》规定，对于县级以上行政区划的地名不得作为商标使用，如番禺、增城，除非该地名具有其他含义，如凤凰、平安等，在《商标法》实施之前已经注册的除外，如上海牌手表等。同时，公众知晓的外国地名也不得作为商标使用。县级以上行政区划名称一般不得作为商标使用，主要是考虑到这些地名作为社会公共标志，不允许被个别企业独占，因为这些标志除了作为地名之外，并不具有其他的含义。考虑到我国商标使用和商标注册的实际，对于由于历史原因或者《商标法》颁布之前已经注册或者使用的地名商标，一定程度上要承认既成事实，允许其继续存在，因为这些商标经过长期使用，已经在相关社会公众中产生了一定的声誉和影响，如果断然禁止使用，反而会造成不利影响。

《商标法》第 16 条规定：商标中有商品的地理标志，而该商品并非来源于该标志所标示的地区，误导公众的，不予注册并禁止使用；但是，已经善意取得注册的继续有效。所谓地理标志是指标示某商品来源于某地区，该商品的特定质量、信誉或者其他特征，主要由该地区的自然因素或者人文因素所决定的标志。例如，广东某产茶叶之地的企业就不得为其出产的茶叶使用“龙井”商标，因为“龙井”作为一种地理标志已经被人们广为熟知，如果其他地方的企业使用“龙井”标志，将会误导公众。

3. 相对禁止注册标志

除了以上绝对不得作为商标使用的标志之外，对其他的标志，《商标法》并没有做出禁止性的规定，即如果企业或者个人坚持将某个标志作为商标使用，则应当允许这些行为，不过这些标志是否能够真正起到商标的作用，则另当别论。为了对这些标志作为商标使用进行规范，《商标法》也规定了某些情形的标志不得作为商标进行注册，这在一定程度上反映了《商标法》对商标注册的引导。

《商标法》第 11 条规定，如下标志不得进行商标注册：① 仅有本商品的通用名称、图形、型号的；② 仅直接表示商品的质量、主要原料、功能、用途、重量、数量及其他特点的；

③ 其他缺乏显著特征的。这些标志不得注册为商标,主要原因在于不能起到区分商品来源的作用,无法满足商标所要求的显著性条件。如“大米”标志显然无法将某一企业所生产的大米与其他企业所生产的大米区分开来,人们无法将“大米”牌商标的大米与其他商标的大米区别开,从而产生实际上的混淆,不符合商标运用的初衷。但是如果将“大米”标志作为玩具的商标则是可以注册的,因为其他玩具生产商完全可以使用其他标志作为商标。关于商品的主要特性的标志,一般情况下也是不能作为商标注册的,否则将可能剥夺其他企业所生产的商品因为具有相同特性而不能使用该标志的权利。但这仅限于商品的主要特性的标志,而不是只要涉及商品的部分属性的标志就一概不得作为商标注册。曾经有企业就“两面针”牌牙膏使用了一种叫“两面针”的中草药,要求商标局撤销“两面针”商标的注册,但最终柳州牙膏厂的“该两面针中草药并非牙膏主要原料的答辩意见”获得了商标评审委员会的认可,维持了商标注册。一项标志如果经过长期使用,已经在相关社会公众中产生良好声誉,或者说已经建立了该标志的第二含义,从而使该标志因为使用而获得了显著性,则可以进行注册。因此,某项标志是否能够注册并非绝对,而要看该标志是否具备了商标注册所需要的显著性条件,如果满足了这一条件,则当然可以注册。所以目前有很多企业准备将某些标志作为商标使用并拟今后予以申请注册,但不能确定是否可以获得注册。为了保险起见,这些企业先在其生产销售的商品上使用这些商标,并给出明显提示,如在该标志边添加“TM”标记,以告诉社会公众该标志作为该企业商标正在使用。这样,经过较长时间的使用,企业就可以以此作为该标志已经获得第二含义,取得了显著性为由要求商标局进行注册。但这种情况下,要防止他人抢注。

另外,根据《商标法》第 12 条规定,以三维标志申请注册商标的,仅由商品自身的性质产生的形状、为获得技术效果而需有的商品形状或者使商品具有实质性价值的形状,不得注册。这对三维构型商标的注册构成了一定的限制,因为前述几种情形的标志如果允许注册,同样将影响到生产、销售相同商品的其他经营者对这些标志的正当使用。

(三) 商标标志的类型及选择

按照商标显著性程度不同,可以将商标分为以下几种类型:创新性商标以及奇特或图案鲜明的商标、暗示性商标、描述性商标、分类性商标。不同类型的商标,其体现的显著性程度各有不同,这势必影响到商标是否能够成功注册。

1. 创新性商标以及奇特或图案鲜明的商标

创新性商标是为使用于某一商品而独创的,它本身不仅不对其标志的商品或服务作任何描述,不传递任何有关商品服务的信息,更重要的是商标所使用的文字、图形也不代表其他任何事物,不发挥任何其他功能。一般来说,创新性商标标志是生造的,该标志在创作出来之前是不存在的,因此这种标志天然就具有显著性,如“SONY”“adidas”“Kodak”等。对于创新性商标,其适用范围可以是全部商品类别,在任何商品或者服务上都可以进行注册,而不会受到限制。但是完全绝对的创新性商标,其创设需要花费巨大的人力、物力,日本“SONY”商标、美国“Exxon”商标设计的故事就已经说明了这一问题。SONY 创业之初有一个不太吸引人的名称“东京通信工业”,创办者决定将公司名字改成四五个英文字母拼成的名字,要短促有力,一定要令人印象深刻。经过长期的研究,拉丁文“SOUNDS”(表示“声音”之意)被选中,其与公司产品性质相符合。由于公司创始人盛田先生最喜欢的歌“阳光男孩”(Sunny Boy),改成 Sonny,其中也有“可爱”之意。为了要适合日本文化（“sonny”在日本读音为“赔钱”），把第二个“n”去掉，“SONY”的大名终于诞生。经过SONY公司的不懈努力，最终将“SONY”商标创建为世界驰名商标。我国企业在完全创新性商标设计上，成功的还不多见。

奇特或者图案鲜明的商标是指除了通过市场知识了解的特性外，这类商标并不反映商品的特性。这种商标除了包括创新性商标之外，还包括其他与商品没有任何联系的标志作为商标的情形，如“长城”牌电扇、“红梅”牌香烟、“幸福”牌摩托车等。

2. 暗示性商标

暗示性商标是间接地描述或者影射它所表明的商品或者服务，虽有一定的描述性，但区别性是主要的，即主要还是突出其特征。如果一个商标只是通过想象、思考或者知觉来反映一个产品的特性，这种商标就是暗示性商标。商标的暗示性这一特性并不是任何企业都能够想到并在商品上加以使用的，或者其他企业通过某种方式可以附会的。也就是说，这种暗示性标志并非商品使用标记的唯一元素，允许部分人使用该标志并不会影响其他人对商品特性的正常描述，尽管暗示性标志可能或多或少使人对商品的特性有所认识和了解，但是这种认识和了解只是一种间接的而非直接的判断，因而应当允许人们使用暗示性标志作为商标使用并予以注册。目前有大量的商标都是暗示性商标，如“健力宝”“上好佳”“益力多”“护彤”等。其实前述的“健力宝”“上好佳”等商标，如果单就其中某一个字来说，其实是符合商标相对禁止注册条件的，因为这些词语在一定程度上将反映出商品的质量、性能或者数量，并且在将这些标志最初作为商标使用时，显然并不会具有显著性，所以这些标志作为商标注册存在一定的障碍。但是，这些标志作为一个整体时并不能反映出商品的主要相关属性，且由于我国词汇之中并不存在这些汉字的组合，因而将这些常见的词汇经过一定的排列组合形成的新标志具有商标法所要求的显著性，满足注册的要求，对这些标志进行商标注册也就不存在什么问题了。

同时一些企业通过比喻、双关、借代等形式所创设的一些标志，同样对商品的相关属性会予以间接反映。我国由于悠久的文化、历史、传统等原因，使得我国企业在运用这些方式设计商标时得心应手，设计了大量的暗示性商标，如“白玉”牙膏、“雪花”啤酒、“长安”汽车、“湘泉”酒、“小护士”护肤品等。这些暗示性商标的成功之处就在于通过商标本身引导消费者认识和理解商品的功能和用途。

目前以上两类商标在我国商标注册数量中占据主导地位。

3. 描述性商标

所谓描述性商标是指商标中直接描述了商品的某一特性，如商品的质量、性能、用途、数量、功能等，从而将商品的有关信息直接表达出来，如“棉纱”牌衬衣、“玉米”牌烧酒等。这些描述性商标由于直接对商品的有关特性进行了表述，一旦允许对其进行注册，将会影响到其他生产经营者所提供的相同商品对有关特性的表述，影响到公共利益，因此这些标志一般是不允许进行商标注册的。但是《商标法》规定，这些描述性标志在经过使用后获得显著性的，可以予以注册，因此并不能认为描述性标志就一定不能获得商标注册。“五粮液”商标其实就是一个描述性商标，假如放在今天申请注册的话，并不一定能予以注册。但由于其经过长期使用之后，已经在相关社会公众之中建立了良好的社会声誉，因此而获得注册。

关于使用地名商标来表示商品的来源，《商标法》并不禁止使用地名商标，除了特别规定的情形之外。但是,如果某个地方的地名恰好与某种特定商品的地理标志地名相同,则在该地出产的与地理标志所在地出产的同种商品之上,不得使用该地理标志名称作为商标注册,因为一旦注册,则将会使社会公众产生混淆。

另外,个人的姓名作为商标也将会对该商品的来源进行直接描述,因而也构成描述性商标。要特别注意的是,对于使用与名人相同的姓名商标,在注册商标时不得与名人构成混淆。例如,一个叫姚明(并非球星)的人,在体育用品上注册"姚明"商标,将可能不能获得注册,因为消费者看到该商标时实际上会将该商品与球星姚明联系起来,而不会想到彼姚明。虽然姓名权的行使是个人的正当权利,但是在这种情况下,姓名权是否就一定能够运用于商品上作为商标权行使,则要受到一定条件的限制。

4. 分类性商标

所谓分类性商标,是指将商品的分类特征的相关标志作为商标,如商品通用名称、图案、型号等。一方面,由于商品分类涉及对商品的准确划分,方便对不同商品的管理,以及社会对商品的正常使用,商品分类的相关标志应该作为公共资源的一部分,任何人都无权予以占用,当然也就不得将这些标志作为单个个人或者企业的商标来使用。另一方面,如果使用了这样的标志作为商标,必然将引起社会混乱。如"大米"牌大米面世,必将使人不知所云。对这类标志,显然不可能通过对该标志的长期使用而获得显著性,从而进行商标注册。

我国药品行业由于药品名称与药品商标注册制度不协调,曾经引发了普遍的药品名称与药品商标之争,不仅企业之间引发了无数的纠纷,同时政府有关部门也卷入了纷争之中。深圳南方制药厂的"三九胃泰"商标由于与有关部门所收录的药典中"三九胃泰"药品相同,因而被海口市制药厂要求撤销"三九胃泰"商标,其理由是"三九胃泰"是该药品的通用名称,按照《商标法》规定,通用名称不能注册商标。《经济日报》曾经数次专版对此案件进行过报道。

三、企业商标权的取得方式

商标权的取得,一般来说可以有两种方式:一是通过使用商标来取得;二是通过商标注册来取得。目前我国对这两种方式取得商标权基本上没有强制,注册与否采取自愿原则。但需要注意的是,对于烟草制品企业来说,其所提供的商品必须使用注册商标,否则其商品不能上市销售。

(一)商标使用

有很多企业在刚刚推出产品的时候,还没有完全考虑商标注册的事情,或者有些企业仅仅是为了完成某一项目而成立,并提供相应商品,是否长期经营可能还没有考虑,还有一些小企业根本就没有打算注册商标。按照我国法律规定,除了个别商品类别之外,商标使用人可自行选择商标并使用,不需要到商标局注册,未注册的商标同样可以使用。但是,《商标法》中所说的"商标权"是注册意义上的商标权,因此对于未注册商标,其权利来源显然就不是《商标法》,权利人也不能援引《商标法》对其未注册商标进行保护。这种权利一般只能认为是一种事实上的权利,要保护需要按照民法一般原理以及《中华人民共和国反不正当竞争法》(简称《反不正当竞争法》)的有关规定来进行。相对于《商标法》对注册商标的绝对保护,通过其他法律保护未注册商标具有一定的难度,需要满足较严格的条件。

作为权利人来说，其需要承担过重的举证义务，否则将很难受到保护。一旦他人将该商标注册，则意味着给他人做嫁衣裳。北京亚运会之前，有一家生产饮料的企业，其商标为“维尔康”，由于给亚运会提供赞助并进行了广泛宣传，具有一定知名度，但是该商标没有注册，之后反而被另外一家企业注册了商标，最终其不得不痛失“维尔康”商标。

未注册商标在使用时由于不需要到有关部门进行审查，则可能会因为违反《商标法》中商标绝对禁止使用条件而受到查处，所以，通过使用方式取得商标权时，应当注意不要使用一些特殊标志，如国家标志、特定组织的标志、其他公用标志等。

虽然以使用方式能够比较容易取得商标权，但是企业应当注意其中所包含的风险，不要出现上面所举例子的情形，在企业发展到一定阶段时应当尽量对其使用的商标进行注册。对于有更大抱负的企业，更应该注意这个问题，不仅要在国内注册，还要根据自己产品的销售以及潜在市场，选择不同的国家进行商标国际注册，不要出现类似海信公司“Hisense”商标被西门子公司抢注的情形。在有些国家，虽然并没有要求商标必须注册，但是在保护时是以注册商标为主的。国际化企业要根据所在地国家的法律规定，进行商标注册。

（二）商标注册

取得商标权的另一种方式是通过注册机关对商标的核准注册而取得。一般来说，商标注册，并不需要一定在商品上使用商标，按照通行做法，只要商标注册申请人具有“使用意图”就可以在相关商品类别上申请商标注册，并最终获得核准注册。但是通过核准注册的商标，其商标权的维持却需要企业满足一定的条件，即必须使用商标，如果在相当长的时间内连续不使用商标，则可能会导致商标权的丧失。《商标法》规定，商标注册人如果在连续三年时间不使用注册商标的，则商标局可以撤销商标注册。

我国对烟草制品上的商标使用有强制性要求，即必须使用注册商标。这样规定，主要是希望达到对这些特殊商品进行监管的目的。

对于商标注册，商标注册申请人必须按照规定的程序提出申请，由商标局受理进行审查，审查合格的才能予以登记并公告。在商标注册之后，按照《商标法》的规定，有关单位、个人有权进行监督，提出不同意见，要求商标评审机关对不符合商标注册条件的商标撤销注册。同时商标局也可以依职权对已经注册的商标进行监督，如果属于不应当注册的情形，则可以撤销商标注册。

四、企业商标的注册

（一）企业商标注册的重要意义

通过商标注册，企业能够取得商标专用权。这种方式虽然不是商标权取得的唯一方式，但是对商标注册人来说却具有重要意义。首先，商标注册意味着商标权的确认。商标注册机关对企业的商标注册申请进行审查核准，决定予以注册，进而对社会进行公告。这种公告具有公示效果，一旦公告，则意味着全体社会公众已经周知该商标注册事实，即全体社会公众承认该商标权由注册人享有。在我国，商标专用权的取得以注册为依据，而并不会参考该商标是否真正投入商业性使用。其次，商标注册意味着商标权范围的确定。对企业来说，其商标专用权范围限于在注册的商品上使用该核准注册的商标；商标禁止权的范围则较专用权范围大，即扩大到在与注册商品相同或类似的商品上使用与注册商标相同或近似的商标或者其他商业标记,商标权人可以在这个范围内行使商标权。再次,商标注册的地域范围为注册的整个地域范围内,在该地区的任何地方,商标权都同样受到保护。而对于未注册商标,则不能当然受到这种对待。最后,在发生商标权侵权时,商标权人一般可以按照"无过错责任原则"要求侵权人承担侵权责任,商标权人的举证义务较弱。与之相反,未注册商标的权利人要证明侵权人侵犯了其商标权,举证责任要大得多。

(二)企业商标注册的途径

企业决定通过申请商标注册来取得商标权,就必须按照《商标法》规定的程序提出商标注册申请。国内的申请人办理各种商标注册事宜有两种途径:一是直接到商标局办理;二是委托国家认可的商标代理机构代理。两种途径的主要区别是发生联系的方式不同和提交的书件稍有差别。在发生联系的方式方面,直接到商标局办理的,在办理过程中申请人与商标局直接发生联系;委托商标代理机构办理的,在办理过程中申请人通过商标代理机构与商标局发生联系,而不直接与商标局发生联系。在提交的书件方面,直接到商标局办理的,申请人除应提交的其他书件外,还应提交经办人本人的身份证复印件;委托商标代理机构办理的,申请人除应提交的其他书件外,还应提交委托商标代理机构办理商标注册事宜的授权委托书。国内的申请人直接办理商标注册事宜的,应到商标局的商标注册大厅办理。

外国人或外国企业在中国办理商标注册事宜必须委托商标代理机构代理,但在中国有经常居所或者营业所的外国人或外国企业除外。

凡在所在省、自治区、直辖市工商行政管理局注册的专门从事知识产权代理业务的有限责任公司或合伙企业,可以办理面向商标局的代理业务,获得国家商标局批准之后就可以从事商标代理业务。通过商标代理机构进行商标注册,要比自行申请注册具有一定的优势,如商标代理机构的专业性、相对低廉的收费等。

五、企业商标注册须注意的问题

企业申请商标注册时,应当注意下列有关问题。

(一)商标注册人名义

我国市场主体类型很多,企业形式各异,既包括组织机构比较正规的有限责任公司和股份有限公司,同时还有设立相对比较灵活的合伙企业以及独资企业。另外,根据《中华人民共和国公司法》(简称《公司法》)规定,允许设立一人公司。不同的企业形式在注册商标时应注意到底以谁的名义进行商标注册。商标注册人名义不同,将意味着商标权归属不同,对企业以及企业经营者有特别的意义。

有些合伙企业、独资企业的投资人或者一人公司的股东往往以个人名义进行注册,然后再将商标许可给企业进行使用,这样商标权就可以为个人所拥有,同时不影响企业运作。我国很多合资企业所使用的商标也是外国合资者注册的商标,然后由外国商标权人许可合资企业使用,这样做在短期内对合资企业有利,同时对中方合资者也有利。但是从长远来看,由于合资经营一直使用的是外国品牌,合资期满之后,并不能形成我国的民族品牌。我国合资企业中这方面的教训很多,特别是合资企业把中方具有一定知名度的商标作价作为出资,但是由于外方坚持使用外方商标,中方商标长期处于搁置状态,这就事实上形成了民族品牌的流失。上海家化与美国某公司共同成立的合资公司,曾经将上海家化的"美加净"

商标作价 1 000 万元作为出资,但是合资公司一直不用该商标,最后上海家化不得不花累计将近 3.6 亿元巨资将该商标重新赎回。赎回之后,上海家化迅速将“美加净”商标投入使用,重新获得市场认同,销售额增长几倍。

(二)商标注册商品类别

商标注册是按照商品与服务分类表进行注册的。按照国际条约规定,目前所有商品与服务一共分为 45 大类,每一商品或服务类别都必须单独注册。对于没有注册的商品或者服务类别,商标权人并不能对其注册的标志享有商标权。因此,企业在申请商标注册的时候,必须根据本企业生产经营的类别及今后发展的方向,在相关商品或服务类别上进行注册。

(三)联合商标与防御商标的注册

企业在注册了自己需要使用的商标之后,可以根据具体情况来进行联合商标和防御商标的注册,从而更好地保护自己注册的主商标的正常使用和商标权。联合商标注册是将与主商标相近似的一些标志在主商标注册的商品类别上注册,一般仅使用主商标,而联合商标并不使用。例如,娃哈哈公司注册了“娃哈哈”商标之后,还注册了“哈哈娃”商标,“哈哈娃”商标就是联合商标。联合商标一般仅作防御用,而不会实际在商品上使用。对于联合商标,一般不要求满足使用义务。防御商标注册是指在一类商品上注册一个商标之后,觉得有必要在其他商品就相同标志注册同样的商标,以便于今后在该类商品类别可以用相同的商标进行经营,有利于企业开展自己的商标战略。

联合商标和防御商标的注册是商标注册人转变商标保护思路,将商标权侵权的事后保护、被动保护变为商标注册时的事前保护、主动保护。这样将免除商标侵权案件发生后烦琐、困难的举证要求,即判断两个商标之间是否构成近似,而直接以商标相同来进行判定。也就是说,如果侵权人使用的是权利人的联合商标,则不需要拿主商标与侵权人所使用的商标进行对比,而是用联合商标与侵权人的商标进行比较,这样就比较容易确认侵权。

(四)其他注意事项

目前国际上比较通行的商标注册的原则是“申请在先原则”,我国也采用这一原则,即按照申请商标注册的时间先后来决定最终的商标注册归属。所以,如果企业打算在将商标使用一段时间之后再行注册的话,此时将冒较大的风险,即如果他人在企业提出商标注册申请之前已经在相同商品或服务类别提出了商标注册申请,则此时该企业将无法获得商标注册。虽然该企业可以在先权利为由要求商标局对他人的申请不予注册,或者要求商标评审机关撤销他人的商标注册,但是这种在先权利的维护事实上比较困难,先使用商标并不必然构成对他人商标注册撤销或者禁止注册的绝对理由。因此,企业在使用商标之前必须谨慎从事,不要贸然对未注册商标进行宣传,而要及早提出商标注册申请。

在我国企业纷纷走出国门之际,到外国申请商标注册已经成为越来越多的企业的自主选择。到哪些国家申请商标注册,什么时候注册,不能不说是非常关键的问题。我国企业可以充分利用《巴黎公约》中对商标注册的优先权原则,在我国首次提出商标注册申请之后,在 6 个月的时间内充分考虑选择在哪些国家注册商标。优先权能够使商标注册申请人在优先权期限内免除他人先于自己提出商标注册申请而使商标权旁落的后顾之忧,因为只要在规定的优先权期限内在《巴黎公约》成员国提出商标注册申请,该申请就相当于申请人在最初提出商标注册申请一样,也就是说,最早的申请日视为在他国申请商标注册的申请日。

第三节 著作权的产生与软件的登记

一、与企业有关的著作权

著作权是与作品创作有关的权利。《著作权法》中所规定的作品种类很多,如文字作品、口述作品、美术作品、音乐作品、摄影作品、建筑作品、曲艺作品、舞蹈作品等。随着现代科学技术的发展,一些新的作品形式得以涌现,如美国所称的掩膜作品(mask works,通常称为集成电路布图设计)、多媒体作品、数据库等。作者或者其他权利人对这些作品所享有的复制、发行、出租、翻译、广播等经济性权利,就是一般意义上的著作权。但是,从完整意义上说,著作权是人身权和财产权的统一体。人身权主要是与作者人身相关的权利,一般不具有财产意义,对企业而言,人身权一定程度上呈弱化状态。此处仅针对财产权进行简单介绍。

从广义上说,著作权还包括邻接权,即传播作品的传播者所享有的权利,具体而言,主要是指出版者权、表演者权、录音录像制品制作者权等。

(一)常规意义上的著作权

从我国企业构成来看,大部分企业是从事有形产品的生产、制造和销售的,对这些企业而言,其关注较多的是通过提升技术水平和技术能力,取得技术成果,最好能够获得专利权,以此在市场竞争中占据主导地位,取得竞争优势。而对于著作权则关注较少,或者虽然企业有些作品,如企业规划书、产品说明书等,但企业认为这些作品意义不是很大。因此一般的文字作品、美术作品、口述作品等,不会受到企业重视并作为企业财产对待。只有那些从事知识产品生产以及传播这些产品的企业才会对著作权给予足够的重视,并列为企业重要的财产权加以对待,如音像出版企业、唱片制作公司、电影企业及刚刚兴起的动漫企业、网络经营企业等。可以说,著作权是这些企业的生命线,没有了著作权以及著作权保护,这些企业就不可能在市场中获得立足并发展壮大。

根据目前比较常见的著作权侵权行为,企业比较关注的著作权权利主要有:

1. 复制权

复制权是指权利人通过多种方式将作品制成一份或者多份复制件的权利。复制权是一切著作财产权的基础,除了极少数作品之外,绝大多数作品的著作财产权的实现,都必须依赖于作品的复制,只有将作品予以复制,才能将众多作品复制件通过发行行为向社会公众传播。企业通过行使作品复制权,就能够使最基本的作品使用行为控制在自己的掌控之中。

2. 发行权

发行权是指权利人将作品原件或者复制件以有偿或者无偿的方式传播给社会公众的权利。如果说复制权是著作财产权的基础,那么发行权则是著作财产权行使的手段。有了作品的复制件,如果没有发行行为,著作权人的财产权仍然不可能得到真正实现。广义上的发行行为包括发行、出租、表演等行为。

3. 出租权

出租权是指权利人以出租的方式向社会公众提供作品复制件的权利。出租权的特别之处在于,只有几种有限的作品的著作权人才能享有出租权,而大多数作品并没有出租权的问题。在我国,出租权限于视听作品以及计算机软件这些作品,主要原因在于这些作品的创作不仅包含了创作者的辛勤劳动,而且每一件作品创作完成都有巨大的投入,但是对这些作品的复制却十分方便,成本非常低廉,如果不对随意出租的行为设置一定的障碍,就会对权利人造成巨大的损失。

4. 信息网络传播权

信息网络传播权是新规定的一种著作权,是指以有线或者无线方式向公众提供作品,使公众可以在其个人选定的时间和地点获得作品的权利。随着互联网的日益发展和普及,各种形式的作品都可以被权利人之外的人上传到网络上。由于互联网的特点,权利人对其作品的上传和他人对上传作品的下载以及其他方式的利用都难以控制和干预。信息网络传播权的设置,使得权利人能够依法对这些未经许可的行为进行制止,能够比较好地保护其著作权。

(二)几种特殊形式作品的著作权

1. 计算机软件著作权

如果软件没有著作权的保护,将是软件行业的噩梦,将没有企业、个人愿意从事软件的开发。美国微软公司在短短 20 年左右的时间就迅速发展为世界第一的软件企业,企业总财富世界排名前列,著作权保护可以说至关重要。没有著作权制度,就没有微软的今天。微软公司至今仍在不遗余力地推动“使用正版”运动,就是希望通过著作权的保护继续维持其行业领先者的地位。当然,我们也必须看到,微软公司每年投入了巨大的资金和数量众多的技术人员对其已经开发的操作系统软件进行更新、完善。没有著作权制度也不可能催生今天的微软,社会当然也就无法享用功能越来越强大、性能越来越好的计算机操作系统软件和办公软件。

计算机软件包括计算机程序和文档。计算机程序是指为了得到某种结果而可以由电子计算机等具有信息处理能力的装置执行的代码化指令序列,或可以被自动转换成代码化指令序列的符号化指令序列或者符号化语句序列。文档是用来描述程序的内容、组成 / 设计、功能规格、开发情况、测试结果及使用方式的文字资料和图表,如程序设计说明书、流程图、用户手册等。由于计算机文档本质上就是文字作品,因此我们通常所说的计算机软件是指计算机程序部分。虽然从形式上看,计算机程序与文字作品有些类似,如某些用计算机语言编写的程序,看上去就是文字作品,但是由于这种作品可以被计算机等装置运行处理,能够得到人们想要的结果,因而和一般的文字作品就有所不同。尽管国际公约要求对计算机软件按照文字作品进行保护,《著作权法》也做出了同样的要求,但考虑到计算机软件不同于一般文字作品的特性,我国另行颁布了《计算机软件保护条例》对计算机软件进行专门保护。

根据《计算机软件保护条例》规定,受保护的软件必须由开发者独立开发,并已固定在某种有形载体上。这样计算机软件保护与一般作品著作权的保护有所区别,即计算机软件著作权的保护需以固定为前提,而一般作品并没有这种要求,如口头作品、音乐作品、舞蹈作品等。这主要是考虑到计算机软件比较复杂,不固定就难以对计算机软件本身进行认定,当然也就更谈不上对其进行保护了。

对于软件开发企业,其技术开发人员开发出的软件,软件著作权归企业享有,开发软件的作者仅享有在软件作品上署名的权利,这一点也和一般作品中职务作品的著作权归属有所不同。一般作品中的职务作品,大多数情况下其著作权仍然归完成作品的个人享有。因此,企业的软件开发人员“跳槽”到另外的企业之后,继续利用在原开发单位开发的软件进行的深化、升级、非本质的变更等都是非法的,是对原企业软件著作权的侵权行为。这种现象时有发生,应当引起重视。同时,企业还应当在劳动合同中明确规定职工的权利与义务,不允许职工擅自泄露本企业所开发的软件,也不得在离开企业后,在其他与本企业有竞争关系的单位利用原企业开发的软件。接受“跳槽”人员的单位也应当注意不能通过接受这些人员而获取或者利用其他企业的软件,否则将构成对该职工原来所属企业的软件著作权的侵权。

2. 多媒体作品著作权

多媒体作品是随着计算机技术而发展起来的一种新的作品类别,它突破了传统作品的表现形式,集文本、图片、计算机图形、动画、声音、视频于一体,其最大的特点是交互性。正是这种特性,使得我们将多媒体作品与影视作品相区别。多媒体作品其实并非单纯一个作品,而是由众多作品按照一定的形式进行编排,其中涉及众多作者的共同参与。所以从作品的数量上看,多媒体作品有些类似于汇编作品。但是从多媒体作品的参与人员来看,多媒体作品又有些类似合作作品,这些作者按照设计创作出各种类型的供人们交互学习、欣赏的利用现代计算机技术支持的作品。

生产多媒体产品的企业在保护自己的多媒体作品著作权时,要注意运用综合的方式、手段,要看到可能对其著作权造成侵害的不同形式,如摘编其中的文字部分、转录其中的音乐、复制软件等。但与此同时,由于多媒体作品中所涉及的作品类别、数量很多,多媒体企业组织进行作品创作时,一定要注意对他人著作权的尊重,在使用他人作品时,要取得他人的授权,否则一旦陷入侵权纠纷中,将可能影响到多媒体产品的生产、销售等后续工作。

3. 数据库著作权

从法律意义上讲,数据库并不仅仅限于电子数据库,而应当是“把按一定的组织形式编排的相互关联的数据信息的汇集,无论其是以印刷形式还是以计算机存储形式或其他形式存在的,都视为数据库”。世界知识产权组织(WIPO)通过的《世界知识产权组织版权条约》规定:数据或其他资料的汇编,不论采用任何形式,只要由于其内容的选择或编排构成智力创作,其本身即受到保护。这种保护不延及数据或资料本身,亦不损害汇编中的数据或资料已存在的任何著作权。这里的数据或其他资料的汇编,一定程度上可以理解为数据库。目前我国并无对数据库的具体规定,只是在《中华人民共和国著作权法实施条例》(简称《著作权法实施条例》)中有关于“汇编”的规定:根据特定要求选择若干作品或若干作品的片段汇集编排成为一部作品。这可以在一定程度上理解为数据库。

当今国际社会对数据库的保护还没有统一认识,美国、欧盟各有做法。1995 年欧洲议会通过了《数据库法律保护指令》,决定采取特别权利保护体系保护数据库。而美国则以建立在反不正当竞争保护基础上的特别著作权保护方式来保护信息汇集,这表明美国不希望与欧盟保持相同的做法。目前世界上对于数据库保护的现状是各国自己采用符合各国国情的法律制度加以保护。从目前各国的立法现状看,建立统一的数据库保护条约还需要一定的时间。但是,这不是说建立世界性的数据库保护条约不必要,相反,还非常紧迫。这是由世界性的数据库信息交流所决定的。不断发展的数据库产业促使各国政府加强对数据库的法律保护措施,从而保护数据库投资者的利益。目前不能形成对数据库一致的保护意见,主要是由于几个数据库产业大国为了自身利益的需要而各行其是,但为了在世界范围内推行其数据库产业,从中获取利益,数据库的国际性条约出台指日可待。世界知识产权组织为数据库的保护而不断做出立法尝试就充分说明了这一点。

我国企业开发的数据库能否在我国得到保护,关键在于其是否可以按照我国《著作权法》关于汇编作品的认定而被确认为汇编作品,即在数据库构成材料的收集上是否体现了编排者独创性的编排、构思。如果符合,则可以作为汇编作品来享有著作权,否则不应受到著作权的保护。至于数据库中具有独创性的构成材料本身,由于其从创作完成时就是著作权的客体,因此当然受著作权的保护,这是不言自明的。

二、著作权的产生

我国企业在从事作品的生产、传播时,需要对著作权的产生有清楚的认识,并应注意到不同国家和地区关于著作权取得的不同做法,以更好地维护自己的著作权。

(一)著作权创作完成取得

著作权"自动产生原则"也可以称为著作权"自动保护原则",早在1886年《保护文学和艺术作品伯尔尼公约》中就已经明确,即一件作品一经创作完成,即自动享有著作权,受著作权法保护,不需要办理任何手续,也不需要满足任何形式上的要求。通过这个原则确定著作权对著作权人比较有利,作品一旦完成,不会因为任何人为因素而丧失著作权,能够更好地保护著作权人的利益。《著作权法》中也采纳了这一原则。

(二)著作权登记取得

世界上有一些国家和地区对著作权的取得有特别要求,即作品创作完成之后,作者必须将作品拿到有关部门进行登记,将登记作为著作权取得的依据。当然不同国家对此规定稍有不同,如有的国家要求作品无论是否发表都必须登记;而有的国家则要求已发表作品必须登记才能使原来所享有的著作权得以延续,否则将停止原有的著作权;也有国家规定作品发表之后在登记宽限期内登记,如果没有登记则永远丧失著作权。

另外,还有一些国家也有著作权登记,但是这种登记并不是作为著作权取得的依据,而是要么作为登记者享有著作权的初步证明,要么作为著作权在司法诉讼中享受保护的前提。

(三)著作权加注标记取得

有些国家和地区要求,作品创作完成之后,作者必须在作品出版时的每份复制件上加注著作权标记才能取得著作权。按照《世界版权公约》的规定,著作权标记包括三项内容:"著作权所有"或者加注"C"(copyright的缩写)或"P"(音像出版物中phonogram的缩写);著作权人的姓名或名称;作品出版年份。如果没有添加上述标记,就不能享有著作权。我国也加入了《世界版权公约》,因此在《世界版权公约》成员国国内,如果它们并没有加入《伯尔尼公约》,则我国企业就要注意在自己出版的作品上添加相应的著作权标记。

虽然我国国内法并没有要求在作品上添加著作权标记,更没有以此作为取得著作权的依据,但是国内许多出版物都包含了这些著作权标记,这也可以看作是国内出版企业以及著作权人对著作权的重视。

三、软件著作权登记

我国《计算机软件保护条例》规定，软件著作权人可以向软件登记管理机构办理登记申请，申请登记获准后，由软件登记管理机构发放登记证明文件，并向社会公告。虽然软件著作权自软件创作完成时自动取得，并不需要通过登记这一手续，但软件开发企业开发软件后，对软件著作权进行登记具有一定的意义。

（一）软件著作权登记的作用

首先，软件著作权登记具有证据的效力。在我国 1991 年《计算机软件保护条例》中，曾经对计算机软件强制性要求进行著作权登记，并以此作为软件著作权取得保护的依据。但是最高人民法院在 1994 年出台司法解释，司法审判中不承认软件著作权登记是确认软件著作权的唯一依据，认为软件著作权登记事项是登记人享有软件著作权的初步证明。在 2001 年修订的《计算机软件保护条例》中，对此问题做了进一步明确规定，软件著作权人可以向国务院著作权行政管理部门认定的软件登记机构办理登记，软件登记机构发放的证明文件是登记事项的初步证明。企业通过著作权的登记，有利于迅速顺利解决因软件著作权利用而造成的纠纷，在没有其他相反证据的情况下，进行软件著作权登记的人就可以以此登记作为自己享有著作权的证据，并最终主张著作权。

其次，我国为了鼓励软件产业的发展，颁布了一系列优惠政策。这些政策的落实，要求软件开发企业进行软件产品著作权登记。软件开发企业可以凭借软件著作权登记证书向政府管理部门和税务机关申请享受各种优惠政策的资格。

最后，软件著作权登记证明是软件开发企业进行软件采购、无形资产评估中要提供的证明文件。

（二）软件著作权登记的部门

按照我国《计算机软件保护条例》，软件著作权登记主管部门由国务院著作权行政管理部门认定。按照《计算机软件著作权登记办法》的规定，国家版权局认定中国版权保护中心为软件登记机构，经国家版权局批准，中国版权保护中心可以在地方设立软件登记办事机构。中国版权保护中心是国家设立的综合性著作权社会管理机构和社会服务机构，其指导思想和根本宗旨是认真贯彻《著作权法》及其他保护著作权的法律法规，以维护著作权人及相关权利者的权益为中心，帮助他们正确地行使自己的权利，促进著作权在社会文化和经济生活中发挥作用，促进中国著作权产业的发展。同时，中国版权保护中心受国家版权局委托，行使机构改革前部分由国家版权局版权司行使的职能。

中国版权保护中心的主要职责有：

（1）著作权登记。受国家版权局委托，进行计算机软件著作权登记；台、港、澳地区作品的著作权登记；涉外作品著作权登记和认证；著作权质押合同登记；涉外音像、电子出版物的出版合同登记。

（2）著作权法律服务。主要包括：著作权法律咨询；调解著作权纠纷；代理著作权诉讼；为著作权人或著作权产业单位提供常年法律顾问服务等。

（3）著作权使用报酬收转。

（4）著作权鉴定。应司法和著作权行政管理部门的要求，对作品的权利归属、侵权性质进行技术鉴定。

（5）其他与著作权有关的事务。

第四节 其他知识产权的取得

一、商业秘密权的取得

（一）商业秘密的含义

商业秘密是一种技术信息或者经营信息，也有人将其称为未公开的信息，这种信息由其特定的持有人以信息管理的方式保持其秘密性。《反不正当竞争法》中将商业秘密定义为：不为公众所知悉、具有商业价值并经权利人采取相应保密措施的技术信息、经营信息等商业信息。从这个定义可以看出，商业秘密是一种技术信息和经营信息。技术信息我们称为技术诀窍，或者干脆称为Know-How，是在劳动生产、技术操作方面的经验、知识和技巧的总称，主要包括未申请专利的保密的关键性技术，如秘密配方、技术诀窍等。经营信息是有关筹划经管、组织计划方面的信息，主要指企业经营运作中的保密性重要信息，如客户名单、供货渠道、市场开发规划等。无论是技术信息还是经营信息都具有价值，会使竞争主体在竞争中取得优势。与市场竞争有关的商业信息是形形色色的，这些信息并非全部受法律保护，受《反不正当竞争法》保护的商业秘密只是这些信息的一部分，而要了解哪些商业信息受《反不正当竞争法》保护就要研究商业秘密的构成要件。

（二）商业秘密的法律要件

一般认为，商业秘密须具备秘密性、价值性、实用性、保密性四个构成要件。

1. 秘密性

秘密性是指该商业信息不为公众所知悉，也就是说该信息是不能从公开渠道直接获取的。这种秘密性具有一定的相对性，是相对秘密性，并不是说该商业秘密除所有人以外在国内或者国际上绝对没有人知悉，而是指未在本行业内众所周知。从积极的角度讲，商业秘密可以为一定范围内必须知道的人（或者说负有保密义务的人）所知悉，这种知悉不影响商业秘密的存在；从消极的角度讲，商业秘密不能为不负有保密义务的人所知悉。比如说对于时间已经超过专利保护期限的失效专利，尽管专利信息已经向社会公开，但是这项专利并没有被实施过，社会中大部分公众并不知悉有这样的技术存在，而某个人或企业将该技术应用到生产上来，这样的技术对于不知悉该技术的相关公众而言就具有秘密性。另外，这种相对秘密性还表现在地域性上，在一个地方是公众知悉的信息，在另一个地方就不一定为公众所知悉，这时并不妨碍一地所公知的信息在另一地成为商业秘密，只要在另一个地方符合商业秘密的其他构成要件。

2. 价值性

价值性是指商业秘密现在使用或者在将来予以使用，能够给持有商业秘密的权利人带来现实的或者可以实现的经济利益。这种价值性是指其具有经济价值，而不是其他的价值。如果不具有经济价值而具有其他价值，这种信息不能构成商业秘密。价值性最本质的体现是所有人因拥有该商业秘密而保持在市场中的竞争优势。价值性条件中要理解这样几个问题：首先，这种价值性不以现实的价值为限，而是包括现实的或者潜在的经济利益或者竞争优势。也就是说，不管是现实的可直接使用的商业秘密，还是正处在研究、试制、开发等过程中的潜在的或者可预期的信息，都可以构成商业秘密。其次，对于商业秘密中的这些信息，不管是积极信息还是消极信息，只要有价值性，就可以构成商业秘密，包括对生产、销售、科研、开发等生产经营活动直接有用的信息，以及在生产经营中有利于节省费用、提高经营效率的信息，如失败的实验报告、顾客名单、设计图纸等，都属于商业秘密。最后，对于价值的认定必须具有客观性，不能仅仅是由所有人单方面认定具有使用价值，而应该是在客观上确实具有使用价值，确实能够为持有人带来经济利益。

3. 实用性

实用性是指商业秘密的客观有用性，即通过运用商业秘密可以为所有人创造出经济上的价值。实用性与价值性是密切相关的，实用性是价值性的基础，没有实用性就谈不上价值性；价值性是实用性的结果。这种实用性要求信息具有确定的可应用性，从而为权利人带来现实的或者潜在的经济利益或者竞争优势。不能实际运用于实践，不能给权利人带来经济利益或者竞争优势的不能认为是商业秘密。具体讲，一种信息要得到法律的保护，必须转化为具体的可以据以实施的方案或形式，法律并不保护单纯的构想和抽象的概念，不能加以运用的想法或者构思就不具有应用的价值。如果一种信息并不能付诸实施，就不能给该信息的持有人带来经济利益。不能付诸实施、予以工业应用的信息，对持有人来讲是没有任何实际意义的。

4. 保密性

商业秘密要求权利人必须采取保密措施，包括订立保密协议、建立保密制度及采取其他合理的保密措施。保密措施最终体现为权利人为保护商业信息的秘密性而采取的客观措施。也就是说，权利人必须首先有将商业信息作为秘密进行保护的主观意愿。如果其本身都不能将商业信息作为商业秘密来看待，对其商业信息作为商业秘密来保护便无从谈起；仅仅具有主观意愿还不够，还必须实施必要且适当的保密措施，通过一定的保密措施来控制其商业秘密，使之不为外界公众所公知，这样才能给予该商业信息的所有人以法律保护。

对商业秘密采取保密措施，是指采取合理的保密措施。这里合理的措施是指权利人在当时当地的情况下采取的保密措施是合理的，就认为已尽到了保密义务和合理的努力，包括订立保密协议、建立保密制度、采取保密技术、采用适当的设施和装置以及采取其他合理的保密方法，而不是要求权利人采取万无一失的保密措施，这样也是不太现实的。只要权利人提出了保密要求，商业秘密权利人的职工或与商业秘密权利人有业务关系的他人知道或应该知道存在商业秘密，即为权利人采取了合理的保密措施，职工或他人就应当对权利人承担保密义务。一般来讲，保密措施有这样一些内容：首先，制度上的保密措施，如签订保密协议、制定保密制度、加强保密教育等。其次，物质技术上的保密措施，如隔离机器设备，加强对资料设备的管理，严格安全保卫工作，对重要资料信息要有专人负责等。保密措施既可以是针对权利人的，也可以是针对雇员的，还可以是针对第三人的。

实务中，相关信息是否公开以及是否采取了保密措施，对商业秘密的认定具有决定性的影响。

（三）如何取得商业秘密

在经营管理过程中所取得的上述经营信息和技术信息，在经过了综合权衡之后，企业决定不采取专利等公开的知识产权保护方式加以保护的话，可以考虑将这些信息作为商业秘密来加以保护。一方面，这些信息不能在公开的市场中轻易获取，增加了竞争对手获得相同信息的难度和成本，增强了企业自身的竞争力；另一方面，企业也能通过对这些信息的专有性使用，获得相应的收益。相关企业在确定商业秘密时，应注意做到以下两点：

1. 信息的选择和甄别

企业经营管理中所涉及的经营信息和技术信息众多，如果所有的信息一概以商业秘密的方式加以保护，无疑会增加企业的管理成本。对企业信息进行取舍，针对不同的情况采取不同的保护利用方式，将会对企业的经营管理活动有很大的益处。IBM公司曾经就将其所获得的相关技术，部分申请专利保护，部分作为商业秘密保护，剩余部分在经过评估之后进行有针对性的公开，从而降低相关保护费用，同时在一定程度上制造竞争对手的进入障碍。尽管理论上企业可以将一切经营管理的相关信息都作为商业秘密来加以保护，同时对相关各方提出商业秘密保护的要求，但这样做有可能将那些本来不构成商业秘密的信息错误归类到商业秘密的行列中，反而会造成混乱。明智的企业一般会对企业的相关信息进行商业秘密的等级划分，如绝密级、秘密级、公开级等，按照不同的密级划分来确定不同的保护力量和保护方式。

作为商业秘密保护的信息必须是在获取过程中没有被公开的，那些信息产生之后被公开或者是从公开的渠道所获得的信息，则不能被认为是商业秘密，除非这些公开渠道所获取的信息经过了企业的再加工、再整理。

2. 对信息的保密

获取上述未公开的信息之后，企业还必须采取相应的保密措施来加以保护以防止信息的公开或者泄露。一旦这些信息被公开或者泄露，商业秘密的属性即不复存在。对于已被归到商业秘密范围的信息，企业应当注意从多个方面加以保护。

首先，企业要制定商业秘密保护的规章制度，规定商业秘密的认定程序、使用规则、责任人、相关合同的签订、相关人员的培训等一系列问题，从制度上予以落实。

其次，要确定相关商业秘密的管理人员。重要商业秘密的信息无关人员不得获知，尽可能减少商业秘密泄露的风险，同时也便于清查商业秘密泄露的责任人员。

最后，要有相应的商业秘密保护的具体措施，比如文件柜加锁、商业秘密的文件归档处理、保安人员的设置等。

需要说明的是，商业秘密的保护，强调的是企业需要采取相应的措施来保护商业秘密，有保护的意图和保护的措施即可，并没有要求这种保护必须万无一失、绝对不会导致商业秘密的泄露，因为这种要求显然是不合理的。

（四）商业秘密保护方式的不足

商业秘密是企业在自身经营管理中所取得的相关经营信息和技术信息，对这种信息提供保护只能限于他人不正当地从企业内部获得这些信息，而不能扩展到其他企业通过自身努力以及合法渠道获得相同信息之上。也就是说，商业秘密权是不具有如专利权那样的专有性和对抗性的。更重要的是，如果他人将合法取得的相关信息予以披露，或者申请专利并取得授权的话，则前述商业秘密的权利人就无法继续保留该商业秘密的权利，甚至反而要承担专利侵权的责任了。

二、集成电路布图设计权的取得

（一）集成电路布图设计的含义

集成电路是指半导体集成电路，即以半导体材料为基片，将至少一个是有源元件的两个以上元件和部分或者全部互联线路集成在基片之中或者基片之上，以执行某种电子功能的中间产品或者最终产品。

集成电路布图设计是集成电路中最为核心的部分，是指集成电路中至少有一个是有源元件的两个以上元件和部分或者全部互联线路的三维配置，或者为制造集成电路而准备的上述三维配置。集成电路布图设计直接决定了集成电路的模块大小以及所实现的功能，集成电路布图设计的设计能力能够反映出一个国家集成电路产业的水平。因此，从 20 世纪 90 年代开始，相关国家开始重视对集成电路布图设计的保护。

（二）集成电路布图设计的主要特点

按照国际以及我国集成电路布图设计保护的相关规定，集成电路布图设计应当满足原创性，即该布图设计应当是创作者自己的智力劳动成果，并且在其创作时对布图设计创作者和集成电路制造者而言这种设计不是常规的设计，这种要求同样适用于由多个元件和互联组合而成的布图设计。因此，比较常规的布图设计不能受到相应的保护。这对集成电路布图设计者提出了比较高的要求，需要设计者们付出比较多的智力劳动才能获得相应的集成电路布图设计。

一方面，集成电路布图设计的研发比较耗费智力劳动；另一方面，集成电路布图设计还具有可复制性的特点，这一特点使得集成电路布图设计的反向工程非常容易。不论布图设计以何种形态出现在何种载体上，对布图设计的复制相对都是比较容易的。而在集成电路产业中，对布图设计进行反向工程式的行为是不受禁止的。在这种情况下，要对集成电路布图设计进行保护，就必须取得相应的集成电路布图设计权。

（三）集成电路布图设计权的取得

目前我国以集成电路布图设计的登记作为获取集成电路布图设计权的前提，没有经过登记的布图设计在国内不受保护。这一点和版权体系下的计算机软件保护不同，软件版权按照自动保护原则，软件创作完成后即自动享有版权，受版权法保护。在我国，由国务院知识产权行政部门负责集成电路布图设计的登记。此时，申请人应当提交布图设计登记申请表和该布图设计的复制件或者图样，如果在申请日以前已经投入商业利用的，还应当提交含有该布图设计的集成电路样品。该申请经过国务院知识产权行政部门的初步审查没有发现驳回理由的，由国务院知识产权行政部门予以登记，发给登记证明文件，并予以公告。如果该集成电路布图设计在世界任何地方首次商业利用之日起 2 年内，没有向国务院知识产权行政部门提出登记申请的，不再予以登记。

我国集成电路布图设计研发企业必须注意，布图设计研发成功之后，应当及时到国内集成电路布图设计登记部门进行登记。经过登记的布图设计，其保护期限为 10 年，自布图设计登记申请之日或者在世界任何地方首次投入商业利用之日起计算，以较前日期为准。但是，无论是否登记或者投入商业利用，布图设计自创作完成之日起 15 年后，不再受保护。这与版权保护存在着明显的不同。

三、植物新品种权的取得

（一）植物新品种的含义

植物新品种，是指经过人工培育的或者对发现的野生植物加以开发，具备新颖性、特异性、一致性和稳定性并有适当命名的植物品种。植物新品种应当具备适当的名称，并与相同或者相近的植物属或者种中已知品种的名称相区别，该名称在注册登记后即成为该植物新品种的通用名称。以下名称不得作为植物新品种的命名：仅以数字组成的；违反国家法律或者社会公德或者带有民族歧视性的；对植物新品种的特征、特性或者育种者的身份等容易引起误解的；以国家名称命名的；以县级以上行政区划的地名或者公众知晓的外国地名命名的；同政府间国际组织或者其他国际国内知名组织及标志名称相同或者近似的；夸大宣传的；与相同或者相近的植物属或者种中已知品种的名称相同的。

一般来说，一个新的植物品种要得到确认，需要满足以下几个条件：

1. 新颖性

新颖性是指申请品种权的植物新品种在申请日前该品种繁殖材料未被销售，或者经育种者许可，在中国境内销售该品种繁殖材料未超过 1 年；在中国境外销售藤本植物、林木、果树和观赏树木品种繁殖材料未超过 6 年，销售其他植物品种繁殖材料未超过 4 年。

2. 特异性

特异性是指申请品种权的植物新品种应当明显区别于在递交申请以前已知的植物品种。

3. 一致性

一致性是指申请品种权的植物新品种经过繁殖，除可以预见的变异外，其相关的特征或者特性一致。

4. 稳定性

稳定性是指申请品种权的植物新品种经过反复繁殖后或者在特定繁殖周期结束时，相关的特征或者特性保持不变。

在我国，能够申请保护的植物新品种应当在国家植物品种保护名录中列举的植物属或者种范围内，不在名录范围内的植物品种不能申请植物新品种权。

（二）植物新品种权的取得

个人或者企业通过自主培育、委托培育或者合作培育的方式取得植物新品种后，可以考虑申请植物新品种权来对新品种进行保护。

对于执行本单位任务或者主要是利用本单位的物质条件所完成的植物育种，是职务育种，植物新品种的申请权属于该单位。而对于非职务育种，申请权归属于完成新品种培育的个人。委托育种以及合作育种的新品种申请权由委托合同或者合作合同加以确定，没有约定的，植物新品种权归属于受委托方或者共同完成育种的单位或个人。

植物新品种取得后，育种者应当向指定的法定机关提出申请，并由该机关按照一定的标准进行严格的审查。审查合格之后，审批机关应当做出授予植物新品种权的决定，办理植物新品种权证书，并予以登记公告。我国植物新品种权的审批机关是农业农村部和国家林业和草原局，前者负责审批农业植物新品种权，后者负责审批林业植物新品种权。

在申请植物新品种权时，要注意遵从先申请原则，即不同的申请人分别就同一植物新品种提出要求授予植物新品种权的申请，品种权授予最先申请的单位或者个人。另外，如果不同申请人同时提出申请，则品种权授予最先完成该植物新品种育种的单位或个人。

植物新品种权的保护期限，自授权之日起，藤本植物、林木、果树和观赏树木为 20 年，其他植物为 15 年。

四、地理标志权的取得

（一）地理标志的含义

地理标志，又称原产地名称。按照《商标法》第16条的规定，地理标志是指标示某商品来源于某地区，该商品的特定质量、信誉或者其他特征，主要由该地区的自然因素或者人文因素所决定的标志，如“龙井茶”“涪陵榨菜”“镇江香醋”等。对于地理标志而言，其不仅能够表示商品或者服务的出处，而且具有表示和保证商品质量、信誉或者其他特征的作用，表明商品与特定地区的自然因素或人文因素的密切关联，即商品一旦脱离了上述特定地理区域，其品质或者其他特征就和该地域内的同种商品有显著的区别。

地理标志中的地名最初只具有指示商品地理来源的功能，在长期的商业活动中，人们逐渐将来自于某一特定地区的某种商品所具有的优异品质或者特性与该地理区域相联系，并愿意选择这些地域内的相关商品。这就使得地理标志具备了指示商品来源的功能。和商标不同的是，地理标志所指示的是来自某一地理区域内的某种商品，这种商品往往是由该地区内的全体经营者所共同经营和维持的。由于地理标志产品所具有的良好的品质和特性，往往会招致投机者和搭便车者，冒用地理标志符号，欺骗社会大众，损害消费者利益。国际社会很早就注意到了这个问题，并制定了相关国际公约加以应对。特别是《与贸易有关的知识产权协定》规定，各成员有义务提供法律措施以使利害关系人阻止各种形式的伪造地理标志的行为。针对酒类商品领域中严重的侵害地理标志权的情况，特别规定了：各成员均应为利害关系人提供法律措施，以制止用地理标志去标示并非来源于该标志所指的地方的葡萄酒或白酒，即使在这种场合也标出了商品的真正来源地，即使该地理标志使用的是翻译文字或即使伴有某“种”、某“型”、某“式”、某“类”，或相同的表达方式，也均在制止之列。因此，我国葡萄酒企业就不得使用“香槟式”葡萄酒的标志。

（二）地理标志权的取得

地理标志是某个地域中相关商品的全体经营者经过长期诚实守信的经营活动而逐渐形成的一种特殊指示商品来源的商业标志。因此，地理标志的形成不是某个部门指定或者认定的结果，而是社会公众对特定地域内全体经营者所提供的特定商品所具有品质或者特性的肯定。就此而言，地理标志不是由单一的经营者使用，而是由该地域内的相关商品的全体经营者长期共同使用而形成的，并且在未来的经营活动中将继续使用。因此，对地理标志的使用不应当限于某一个经营者，而应当对该地域内的相关商品的全体经营者予以开放。那种将地理标志作为个体商标进行注册的做法会严重损害地理标志地域范围内所有从事相应商品的经营者的利益。同样，以某个协会或者团体的名义注册地理标志仅授权协会或团体成员使用地理标志的做法也是和地理标志的本义不相符的。

地理标志是在比较长期的经营活动中形成的，因此，在较短的时间内，某一地域内的相关商品不大能够基于该地的地理或人文因素而形成特定的品质或者特性。在判断一个标志是否构成地理标志时，需要结合该地理区域内相关商品的经营时间；另外，还要考虑相关商品的品质或特性是否有明显体现。如果没有表现出这种特质，则该地的商品与彼地的相应商品就没有特别的差异，则也不足以认定地理标志。此时，评价这种品质或者特性一般会考虑该地相应商品的历史、社会评价、奖励记录等。一旦对某地域内相关商品的正面、积极的评价已形成，而这种评价又与地理因素、人文因素相关，则相应的地理标志便形成了。

地理标志区域内的企业在使用地理标志的过程中，可以突出企业商品的个性特点，但是必须注意的是，该地域内的全体企业所提供的特定商品应具有普遍性的共性特点，如品质、风味等。

（三）地理标志保护的具体方式

《商标法》中允许将地理标志作为集体商标、证明商标进行注册，由进行注册的集体商标、证明商标权利人对相关会员或者符合证明商标使用条件的使用人授权许可使用地理标志商标。这对地理标志的利用和保护在一定程度上具有积极意义，但这和地理标志使用的开放性有一定冲突，因此最新修订的《商标法实施条例》第4条规定，以地理标志作为集体商标注册的，其商品符合使用该地理标志条件的自然人、法人或者其他组织，可以要求参加以该地理标志作为集体商标注册的团体、协会或者其他组织，该团体、协会或者其他组织应当依据其章程接纳为会员；不要求参加以该地理标志作为集体商标注册的团体、协会或者其他组织的，也可以正当使用该地理标志，该团体、协会或者其他组织无权禁止。

2005年我国《地理标志产品保护规定》第一次在我国建立了独立的地理标志保护制度，由国家质检总局统一管理全国的地理标志产品保护工作。地理标志产品保护申请，由当地县级以上人民政府指定的地理标志产品保护申请机构或人民政府认定的协会和企业提出，国家质检总局对收到的申请进行形式审查，审查合格的，进行公告。地理标志产品产地范围内的生产者使用地理标志产品专用标志，应当向当地质量技术监督局或者出入境检验检疫局提出申请。上述申请经上级质量技术监督局或直属出入境检验检疫局审核，并经国家质检总局审查合格注册登记后，发布公告，生产者即可在其产品上使用地理标志产品专用标志，获得地理标志产品保护。这种保护方式相当于地理标志的登记制，但生产者使用地理标志产品专用标志需要获得国家专门机构审核，这和地理标志的开放性使用要求仍然存在一定的差距。

另外，我国专门机构也相继规定了农产品、林产品的地理标志保护规则。

五、商号权和域名权的取得

（一）商号权的取得

商号和企业名称联系紧密，但不完全等同于企业名称，是商事主体之间相互区别而使用的具有显著特征的文字标志。企业在进行登记注册之前，必须首先确定其企业名称，并将该名称在工商登记部门进行预登记，预登记通过之后，才能最终确定企业的名称。企业名称一般由四个部分组成：行政区划＋商号＋行业＋企业组织形式。这四个部分中，最具有区别价值的只有商号，商号也是企业在登记注册以及后续经营管理中极为看重的一项商业标记。由此可见，商号的确立是以企业名称在工商登记部门成功登记为前提的。

相对于商标的选择，除了商号必须以文字形式表现出来之外，在符合法律禁止性规定的情况下，商号选择的自由度会更大一些，但同样应满足区分不同的商事主体的要求。

商号不得含有下列内容和文字：

（1）有损于国家、社会公共利益的；

（2）可能对公众造成欺骗或者误解的；

（3）外国国家名称、国际组织名称；

（4）政党名称、党政军机关名称、群众组织名称、社会团体及部队编号；

（5）汉语拼音字母、阿拉伯数字；

（6）行政区划名称，但县级以上行政区划的地名具有其他含义的除外；

（7）明示或者暗示有超越其经营范围的业务；

（8）与同一工商行政管理机关核准或者登记注册的同行业企业名称字号相同，有投资关系的除外；

（9）与同一工商行政管理机关核准或者登记注册的符合《企业名称登记管理实施办法》第18条的企业名称字号相同，有投资关系的除外；

（10）与其他企业变更名称未满1年的原名称相同；

（11）与注销登记或者被吊销营业执照未满3年的企业名称相近或者近似；

（12）与被撤销未满3年的企业名称相同或近似；

（13）侵犯他人合法权益的；

（14）商标重点文字和企业名称中的字号相同或近似，使他人对市场主体及其商品或者服务的来源产生混淆，从而构成不正当竞争；

（15）其他法律、行政法规规定禁止使用的情形。

（二）域名权的取得

域名，即通常所说的网址，是由用小数点隔开的四部分数字组成，每部分数字不大于256的IP地址发展而来。由于数字不容易记忆，人们用字母、数字或者其他容易识记的文字来组成域名，如www.baidu.com，就比202.108.22.142好记得多。

域名包括类别顶级域名、地理顶级域名。前者主要有7个，也就是通常所说的国际域名，分别以不同的后缀表示，如.com（商业）、.net（网络）、.edu（教育）、.org（组织）、.gov（政府）、.int（国际组织）、.mil（军事）。其中，.com、.net、.org顶级域名向全球开放，而其他的顶级域名则只面向美国开放。由于互联网发展起来之后，国际社会对国际域名的需求非常强烈，而.com、.net、.org国际域名注册主要由NSI垄断注册和管理。1998年后，国际域名管理机构又引入了新的顶级域名，包括.firm、.info等，但目前比较通用的国际顶级域名还是.com、.net、.org这三个。地理顶级域名是由国家代码做后缀所形成的顶级域名，如.cn（中国）、.uk（英国）、.au（澳大利亚）。由于最初互联网是在美国发展起来的，所以美国没有专门的国家代码做后缀。随着互联网的发展，个性化的顶级域名也开始发展。从2000年开始，中国互联网信息中心（CNNIC）开始受理中文域名注册申请。

在域名组成规则中，一般要包括地理顶级域名作为一级域名，类别域名作为二级域名。如果是作为国际域名注册的话，以类别域名作为一级域名，再考虑万维网域名开头所通用的www标志。在一个域名中，能够作为域名个性特色，容易被人识记的部分为国内域名中的第三级域名或者国际域名中的第二级域名，如www.pku.edu.cn和www.baidu.com中的“pku”和“baidu”标志。域名注册人往往会使用与其名称、身份、商标、商品、行业相关的标志进行注册。

域名注册与商标注册不同，域名注册是由民间性质的社会机构进行的。域名注册是向域名注册机构提出域名注册申请，而商标注册是向国家商标注册机关提出。国际域名注册，由互联网名称与数字地址分配机构（Internet Corporation for Assigned Names and Numbers，ICANN）授权的国际域名注册机构办理。中国国内域名注册，由CNNIC授权的域名注册机构办理。

域名注册遵循先申请先注册原则，管理机构对申请人提出的域名是否违反了第三方的权利不进行任何实质审查。每个域名都是独一无二、不可重复的。域名注册人应当选定所注册域名的类别顶级域名和地理顶级域名，向有权的域名注册机构提出域名注册申请，并交纳相应的费用，经过域名注册机构的审查获得通过后，即可获得域名注册，并取得相应的域名权利。

关键术语

技术开发(technological development)
专利(patent)
发明(invention)
实用新型(utility)
外观设计(design)
商标(trademark)
驰名商标(well-known trademark)
著作权(copyright)
软件(software)
商业秘密(tradesecret)
集成电路布图设计(topography)
地理标志(geographical indication)
植物新品种(new varieties of plants)
商号(tradename)
域名(domainname)

复习思考题

1. 从专利的角度看，技术开发过程中应注意哪些问题？
2. 对于不同技术开发类型，技术成果权利的归属有哪些不同？
3. 企业专利申请应考虑哪些问题？
4. 专利权与著作权取得有什么差别？
5. 如何看待驰名商标？
6. 相对禁止注册标记如何才能获得商标注册？
7. 简述软件著作权登记的意义。
8. 比较商业秘密保护与专利保护的区别？
9. 如何看待采用注册商标的方式保护地理标志的做法？
10. 知识产权保护中哪些领域允许反向工程？
11. 简述域名作为商标注册的条件。

案例讨论

奇瑞汽车的发展之路

奇瑞汽车股份有限公司成立于1997年1月，是由安徽省及芜湖市5个投资公司共同出资兴建的国有股份制企业。奇瑞汽车在十多年的发展历程中，有非常宝贵的经验值得借鉴。

1. 借鸡生蛋

2001年1月，安徽省汽车零部件有限公司与上汽合作，并正式更名为上汽奇瑞。奇瑞轿车也得以上了国家机械局被撤销前最后一次公布的车辆生产管理目录，自此奇瑞汽车所有的车型在尾部左上角都打上了“上汽奇瑞”的标志。“上汽奇瑞”四个字给了这个新企业良好的市场形象，这是奇瑞加入上汽集团获得的最大好处。

奇瑞“风云”汽车是一款造型大方的三厢轿车，配有1.6升的发动机，与桑塔纳、捷达和富康“老三样”属同一档次，但价格却低了1/3，在市场一亮相就反响热烈。2001年全年，奇瑞轿车销售2.8万辆，销售额达20多亿元。2002年，奇瑞轿车销售5万辆，销售额40多亿元。由于“风云”车一下子就打开了市场，奇瑞迅速走上大批量生产的轨道。

与上汽合作一段时间之后，奇瑞彻底与上汽脱钩，并最终成功摆脱上汽色彩，形成奇瑞的系列品牌，成为国内知名的自主品牌。

2. 巧借外脑

2004年1月17日，北京亚运村车市公布了2003年北京市场十大畅销车型，奇瑞QQ入选。奇瑞QQ曾在2003年9月起不到4个月的时间挤进2003年十大畅销车型行列，成绩十分引人注目。奇瑞QQ的成功与奇瑞初期善于利用外部研发力量密切相关。

从2000年年底开始，奇瑞汽车力邀20多位从二汽出走的汽车研发工程师加盟，形成奇瑞汽车的汽车开发团队。这些技术人员是二汽技术中心开发轿车的骨干，长期共事，各有所长，而且多人在法国受过培训，是二汽技术中心在轿车开发领域的中坚力量。这支团队组建后不久就接受了为奇瑞设计新车型的任务。他们随后连续苦干了8个多月，设计出来东方之子和QQ。完成东方之子和QQ的设计任务之后，这个团队又在“风云”的基础上改进，设计出“旗云”。奇瑞于2004年向市场推出的第一款SUV越野车T-11以及另一款A系列车的改型也是他们设计的。

这个团队并没有在组织上加入奇瑞，而是与奇瑞共同成立专门进行汽车设计的佳景科技有限公司（奇瑞占2/3的股份，其余的股份由来自二汽的人员持有），在研究上保持相对的独立性。到2003年年底，佳景公司的技术人员已经增加到60人，新增人员以大学毕业生为主。目前佳景公司的主要任务是为奇瑞开发产品。

3. 自主开发

奇瑞面临的一个挑战是发展出自己的开发团队。事实上，奇瑞已经开始组建汽车研究院，第一期投资是2.5亿元，最终计划投资10亿~15亿元。研究院已经拥有500人的队伍，最终规模要达到5 000人。虽然研究院设在芜湖，但计划将来在北京、上海设分院，最终将其分支机构设到国外。时任院长是从美国归国的徐敏博士（曾在通用和福特公司任高级工程师，发动机专家）。

4. 国际合作

为了学习产品开发技术，奇瑞目前也在走国际合作开发的道路，而且力度很大。奇瑞已经委托意大利和德国的设计公司开发新车型，并明确提出要联合开发。为此，奇瑞已经派遣了数十名自己的技术人员参与开发工作。在奇瑞的战略构想中，国际合作是其发展自主开发能力的第二阶段（以现有4个车型的开发为第一阶段）；第三阶段则是要自己设计较小、较低档的产品，然后向设计较高端产品爬升；第四阶段完全达到自主开发。整个过渡期需要3~5年。

由于掌握发动机的重要性，奇瑞启动了一个令中国汽车业界震惊的计划：在2002—2003年委托奥地利AVL公司设计了0.8~4.2升的18款发动机，全部达到欧Ⅳ排放标准；与之相应，奇瑞汽车研究院发动机部到2003年12月已经建立起一支多达200人的技术队伍。这些发动机正在奇瑞拥有的10个世界一流的发动机测试台架上进行测试，从2004年开始逐渐用在奇瑞的车型上。同时，奇瑞还与我国台湾福臻公司合资建立了一个模具公司以逐渐掌握模具制造技术。奇瑞的发动机计划和模具计划正是其迈入高速增长的先期准备。可以预期，奇瑞的车型在3~5年内将会大量增加，其技术水平也将会大幅度提高。

尽管仍然只能算是个新企业，但奇瑞在管理和技术装备上都向高水平看齐。2002年5月，奇瑞成为中国首例侧面碰撞试验的成功者；9月，奇瑞成为中国首家通过ISO/TS16949国际标准的整车制造企业；10月，经过近一年精心准备的ERP项目正式上线。奇瑞拥有据说是世界最先进的5条涂装线之一，投资7亿元人民币从德国最著名的专业厂家杜尔（DURR）公司引进。据说此生产线全世界仅有5条，3条分布在欧洲，其中大众2条，宝马1条，两条分布在亚洲，上海大众1条，另一条便落户在奇瑞。

5. 技术出口

奇瑞公司与伊朗SKT公司在2001年年底确立双方合作关系。SKT公司是伊朗两家汽车制造厂的主要零部件配套生产厂家，近年来逐渐向整车业发展。经过一年多的报批、审核，此项目于2002年年底获得伊朗政府的生产销售许可证，也是近20年来伊朗政府第一个批准建设的整车项目。此后，奇瑞与SKT公司于2003年2月签约，由奇瑞提供技术转让和工厂设计，在伊朗东北部马什哈德为SKT公司建立一个汽车整装厂，包括冲压、焊装、涂装、总装四大工艺，一期工程设计产能为3万辆。2003年11月26日，奇瑞与SKT公司又在芜湖正式签署了设备及CKD件采购协议。根据协议，到2004年6月，奇瑞公司将批量出口CKD件到伊朗进行组装，主要生产奇瑞A11车型（即风云系列）以及后续改进车型。值得一提的是，奇瑞出口的这个整装厂以中国国产设备为主。2007年3月22日，奇瑞与阿根廷SOCMA集团公司签订了合资建厂协议。

6. 专利成果丰硕

从奇瑞公司设立一直到2008年1月，奇瑞公司专利申请总量为931件，其中发明专利148件，实用新型218件，外观设计568件。2003年以前奇瑞的专利发明量只有2件，期间正是奇瑞建立生产规模时期。2003年以后开始从生产量的扩大转成解决产品开发问题，即建立以发动机为主的自主创新开发能力的时间，与 AVL 联合开发，到 2006 年基本完成了动力总成的开发，混合动力也在此期间形成，提高了自主创新的开发能力，发明专利增至 77 件。

1998—2000 年，是奇瑞的创业初期，实用新型专利申请只有 6 件。2001—2004 年，奇瑞加入继而脱离上汽集团，正是建立生产规模时期，实质是消化吸收产品，并对产品进行一定的改进，所以实用新型的专利申请量增至 69 件。2005—2007 年，奇瑞 A5、奇瑞 QQ、旗云、瑞虎、东方之子等多款新车型相继推出，实用新型专利申请快速增至 143 件，表明奇瑞近年有了长足的发展，产品开发能力不断提高。奇瑞的外观设计专利的数量在 3 种专利中是最高的，且呈持续增长态势，2006 年的外观设计专利数量 320 件，为 2005 年 92 件的 3 倍多，是增长最快的一年，其中以 QQ 车型的外观设计最为知名。

目前，奇瑞的研发体系已经完成了由逆向开发到正向开发的历程。正向开发要做早期的概念设计，在这个基础上进行分解、反复优化和试验验证，最后产品出线。正向开发对人员和能力知识的要求非常高。奇瑞和国际专业设计公司进行合作，联合开发，设计公司按照奇瑞的要求进行产品设计，而且奇瑞拥有所有产品的知识产权。通过与设计公司合作，逐渐培育自己的开发力量和水平，奇瑞在最短的时间内，具备了整车和主要零部件的正向开发能力。

（资料来源：路风，封凯栋 . 发展我国自主知识产权汽车工业的政策选择 . 北京：北京大学出版社，2005：83–97. 作者对原文进行了改编、增删。）

案例讨论题

1. 奇瑞公司的技术开发有哪些类型？分别在奇瑞公司发展的哪些阶段采用？
2. 奇瑞公司在从“上汽奇瑞”转向“奇瑞”相关品牌的过程中，有什么启示？
3. 奇瑞汽车在专利申请方面具有哪些启示？

第四章

知识产权运用

学习目标

1. 熟练掌握知识产权许可类型和转让形式
2. 理解知识产权质押、出资、信托、拍卖
3. 了解商业特许经营、知识产权捐赠

知识产权运用是知识产权战略的落脚点

知识产权运用既是知识产权战略的落脚点，也是保护知识产权的最终目的。美国斯坦福大学的约翰·巴顿（John Barton）教授认为，发展中国家与发达国家在知识产权方面的差距，不在于制度本身，而在于制度运作经验。2008年6月5日，国务院颁布了《国家知识产权战略纲要》，在指导思想中明确提出了“激励创造、有效运用、依法保护、科学管理”的十六字方针，这正是符合知识产权特性的系统战略安排。

《国家知识产权战略纲要》在“鼓励知识产权转化运用”战略措施方面，强调“引导支持创新要素向企业集聚，促进高等学校、科研院所的创新成果向企业转移，推动企业知识产权的应用和产业化，缩短产业化周期。深入开展各类知识产权试点、示范工作，全面提升知识产权运用能力和应对知识产权竞争的能力”。

正如《尘封的商业宝藏》一书所揭示的，“在商战日益激烈的今天，知识产权（专利权）正由被忽视的法律工具，变为商战的策略”。随着知识产权在企业商业决策中的重要地位日益凸显，知识产权资产价值的实现方式也不再局限于传统意义上的技术商品化流程，而是进一步拓展到作价投资、标准联盟、许可转让、侵权诉讼、质押融资和资产证券化等多种利用途径。特别是进入信息化时代后，知识产权日益嵌入全球价值链的竞争过程之中，如何运用大数据来挖掘、处理和整合知识产权的最大效用，成为创新型企业亟待解决的现实问题。在知识产权运用方面，政府应着重于制定规则和培育环境，而企业则重点在于创造

和运用，将知识产权转化为企业和国家的核心竞争力。

（资料来源：根据张海志的《知识产权运用是知识产权战略的落脚点》一文整理。）

知识产权的利用是行使知识产权的方式，包括知识产权权利人自己利用和他人利用。自己利用的方式包括知识产权权利人积极直接实施知识产权，以及消极间接实施知识产权、禁止他人侵权使用等；他人利用的方式包括知识产权许可、转让、出资、信托、拍卖、质押、商业特许经营、捐赠、强制执行、破产处分等，其中许可和转让是知识产权最主要、最基本的利用方式。不论自己利用还是他人利用知识产权，都是通过合法垄断地位，谋求超额垄断利润，实现知识产权的市场价值。

第一节 知识产权许可

一、知识产权许可的定义

知识产权许可是指知识产权权利人依法通过与他人签订合同的方式，允许后者依据约定条件，在约定期限和地域范围内，行使知识产权的行为。其中，所签订的合同通常被称为"许可合同"，知识产权权利人被称为"许可人"（licensor），许可合同的另一方当事人被称为"被许可人"（licensee）。从许可人的角度看，"许可"是"授权"。知识产权许可是一种允许他人行使知识产权的行为。在知识产权许可中，许可人对被许可人的许可，是知识产权使用的授权，类似于房屋的出租，是知识产权的"出租"，不产生权利归属和主体变化。在一般情况下，被许可人经许可人授权获得行使知识产权的权利之后，许可人并不丧失其知识产权，也不丧失其使用权。当然，从被许可人的角度看，许可是"受权"。因此，知识产权许可是知识产权的"授权"与"受权"的统一体。

知识产权许可的授权（或受权）行为特征，是其区别于实物交易的重要标志。实物商品交易是实物商品所有权的转让，一旦买方按约定履行支付义务后，即获取交易实物商品的所有权；买方不仅可以使用该实物商品，而且可以以任何方式处分该实物商品。知识产权许可则不同，当事人进行交易的不是实物商品之类的有形物品，而是不以任何实物形式存在的无形知识产权，如专利权、商标权、著作权等，而且知识产权权利人只是允许对方当事人行使或实施该知识产权，被许可人并不拥有知识产权的处分权利。

二、知识产权许可的类型

依据许可合同授予被许可人权利范围不同，知识产权许可有如下类型：

（一）独占许可

独占许可是指在约定的期限和地域范围内，被许可人以约定方式使用知识产权客体，并且排除许可人自身使用知识产权客体以及许可第三人使用知识产权客体的许可形式。由于通过独占许可合同，被许可人在合同规定的期限与地域范围内，对许可知识产权客体有事实上的垄断权，许可人通常要向被许可人索取比非独占许可高的许可使用费。

（二）排他许可

排他许可又称独家许可或全权许可，是指在约定期限和地域范围内，被许可人以约定方式使用知识产权客体，同时，许可人自身仍可以使用知识产权客体，但是许可人不得许可任何第三人使用知识产权客体的许可形式。与独占许可相比，排他许可的被许可人对知识产权客体的垄断权较弱，许可人通常要向被许可人索取比独占许可少的许可使用费。

（三）普通许可

普通许可是一种典型的非独占许可，是指在约定期限和地域范围内，被许可人以约定方式使用知识产权客体，同时许可人自身仍可以使用知识产权客体，而且，许可人可以许可任何第三人使用知识产权客体的许可形式。与排他许可相比，普通许可的被许可人对知识产权客体有更弱的垄断权，许可人通常要向被许可人索取比排他许可更少的许可使用费。

（四）分许可

分许可又称再许可、子许可、从属许可或分售许可，是指被许可人通过许可合同获得知识产权客体的使用权，同时获得许可人的授权，可将该知识产权客体再许可给第三人使用的许可形式。只有知识产权权利人在原许可合同中允许被许可人在一定范围内许可第三人行使知识产权，被许可人与第三人签订的分许可合同才合法有效。如果没有知识产权权利人授权，被许可人无权许可第三人行使知识产权。

三、知识产权许可合同的备案

备案是指向主管机关或者有关职能部门等报告事由，以备考查。实施备案制度的目的在于方便相关国家机关对知识产权许可情况进行管理，规范知识产权客体的使用市场。另外，备案也有利于及时发现问题，更好地维护许可当事人的合法权益。

知识产权许可不改变权利主体，许可合同不必强制要求备案。《计算机软件保护条例》第 21 条规定：订立许可他人专有行使软件著作权的许可合同，或者订立转让软件著作权合同，可以向国务院著作权行政管理部门认定的软件登记机构登记。这里的“登记”仍然相当于“备案”。

知识产权许可合同备案，在独占许可或者排他许可的情况下，可以避免许可人再许可第三人使用知识产权客体，有利于保护被许可人的利益；在普通许可情况下，对被许可人的利益影响不大，即使许可人与第三人签订其他许可合同，也不违背被许可人的意愿。

许可合同是否备案，不影响该许可合同的效力。例如，《最高人民法院关于审理商标民事纠纷案件适用法律若干问题的解释》第 19 条规定：商标使用许可合同未经备案的，不影响该许可合同的效力，但当事人另有约定的除外。

许可合同没有备案的，该许可合同不得对抗善意第三人。善意第三人，是指许可合同当事人以外的、不知道许可合同真相的人。如果商标使用许可合同未在商标局备案，许可合同的被许可人不能因为与许可合同利益相冲突而对善意第三人主张权利。例如，许可人甲与被许可人乙签订独占许可合同未经备案，在丙不知情的情况下，甲又与丙签订内容相同的独占许可合同，丙是善意第三人，乙不能主张丙与甲签订的独占许可合同无效。

四、知识产权许可的规制

知识产权许可合同中一些限制性行为，例如，对使用期间和地域的限制，可以使许可人充分有效地利用其财产，促进合理竞争，鼓励被许可人进一步投资，使产品商业化和实现商业销售，开发新的应用领域。这些限制不仅有助于实现上述目标，而且可以排除搭便车行为。这些限制还可以调动被许可人的积极性，也可以避免被许可人在许可人保留的市场范围内同其竞争，保护许可人的正当利益。

但是，许可合同的限制性行为可能构成滥用知识产权。滥用知识产权是指违反知识产权法的公共政策，非法限制竞争或者排除竞争的行为。知识产权滥用行为至少包括如下两种形式：

第一，行使知识产权违反知识产权法律的滥用行为。例如，在专利权许可中，许可人（企业）要求被许可人支付30年的使用费，明显超过专利权的法定保护期限。

第二，行使知识产权违反反垄断法，构成排除、限制竞争的滥用行为。根据《与贸易有关的知识产权协议》（TRIPs）第40条的规定，各缔约方可以在与该协议其他规定相一致的条件下，采取适当的措施以防止或者控制知识产权的滥用。《中华人民共和国对外贸易法》（简称《对外贸易法》）第30条规定：知识产权权利人有阻止被许可人对许可合同中的知识产权的有效性提出质疑、进行强制性一揽子许可、在许可合同中规定排他性返授条件等行为之一，并危害对外贸易公平竞争秩序的，国务院对外贸易主管部门可以采取必要的措施消除危害。《反垄断法》第55条规定：经营者依照有关知识产权的法律、行政法规规定行使知识产权的行为，不适用本法；但是，经营者滥用知识产权，排除、限制竞争的行为，适用本法。

在对待和处理违反反垄断法、滥用知识产权问题上，美国联邦贸易委员会和司法部在其联合颁布的《知识产权许可的反托拉斯指南》中提出的如下三个基本原则值得我国借鉴。

（一）知识产权本身是合法垄断

这种合法垄断是由知识产权法授予的，但是市场通常有足够的实际或潜在替代品阻止其实现市场势力，即使专利、著作权或者商业秘密的确具有市场势力。这种市场势力本身并不违反反垄断法。如同其他有形或无形财产可以获得高额利润一样，拥有市场势力，甚至形成垄断市场结构，仅是由于特色产品、商业精明或者历史机遇而产生的结果，这种市场势力并不违反反垄断法，知识产权人并不因此而承担法律责任。

（二）知识产权有利于竞争

知识产权是生产过程的重要因素，它与其他生产因素结合而产生商业价值。知识产权的许可能加速与其他生产因素的结合。这种结合能够促使知识产权更加有效利用，同时还会因生产成本降低和新产品出现使消费者受益。对于消费者和技术开发者来说，这种结合增加了知识产权的价值。因此，知识产权许可增加了知识产权权利人从知识产权利用中所获得的回报，激励了进一步的发明创造，加大了研究开发领域的投资强度，提高了市场竞争水平。

（三）知识产权应当与其他财产权一样平等适用反垄断法

尽管知识产权在保护目的、保护强度和保护期限上与其他形式的私权有重要的区别，例如，容易被非法侵权，但是行使知识产权应与行使其他财产权一样，适用相同的反垄断法基本原则。在实际贸易中进行反垄断审查时，应当考虑各种形式的知识产权的区别，如同其他具体贸易情形下的做法一样。知识产权赋予知识产权人的独占权，使其能够从中获得经济利益。知识产权人的独占权类似于其他形式的私有财产所有人的权利。如同其他形式的私有财产一样，某些知识产权贸易也可能产生反竞争效果，这正是反垄断法所应规制的。因此，知识产权贸易既不能排除反垄断法的审查，也不能格外地加以怀疑。

一般地，滥用知识产权有如下形式：

第一，拒绝许可，即知识产权人利用自己对知识产权所拥有的专有权，拒绝授予其竞争对手合理使用，从而排除其他人的竞争，以巩固和加强自己的垄断地位的行为。

第二，搭售，即知识产权人以另一方当事人购买一种产品（称为搭卖品）为条件，许可其行使知识产权（称为结卖品）的行为。知识产权许可包括一种以上的知识产权，若是同种类型的知识产权，称为一揽子许可；若是不同类型的知识产权（如专利和技术秘密），称为混合许可。例如，一揽子许可中，既有有价值、即将到期的结卖专利，也有无关紧要、新近批准的搭卖专利，没有约定结卖专利期满之后减少使用费，结卖品和搭卖品都是专利，那么此种一揽子许可属于搭售，可能因其强制扩张结卖专利权利期限，构成滥用。

第三，阻购（tie-out），即阻止被许可方经营可能与许可产品相竞争的其他非侵权产品或技术的行为。阻购和搭售都是捆绑的特殊形式，前者捆绑"无"，后者捆绑"有"。不过阻购只涉及一个市场——许可产品市场；搭售涉及两个市场——结卖品市场和搭卖品市场。

第四，差别对待，即企业在许可或转让知识产权中，对不同客户实行与成本无关、价格上的差别待遇行为。许可人或者转让人对购买相同等级、相同质量的产品或服务的被许可人或者被转让人要求支付不同的价格，或者被许可人或者被转让人对提供相同等级、相同质量的产品或服务的许可人或者转让人支付不同的价格。差别对待使得提供或接受相同产品或服务的企业的交易机会不同，尤其不利于中小企业获得公平竞争机会。

第五，限制使用范围和顾客范围，即限制被许可人所生产、使用或销售的许可产品，把许可产品限定于具体产品（如专利所能使用的某种类型产品或者一种类型产品的某种形式）、具体产品市场或者顾客范围（如区分商业使用产品和家庭使用产品）的行为。

第六，掠夺性定价，即处于市场支配地位的企业以排挤竞争对手为目的，以低于成本的价格销售商品的行为。

第七，过高定价，即企业在正常竞争条件下所不可能获得的、远远超出公平标准的价格行为。

第八，排他性回授，即许可合同要求被许可方对许可技术的改良只能许可给许可方的行为。

第九，交叉许可，即双方当事人相互许可对方使用自己的知识产权的行为。交叉许可可能产生促进竞争的效果，例如，整合相互补充性的技术，促进新技术的传播和推广，降低交易成本，避免侵权诉讼，等等。但是，交叉许可也可能产生反竞争效果，例如，交叉许可的目的纯粹是为了垄断相关市场、排除潜在竞争对手。

滥用知识产权的形式还包括横向并购知识产权、禁止质疑知识产权的有效性或者实施无效知识产权、收取过期使用费、固定价格、限制产量、联合抵制或者维持转售价格等。上述种种限制形式并不必然构成知识产权滥用，还应当依据反垄断法、知识产权法等法律、行政法规具体判断是否构成知识产权滥用。

滥用知识产权的当事人，除应当承担其他法律责任外，其滥用行为无效。《民法典》第850条规定：非法垄断技术或者侵害他人技术成果的技术合同无效。该"非法垄断技术"的行为包括滥用知识产权。因此，滥用知识产权的合同无效。

另外，国家对知识产权许可中的技术进出口实行管制政策。技术进出口，是指从中华人民共和国境外向中华人民共和国境内，或者从中华人民共和国境内向中华人民共和国境外，通过贸易、投资或者经济技术合作的方式转移技术的行为。技术进出口管制政策的核心是把技术分为三种类别,分别加以不同对待:① 禁止进出口的技术,不得进出口;② 限制进出口的技术,实行许可证管理,未经许可,不得进出口;③ 自由进出口的技术,实行合同登记管理。进出口属于自由进出口的技术,合同自依法成立时生效,不以登记为合同生效的条件。

知识产权转让、信托等利用方式中限制性行为,如同知识产权许可中的限制行为一样,可以适用反垄断法、知识产权法、民法典等法律法规予以规制。

第二节 知识产权转让

一、知识产权转让的定义

知识产权转让是指直接发生知识产权主体变更的法律行为。在转让关系中,知识产权原权利一方为转让人,接受权利的另一方为受让人或者被转让人。知识产权转让之后,转让人丧失该权利,受让人取得相应的权利。受让人有权使用知识产权,有权再向第三人转让知识产权,有权许可第三人使用知识产权。对于侵犯知识产权的行为,受让人有权追究侵权人的法律责任。

知识产权转让的实质,是知识产权主体的变更。知识产权转让有两种形式:一是合同转让;二是法定转让。所谓合同转让,是指在自愿原则的前提下,转让人和受让人签订书面转让合同,并在依法办理知识产权转让的手续后发生法律效力的知识产权转让。转让权是知识产权的一项重要内容,是知识产权所有人行使处分权的具体体现。法定转让是指因为出现法律事实,如继承、遗赠、破产等所产生的权利主体变更。本章所说的知识产权转让主要是指合同转让。

二、知识产权转让与知识产权许可

知识产权转让与知识产权许可有严格的区别。许可不改变权利主体,转让则发生权利主体的变更;被许可人必须依赖于许可人权利的存在才能对抗第三人,受让人则可以独立地以自己的权利对抗第三人。

知识产权转让不影响转让前知识产权许可的法律效力,除许可合同另有规定外。例如,《最高人民法院关于审理商标民事纠纷案件适用法律若干问题的解释》第 20 条规定:"注册商标的转让不影响转让前已经生效的商标使用许可合同的效力,但商标使用许可合同另有约定的除外。"此规定,一方面,类似于物权中买卖不破租赁的原则,确定许可合同的优先效力;另一方面,也体现了约定优先的原则。如果原来许可合同约定,因为转让终止许可合同的,应当按照约定处理。

三、知识产权转让的形式

因知识产权转让是重要民事法律行为,大多数国家和地区的知识产权法都规定了知识产权转让必须以书面形式订立合同。

根据不采用书面形式是否导致合同无效,书面形式可以分为两种情况:

第一,任意书面形式。例如,《著作权法》第 27 条规定:"转让本法第十条第一款第

(五)项至第(十七)项规定的权利,应当订立书面合同。”但不采用书面形式并不必然导致合同无效。著作权转让合同未采取书面形式的,按照《民法典》第490条的规定审查合同是否成立。而《民法典》第490条规定,当事人采用合同书形式订立合同的,自当事人均签名、盖章或者按指印时合同成立。在签名、盖章或者按指印之前,当事人一方已经履行主要义务,对方接受时,该合同成立。法律、行政法规规定或者当事人约定合同应当采用书面形式订立,当事人未采用书面形式但是一方已经履行主要义务,对方接受时,该合同成立。这种处理方法对实事求是解决此类纠纷,保障正常著作权交易和当事人各方权益很有意义。

第二,强制书面形式。例如,我国香港《版权条例》第101条第3款要求,版权的转让必须采用书面形式,由转让人签署或由其他人代其签署,否则无效。由此可见,香港地区在著作权转让上采取严格形式主义,其目的在于规范转让行为,保护相关利益免受不法侵害。我国澳门地区的著作权法也规定著作权转让时必须订立合同,否则转让无效。

四、知识产权转让的类型

(一)著作权转让

1. 著作人身权不能转让,著作财产权可以转让

著作人身权不能转让,因为著作权中的人身权利具有专属性,与著作权主体不可分离。著作人身权永远属于原始著作权人。

著作财产权可以与权利主体分离而被转让,因为著作财产权是一种私权,具有一般财产权可以与主体分离的性质。著作权人应该有权充分地享有其权益,包括处分其财产权的权利。著作权中一项或者多项财产权,包括复制权、发行权、出租权、展览权、表演权、放映权、广播权、信息网络传播权、摄制权、改编权、翻译权、汇编权等,可以由一个民事主体合法地转让给另一个民事主体。

2. 著作财产权转让独立于作品物质载体的物权转让

著作权转让的标的是著作权,不是附载作品物质载体的物权。作品载体的物权转移不等于著作权转移,这是著作权法处理物权与著作权关系的原则。根据《著作权法》第20条的规定,作品原件所有权的转移,不改变作品著作权的归属,但美术、摄影作品原件的展览权由原件所有人享有。作者将未发表的美术、摄影作品的原件所有权转让给他人,受让人展览该原件不构成对作者发表权的侵犯。即尽管美术、摄影作品原件所有权的转移不被视为作品著作权的转移,但是美术、摄影作品原件的展览权由原件所有人享有。这可以理解为,美术、摄影作品原件所有权人对该作品原件享有著作权人所让渡的展览权,但是对美术、摄影作品复制件不享有展览权;著作权人对美术、摄影作品原件不享有展览权,但是依然保留对美术、摄影作品复制件的展览权。

3. 转让合同中著作权人应当明确转让的权利

转让合同中著作权人应当明确转让的权利,如复制权、广播权、翻译权等。转让合同中著作权人未明确转让的权利,未经著作权人同意,另一方当事人不得行使。

(二)专利权转让

专利的转让包括专利权的转让和专利申请权的转让。转让使权利主体发生了变更,从而使权利从原所有人转移到新的所有人。这种权利转移的结果是,原申请人或专利权人不再享有申请权或专利权。

1. 专利权转让与专利申请权转让

专利权转让与专利申请权转让之间既相互联系又存在一定的差别。专利权转让是指专利权人作为转让方,将其发明创造的专利权移转受让方,受让方按照约定支付价款的行为。而专利申请权转让是指专利申请人将国家知识产权局已经受理但尚未授权的专利申请权依法转让给他人的行为。从转让合同的标的来看,专利权转让针对的是授权专利,而专利申请权转让针对的是专利申请权。从转让的时间来看,专利权转让发生在专利授权之后,而专利申请权转让发生在专利授权之前。此外,专利申请权转让合同的受让人并不必然能够成为受让发明创造的专利权人。

2. 专利(申请)权转让登记的效力

专利(申请)权转让必须经国家专利主管机关登记方能生效,涉外转让还必须依法办理手续。依据《专利法》第10条的规定,专利申请权和专利权可以转让。中国单位或者个人向外国人、外国企业或者外国其他组织转让专利申请权或者专利权的,应当依照有关法律、行政法规的规定办理手续。转让专利申请权或者专利权的,当事人应当订立书面合同,并向国务院专利行政部门登记,由国务院专利行政部门予以公告。专利申请权或者专利权的转让自登记之日起生效。需要注意的是,这里的登记只是专利申请权或者专利权转让的生效要件(即权利移转),而不是转让合同的生效要件。

(三)注册商标专用权转让

1. 注册商标专用权转让的原则

注册商标专用权转让的原则有两种:连同转让原则和自由转让原则。连同转让原则,是指在转让注册商标时必须连同使用该注册商标的企业或者与注册商标相关的业务和生产要素一并转让,不能只转让注册商标。采用这种原则的国家主要有美国、德国、瑞典等少数国家。实行连同转让原则的理由是,商标的本质功能是区别相同或者类似商品的来源,商标不仅不能与其核定的商品相分离,而且不能与该商品的生产者或者生产者所使用的生产要素相分离。当注册商标与其所属的企业分离转让时,会引起消费者误认,尤其是当企业发生并购时,需要坚持连同转让原则。

自由转让原则,是指注册商标人既可以把注册商标连同营业一起转让,也可以将注册商标与营业分离,单独转让其注册商标。目前大多数国家的商标法采用自由转让原则。采用该原则的理由是,消费者特别关心的是商品或者服务的质量,而不是生产者或者经营者以及生产投入要素,注册商标可以独立于企业或者其经营而单独转让给其他企业,但是,受让人应当保证使用该注册商标的商品质量。《商标法》采用自由转让原则,其中第42条规定:"转让注册商标的,转让人和受让人应当签订转让协议,并共同向商标局提出申请。受让人应当保证使用该注册商标的商品质量。"

2. 注册商标专用权转让的限制

(1)在同一种或类似商品上注册的相同或近似的注册商标不得分开转让。如果对同一种或类似商品上注册的相同或近似的商标分开转让,就会形成两个以上的主体在相同或类似商品上使用同一注册商标的情况,导致消费者误认或者商品来源混淆。对可能产生误认、混淆或者其他不良影响的转让注册商标申请,商标局不予核准。商标注册人对其在同一种或者类似商品上注册的相同或者近似的商标,应当一并转让;未一并转让的,由商标局通知其限期改正;期满不改正的,视为放弃转让该注册商标的申请。

（2）集体商标和证明商标转让的限制。申请转让集体商标、证明商标的，受让人应当具备相应的主体资格，并符合《商标法》《商标法实施条例》和《集体商标、证明商标注册和管理办法》的规定。例如，包含地理标志的集体商标的受让人，应当位于该地理标志所标示的地区。

（3）受让人必须保证使用该注册商标的商品或者服务质量。如同注册商标许可一样，注册商标的转让不能引起不同厂家商品的混淆或商品质量的下降，或转让行为有损于第三人或公众的利益。

第三节 知识产权出资

一、知识产权出资的定义

知识产权出资是指在设立企业时以知识产权缴付资本的行为。知识产权出资是知识产权资本化的一种方式。《公司法》第 27 条规定：股东可以用货币出资，也可以用实物、知识产权、土地使用权等可以用货币估价并可以依法转让的非货币财产作价出资；但是，法律、行政法规规定不得作为出资的财产除外。相对于消费者的需求，知识产品总是稀缺的，正是这种稀缺性决定知识产权可以作为投资资本，促进知识经济或信息经济可持续发展。从资本的本质特征来看，知识产权资本与实物资本没有什么不同，同样具有经济价值的增值性。所不同的是，知识产权属于“无形财产”，其无形性、专有性、时间性、地域性和某些知识产权的国家授权性，决定其投入生产过程要比实物资本复杂得多。

一般地，知识产权出资应当符合以下条件：

第一，出资的知识产权应当为出资人合法所有。例如，原《中华人民共和国外资企业法实施细则》[①]（简称《外资企业法实施细则》）第 27 条明确规定：外国投资者以工业产权、专有技术作价出资的，该工业产权、专有技术应当为外国投资者所有。

第二，出资的知识产权只能是其中的财产权，不能是人身权。可以用于出资的知识产权主要包括可以转让的专利权、商标权、著作权、集成电路布图设计权、植物新品权、商业秘密权。不可转让的，如地理标志权，不能作为出资的标的。

第三，我国对外国合营者知识产权出资有特殊要求。原《中华人民共和国中外合资经营企业法实施条例》（简称《中外合资经营企业法实施条例》）第 25 条规定，作为外国合营者出资的工业产权或者专有技术，必须符合下列条件之一：① 能显著改进现有产品的性能、质量，提高生产效率的；② 能显著节约原材料、燃料、动力的。

二、知识产权出资的作用和风险

知识产权出资有利于权利人和所投资的企业。知识产权出资将知识产权的经济价值直接折算成企业资本股份，增加本企业的资本或者向其他企业投资，改善企业资本的结构，有形资本的比重下降，无形资本的比重上升，企业的市场竞争能力可得到提升，有助于企业

---

① 2020 年《外商投资法实施条例》实施后，《中外合资经营企业法实施条例》《中外合资经营企业合营期限暂行规定》《外资企业法实施细则》《中外合作经营企业法实施细则》同时废止。

提高资本收益率。与此同时,知识产权权利人通过企业的盈利经营,获得丰厚的经济利益。知识产权出资也有利于产业发展。由于知识产权资本加强企业盈利能力,导致社会投资方向发生重大变化,大量资本投向知识密集型产业,能优化产业结构。

但是,知识产权出资隐藏着潜在的风险,因为知识产权是一种无形财产,具有不同于有形财产的特性:专利权、商标权等是国家授权而产生的,专利权可依照法定程序宣告无效,商标权可能依照法定程序被撤销或宣告无效;知识产品大多具有高科技含量,交易范围有限,其价值只有相关领域的专业人员才能辨别和评估,其主观性较强;知识产权容易遭受侵害,有效控制难度大。因此,企业应当充分估计知识产权出资的风险,建立风险防范机制。

三、知识产权出资的方式

知识产权出资主要有两种方式:转让出资和用益出资。前者是指知识产权权利人以转让知识产权方式出资,后者是指知识产权权利人以许可知识产权方式出资。在转让出资时,出资人可以约定是整体权利转让还是部分权利转让。在用益出资时,出资人可以约定整体权利许可、部分权利许可,也可以约定普通许可、独占许可或者排他许可。用益出资后,转让知识产权不影响用益出资,但是,出资人转让出资须经其他出资人同意,其他出资人有优先购买权。知识产权出资之后,相应的知识产权是企业的财产权利,企业在法律范围内可以行使此财产权利。

四、知识产权出资的程序

知识产权出资的程序如下:

(一)评估作价

为了确定投资资本,必须对知识产权评估作价,既可以由出资人协商评估作价,也可以委托评估机构评估作价。在合伙企业中,合伙人以知识产权出资,需要评估作价的,可以由全体合伙人协商确定,也可以由全体合伙人委托法定评估机构评估。在公司中,对作为出资的知识产权应当评估作价,核实财产,不得高估或者低估作价;法律、行政法规对评估作价有规定的,从其规定。在中外合营企业中,合营者以工业产权、专有技术作为出资的,其作价由合营各方按照公平合理的原则协商确定,或者聘请合营各方同意的第三者评定。在外资企业中,出资的工业产权、专有技术的作价应当与国际上通常的作价原则相一致。

(二)权利移转

知识产权的转让出资和用益出资应当按照知识产权转让和许可情况,在相应管理机关办理登记或者备案手续。根据原《外资企业法实施细则》第27条的规定,对作价出资的工业产权、专有技术,应当备有详细资料,包括所有权证书的复制件,有效状况及其技术性能、实用价值,作价的计算根据和标准等,作为设立外资企业申请书的附件一并报送审批机关。

(三)验资

企业出资人缴纳出资后,必须经依法设立的验资机构验资并出具出资证明。外资企业、中外合作经营企业和中外合资经营企业应当聘请中国的注册会计师验证。

(四)检查或者审批

原《外资企业法实施细则》第29条规定:作价出资的工业产权、专有技术实施后,审批机关有权进行检查。该工业产权、专有技术与外国投资者原提供的资料不符的,审批机关有权要求外国投资者限期改正。此外,原《中外合资经营企业法实施条例》第27条还规定:外国合营者作为出资的机器设备或者其他物料、工业产权或者专有技术,应当报审批机构批准。

（五）设立、变更登记

知识产权出资是企业设立、变更登记的重要事项。例如,在合伙企业设立登记中,以知识产权或者其他财产权利出资,由全体合伙人协商作价的,应当向企业登记机关提交全体合伙人签署的协商作价确认书;由全体合伙人委托法定评估机构评估作价的,应当向企业登记机关提交法定评估机构出具的评估作价证明。如果出资知识产权,引起中外合作经营企业注册资本的增加、减少,应当由董事会会议通过,并报审批机构批准,向登记管理机构办理变更登记手续。

五、知识产权出资人的权利和义务

依据企业的组织形式不同,知识产权出资人的权利和义务不尽相同。知识产权出资人在个人独资企业、合伙企业、公司、外资企业、中外合资经营企业、中外合作经营企业中分别被称为投资人、合伙人、发起人或者股东、外国投资者、合营方、合作方,出资人的权利和义务就分别是投资人、合伙人、发起人或者股东、外国投资者、合营方、合作方的权利和义务。出资人以知识产权出资如同以其他权利或者财产出资一样,享有同等的权利,承担同等的义务。

第四节　知识产权信托

一、知识产权信托的定义

信托从字面上看,就是因为信任而委托。知识产权信托,是指委托人基于对受托人的信任,将其知识产权中的财产权委托给受托人,由受托人按委托人的意愿以自己的名义,为受益人的利益或者特定目的,进行管理或者处分该知识产权的行为。在我国,专利信托一词在业界似乎也并不陌生。2000年,武汉市国际信托投资公司曾有以专利转化为信托目的的实务尝试。尽管中途夭折,但其业务模式中引入了地方知识产权管理部门与媒体,显示出信托公司作为资产管理机构整合各方资源的优势。

知识产权信托具有如下特征:

第一,知识产权信托是一种理财制度。这种理财制度是以信任为基础的,有信任才有委托,委托的内容是管理、处分知识产权;这种理财的目的是为了受益人的利益。知识产权信托是委托人将自己的知识产权委托给所信任的受托人,按照一定的目的即信托目的,为委托人自己的或者他人的利益,而管理或者处分该财产的制度。

第二,受托人是以自己的名义管理、处分知识产权。这与知识产权代理明显不同。在知识产权代理活动中,代理人只能以被代理人名义而不能以自己的名义从事代理活动。

第三,信托财产是委托人所委托的知识产权中的财产权。信托知识产权中的财产权包括:对知识产权的许可使用权;获取知识产权收益的受益权;实施对知识产权管理的管理权;对知识产权的处分权。这四种权利是可以分离的,分别行使或者分别加以组合行使。

委托人有权依照法定的规则，自主地决定其知识产权运用信托的具体内容、具体方式。

当然，知识产权是生产力进化的产物，其无形性的特征使其管理更加复杂化、专业化。与有形财产信托相比，知识产权信托对传统的信托管理提出了挑战。也正因为如此，目前知识产权信托还处于起步阶段。

二、知识产权信托的类型

知识产权信托可以依据信托目的分为民事信托、营业信托、公益信托。

民事信托，相对于营业信托而言，可称为非营业信托，是以完成一般的民事法律行为为内容的信托。著作权集体管理属于民事信托，因为它是指著作权集体管理组织经权利人授权，集中行使权利人的著作权或者与著作权有关的权利并以自己的名义进行的下列活动：与使用者订立著作权或者与著作权有关的权利许可使用合同；向使用者收取使用费；向权利人转付使用费；进行涉及著作权或者与著作权有关的权利的诉讼、仲裁等。如果著作权集体管理组织从事营利性经营活动的，工商行政管理部门可以依法予以取缔，没收违法所得。

营业信托，又称商事信托，是以营利为目的，委托营业性的信托机构实施有关知识产权的商事行为的信托。2007 年 3 月开始实施的《信托公司管理办法》第 2 条规定，信托公司是指依照《公司法》和《信托公司管理办法》设立的主要经营信托业务的金融机构。信托业务是指信托公司以营业和收取报酬为目的，以受托人身份承诺信托和处理信托事务的经营行为。显然，信托公司的信托行为具有营利性，此种信托是典型的营业信托。

公益信托，是指以公益事业为目的的有关知识产权的信托。尽管知识产权是私权，但是，这种财产权可以为社会公众谋求利益，而不是为特定的个人谋私利，因此，知识产权可以是公益信托的对象。

三、知识产权信托的作用

知识产权信托能实现权利人利益最大化。由于知识产权权利人的管理时间、精力、经验等方面的限制，需要委托他人管理，发挥科学理财、专家理财的作用，使之集中化、制度化、专业化，以实现知识产权利益最大化；反过来，这种利益促进权利人再创造。因此，信托是知识产权实现其经济价值和创造价值的重要方式。

知识产权信托能促进知识产权转化。知识产权信托是一种重要金融手段，能有效地解决知识产权转化过程中资金不足的难题。信托公司通过信托资金的运用，融通资金，可以将信托资金投资于知识产权的经济价值转化。

总之，将信托引入知识产权领域，不仅可以发挥其保值、增值功能，更能有效地拓宽知识产权商品化和产业化的渠道，解决我国知识产权转化难的难题。知识产权人通过信托方式委托具有专业理财能力的信托机构经营管理其知识产权，不仅可以享受其智力成果带来的丰厚利益并无须负担管理之责，而且有效地拓宽了知识产权流转的途径，能更好地实现知识产权的保值、增值。

四、知识产权信托的设立条件

（一）必须有合法的信托目的

设立知识产权信托，必须有合法的信托目的。例如，著作权集体管理的目的是为了著作权人和与著作权有关的权利人的利益，而且这种利益是著作权法和其他法律所保护的合法经济利益。

（二）必须有确定的信托知识产权

设立知识产权信托，必须有确定的知识产权，并且该知识产权必须是委托人合法所有的财产。例如，在著作权集体管理中，集中管理是一种以著作权或者与著作权有关的权利为中心建立起来的法律关系。如果缺少了信托的著作权或者与著作权有关的权利，也就无所谓集中管理。如果独创性作品真实存在，而且在保护期内也符合著作权法律的其他规定，该著作权就是确定的。只有集中管理的是委托人合法的著作权或者与著作权有关的权利，信托著作权才可能是确定的。

（三）应当采用书面形式

设立信托应当采取书面形式。例如，《著作权集体管理条例》第 19 条规定：权利人可以与著作权集体管理组织以书面形式订立著作权集体管理合同，授权该组织对其依法享有的著作权或者与著作权有关的权利进行管理。知识产权具有无形性的特点，采取书面形式设立信托，有利于确定信托目的和信托当事人的权利与义务，增强信托确定性，可以减少纠纷或者有利于纠纷的解决。

一般地，知识产权信托合同的主要内容包括：① 信托目的；② 委托人、受托人的姓名或者名称、住所；③ 受益人或者受益人范围；④ 信托知识产权的范围、种类及状况；⑤ 信托的期限；⑥ 受益人取得信托利益的形式、方法；⑦ 其他当事人约定的事项。

（四）应当依法办理信托登记

对于信托知识产权，尤其是专利权、商标权、集成电路布图设计权、植物新品种权，应当办理登记手续。作为无形的信托知识产权尤其需要进行信托登记，这有利于对其已设立信托的事实予以确认，保护第三人的利益。但是，《中华人民共和国信托法》（简称《信托法》）对信托登记只是做出了基本规定，而对知识产权信托登记的具体操作规则则是空白的。

五、信托知识产权的独立性

信托知识产权是受托人因承诺信托而取得的知识产权中的财产权利，该知识产权与委托人、受托人以及受益人的其他自有财产分离，具有独立性，仅仅服从和服务于信托目的。具体体现如下：

第一，知识产权信托成立后，该知识产权独立于委托人。信托成立后，委托人（知识产权主体）不能再直接管理运用知识产权。例如，《著作权集体管理条例》第 20 条规定：权利人与著作权集体管理组织订立著作权集体管理合同后，不得在合同约定期限内自己行使或者许可他人行使合同约定的由著作权集体管理组织行使的权利。信托知识产权一旦形成，就与委托人未设立信托的其他财产或者财产权利相区别，以信托的方式交由他人管理，而未信托的知识产权或者其他财产权利则无此特性。

信托设立后，委托人死亡或者依法解散、被依法撤销、被宣告破产时，委托人不是唯一受益人，还有其他受益人的，即使委托人死亡或者因其他有可能使信托消失的法定事由出现，信托知识产权也不能作为委托人的遗产或者清算财产。当然，委托人死亡或者依法解散、被依法撤销、被宣告破产时，委托人是唯一受益人的，信托知识产权作为其遗产或者清算财产；委托人不是唯一受益人，还有其他受益人存在，信托存续的情况下，委托人死亡或者因法定事由消失的,其信托受益权作为其遗产或者清算财产。

第二,承诺信托而从委托人手中取得的知识产权,独立于受托人。例如,《信托公司管理办法》第3条规定:信托财产不属于信托公司的固有财产,也不属于信托公司对受益人的负债。信托公司终止时,信托财产不属于其清算财产。尽管信托知识产权是以受托人名义为一定的信托目的被受托人管理运用的,但不属于受托人自己所有的财产权利,与受托人原有财产或者财产权利相区别,具体体现在:① 受托人死亡或者依法解散、被依法撤销、被宣告破产而终止,信托知识产权不属于其遗产或者清算财产;② 受托人管理运用、处分信托知识产权所产生的债权,不得与其固有财产产生的债务相抵消;③ 受托人管理运用、处分不同委托人的信托知识产权所产生的债权债务,不得相互抵消。受托人不仅需要将自己的财产与信托知识产权分开保管,还需要将不同的信托知识产权分开保管。

第三,委托人、受托人、受益人的一般债务的效力不能及于信托知识产权,信托知识产权不得被强制执行,但是下列法定情形除外:① 设立信托前债权人已对信托知识产权享有优先受偿的权利,并依法行使该权利的;② 受托人处理信托事务产生债务,债权人要求清偿债务的;③ 信托知识产权本身应担负的费用或者税款;④ 法律规定的其他情形。此四种情形主要是为了防止委托人以信托知识产权为手段逃避债务,损害债权人合法权益的情况。

六、知识产权信托当事人

根据《信托法》第3条的规定,信托关系的当事人应包括委托人、受托人和受益人。

(一)知识产权信托的委托人

委托人是以其拥有的知识产权设立信托,为了一定的目的委托他人进行理财的知识产权信托关系当事人。委托人应当具有两项基本条件:首先,拥有可以信托的知识产权。其次,本人应当具有完全民事行为能力,能以其行为从事民事活动,享受权利、履行义务,包括自然人、法人或者其他组织。没有完全民事行为能力的人,由其法定代理人代理其民事活动。委托人可以是一人,也可以是两人或者两人以上(他们被称为共同委托人)。

委托人作为信托知识产权的提供者,为了其合法利益和受益人的利益,享有如下权利:① 委托人有知情权。著作权集体管理中,委托人有权查询集体管理组织权利信息系统;有权查阅集体管理组织记录的作品许可使用情况、使用费收取和转付情况、管理费提取和使用情况;有权查阅、复制著作权集体管理组织的财务报告、工作报告和其他业务材料。② 委托人有权要求调整信托财产管理方法。③ 委托人有申请撤销处分权。④ 委托人有依法解除与受托人的信托关系的权利。例如,在著作权集体管理中,委托人可以依照著作权集体管理组织章程规定的程序,退出著作权集体管理组织,终止著作权集体管理合同。但是,著作权集体管理组织已经与他人订立许可使用合同的,该合同在期限届满前继续有效;该合同有效期内,委托人有权获得相应的使用费并可以查阅有关业务材料。

另外,在著作权集体管理中,委托人符合著作权集体管理组织章程规定加入条件的,著作权集体管理组织应当与其订立著作权集体管理合同,不得拒绝。

(二)知识产权信托的受托人

受托人是接受委托,按照信托文件对信托知识产权进行管理、利用、处分的人。正因如此,《信托法》规定,受托人应当是具有完全民事行为能力的自然人、法人。知识产权信托作为特殊理财制度,受托人需要有相应的专业能力,因此,知识产权信托的受托人成立程序比较严格。

依据《著作权集体管理条例》,依法享有著作权或者与著作权有关的权利的中国公民、法人或者其他组织,可以发起设立著作权集体管理组织。设立著作权集体管理组织,应当具备下列条件:发起设立著作权集体管理组织的权利人不少于50人;不与已经依法登记的著作权集体管理组织的业务范围交叉、重合;能在全国范围代表相关权利人的利益;有著作权集体管理组织的章程草案、使用费收取标准草案和向权利人转付使用费的办法草案。由国务院著作权管理部门做出批准或者不予批准著作权集体管理组织的决定。批准的,发给著作权集体管理许可证;不予批准的,应当说明理由。申请人自国务院著作权管理部门发给著作权集体管理许可证之日起30日内,依照有关社会团体登记管理的行政法规到国务院民政部门办理登记手续。依法登记的著作权集体管理组织,自国务院民政部门发给登记证书之日起30日内,将其登记证书副本报国务院著作权管理部门备案;国务院著作权管理部门应当将报备的登记证书副本以及著作权集体管理组织章程、使用费收取标准、使用费转付办法予以公告。

依据《信托公司管理办法》,设立信托公司,应当具备下列条件:有符合《公司法》和中国银行保险监督管理委员会规定的公司章程;有具备中国银行保险监督管理委员会规定的入股资格的股东;具有规定的最低限额的注册资本;有具备中国银行保险监督管理委员会规定任职资格的董事、高级管理人员和与其业务相适应的信托从业人员;具有健全的组织机构、信托业务操作规程和风险控制制度;有符合要求的营业场所、安全防范措施和与业务有关的其他设施;中国银行保险监督管理委员会规定的其他条件。设立信托公司,还应当经中国银行保险监督管理委员会批准,并领取金融许可证。

（三）知识产权信托的受益人

受益人是指在信托中享有信托受益权的人。这种享有信托收益的权利被称作信托受益权。受益人在信托关系中的地位由其所享有的权利决定。在著作权集体管理中,委托人和受益人可以是同一著作权人或者与著作权有关的权利人。

第五节　知识产权拍卖

一、知识产权拍卖的定义

知识产权拍卖是指以公开竞价的形式,将知识产权许可、转让给最高应价者的市场交易方式。知识产权拍卖是知识产权利用的一种途径。知识产权拍卖,既可以“拍卖”使用权,许可他人使用,也可以“拍卖”专有权,转让知识产权,还可以只给知识产权定价。早在2006年4月,美国Ocean Tomo公司就举办了其号称的“世界历史上第一次现场专利拍卖会”。知识产权拍卖是一种特殊的买卖交易活动,一般应当具备下列条件:

第一,拍卖对象是知识产权。一般的拍卖对象为有形财产,拍卖成功后应当交付有形财产物体;而知识产权是无形财产权,拍卖成功后,无须交付物体。例如,艺术品拍卖对象是拍卖附着美术作品的载体物,而著作权拍卖对象是拍卖作品本身。

第二,拍卖由买卖双方以外的第三人——拍卖人主持。一般的知识产权的转让或者许可由转让人、受让人或者许可人、被许可人双方进行,可以不需要第三人介入;拍卖必须由第三人——拍卖人主持买卖活动。

第三，拍卖必须有两个以上竞买人。拍卖是一种直接竞争买卖的交易方式，其竞争是在买方之间展开的。通过叫价或者应价，出价最高者获得拍卖的知识产权。没有两个买方，也就无所谓竞争，因此，竞买人至少应当有两个。

第四，拍卖是一种直接价格竞争。在拍卖活动中，价格比拼是唯一的竞争手段，几乎撇开其他竞争方式，如质量、特色、时间等方面的竞争。

可转让的知识产权都可以成为拍卖的标的。例如，专利权可以成为拍卖的标的。专利内容的公开制度正好适合拍卖公开的特点，不存在信息不对称的问题；专利的价值难以估计，但是，拍卖中的竞价可以简单地解决此问题。商业秘密不适宜于拍卖，因为商业秘密不能公开，与拍卖公开性特点相抵触，除非委托人与拍卖人、所有竞买人签订保密协议。

二、知识产权拍卖的作用

拍卖能促进知识产权交易，实现透明交易，在竞买人之间合理配置资源。知识产权拍卖是一种公开买卖。买卖的详细情况完全公开，让公众知道，让公众参与，让公众监督，按照公认的标准交易。这种买卖出于买卖双方的自愿，双方权利义务对等，透明度和公开程度高，能够真正体现公平、公正。从知识产权拍卖在国内的实践来看，2010 年 12 月 16 日，中国技术交易所创造性地推出了专利拍卖这一专利交易的新模式。经过激烈竞拍，中国科学院计算机研究所的 28 件专利成功拍出，拍卖成交率达 41%，总成交金额近 300 万元。此次专利拍卖会也成为国内首次国有科研机构批量专利技术进场公开拍卖的标杆性成功案例，受到社会各界的广泛关注。

三、拍卖当事人

（一）拍卖人

拍卖人是指依法设立的从事拍卖活动的企业法人。依照《中华人民共和国拍卖法》第 12 条的规定，设立拍卖企业，应当具备下列条件：有 100 万元人民币以上的注册资本；有自己的名称、组织机构、住所和章程；有与从事拍卖业务相适应的拍卖师和其他工作人员；有符合本法和其他有关法律规定的拍卖业务规则；符合国务院有关拍卖业发展的规定；法律、行政法规规定的其他条件。

拍卖人的权利是有权要求委托人说明拍卖知识产权的来源和瑕疵。

拍卖人的义务是：拍卖人应当向竞买人说明拍卖知识产权的瑕疵；拍卖人接受委托后，未经委托人同意，不得委托其他拍卖人拍卖；委托人、买受人要求对其身份保密的，拍卖人应当为其保密；拍卖人及其工作人员不得以竞买人的身份参与自己组织的拍卖活动，并不得委托他人代为竞买；拍卖人不得在自己组织的拍卖活动中拍卖自己的知识产权；拍卖成交后，拍卖人应当按照约定向委托人交付拍卖知识产权的价款；拍卖人应当妥善保管有关业务经营活动的完整账簿、拍卖笔录和其他有关资料，自委托拍卖合同终止之日起计算，不得少于 5 年。

（二）委托人

委托人是指委托拍卖人拍卖知识产权的公民、法人或者其他组织。

委托人的权利是：委托人可以自行办理委托拍卖手续，也可以由其代理人代为办理委托拍卖手续；委托人有权确定拍卖知识产权的保留价并要求拍卖人保密（拍卖国有资产，依照法律或者按照国务院规定需要评估的，应当经依法设立的评估机构评估，并根据评估结果确定拍卖标的的保留价）；委托人在拍卖开始前可以撤回拍卖知识产权（委托人撤回拍卖标的的，应当向拍卖人支付约定的费用；未作约定的，应当向拍卖人支付为拍卖支出的合理费用）。

委托人的义务是：委托人应当向拍卖人说明拍卖知识产权的来源和瑕疵；委托人不得参与竞买，也不得委托他人代为竞买。

（三）竞买人

竞买人是指参加竞购拍卖知识产权的公民、法人或者其他组织。法律、行政法规对拍卖标的的买卖条件有规定的，竞买人应当具备规定的条件。

竞买人的权利是：竞买人可以自行参加竞买，也可以委托其代理人参加竞买；竞买人有权了解拍卖知识产权的瑕疵，有权查验拍卖知识产权和查阅有关拍卖资料。

竞买人的义务是：竞买人一经应价，不得撤回，当其他竞买人有更高应价时，其应价即丧失约束力；竞买人之间、竞买人与拍卖人之间不得恶意串通，损害他人利益。

（四）买受人

买受人是指以最高应价购得拍卖知识产权的竞买人。

买受人的权利是：买受人未能按照约定取得拍卖知识产权的，有权要求拍卖人或者委托人承担违约责任。

买受人的义务是：买受人应当按照约定支付拍卖知识产权的价款，未按照约定支付价款的，应当承担违约责任；因买受人违约，拍卖知识产权再行拍卖的，原买受人应当支付第一次拍卖中本人及委托人应当支付的佣金；再行拍卖的价款低于原拍卖价款的，原买受人应当补足差额。

四、知识产权拍卖的程序

（一）委托拍卖

委托人委托拍卖知识产权，应当提供身份证明和拍卖人要求提供的拍卖知识产权证明或者其他资料。拍卖人对委托人提供的有关文件、资料进行核实。拍卖人认为需要对拍卖知识产权进行鉴定的，可以进行鉴定。

拍卖人接受委托的，应当与委托人签订书面委托拍卖合同。委托拍卖合同应当载明以下事项：① 委托人、拍卖人的姓名或者名称、住所；② 拍卖的种类、名称、权利范围、保护期等；③ 委托人提出的保留价；④ 拍卖的时间、地点；⑤ 拍卖知识产权转移的时间、方式；⑥ 佣金及其支付的方式、期限；⑦ 价款的支付方式、期限；⑧ 违约责任；⑨ 双方约定的其他事项。

其中，委托人、买受人可以与拍卖人约定佣金的比例。委托人、买受人与拍卖人对佣金比例未作约定，拍卖成交的，拍卖人可以向委托人、买受人各收取不超过拍卖成交价 5% 的佣金。收取佣金的比例按照同拍卖成交价成反比的原则确定。拍卖未成交的，拍卖人可以向委托人收取约定的费用；未作约定的，可以向委托人收取为拍卖支出的合理费用。

在委托拍卖时，委托人可以确定拍卖的保留价。

如果为了民事执行，委托人是人民法院，应当确定保留价。人民法院参照评估价确定拍卖保留价；未作评估的，参照市价确定，并应当征询有关当事人的意见。人民法院确定的保留价，第一次拍卖时，不得低于评估价或者市价的80%；如果出现流拍，再行拍卖时，可以酌情降低保留价，但每次降低的数额不得超过前次保留价的20%。保留价确定后，依据本次拍卖保留价计算，拍卖所得价款在清偿优先债权和强制执行费用后无剩余可能的，应当在实施拍卖前将有关情况通知申请执行人。申请执行人于收到通知后5日内申请继续拍卖的，人民法院应当准许，但应当重新确定保留价；重新确定的保留价应当大于该优先债权及强制执行费用的总额。

（二）拍卖公告与展示

拍卖人应当于拍卖日7日前通过报纸、电台、电视台、网络或者其他新闻媒体发布拍卖公告，吸引公众参与竞买，通告权利人对拍卖的知识产权提出异议。

拍卖公告应当载明下列事项：① 拍卖的时间、地点；② 拍卖的知识产权种类、名称、权利范围、保护期限等；③ 拍卖的知识产权展示时间、地点；④ 参与竞买应当办理的手续；⑤ 需要公告的其他事项。

竞买人在参加拍卖之前只有了解拍卖知识产权的情况，才能决定是否参加竞买，如果参加，还需初步确定出价的幅度。因此，拍卖人应当在拍卖前展示拍卖标的，并提供查看拍卖标的的条件及有关资料，而且拍卖标的的展示时间不得少于2日。

（三）实施拍卖

竞买人在拍卖人规定的时间和地点参与拍卖。拍卖前，拍卖师应当宣布拍卖规则和注意事项。拍卖的知识产权无保留价的，拍卖师应当在拍卖前予以说明。拍卖人进行拍卖时，应当制作拍卖笔录。拍卖笔录应当由拍卖师、记录人签名。

竞买人的最高应价经拍卖师落槌或者以其他公开表示买定的方式确认后，拍卖成交。成交后，买受人和拍卖人应当签署成交确认书，买受人还应在拍卖笔录上签名。拍卖的知识产权需要依法办理登记、备案手续的，委托人、买受人应当持拍卖人出具的成交证明和有关材料，向有关知识产权行政管理机关办理手续。

第六节 知识产权质押

一、知识产权质押的定义

知识产权质押是指债务人或第三人将其知识产权作为债权的担保，当债务人不能履行债务时，债权人有权依法以该知识产权折价或者拍卖、变卖的价款优先受偿的担保方式。在知识产权质押中，担保债权的知识产权称为质押标的，提供知识产权的人称为出质人，债权人称为质权人，债权人享有的担保权利称为质权。

《中华人民共和国民法典》（简称《民法典》）、《著作权质权登记办法》《专利权质押登记办法》以及《注册商标专用权质权登记程序规定》比较完善地确立了知识产权担保法律制度。

知识产权质押可以直接将知识产权变换为价金，实现担保债权优先受偿的功能。知识产权质押具有如下特点：第一，知识产权质押在设定时无须占有或移转权利凭证；第二，知识产权质押设定后，质权人没有保管责任，出质人经过质权人同意可以转让、许可知识产权。

二、知识产权质押的作用

知识产权质押是体现和间接实现知识产权经济价值的重要方式。随着社会经济的发展,知识产权在财产制度中的地位日益提高。知识产权质押作为一种特殊的权利质押,既具有质押的一般共性,又具有质押的特殊性——质押标的的无形性。知识产权质押既能有效担保债权安全,又能充分利用稀缺资源——知识产品。知识产权质押贷款还能扩大现代经济社会的融资途径,有助于智力资源的最大化使用。

但是,对知识产权设质,也具有一定的局限性,其价值波动较大、不易评估、难以实现。为了克服这些困难,2008 年年底,国家知识产权局发布《全国知识产权质押融资工作试点方案》,并且确定了第一批全国知识产权质押融资试点单位,尝试通过运用知识产权质押贴息、扶持中介服务等手段,降低企业运用知识产权融资的成本;在评估专业机构和银行之间搭建知识产权融资服务平台等,摸索知识产权质押融资的可行方法。根据国家知识产权局的统计数据,2014 年,我国知识产权金融服务工作取得显著成效。全年专利权质押金额达 489 亿元人民币,较 2013 年增长 92.5%;惠及 1 850 家中小微企业,较上年增长 31.3%。

三、知识产权质押的设定

《民法典》第 444 条规定:以注册商标专用权、专利权、著作权等知识产权中的财产权出质的,质权自办理出质登记时设立。知识产权质押合同自双方签字后生效,而质权则自办理出质登记时成立。因此,知识产权质押的设定必须具备下列条件:

第一,出质人应当与质权人就知识产权的出质订立书面合同。

知识产权质押合同应包括以下内容:① 质押双方当事人的姓名(或名称)、住所、业务范围、法定代表人等自然状况;② 被担保的主债权种类、数额;③ 债务人履行债务的期限;④ 出质知识产权的种类、名称、权利范围、权利保护期、使用状况;⑤ 质押担保的范围;⑥ 质押担保的期限;⑦ 质押的金额及支付方式;⑧ 当事人约定的其他事项。

第二,知识产权质押合同应当在相应管理部门办理登记。

需要注意的是,在知识产权质押时,质权自有关主管部门办理出质登记时设立,而知识产权质押合同一般是自双方签字后生效。因此,两者不可混为一谈。《著作权质权登记办法》第 5 条规定:著作权质权的设立、变更、转让和消灭,自记载于《著作权质权登记簿》时发生效力。《专利权质押登记办法》第 12 条规定:“专利权质押登记申请经审查合格的,国家知识产权局在专利登记簿上予以登记,并向当事人发送《专利权质押登记通知书》。质权自国家知识产权局登记时设立。”

四、知识产权质押的效力

知识产权质押的效力主要包括如下问题:质押的标的范围、质押所担保的范围、质权实现的顺序以及质权人与出质人的权利和义务。

(一)知识产权质押的标的范围

质押的标的必须同时满足以下三个条件:

第一,标的必须为财产权利。财产权利可以实现其潜在经济利益,可以作为质押标的。由于人身权利往往与民事主体不可分离,不具有交易价值,也不具有担保的变价特征,因此，知识产权中的人身权不能出质。

第二，标的必须是可转让的权利。可以转让，才可以折价、买卖、变卖，否则设定质押毫无意义。因此，依法不得转让的财产权不能成为质押标的。

第三，标的必须是出质人依法可以处分的权利。按照《民法典》第440条的规定，“可以转让的注册商标专用权，专利权、著作权等知识产权中的财产权”可以质押。因此，商业秘密、植物新品种权、集成电路布图设计权等可以作为质押的对象。

（二）知识产权质押所担保的范围

《民法典》第446条规定：“权利质权除适用本节规定外，适用本章第一节的有关规定。”根据该条的规定，知识产权质押担保的范围包括主债权及利息、违约金、损害赔偿金和实现质权的费用。质押合同另有约定的，按照约定。

但是，由于知识产权质押的特殊性，其所担保的债权范围并不能完全适用动产质押的规定。首先，知识产权质押并未转移标的物的占有，质权人没有保管质物的义务，质押担保的范围也就不能包括质物保管的费用。其次，由于知识产权具有无形性、时间性等特点，质权人为保持出质的知识产权价值需花费费用。例如，专利权质权人为了防止出质的专利权终止而缴纳的年费，也应作为知识产权质押担保的范围。

如果当事人约定质押担保范围的，从其约定。约定可以小于法定担保范围，也可以大于法定担保范围，只要约定的质押担保范围不超过主债权范围，而又不违反平等、自愿、公平、诚实信用的原则，应当具有法律约束力。

（三）质权人的权利和义务

1. 质权实现权

质权实现权是指被担保的债权清偿期届满而债务人没有清偿时，债权人可就质押的知识产权受偿。《民法典》对质权的具体实现方法明确规定有三种：① 与出质人协议质押知识产权折价。知识产权的折价，指质权人经与出质人协商，把知识产权中的财产权折合为价金，并从所折价金中优先抵偿其债权。折价高于债权数额，质权人须将差额返还出质人；折价低于债权数额，质权人仍可就差额部分主张一般债权。② 依法拍卖。③ 依法变卖。变卖是指以公开或强制执行方式出卖给第三人，包括转让和许可使用两种情况。

2. 债权优先受偿权

出质人和质权人既然已为质权人的债权设立了知识产权质押，质权人当然可以就质押的知识产权卖得的价金优先清偿其债权。此处所谓优先受偿，就是在先实现质权。

另外，质权消灭后，质权人应协助出质人通知质押登记机关注销质押登记。

（四）出质人的权利和义务

1. 对质物的有限许可和转让权

根据《民法典》第444条第2款的规定，知识产权中的财产权出质后，出质人不得转让或者许可他人使用，但是出质人与质权人协商同意的除外。出质人转让或者许可他人使用出质的知识产权中的财产权所得的价款，应当向质权人提前清偿债务或者提存。因此，质权设定后，出质人对质物享有受限制的转让和许可的权利。以依法可以转让的商标专用权，专利权、著作权中的财产权出质的，出质人未经质权人同意而转让或者许可他人使用已出质权利的，应当认定为无效。因此给质权人或者第三人造成损失的，由出质人承担民事责任。法律并未禁止知识产权所有人本人实施知识产权，知识产权所有人本人可以实施知识产权,但是,所得的价款应当向质权人提前清偿债务或者提存。

2. 求偿权和代位权

如果出质人是债务人以外的第三人,一旦该第三人代替债务人清偿债务,或因质权的实行而丧失被质押的权利,有权向债务人追偿。

3. 请求质权人及时行使质权的权利

出质人可以请求质权人在债务履行期届满后及时行使质权。如果质权人不行使质权,出质人可以请求人民法院拍卖、变卖质押知识产权。出质人请求质权人及时行使质权,因质权人怠于行使权利造成损害的,由质权人承担赔偿责任。

4. 保全出质权利的义务

如果出质人放弃知识产权或者知识产权遭受侵害而放弃保护,以及其他损害知识产权价值的情况出现,质权人的合法利益难以得到充分维护。因此,出质人应当承担保全出质权利的义务,除非质权人同意。

五、知识产权质押的消灭

下列情况可能导致质权的消灭:被担保的债权消灭;质押知识产权被撤销或被宣告无效或因其他原因丧失;质权人对质权的抛弃;质押期间届满;提前解除质押合同;质权的实现等。

第七节 商业特许经营

一、商业特许经营的定义

商业特许经营(简称特许经营),是指拥有注册商标、企业标志、专利、专有技术等经营资源的企业(特许人),以合同形式将其拥有的经营资源许可其他经营者(被特许人)使用,被特许人按照合同约定在统一的经营模式下开展经营,并向特许人支付特许经营费用的经营活动。

特许人必须具备下列条件:① 特许人可以是公司、中外合资企业、中外合作企业、外资企业、合伙企业、个人独资企业,但是,企业以外的其他单位和个人不得作为特许人从事特许经营活动。② 特许人从事特许经营活动应当拥有成熟的经营模式,并具备为被特许人持续提供经营指导、技术支持和业务培训等服务的能力。③ 特许人从事特许经营活动应当拥有至少 2 个直营店,并且经营时间超过 1 年。《商业特许经营管理条例》施行前已经从事特许经营活动的特许人,不受此条件的限制,但是,特许人应当自 2007 年 5 月 1 日起 1 年内,依照规定向商务主管部门备案。

法律对被特许人没有严格限制。

二、商业特许经营的作用

商业特许经营是知识产权的一种重要经营方式,它把知识产权和标准经营管理制度有机地结合在一起,特许人和被特许人形成完整的产供销经营产业,能确保有效的知识产权流转、提高吸收资本的能力、创造新的就业机会和降低失业率。

商业特许经营具有自身的优点。就特许人而言,特许人拥有自己的知识产权、标准化的商品和服务、严格的经营管理制度,能有效地防止假冒伪劣经营活动;特许人不必大量直接投资也可以建立连锁店,扩张经营业务;特许人除了从出售设备、原材料以及商品中获得利润外,还可以获得知识产权的许可使用费。就被特许人而言,由于借助于特许人的品牌和知名度,被特许人直接按照现成的管理制度从事标准化的经营活动,耗资少、风险小,开始从事特许经营时就有现成的顾客,而且立即有收入,成功率高;被特许人自己投资设立企业,享有经营管理的自主权,经营积极性强。

三、商业特许经营的形式

特许经营的形式有两种分类方法。第一种分类方法是把特许经营分为工业特许经营、销售特许经营和服务特许经营三种类型。工业特许经营是指商品生产的特许经营,此种经营通常包括专利和商业秘密的许可以及商标许可。销售特许经营是指商品销售的特许经营。服务特许经营是指提供服务的特许经营。

第二种分类方法是把特许经营分为产品销售特许经营和经营方式特许经营。产品销售特许经营是指被特许人使用特许人的商标,销售特许人生产或者提供的产品,并支付费用。经营方式特许经营是指特许人授权被特许人使用特定的经营方式的特许经营。这里的经营方式的特许经营包括下列基本条件:特许人拥有知识产权,而且许可被特许人使用;特许人开发有效的商业系统,并许可被特许人使用该系统;特许人和被特许人在法律上和财务上互相独立,被特许人单独投资、自担风险;被特许人遵循特许人的方法,支付初始或者后续使用费;特许人有权监督被特许人使用该特许系统;特许人有义务向被特许人提供培训和后续帮助。

四、商业特许经营合同

从事特许经营活动,特许人和被特许人应当采用书面形式订立特许经营合同。特许经营合同应当包括下列主要内容:

(1)特许人、被特许人的基本情况。

(2)特许经营的内容、期限。特许经营合同约定的特许经营期限应当不少于3年,但是,被特许人同意的除外。特许人和被特许人续签特许经营合同的,可以少于3年。

(3)特许经营费用的种类、金额及其支付方式。特许人要求被特许人在订立特许经营合同前支付费用的,应当以书面形式向被特许人说明该部分费用的用途以及退还的条件、方式。

(4)经营指导、技术支持以及业务培训等服务的具体内容和提供方式。《商业特许经营管理条例》第14条规定:特许人应当向被特许人提供特许经营操作手册,并按照约定的内容和方式为被特许人持续提供经营指导、技术支持、业务培训等服务。

(5)产品或者服务的质量、标准要求和保证措施。特许经营的产品或者服务的质量、标准应当符合法律、行政法规和国家有关规定的要求。

(6)产品或者服务的促销与广告宣传。

(7)特许经营中的消费者权益保护和赔偿责任的承担。

(8)特许经营合同的变更、解除和终止。特许人和被特许人应当在特许经营合同中约定，被特许人在特许经营合同订立后一定期限内，可以单方解除合同。

（9）违约责任。

（10）争议的解决方式。

（11）特许人与被特许人约定的其他事项。

依据《商业特许经营管理条例》第8条，特许人应当自首次订立特许经营合同之日起15日内，依照规定向商务主管部门备案。在省、自治区、直辖市范围内从事特许经营活动的，应当向所在地省、自治区、直辖市人民政府商务主管部门备案；跨省、自治区、直辖市范围从事特许经营活动的，应当向国务院商务主管部门备案。

特许人向商务主管部门备案，应当提交下列文件、资料：① 营业执照复印件或者企业登记（注册）证书复印件；② 特许经营合同样本；③ 特许经营操作手册；④ 市场计划书；⑤ 表明其符合《商业特许经营管理条例》第7条规定的书面承诺及相关证明材料；⑥ 国务院商务主管部门规定的其他文件、资料。特许经营的产品或者服务，依法应当经批准方可经营的，特许人还应当提交有关批准文件。

五、特许人的义务

被特许人对于特许经营可能经验并不丰富，需要从特许人方获得特许经营中的生产销售技术和其他商业秘密。特许人可能需要多年时间向被特许人传授技术和秘密。因此，在商业特许经营中，特许人和被特许人为了取得特许经营成功，应当承担许多义务。特许人和被特许人是相对方，一方的权利与另一方的义务彼此对应。

特许经营随着市场的变化而不断地变化，特许人的义务可以分为初始义务和后续义务。依据《商业特许经营管理条例》的规定，特许人的义务如下：

（一）信息披露义务

特许人应当依照国务院商务主管部门的规定，建立并实行完备的信息披露制度。特许人向被特许人提供的信息应当真实、准确、完整，不得隐瞒有关信息，或者提供虚假信息。

1. 初始信息

依据《商业特许经营管理条例》第22条的规定，特许人应当向被特许人提供以下信息：① 特许人的名称、住所、法定代表人、注册资本额、经营范围以及从事特许经营活动的基本情况；② 特许人的注册商标、企业标志、专利、专有技术和经营模式的基本情况；③ 特许经营费用的种类、金额和支付方式（包括是否收取保证金以及保证金的返还条件和返还方式）；④ 向被特许人提供产品、服务、设备的价格和条件；⑤ 为被特许人持续提供经营指导、技术支持、业务培训等服务的具体内容、提供方式和实施计划；⑥ 对被特许人的经营活动进行指导、监督的具体办法；⑦ 特许经营网点投资预算；⑧ 在中国境内现有的被特许人的数量、分布地域以及经营状况评估；⑨ 最近2年的经会计师事务所审计的财务会计报告摘要和审计报告摘要；⑩ 最近5年内与特许经营相关的诉讼和仲裁情况；⑪ 特许人及其法定代表人是否有重大违法经营记录；⑫ 国务院商务主管部门规定的其他信息。

特许人应当在订立特许经营合同之日前至少30日，以书面形式向被特许人提供规定的信息，并提供特许经营合同文本。

2. 后续信息

特许人向被特许人提供的信息发生重大变更的，应当及时通知被特许人。

3. 违反信息披露义务的法律后果

特许人隐瞒有关信息或者提供虚假信息的,被特许人可以解除特许经营合同。

（二）业务培训义务

对被特许人的适当培训,是特许经营成功的基本条件。因此,《商业特许经营管理条例》要求特许人应当拥有成熟的经营模式和业务培训的能力。特许人的培训义务可分为初始培训和后续培训。

1. 初始培训

初始培训应向被特许人传授特许经营建立和管理的全部基本知识,包括特许网点营销、运行所必需的知识,使被特许人能够初步经营特许店。多年积累的技术知识不能在短期的初始培训中掌握的,还应当通过"被特许人手册"方式加以传授。

2. 后续培训

后续培训的内容、方式和时间等诸方面取决于特许经营系统最新发展和改进,总的原则是被特许人应当与最新发展和改进保持一致。

3. 经营指导、技术支持

在特许经营活动中,特许人的指导是特许人和被特许人手把手、面对面的双向活动,对于被特许人的经营实践具有重要的作用。这种指导既可以是口头形式,也可以是书面形式。特许人往往向被特许人提供特许经营指导手册,涉及专利技术、专有技术、商标的使用方式以及特许经营制度的执行方式。经营指导、技术支持也包括初始经营指导、技术支持和后续经营指导、技术支持。

另外,特许人在推广、宣传活动中,不得有欺骗、误导的行为,其发布的广告中不得含有宣传被特许人从事特许经营活动收益的内容。特许人应当在每年第一季度将其上一年度订立特许经营合同的情况向商务主管部门报告。

六、被特许人的义务

未经特许人同意,被特许人不得向他人转让特许经营权;被特许人不得向他人泄露或者允许他人使用其所掌握的特许人的商业秘密。

第八节 知识产权捐赠

一、知识产权捐赠的定义

知识产权捐赠(intellectual property donation)是指自然人、法人或者其他组织自愿无偿地向依法成立的公益性社会团体和公益性非营利的事业单位赠与其知识产权,用于公益事业的法律行为。尽管捐赠是自愿和无偿的,但是捐赠人应当依法履行捐赠协议,按照捐赠协议约定的期限和方式将知识产权转移给受赠人。这里的"转移"既可以是转让,也可以是许可。

知识产权捐赠涉及三方主体:捐赠人、受赠人和受益人。

捐赠人是指捐赠行为中可以处分知识产权的自然人、法人或者其他组织。自然人,既可以是中华人民共和国公民,也可以是旅居国外的华侨,还可以是外国人。法人和其他组织,既可以是依法在中国设立的法人或组织，也可以是在国外依法成立的法人或组织。捐赠人对知识产权实施捐赠应当在法律规定的处分权范围内，或者取得知识产权人的合法授权。没有法律的规定或者取得特定的授权，任何捐赠人都不得对他人的知识产权随意进行捐赠。

受赠人是指捐赠行为中的公益性社会团体以及公益性非营利的事业单位。这种特定受赠主体是捐赠不同于一般民事赠与的主要特点。公益性社会团体是指依法成立的，以发展公益事业为宗旨的基金会、慈善组织等社会团体，如中国青少年发展基金会、中国慈善总会等。公益性非营利的事业单位是指依法成立的，从事公益事业的不以营利为目的的教育机构、科学研究机构、医疗卫生机构、社会公共文化机构、社会公共体育机构和社会福利机构等，如华中科技大学、中国科学院、华中科技大学同济医学院附属医院、北京市劳动人民文化宫等。依据《中华人民共和国公益事业捐赠法》第 3 条的规定，公益事业是指非营利的如下事项：① 救助灾害、救济贫困、扶助残疾人等困难的社会群体和个人的活动；② 教育、科学、文化、卫生、体育事业；③ 环境保护、社会公共设施建设；④ 促进社会发展和进步的其他社会公共和福利事业。

受益人是符合公益性社会团体和公益性非营利的事业单位依法成立时所确定的公益目的的人。受益人是不特定的个人或群体，即受益人既不能是某个特定的个人，也不能是某个特定的团体或人群。

二、知识产权捐赠的作用

捐赠是一项有利于国家和社会的公益活动，对促进教育、科学、文化、卫生以及其他社会公共和福利事业的发展，具有重要作用。因为无形资产往往记入企业的资产负债，企业将其知识产权捐赠给非营利组织，可以减少维持知识产权的成本，免除某些税收责任；知识产权捐赠可以产生良好的社会声誉，而且捐赠人可能享有受赠人未来研究和开发成果的优惠。因此，知识产权捐赠仍然是知识产权利用不可或缺的重要方面。

实践中，知识产权捐赠产生的深层动因在于：公司所持有的少数专利能够变为有效资产，多数专利仅作为闲置专利存在。闲置专利的利用率低，维护费高，具体表现为：该专利与公司的核心技术任务关联度低；不适合许可给第三方；在竞争性市场中缺乏专利防御价值。而公司对持有的闲置专利要承担维护责任。选择捐赠可产生的积极效果有：降低公司维护专利的成本；减轻公司的纳税负担；积极促进受赠机构未来的研发工作。

近年来，知识产权捐赠作为一种新的商业策略，在世界顶尖的技术开发公司和其他大型企业中日趋流行。通过知识产权捐赠，可以使得捐赠人最大限度地获取研究和发展工作的收益，更为广阔地挖掘技术的商业化途径。例如，宝洁公司就曾多次向美国北卡罗来纳州立大学捐赠知识产权。因为北卡罗来纳州立大学在纺织和造纸研究领域享有极高的声誉，拥有继续开发酶改性纤维技术所必需的技能、人力和物力，这些研究在某一天将在为全球无数消费者生产纺织品和更柔软的纸制品过程中发挥重要作用。

三、知识产权捐赠协议

捐赠人可以与受赠人就捐赠知识产权订立捐赠协议。捐赠协议实际就是民法意义上的合同。合同的内容由捐赠人和受赠人双方约定，主要内容包括：当事人的名称或者姓名和住所，标的，履行期限、地点和方式，违约责任以及解决争议的办法等。

由于捐赠是一种自愿和无偿的行为,因而在订立捐赠协议时,捐赠人不得要求受赠人给付价款和报酬,也不得要求受赠人对捐赠人给予其他任何利益性质的回报。

捐赠协议是一种特殊的赠与合同。依据《民法典》第658条的规定,赠与人在赠与财产的权利转移之前可以撤销赠与。经过公证的赠与合同或者依法不得撤销的具有救灾、扶贫、助残等公益、道德义务性质的赠与合同,不适用前款规定。此外,《民法典》第660条进一步规定:经过公证的赠与合同或者依法不得撤销的具有救灾、扶贫、助残等公益、道德义务性质的赠与合同,赠与人不交付赠与财产的,受赠人可以请求交付。依据前款规定应当交付的赠与财产因赠与人故意或者重大过失致使毁损、灭失的,赠与人应当承担赔偿责任。

捐赠协议一旦签订,捐赠人就应当依法履行捐赠协议,按照协议约定的期限和方式将知识产权转移给受赠人;否则,将要承担相应的法律责任。

捐赠人还可以捐赠知识产权兴建公益事业工程项目。捐赠人对于捐赠的公益事业工程项目可以留名纪念;捐赠人单独捐赠的工程项目或者主要由捐赠人出资兴建的工程项目,可以由捐赠人提出工程项目的名称,报县级以上人民政府批准即可。

四、知识产权捐赠的优惠

捐赠知识产权用于公益事业,是一种不求回报的奉献行为,应当受到鼓励和提倡。但值得注意的是,美国近年来在知识产权捐赠的税收优惠方面出现诸多新问题。一些公司为获得捐赠政策中纳税扣除的益处,巧妙利用专利价值评估的复杂性,恶意抬高所捐赠专利的评估价值,从而按照比例主张高额的纳税扣除。为此,《美国就业机会创造法案》(American Jobs Creation Act of 2004)中的882条款,即知识产权捐赠利益主体的博弈结果,显示了国会消减知识产权过高估价的意图。

我国对捐赠知识产权用于公益事业的行为给予必要的优惠,其中最主要的优惠是税收方面的优惠。例如,《中华人民共和国企业所得税法》第9条规定:"企业发生的公益性捐赠支出,在年度利润总额12%以内的部分,准予在计算应纳税所得额时扣除;超过年度利润总额12%的部分,准予结转以后三年内在计算应纳税所得额时扣除。"企业享受所得税优惠时,应当向税务机关提供知识产权估价报告、公益性社会团体和公益性非营利的事业单位接受捐赠时出具的有效收据,没有有效收据的,不能享受优惠。

关键术语

许可(license)
转让(assignment)
出资(investment)
信托(trust)
拍卖(auction)
质押(pledge)
商业特许经营(franchise business)
捐赠(donation)

复习思考题

1. 知识产权许可和知识产权转让的区别是什么?
2. 简述知识产权出资的程序。
3. 简述信托知识产权的独立性。
4. 简述知识产权拍卖程序。
5. 知识产权质押的设定应当具备哪些条件?

案例讨论

开放式创新时代的专利运营新态势

开放式创新对专利资产价值、创新的专业化分工和专利交易市场的崛起产生了重要影响,与此同时,企业专利运营模式在实践中也随之发生动态变化。当前,以高智发明(intellectual ventures)、合理专利交易公司(rational patent exchange)和安全信托联盟(allied security trust)为代表的国外专利运营公司正积极推行专利集中战略模式,在全球范围内塑造出一种全新的知识产权竞争态势。实践中,一些本土运营者也开启了专利运营的新探索,这些参与者的相互竞争必将使专利生态系统的面貌焕然一新。下面重点介绍北京知识产权运营管理有限公司和北京智谷睿拓技术服务有限公司的专利运营模式。

1. 北京知识产权运营管理有限公司的专利运营模式

北京知识产权运营管理有限公司成立于2014年7月11日,是我国首家由政府倡导并出资设立的专门从事知识产权运营的国有企业,是我国知识产权运营事业的首批探索者、实践者和先行者。公司主要业务模式为“1+1+1+2+n”的知识产权运营服务体系:1个服务平台——知识产权运营协同服务平台;1个核心产品——以行业基础专利为核心的行业专利池;1个主要途径——北京IP基金系(知识产权股权基金、债权基金、保护基金以及专利池建设基金等);2个优质服务——专利及专利池运营、知识产权金融服务;n个增值业务——专利授权许可、知识产权股权投资、知识产权质押(委托)贷款、知识产权证券化、撮合交易、高端咨询等。

2. 北京智谷睿拓技术服务有限公司的专利运营模式

北京智谷睿拓技术服务有限公司成立于2012年8月,是一家以促进创新和发明来推动中国原创技术发展的高科技公司。将发明视为核心竞争力,智谷致力于在中国引领一种以创新为驱动的经济形态,以此作为自己的发展宗旨。智谷通过投资发明创新,为高科技产业提供一个将发明转化成知识产权,并对其进行有效的转让和运营的平台,以最大化地挖掘原创技术的经济价值。因此,具有自身独特的市场定位(见图4-1)。

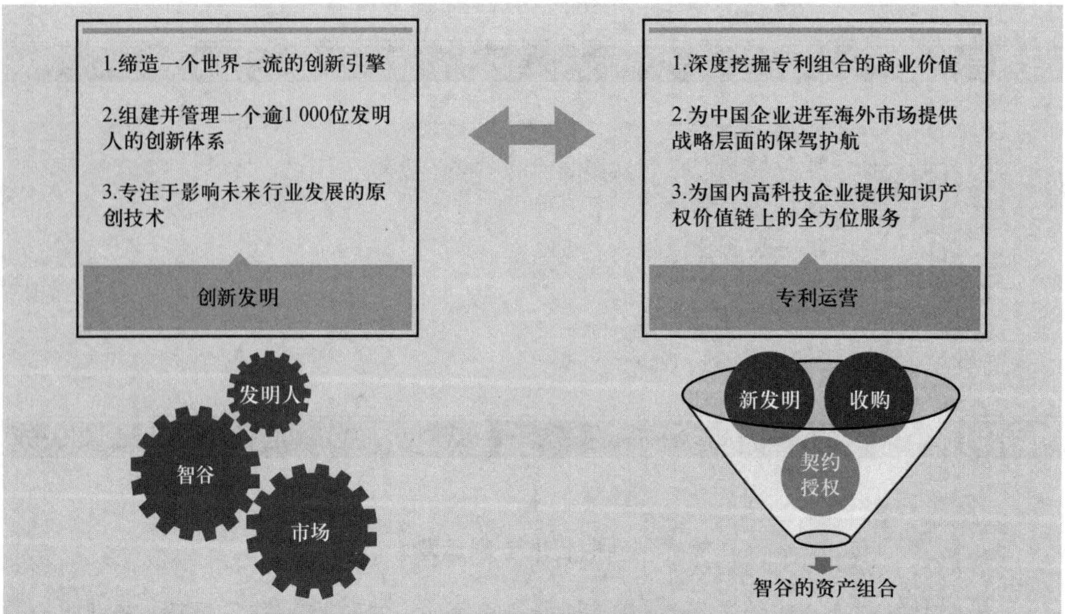

图 4–1 智谷的独特定位

（资料来源：根据上述两家公司的官方网站介绍提炼而成。）

案例讨论题

1. 开放式创新理念对专利运营模式产生了何种影响？
2. 北京知识产权运营管理有限公司和智谷公司的专利运营有何新特色？

第五章

知识产权的保护

学习目标

1. 了解企业知识产权保护方式
2. 熟悉知识产权保护的相关法律制度
3. 理解知识产权保护相关制度的适用
4. 掌握企业知识产权保护策略

知识产权诉讼日渐成为科技企业上市必须迈过的一道坎

知识产权在成为企业科创板上市的重要参考依据的同时，也成为压倒拟科创板上市企业的最后一根稻草。近年来，部分企业在上市过程中因遭遇专利诉讼而终止上市的新闻频见报端，这一现象在科创型企业中尤为常见。据报道，2020年科创板终止上市的企业共41家，其中有20家涉及知识产权问题，占比高达50%。除了微导纳米、智神信息、白山云科技、宜搜天下等企业外，之前的光峰科技、敏芯微电子、晶丰明源等多家冲刺科创板的优质企业亦在IPO的关键节点，被竞争对手以专利发起“狙击”，影响上市进程。其中，2020年贵州白山云科技股份有限公司在上市申请初期，就遭受了竞争对手网宿科技提起的专利诉讼，并被索赔1.5亿元人民币，该专利诉讼使得白山云科技的上市审核被迫叫停，最终也因为专利诉讼而导致此次上市之路终止。可以看到，专利诉讼不仅会涉及巨额的侵权赔偿，甚至影响企业未来的发展道路。

（资料来源：腾讯网，2021-04-12.）

知识产权保护策略已成为企业经营战略的重要内容。本章主要介绍企业知识产权保护策略、企业知识产权的法律保护以及企业知识产权的技术保护。

第一节 知识产权保护策略

当前,企业正经历着从成本经营转向重视知识产权附加值经营的时代。知识产权成为企业经营的核心和市场竞争的关键。然而,知识产权保护客体的无形性、共享性特征使得知识产权与其他财产权相比,更容易受到侵害。为此,如何在经营知识产权过程中加强知识产权保护,通过知识产权保护获取知识产权效益,已成为诸多企业参与市场竞争不可忽视的重要内容。

一、知识产权保护策略与企业商业策略的结合

作为一个企业管理者,其竞争的场所始终应该是市场,而不是法庭。法律可以解决企业之间、企业家之间的某些纠纷,但永远不可能解决完所有的企业矛盾或者企业家之间的矛盾问题。作为一个企业管理者,应该学会利用法律保护自身的合法权益,而不可寄希望于利用法律打击或者消灭竞争对手。为此,企业应把知识产权的保护与其自身的商业策略结合起来,把对知识产权的保护作为一种实现商业目的的手段。

(一)诉讼方案的战略选择要充分考虑到诉讼的成本和收益

企业可像对待其他投资方案一样,通过运用收益—成本分析以及运筹学等其他定量分析技术对诉讼案进行分析。通过逐个列出不同方案的不同可能结果,找出这些结果之间的关系以及各个结果发生的概率,对这些结果可能带来的成本和时间安排进行估算,并对各个结果可能带来的收益进行预测,就可以基本确定哪个诉讼方案是最优的。在决策分析过程中,企业必须全面考虑不同的可能方案,并重点分析不同方案可能带来的纯收益。这样可避免“赢了官司输了钱”的被动局面,确保整个知识产权诉讼是具有经济效益的。

(二)通过诉讼获得高额利润

一般来说,产品制造能力相对薄弱的企业,或者自己尚未有能力将相应的知识产权进行商业化的企业,可将知识产权侵权赔偿数额作为其诉讼所要考虑的主要因素。这种情况下,企业可考虑采用风险代理的方式委托律师进行维权,进而减少企业可能承担的律师成本支出。

需要指出的是,我国知识产权侵权的赔偿长期以来采用的是填平赔偿原则而非惩罚性赔偿原则,而且法院在审理案件过程多适用法定赔偿作为确立赔偿数额的方式,导致知识产权案件存在赔偿数额低等问题。根据国家知识产权局 2019 年发布的《2018 中国专利调查报告》显示,2015—2018 年,法院的判定赔偿额度“在 10 万元以下”和“无赔偿”的情况仍然占多数,平均占比为 69.6%,赔偿额度在 500 万元以上的平均占比仅为 1.8%。但是,近年来,我国已初步建立知识产权惩罚性赔偿的制度体系,《专利法》《著作权法》《商标法》等知识产权部门法均增加了惩罚性赔偿条款,标志着惩罚性赔偿在知识产权领域实现“全覆盖”。同时,为了明晰惩罚性赔偿适用标准,明确惩罚性赔偿基数的计算方式,增强惩罚性赔偿司法适用的可操作性,最高人民法院发布了《关于审理侵害知识产权民事案件适用惩罚性赔偿的解释》。总体而言,惩罚性赔偿的推广适用将会显著提高我国知识产权侵权案件的赔偿数额,在大力推行知识产权惩罚性赔偿制度的当下,企业应密切关注法院发布的知识产权惩罚性赔偿典型案例,以熟知惩罚性赔偿的具体适用标准。在我国加快落实知识产权惩罚性赔偿制度的当下,充分考量是否可将获取惩罚性赔偿作为诉讼的主要目标,

以获取高额赔偿，进而实现自身利益的最大化。

（三）通过诉讼扩大产品市场占有率

在自身生产能力不足，但产品又具有广阔的市场需求的情况下，企业提起知识产权诉讼的目的可主要定位于迫使侵权人主动寻求授权许可。专利权人在诉讼过程中虽然一般会要求对方停止侵权行为，但是作为最终解决方式，企业应主要促成侵权人寻求授权许可。这样专利权人可以利用他人的生产能力扩大自身专利产品的市场占有率。目前，国外诸多专利权人起诉我国企业知识产权侵权的主要目标，在于迫使我国企业向其寻求专利许可，进而利用中国人力和市场帮助其扩大产品的市场占有率。

（四）通过诉讼获得与对方合作的最低条件

知识产权，特别是专利权和商标权的主要特征之一就是权利状态不稳定。任何人均可向国家专利局或者商标局申请宣告该权利无效。因此，企业如果要实施对方的专利，可以在不暴露自身身份的情况下通过委托第三方，向国家知识产权主管部门提起该知识产权无效的宣告，进而在该无效案件审理过程中向权利人提出许可请求。这样，企业一般可以较低的成本获得对方的知识产权许可。

（五）通过诉讼进行企业的广告宣传

不管是原告还是被告，都可以利用媒体关注知识产权诉讼这一机会，进行广告宣传。特别是对于成长中的中小企业而言，如果发现大企业侵犯其知识产权，应该充分利用媒体的作用及时将案件进展对外发布，提升企业的知名度。另一方面，中小企业若被大企业起诉，也应充分利用诉讼程序上的规定，在诉讼的过程中进行自我宣传。例如，中小企业针对跨国公司的专利侵权诉讼，可以提起专利权无效宣告或者反垄断的诉讼，在进行侵权抗辩的同时提升自身的知名度。

二、知识产权行政保护与司法保护的选择策略

我国与其他国家相比，在知识产权保护上的一个重要特色就是行政保护和司法保护相结合。对于知识产权侵权行为，当事人既可以选择向法院提起诉讼，也可选择向知识产权行政管理部门提起行政裁决，或者在行政裁决不满的情况下再向法院提起知识产权侵权诉讼。

一般来说，行政保护与司法保护相比，程序相对简便，可快捷启动侵权救济程序，因而能够及时地惩治侵权人，保护当事人的利益。但是，需要注意的是我国现行的立法在知识产权行政保护方面缺乏相应的程序保障，因此有时难以做到公正合理地实现社会正义。一般来说，在行政保护与司法保护的选择上，须考虑以下相关因素：

（一）是否方便行使救济途径

司法保护和行政保护的受理机关是不同的。行政保护由各个地市的知识产权主管部门受理，因此一般来说当事人都可以在侵权行为发生地请求知识产权主管部门进行相应的侵权处理。然而，司法保护必须是具有管辖权的法院才能够受理。根据最高人民法院关于适用《中华人民共和国民事诉讼法》的解释第 2 条，专利纠纷案件由知识产权法院、最高人民法院确定的中级人民法院和基层人民法院管辖。同时，根据《关于专利等知识产权案件诉讼程序若干问题的决定》规定，“当事人对发明专利、实用新型专利、植物新品种、集成电路布图设计、技术秘密、计算机软件、垄断等专业技术性较强的知识产权民事案件第一审判决、裁定不服，提起上诉的，由最高人民法院审理”。这意味着，对于技术类知识产权纠纷案

件，当事人很有可能需要到北京参加案件二审，不可避免增加了诉讼成本。因此，从这一角度看，如果选择司法途径解决专利纠纷会增加当事人的诉讼成本，那么当事人可以将寻求行政救济作为一个主要途径加以优先考虑。

（二）是否方便所有请求权的行使

当事人通过司法途径寻求保护，那么可以在诉讼请求中提出停止侵权、赔偿损失、赔礼道歉等主张；而在行政保护中，主要是停止侵权和赔偿损失。例如，根据《专利法》的规定，对于侵犯专利权的，权利人向行政机关请求处理的，仅限于要求责令被请求人停止侵权，对涉及赔偿问题的，只能请求行政机关调解。当事人对调解结果不服的，可以以另一方当事人为被告，向人民法院提起民事诉讼。

（三）程序的行使是否复杂

司法保护在程序的适用上主要是民事诉讼法和相关的司法解释有关诉讼程序的规定。一般来说，这些规定都对各级法院在审理案件的不同阶段适用哪种程序以及案件的审理时限做了相应的规定，如果案件进入法院审理，当事人可以有一个较为明确的审理期限的预期。行政保护主要是适用国家知识产权主管部门和各省市制定的相关法规的程序性规定处理。从目前国家和地方有关行政保护的立法来看，在程序性的规定方面比不上司法程序完善，因此有时难以发挥行政保护所应具有的及时便捷的特点。例如，在知识产权司法保护方面，相关专门法律规定司法机关可应请求人的申请对侵权行为采取行为保全的措施，但是有关法律、法规和规章关于知识产权的行政救济却没有此项规定。

（四）是否有利于裁决结果的执行

行政保护和司法保护处理结果的执行单位不一样。行政机关的处理决定，其本身没有强制权，只能由行政机关申请人民法院执行，按现行的司法解释，还须由司法机关的行政审判业务庭审查后才裁定是否予以执行。对经审查后人民法院做出不予执行的裁定，则无救济途径。但是，如果是人民法院的裁决，则可以直接申请人民法院强制执行。

三、民事保护与刑事保护的选择策略

根据《中华人民共和国刑法》（简称《刑法》）的规定，特定类型的侵犯知识产权的行为也可能构成刑事犯罪。因此，在侵权人的行为构成刑事犯罪的情况下，当事人既可以单独提起民事诉讼，也可以向公安机关举报，然后在后面的刑事程序中提起附带民事诉讼的请求。特别需要关注的是，2007 年颁发的《最高人民法院、最高人民检察院关于办理侵犯知识产权刑事案件具体应用法律若干问题的解释（二）》将侵犯知识产权的行为列入自诉案件的范围。所以，权利人可以不经过公安机关的立案直接向人民法院提起刑事诉讼。

一般来说，在知识产权侵权行为构成犯罪的情况下，权利人可尽量选择刑事程序来维权。侵权人由于担心如果构成刑事犯罪将要承担限制人身自由的刑事责任，因此一般会主动地与权利人就侵权行为的赔偿等问题进行协调。所以选择刑事程序，通过“以刑逼民”的方式所取得的维权效果一般比单独提起民事诉讼好些。

四、知识产权诉讼进攻策略

（一）起诉时间的选择

权利人如果发现知识产权侵权行为的存在，应在法律规定的诉讼时效范围内向人民法院起诉。根据最高人民法院相关司法解释的规定,对于知识产权侵权行为,权利人一般应当在知道或者应当知道侵权行为发生之日起 3 年内提起诉讼。

需要指出的是,诉讼时效的限制并不意味着权利人发现侵权行为的存在时就应尽快提起诉讼。相反,诉讼的提起应结合具体的诉讼目标来确定。如果权利人提起诉讼的主要目的在于收取权利金并进行专利许可,那么一般来说权利人应该等到侵权人已经投入生产并且建立相应的销售渠道时再提起诉讼,以达到"坐收渔利"的目的。但是,需要注意的是,如果是新产品制造方法专利,则权利人应该在发现市场上出现侵权产品的时候就提起诉讼。根据《专利法》的规定,新产品制造方法专利由侵权人承担举证责任以证明所采用的方法不同于专利方法。如果等到市场上侵权产品多了,被告就可能以产品不属于新产品为由而将举证责任落到专利权人身上,进而使得专利权人在举证上处于不利的地位。另一方面,如果当事人自己拥有较强的生产制造能力,而且具有较为畅通的销售渠道,则应该及时维权,以保证通过专利技术占领市场。

（二）起诉地点的选择

知识产权侵权案件一般由被告所在地或侵权行为地的人民法院管辖,其中,侵权行为地包括侵权行为发生地和侵权结果发生地。同时应注意,对于网络知识产权侵权案件,侵权行为地还包括实施被诉侵权行为的网络服务器、计算机终端等设备所在地。侵权行为地和被告住所地均难以确定或者在境外的,原告发现侵权内容的计算机终端等设备所在地可以视为侵权行为地。一般来说,权利人会选择在其所在地的省市有管辖权的人民法院进行管辖,进而给侵权人参与诉讼带来不便,增加侵权人的诉讼成本。

但是,如果权利人到其他省市进行维权,那么则应充分考虑到相关法院对类似案件的处理态度和标准。从理论上讲,相同或者类似的案件在不同的法院应该有相同的判决,但是在实践中,不同的法院可能存在不同的认定标准。因此,权利人到法院起诉之前,最好通过"中国裁判文书网"或其他相关的网站,查找相关法院的判决书进行分析,了解该法院对类似案件的态度和判断标准。如果发现法院的既有类似判决对其不利,则可寻找其他有管辖权的法院提起诉讼。

（三）被告的选择

知识产权侵权主体具有多样性的特征。例如,专利权的侵权主体就可能包括制造商、使用者、许诺销售商、销售商、进口商等多个主体。一般来说,权利人维权的最好方式是直接起诉制造商,这样才能从源头切断侵权产品的来源。然而,由于侵权产品的制造商可能处于不方便诉讼或者不利于诉讼的地方,这时专利权人可以通过选择销售商或者许诺销售商作为第一被告的方式,将制造商列为第二被告,进而迫使制造商到专利权人选定的法院进行诉讼。为了防止销售商不愿意供出真正制造商或者与真正制造商串通制造出虚假制造商作为"替死鬼"的情况出现,权利人在维权的时候一定要做好证据的收集工作,否则可能最终难以达到预期目标。

（四）诉讼请求的选择

权利人提起诉讼请求一般包括停止侵权、赔偿损失、赔礼道歉三种。其中赔偿损失的提出根据我国现行法律的规定,主要包括权利人所受到的损失、侵权人的获利、参照合理的许可使用费和法定赔偿四种。而随着惩罚性赔偿制度的引入,侵权人故意侵犯知识产权且情节严重的,可以给予惩罚性赔偿。根据笔者的调研,当下我国 95% 以上的专利案件和著作权案件都是通过适用法定赔偿来确定赔偿数额的。尽管如此，当事人还是应当和律师紧密配合，尽可能提供可以证明损失或者被告获利的证据。因为这些证据即使最终没有被法院采纳，但也可以影响到法院酌定赔偿的金额。需要指出的是，在我国实施严格知识产权保护的背景下，法院判赔的金额日渐提升，但这并不意味着当事人主张的赔偿金额越高得到的判决金额就一定越多。请求赔偿的金额越高，诉讼费用也会随着增加，这一点当事人一定要考虑到。但如果侵权行为存在故意且情节严重等性质，且当事人能够明确赔偿数额、计算方式以及所依据的事项和理由的情形下，可结合实际情况考虑是否提出惩罚性赔偿的诉讼请求。因为法院在确定惩罚性赔偿数额时，会依照相关法律，以原告实际损失数额、被告违法所得数额或者因侵权所获得的利益作为计算基数，所以权利人在能够明确赔偿数额的情形下提出惩罚性赔偿的请求更为有利。

权利人的起诉如果是为了达到广告宣传目的，一般来说可以起诉象征性的赔偿数额。例如，国内某汽车公司起诉另一家公司就以“赔偿损失 1 元”作为诉讼的请求之一。但是如果是以威慑其他潜在的侵权人作为诉讼的目的，则应在诉讼请求中提高赔偿的数额乃至提出惩罚性赔偿。在上诉人广州天赐高新材料股份有限公司等与上诉人安徽纽曼精细化工有限公司等、被上诉人吴丹金等侵害技术秘密纠纷案中，法庭作出首例惩罚性赔偿判决，顶格五倍判赔 3 000 万元，对故意侵权行为予以严厉制裁，充分发挥其遏制侵权的威慑作用。

对于赔礼道歉，权利人则一般都要提出来，这样有利于营造公司的形象，同时也有利于警告其他侵权人。特别是在以宣传为诉讼目的的情况下，赔偿数额有时可作出适当的让步，但是赔礼道歉则一定要在全国性的有影响的媒体上刊登。

五、知识产权侵权抗辩策略

知识产权作为市场竞争的利器，每个企业在积极主张权利的同时，也时刻面临着他人提起诉讼的风险。但是，需要明确的是，由于知识产权诉讼已成为市场竞争的手段之一，因此应学会沉着驾驭知识产权诉讼全过程，充分利用法律、舆论等途径，有理有节地反击。一般来说，企业在面临知识产权侵权指控时，可从以下几方面进行侵权抗辩。

（一）分析自己的行为是否构成侵权

企业如果不存在侵犯知识产权的故意，那么接到侵权起诉或者指控之后，应首先对自己的行为是否构成对对方权利的侵犯进行分析和调查，为以后的谈判或诉讼打下基础。分析自己的行为是否构成侵权主要从以下三方面入手：① 调查和分析对方权利的有效性，分析对方的专利、商标、作品、商业秘密是否符合法律规定的保护条件。② 评估涉案知识产权的有效地域范围。③ 评估自身侵权的可能性。聘请专业技术人员对自身的行为是否构成侵权提出意见，以便为后续的诉讼策略提供决策参考。

（二）充分利用各种抗辩事由

若存在侵权之虞，企业也不应该消极应对，而是应积极寻找证据，以证明对方的权利无效或自身的行为不构成知识产权侵权。一般来说，企业可以提出的抗辩事由包括对方不具有诉讼主体资格、对方的诉讼已超过诉讼时效、受理法院不具有诉讼管辖权等。在专利诉讼中，作为侵权抗辩的第一道防线，当事人一般首先要提出对方专利权无效的宣告，其次再考虑在先使用、善意侵权以及符合不视为专利权侵权的情形。在商标侵权诉讼中，则需要从商标的合理使用、涉案商标已成为产品的通用名称、当事人的行为不会导致消费者的混淆等方面进行抗辩。著作权的侵权抗辩主要是从著作权仅保护作品的表达形式而不保护思想本身、著作权的合理使用等进行抗辩。需要注意的是,如果原告提出侵权警告之后在合理长的时间内未启动相应的处理程序,作为企业还可以向法院提出“确认不侵权之诉”,以摆脱身陷囹圄的状态。

（三）寻求和解

被诉侵权的企业,应该在诉讼攻击战打响之初,积极分析和解的可能性,并采取有效的措施促成和解,从而避免在诉讼中消耗漫长的时间和巨额的费用。如果提起诉讼的企业提出的诉讼赔偿数额并不是漫天要价,而且该企业在该领域的市场占有率不高,甚至没有进行相关产品的经营,那么该企业提起侵权诉讼的目的很可能就是要求对方支付许可费。如果提出的赔偿数额相当大,而且该企业的市场占有率也比较高,那么,其提起侵权诉讼的目的就很可能是要求对方退出相关市场,从而达到垄断市场的目的。前者具备了谈判和解的可能,而后者基本上没有谈判和解的可行性。被诉企业在确立采用诉讼和解策略应对后,就可以采取积极的措施促成双方和解。在存在和解可能的情况下,被诉企业首先要主动要求合作,并根据本企业的优势、产品的市场分布以及对方企业的需求恰当地提出和解条件。其次,如果对方在提起侵权诉讼之初不愿意和解,可以利用专利无效来拖延诉讼时间。最后,被诉企业可以利用自己拥有的知识产权向对方提出其他知识产权侵权诉讼,达到以诉促谈判的目的。

（四）充分利用社会舆论

企业在知识产权纠纷发生之后,可以运用媒体的力量进行宣传,调动社会舆论,使其朝着对自己有利的方向发展。例如,对某大型企业提起的知识产权诉讼,作为被告的企业可以在媒体宣传中提出对方涉嫌垄断等的宣传报道。

（五）发挥政府机关和行业协会的协调作用

知识产权的双轨制保护是我国知识产权保护的一大特色。在发生知识产权纠纷之后,被诉企业可以寻求相应的知识产权管理部门进行调解,以减少知识产权诉讼可能发生的巨额诉讼费用。

第二节 知识产权法律保护

一、专利权的法律保护

（一）专利权保护范围的界定

1. 发明和实用新型专利权的保护范围

根据《专利法》的规定,发明和实用新型专利权的保护范围以其权利要求书的内容为准,说明书及附图用于解释权利要求的内容。所谓“权利要求书的内容”,是指权利要求书的实质内容,而不是指权利要求书的严格的字面意义。企业在知识产权诉讼中,对权利要求书的解释既不能拘泥于其文字或措词,也不能背离权利要求书的实质内容。说明书和附图的作用在于解释权利要求书,因此,一项技术构思的方案在说明书或者附图中有记载,但是如果权利要求书中没有记载,那么就不属于专利权的保护范围。

由于专利权利要求书的解释涉及法律和技术问题,因此一般来说企业要委托具有专利代理人资格的律师来办理案子。企业在聘请律师时,还要了解该律师从事专利代理的技术业务领域是不是与涉案技术相一致。而且，由于诸多涉及知识产权案件有关权利要求书的解释以及技术方案是否相同或者等同等问题，技术性较强，所以经常会委托相应的鉴定机构进行鉴定。在这种情况下，当事人一定要高度重视知识产权侵权鉴定环节的处理。

2. 外观设计专利权的保护范围

根据《专利法》的规定，外观设计专利权的保护范围以表示在图片或者照片中的该产品的外观设计为准，简要说明可以用于解释图片或者照片所表示的该产品的外观设计。其中"该产品"不局限于完全相同的外观设计，在类似的产品上采用相同或者相似的外观设计，同样落入外观设计专利权的保护范围。外观设计的简要说明主要记载对确定外观设计保护范围可能产生影响的一些因素，如产品的名称、产品用途、产品设计要点等，必要时还可以写上请求保护色彩、省略图等。简要说明所记载的这些内容既可能扩大也可能缩小图片或者照片所表示的保护。

（二）侵犯专利权的主要类型

根据《专利法》的规定，除法律另有规定外，未经专利权人许可，实施其专利，即构成专利侵权。专利类型不同，"实施其专利行为"也不尽相同。

1. 侵犯产品发明专利和实用新型专利的行为

这类行为主要包括：① 制造专利产品；② 使用专利产品；③ 许诺销售专利产品；④ 销售专利产品；⑤ 进口专利产品。在制造专利产品方面，如果在制造过程中曾经生产出专利权人的产品，即使最终售出的产品与专利产品存在区别，那么也可能认为是属于制造专利产品的行为。对于第三人提供产品的零部件修理专利产品的行为，则不应认为属于制造专利产品的行为，但是如果是将他人废弃的专利产品零部件拼装形成另一个专利产品，则属于侵犯专利权的行为。许诺销售专利产品是指以广告、在商店橱窗中陈列或者在展销会上展出等方式做出销售专利商品的意思表示。

2. 侵犯方法专利的行为

这类行为主要包括：① 使用专利方法；② 使用依照专利方法直接获得的产品；③ 许诺销售依照专利方法直接获得的产品；④ 销售依照专利方法直接获得的产品；⑤ 进口依照专利方法直接获得的产品。其中，"依照专利方法直接获得的产品"是仅仅包括实施方法专利所获得的原始产品，而不包括其后续的产品。而且，依照专利方法获得的产品不仅包括符合授予专利权条件的新产品，还包括已知产品以及依专利法规定不属于能够授予专利权范围之内的产品。

3. 侵犯外观设计专利的行为

这类行为主要包括：① 制造载有或者体现受保护的外观设计的指定产品；② 许诺销售载有或者体现受保护的外观设计的指定产品；③ 销售载有或者体现受保护的外观设计的指定产品；④ 进口载有或者体现受保护的外观设计的指定产品。

4. 间接侵犯专利权的行为

在专利权有效期间内，行为人制造、销售、进口只能用于该专利产品的关键部件、设备、材料、中间物等，具有帮助他人实施直接侵害专利权的故意，并且其行为与专利直接侵权行为有着明显的因果关系的，则须承担相应的侵犯专利权的责任。

（三）专利侵权的处理

1. 有权起诉或者请求处理的人

《专利法》规定，当事人对侵权纠纷不愿协商或者协商不成的，专利权人或者利害关系人可以向人民法院起诉，也可以请求管理专利工作的部门处理。所谓专利权人，包括已经在专利登记簿上登记的专利权人的继承人和受让人。在专利权是由数人共有的情形下，共有人应当共同起诉或者应诉。

所谓利害关系人，主要是指专利实施许可合同的被许可人。被许可人能否提起诉讼，要根据许可合同的类型来判断。参照最高人民法院的司法解释，独占实施许可合同的被许可人可以单独向人民法院提起诉讼；排他实施许可合同的被许可人在专利权人不起诉的情况下，可以提起诉讼；普通实施许可合同的被许可人则不能单独提起诉讼，如果碰到专利侵权行为，则只能请求专利权人提起诉讼，同时自己可以要求参加诉讼或者侵权处理。普通许可的被许可人为了避免在维权过程中对专利权人的依赖，可以在专利许可合同中与专利权人就发生侵犯专利权行为的诉权问题作特别约定。只要这一约定真实有效且不损害其他许可合同的被许可人的利益，那么也是可以作为原告提起诉讼的。

2. 有权审理和处理专利侵权的机关

（1）有权审理专利案件的法院。在级别管辖方面，专利纠纷案件由知识产权法院、最高人民法院确定的中级人民法院和基层人民法院管辖。发明专利、实用新型专利等技术性较强的案件二审由最高人民法院知识产权法庭管辖。在地域管辖方面，专利侵权纠纷案件由侵权行为地或者被告住所地人民法院管辖。侵权行为地包括：被控侵犯发明、实用新型专利权的产品的制造、使用、许诺销售、销售、进口等行为的实施地；专利方法使用行为的实施地，依照该专利方法直接获得的产品使用、许诺销售、销售、进口等行为的实施地；外观设计专利产品的制造、许诺销售、销售、进口等行为的实施地；假冒他人专利的行为实施地。为了解决司法实践中对被控侵权产品制造地、销售地人民法院管辖权问题上存在的分歧，根据最高人民法院的司法解释，原告仅对侵权产品制造者提起诉讼，未起诉销售者，侵权产品制造地与销售地不一致的，制造地人民法院有管辖权；以制造者与销售者为共同被告起诉的，销售地人民法院有管辖权。销售者是制造者分支机构，原告在销售地起诉侵权产品制造者制造、销售行为的，销售地人民法院有管辖权。

（2）有权处理专利案件的管理部门。专利权人或者利害关系人除了向人民法院提起诉讼外，也可以请求管理专利工作的部门处理专利侵权纠纷。所谓“管理专利工作的部门”，是指由省、自治区、直辖市人民政府以及专利工作量大又有实际处理能力的设区的市人民政府设立的管理专利工作的部门。管理专利工作的部门应专利权人或者利害关系人的请求处理专利侵权纠纷时，可以采取以下措施：询问有关当事人，调查与涉嫌违法行为有关的情况；对当事人涉嫌违法行为的场所实施现场检查；检查与涉嫌违法行为有关的产品。

其中，假冒专利的，除依法承担民事责任外，由负责专利执法的部门责令改正并予公告，没收违法所得，可以处违法所得 5 倍以下的罚款；没有违法所得或者违法所得在 5 万元以下的，可以处 25 万元以下的罚款；构成犯罪的，依法追究刑事责任。负责专利执法的部门根据已经取得的证据，对涉嫌假冒专利行为进行查处时，除了有权采取前述查处侵犯专利权的措施外，还可查阅、复制与涉嫌违法行为有关的合同、发票、账簿以及其他有关资料；对有证据证明是假冒专利的产品，可以查封或者扣押。

负责专利执法的部门、管理专利工作的部门依法行使上述职权时，当事人应当予以协助、配合，不得拒绝、阻挠。管理专利工作的部门处理时，认定侵权行为成立的，可以责令侵权人立即停止侵权行为。对管理专利工作的部门做出的立即停止侵权行为的决定不服的，当事人可以自收到处理通知之日起15日内依照《中华人民共和国行政诉讼法》的规定，以做出责令停止侵权决定的专利主管部门为被告向人民法院起诉；侵权人期满不起诉又不停止侵权行为的，管理专利工作的部门可以申请人民法院强制执行。同时，管理专利工作的部门应当事人的请求，可以就侵犯专利权的赔偿数额进行调解；调解不成的，当事人可以依照《中华人民共和国民事诉讼法》的规定以对方当事人为被告向人民法院起诉。

3. 举证责任

专利权人控告他人侵犯专利权，需要承担的举证责任主要包括：证明其是适格的原告，证明专利的有效性，说明专利权的保护范围，证明被告未经许可实施了其专利。如果是产品专利，专利权人根据情况，可能还需要提供被告侵权产品，分析并说明侵权产品的主要技术特征与专利产品的权利要求书中的必要技术特征相同或者等同。

对于一般的方法专利，专利权人则需要证明被告所采用的生产方法、工艺流程等与权利要求书中的必要技术特征相同。由于生产方法、工艺流程等具有较强的保密性，难以通过公开的途径获取证据，因此权利人可以在起诉的同时申请证据保全，由法院派员亲临侵权人生产现场进行了解。但是对于新产品制造方法专利，原告只需要证明被告制造、销售、使用或者进口的产品与采用专利方法所直接获得的产品相同，并且这种产品是新的，那么被告就需要证明他采用的方法是跟专利权人的专利方法不同。根据《最高人民法院关于审理侵犯专利权纠纷案件应用法律若干问题的解释》第17条规定，产品或者制造产品的技术方案在专利申请日以前为国内外公众所知的，该产品不属于专利法第61条第1款规定的新产品。同时，北京市高级人民法院《专利侵权判定指南（2017）》第112条规定，“新产品”是指在国内外第一次生产出的产品，该产品与专利申请日之前已有的同类产品相比，在产品的组分、结构或者其质量、性能、功能方面有明显区别。是否属于新产品，应由权利人举证证明。权利人提交证据初步证明该产品属于专利法规定的新产品的，视其尽到举证责任。但是，因为新产品或者新产品的制造方法在专利申请日前不为国内外公众所知悉，制造同样产品的单位或者个人使用该专利方法的可能性较大，而与制造相关的证据主要由被诉侵权人掌握，如果按照民事侵权“谁主张谁举证”的原则分配举证责任，则显失公平。因此，专利法才规定由被诉侵权人承担举证责任。据此，对于“新产品”的证明不同于对“新颖性”的证明，权利人只要提供初步证据证明涉案专利产品在专利申请日之前是国内外市场上未曾见过的，就可以认为是新产品。后续则由被告承担证明制造新产品的专利方法与权利人不同的责任。

4. 实用新型和外观设计专利的评价报告

根据《专利法》的规定，专利侵权纠纷涉及实用新型专利或者外观设计专利的，人民法院或者管理专利工作的部门可以要求专利权人或者利害关系人出具由国务院专利行政部门对相关实用新型或者外观设计进行检索、分析和评价后做出的专利权评价报告，作为审理、处理专利侵权纠纷的证据。但是当事人即使没有提交该评价报告，人民法院也同样会立案受理。专利评价报告的主要作用在于作为法院或者管理专利工作的部门判断相关专利权的稳定性的证据，以决定是否由于被控侵权人提起专利权无效宣告而中止相关程序。专利评价报告既不是行政决定，也不是对专利权有效性的正式判定，只是国家知识产权局出具的关于实用新型和外观设计专利权稳定性的证据。专利权是否有效，只能由无效宣告程序来确定。

（四）诉前行为保全、财产保全和证据保全

根据《专利法》的规定，专利权人或者利害关系人有证据证明他人正在实施或者即将实施侵犯专利权、妨碍其实现权利的行为，如不及时制止将会使其合法权益受到难以弥补的损害的，可以在起诉前依法向人民法院申请采取财产保全、责令作出一定行为或者禁止作出一定行为的措施。其中，在涉及电子商务平台知识产权民事案件中，行为保全还可能需要平台的合作。根据最高院司法解释规定，因情况紧急，电子商务平台经营者不立即采取商品下架等措施或者立即恢复商品链接、通知人不立即撤回通知或者停止发送通知等行为将会使其合法利益受到难以弥补的损害的，知识产权权利人或平台内经营者可以向人民法院申请采取保全措施。

根据《民事诉讼法》的规定，诉前保全限于请求的范围，或者与本案有关的财物。申请人提出申请时，应当提供担保；不提供担保的，则驳回申请。人民法院应当自接受申请之时起 48 小时内做出裁定。若裁定责令停止有关行为的，应当立即执行。当事人对裁定不服的，可以申请复议一次；复议期间不停止裁定的执行。需要注意的是，申请人自人民法院采取责令停止有关行为的措施之日起 30 日内不起诉的，人民法院应当解除该措施。申请人申请有错误的，则应当赔偿被申请人因停止有关行为所遭受的损失。

根据《专利法》的规定，为了制止专利侵权行为，在证据可能灭失或者以后难以取得的情况下，专利权人或者利害关系人可以在起诉前向人民法院申请保全证据。人民法院采取保全措施，可以责令申请人提供担保；申请人不提供担保的，则驳回申请。人民法院应当自接受申请之时起 48 小时内做出裁定；裁定采取保全措施的，应当立即执行。申请人自人民法院采取保全措施之日起 30 日内不起诉的，人民法院应当解除该措施。

此外，根据最高院司法解释规定，申请人同时申请行为保全、财产保全或者证据保全的，人民法院应当依法分别审查不同类型保全申请是否符合条件，并作出裁定。为避免被申请人实施转移财产、毁灭证据等行为致使保全目的无法实现，人民法院可以根据案件具体情况决定不同类型保全措施的执行顺序。

（五）专利侵权的法律责任

侵犯专利权的法律责任主要是民事责任，即专利权人如果权利受到侵害，有权要求侵权人停止侵权、赔偿损失和消除影响。但是，如果是假冒专利的，则被告可能承担刑事责任。

在专利侵权赔偿损失的计算方面，根据《专利法》的规定，侵犯专利权的赔偿数额按照权利人因被侵权所受到的实际损失确定；实际损失难以确定的，可以按照侵权人因侵权所获得的利益确定。权利人的损失或者侵权人获得的利益难以确定的，参照该专利许可使用费的倍数合理确定。

对故意侵犯专利权，情节严重的，可以在按照上述方法确定数额的 1 倍以上 5 倍以下确定赔偿数额。这里的“故意”包括以下几种情形：①被告经原告或者利害关系人通知、警告后，仍继续实施侵权行为的；②被告或其法定代表人、管理人是原告或者利害关系人的法定代表人、管理人、实际控制人的；③被告与原告或者利害关系人之间存在劳动、劳务、合作、许可、经销、代理、代表等关系，且接触过被侵害的知识产权的；④被告与原告或者利害关系人之间有业务往来或者为达成合同等进行过磋商，且接触过被侵害的知识产权的；⑤被告实施盗版、假冒注册商标行为的；⑥其他可以认定为故意的情形。

对于“情节严重”的认定，应当综合考虑侵权手段、次数，侵权行为的持续时间、地域范围、规模、后果，侵权人在诉讼中的行为等因素。包括下列情形：① 因侵权被行政处罚或者法院裁判承担责任后，再次实施相同或者类似侵权行为；② 以侵害知识产权为业；③ 伪造、毁坏或者隐匿侵权证据；④ 拒不履行保全裁定；⑤ 侵权获利或者权利人受损巨大；⑥ 侵权行为可能危害国家安全、公共利益或者人身健康；⑦ 其他可以认定为情节严重的情形。此外，因同一侵权行为已经被处以行政罚款或者刑事罚金且执行完毕，被告主张减免惩罚性赔偿责任的，人民法院不予支持，但在确定惩罚性赔偿的倍数时可以综合考虑。

赔偿数额还应当包括权利人为制止侵权行为所支付的合理开支。权利人的损失、侵权人获得的利益和专利许可使用费均难以确定的，人民法院可以根据专利权的类型、侵权行为的性质和情节等因素，在 3 万元以上 500 万元以下判赔。从我国法院的现有判决来看，原告损失、被告获利以及参照许可使用费的计算方式大多没有得到法院的支持，诸多的判决都是适用法定赔偿。根据《最高人民法院关于审理侵犯专利权纠纷案件应用法律若干问题的解释（二）》，权利人、侵权人如果依法约定权利侵权的赔偿数额或赔偿计算方法，并在专利侵权诉讼中主张依据该约定确定赔偿数额的，法院应同意根据当事人的约定来确定相应的赔偿金额。

此外，被告如果为生产经营目的使用、许诺销售或者销售不知道是未经专利权人许可而制造并售出的专利侵权产品，能证明该产品合法来源的，则不承担赔偿责任，但应停止相应的侵权行为，除非被诉侵权产品的使用者能举证证明其已支付该产品的合理对价。

（六）不视为侵犯专利权的情形

专利法规定不视为侵犯专利权的情形的目的是防止专利权的行使妨碍正常的生产、生活秩序，平衡专利权人和专利技术使用者的利益。我国《专利法》规定的不视为侵犯专利权的情形有五种。

（1）专利权用尽。专利产品或者依照专利方法直接获得的产品，由专利权人或者经其许可的单位、个人售出后，使用、许诺销售、销售、进口该产品的，都不视为侵犯专利权。

（2）在先使用权。在专利申请日前已经制造相同产品、使用相同方法或者已经做好制造、使用的必要准备，并且仅在原有范围内继续制造、使用的，不视为侵犯专利权。当事人如果拟通过在先使用权进行专利侵权抗辩，则须满足以下几方面的条件：① 在先用技术是通过合法途径获得，包括直接或间接从专利权人处获得；② 在先用行为的地域和时间限制是在专利有效的领土范围内进行，同时这些行为是发生在申请日之前，并且持续到申请日；③ 在申请日以前已经实际获知、掌握了该项技术，并且已经进入实际准备工作，该准备工作与专利技术的实施具有因果关系。需要注意的是，企业的在先使用权不能单独转让，必须与企业一起转让或继承。这一点与优先权是有区别的。

（3）临时过境。临时通过中国领陆、领水、领空的外国运输工具，依照其所属国同中国签订的协议或者共同参加的国际条约，或者依照互惠原则，为运输工具自身需要而在其装置和设备中使用有关专利的，不视为侵犯专利权。

（4）专为科学研究和实验而使用有关专利。“专为科学研究”是指针对获得专利的技术本身进行的科学研究实验，主要包括：① 通过研究实验，判断权利要求书要求保护的技术方案能否实现说明书记载的发明的目的和效果；② 通过研究试验，确定实施专利技术的最佳方案；③ 通过研究试验，探讨如何对专利技术做出改进。下列行为不属于针对专利技术进行试验的行为，而是侵犯专利权的行为：① 不是针对专利的技术本身，而是利用专利技术作为手段进行另外的研究实验；② 不是针对专利的技术本身，而是针对实施专利技术的其他条件进行研究或利用专利技术进行员工培训；③ 不是针对专利技术本身，而是对实施该专利技术的商业前景进行实验研究。研究人员可以为研究实验目的而制造、使用专利产品，在特定的情形下他人也可以为研究试验者提供专利产品，但是研究试验者不能进行许诺销售、销售制造或者获得的专利产品。

（5）为提供行政审批所需要的信息，制造、使用、进口专利药品或者专利医疗器械的，以及专门为其制造、进口专利药品或者专利医疗器械的。

二、商标权的法律保护

（一）商标权的内容

一般来说，商标权的内容可以分为商标专有使用权和禁用权两方面。商标专有使用权是指商标权人在核定使用的商品上专有使用核准注册的商标的权利。商标禁用权是指商标权人拥有的禁止任何第三方未经其许可在相同或类似的商品或服务上，使用与其注册商标相同或近似商标的权利。

专有使用权与禁用权的区别在于两者有着不同的效力范围。专有使用权涉及的是注册人使用注册商标的问题，禁用权涉及的是对抗他人非法使用注册商标的问题。根据《商标法》的规定，注册人的专有使用权以核准的注册商标和核定使用的商品为限。即注册人行使专用权时受到两方面限制：① 只限于商标主管机关核定使用的商品，而不能用于其他类似的商品；② 只限于商标主管机关核准注册的商标，而不能超出核准范围使用近似的商标。但是，禁用权的效力范围则不同，注册人对他人未经许可在同一种商品或类似商品上使用与其注册商标相同或近似的商标，均享有禁止权。

（二）侵犯商标权的主要类型

根据《商标法》的规定，侵犯商标权的行为主要包括以下 7 种：

（1）未经商标注册人的许可，在同一种商品或服务上使用与其注册商标相同的商标。

（2）未经商标注册人的许可，在同一种商品或服务上使用与其注册商标近似的商标，或者在类似商品或服务上使用与其注册商标相同或者近似的商标，容易导致混淆。其中，类似商品是指在功能、用途、生产部门、销售渠道、消费对象等方面相同，或者相关公众一般认为其存在特定联系、容易造成混淆的商品；类似服务是指在服务的目的、内容、方式、对象等方面相同，或者相关公众一般认为存在特定联系、容易造成混淆的服务；商品与服务类似是指商品和服务之间存在特定联系，容易使相关公众混淆。认定商品或者服务是否类似，应当以相关公众对商品或者服务的一般认识综合判断；《商标注册用商品和服务国际分类表》《类似商品和服务区分表》可以作为判断类似商品或者服务的参考。而“相关公众”则是指与商标所标志的某类商品或者服务有关的消费者和与前述商品或者服务的营销有密切关系的其他经营者。未经许可的“使用”，既包括将商标用于商品、商品包装或者容器以及商品交易书上，也包括将商标用于广告宣传、展览以及其他商业活动中。

（3）销售侵犯注册商标专用权的商品。

（4）伪造、擅自制造他人注册商标标识或者销售伪造、擅自制造的注册商标标识。需要注意的是，根据 1995 年国家工商行政管理局的答复，对于尚有利用价值而缀附无法消除的商标图样的各类玻璃制饮料容器,他人将其收购后灌装自己生产的饮料出售的,企业应将该商标图样全部覆盖。没有全部覆盖他人注册商标,或者覆盖后商标图样主体部分仍然显露的,属于商标侵权行为,应予以制止。

(5)未经商标注册人同意,更换其注册商标并将该更换商标的商品又投入市场。未经商标注册人同意,更换其注册商标并将更换商标的商品又投入市场的,即“反向假冒”行为影响商标注册人的注册商标直接与消费者见面,使之无法在消费者中树立商标声誉,影响其注册商标确立市场竞争地位,也影响该注册商标作为知识产权提高价值。

(6)故意为侵犯他人商标专用权行为提供便利条件,帮助他人实施侵犯商标专用权的行为。此类行为主要包括故意为侵犯他人注册商标专用权行为提供仓储、运输、邮寄、隐匿等便利条件。

(7)给他人的注册商标专用权造成其他损害的行为。这类行为主要包括:① 复制、模仿、翻译他人注册的驰名商标或其主要部分在不相同或者不相类似商品上作为商标使用,误导公众,致使该驰名商标注册人的利益可能受到损害的;② 将与他人注册商标相同或者相近似的文字注册为域名,并且通过该域名进行相关商品交易的电子商务,容易使相关公众产生误认的。

(三)商标侵权的处理

1. 有权起诉或者请求处理的人

在商标侵权纠纷中,商标注册人或者利害关系人可以向人民法院起诉,也可以请求工商行政管理部门处理。其中,“利害关系人”包括注册商标使用许可合同的被许可人、注册商标财产权利的合法继承人等。在发生注册商标专用权被侵害时,独占使用许可合同的被许可人可以单独向人民法院提起诉讼;排他使用许可合同的被许可人可以和商标注册人共同起诉,也可以在商标注册人不起诉的情况下,自行提起诉讼;普通使用许可合同的被许可人经商标注册人明确授权,可以提起诉讼。

2. 有权审理和处理商标侵权的机关

(1)有权审理商标侵权的法院。在级别管辖方面,商标民事纠纷第一审案件一般由中级以上人民法院管辖。但各高级人民法院根据本辖区的实际情况,经最高人民法院批准,可以在较大城市确定 1~2 个基层人民法院受理第一审商标民事纠纷案件。因此,被告所在地或侵权行为地如果是较大的市,那么当事人在起诉之前应充分了解该地的商标纠纷案件是由中级还是基层人民法院管辖。在地域管辖方面,因侵犯注册商标专用权行为提起的民事诉讼,由侵权行为的实施地、侵权商品的储藏地或者查封扣押地、被告住所地人民法院管辖。“侵权商品的储藏地”,指大量或者经常性储存、隐匿侵权商品所在地;“查封扣押地”,指海关、工商等行政机关依法查封、扣押侵权商品所在地。对涉及不同侵权行为实施地的多个被告提起的共同诉讼,原告可以选择其中一个被告的侵权行为实施地人民法院管辖;仅对其中某一被告提起的诉讼,该被告侵权行为实施地的人民法院有管辖权。

(2)有权处理商标侵权案件的管理机关。根据《商标法》的规定,县级以上工商行政管理部门有权处理商标侵权案件。工商行政管理部门根据已经取得的违法嫌疑证据或者举报,对涉嫌侵犯他人注册商标专用权的行为进行查处时,可以行使下列职权:① 询问有关当事人,调查与侵犯他人注册商标专用权有关的情况;② 查阅、复制当事人与侵权活动有关的合同、发票、账簿以及其他有关资料;③ 对当事人涉嫌从事侵犯他人注册商标专用权活动的场所实施现场检查；④ 检查与侵权活动有关的物品，对有证据证明是侵犯他人注册商标专用权的物品，可以查封或者扣押。

工商行政管理部门处理时，认定侵权行为成立的，责令立即停止侵权行为，没收、销毁侵权商品和主要用于制造侵权商品、伪造注册商标标识的工具，违法经营额5万元以上的，可以处违法经营额5倍以下的罚款，没有违法经营额或者违法经营额不足5万元的，可以处25万元以下的罚款。对5年内实施两次以上商标侵权行为或者有其他严重情节的，应当从重处罚。销售不知道是侵犯注册商标专用权的商品，能证明该商品是自己合法取得并说明提供者的，由工商行政管理部门责令停止销售。当事人对处理决定不服的，可以自收到处理通知之日起15日内依照《行政诉讼法》向人民法院起诉。侵权人期满不起诉又不履行的，工商行政管理部门可以申请人民法院强制执行。进行处理的工商行政管理部门根据当事人的请求，可以就侵犯商标专用权的赔偿数额进行调解；调解不成的，当事人可以依照《民事诉讼法》向人民法院起诉。

（四）诉前行为保全、财产保全和证据保全

根据《商标法》的规定，商标注册人或者利害关系人有证据证明他人正在实施或者即将实施侵犯其注册商标专用权的行为，如不及时制止，将会使其合法权益受到难以弥补的损害的，可以在起诉前向人民法院申请采取责令停止有关行为和财产保全的措施。为制止侵权行为，在证据可能灭失或者以后难以取得的情况下，商标注册人或者利害关系人可以在起诉前向人民法院申请保全证据。根据最高院相关解释，申请人同时申请行为保全、财产保全或者证据保全的，人民法院应当依法分别审查不同类型保全申请是否符合条件，并作出裁定。为避免被申请人实施转移财产、毁灭证据等行为致使保全目的无法实现，人民法院可以根据案件具体情况决定不同类型保全措施的执行顺序。

其中，当事人申请诉前行为保全，应当向对案件具有管辖权的人民法院提出。商标注册人或者利害关系人向人民法院提出诉前停止侵犯注册商标专用权行为的申请，应当递交书面申请状。申请状应当载明：① 当事人及其基本情况；② 申请的具体内容、范围；③ 申请的理由，包括有关行为如不及时制止，将会使商标注册人或者利害关系人的合法权益受到难以弥补的损害的具体说明。商标注册人或者利害关系人向人民法院提出诉前保全证据的申请，应当递交书面申请状。申请状应当载明：① 当事人及其基本情况；② 申请保全证据的具体内容、范围、所在地点；③ 请求保全的证据能够证明的对象；④ 申请的理由，包括证据可能灭失或者以后难以取得，且当事人及其诉讼代理人因客观原因不能自行收集的具体说明。申请人提出诉前停止侵犯注册商标专用权行为的申请时，应当提交下列证据：① 商标注册人应当提交商标注册证，利害关系人应当提交商标使用许可合同、在商标局备案的材料及商标注册证复印件；排他使用许可合同的被许可人单独提出申请的，应当提交商标注册人放弃申请的证据材料；注册商标财产权利的继承人应当提交已经继承或者正在继承的证据材料。② 证明被申请人正在实施或者即将实施侵犯注册商标专用权的行为的证据，包括被控侵权商品。

申请人提出诉前停止侵犯注册商标专用权行为的申请时，应当提供担保。申请人申请诉前保全证据可能涉及被申请人财产损失的，人民法院可以责令申请人提供相应的担保。申请人提供保证、抵押等形式的担保合理、有效的，人民法院应准许。申请人不提供担保的，驳回申请。人民法院确定担保的范围时，应当考虑责令停止有关行为所涉及的商品销售收益,以及合理的仓储、保管等费用,停止有关行为可能造成的合理损失等。在执行停止有关行为裁定过程中,被申请人可能因采取该项措施造成更大损失的,人民法院可以责令申请人追加相应的担保。申请人不追加担保的,人民法院可以解除有关停止措施。

人民法院接受申请后,应当在48小时内做出裁定,裁定责令被申请人停止侵犯注册商标专用权行为或者裁定采取保全措施的,应当立即开始执行。商标注册人或者利害关系人在人民法院采取停止有关行为或者保全证据的措施后30日内不起诉的,人民法院应当解除裁定采取的措施。

此外,为了正确实施对注册商标权的财产保全措施,避免重复保全,对注册商标权的财产保全措施也需要规范程序。根据最高院司法解释规定,人民法院根据民事诉讼法有关规定采取财产保全措施时,需要对注册商标权进行保全的,应当向国家知识产权局商标局(以下简称商标局)发出协助执行通知书,载明要求商标局协助保全的注册商标的名称、注册人、注册证号码、保全期限以及协助执行保全的内容,包括禁止转让、注销注册商标、变更注册事项和办理商标权质押登记等事项。

不仅如此,对注册商标权保全的期限一次不得超过一年,自商标局收到协助执行通知书之日起计算。如果仍然需要对该注册商标权继续采取保全措施的,人民法院应当在保全期限届满前向商标局重新发出协助执行通知书,要求继续保全。否则,视为自动解除对该注册商标权的财产保全。人民法院对已经进行保全的注册商标权,不得重复进行保全。

(五)商标侵权的法律责任

人民法院在审理侵犯注册商标专用权纠纷案件中,根据案件具体情况,可以判决侵权人承担停止侵害、排除妨碍、消除危险、赔偿损失、消除影响等民事责任,还可以作出罚款,收缴侵权商品、伪造的商标标识和主要用于生产侵权商品的材料、工具、设备等财物的民事制裁决定。罚款数额可依工商行政管理部门行政处罚有关规定确定。行政管理部门对同一侵犯注册商标专用权行为已经给予行政处罚的,人民法院不再予以民事制裁。

在损害赔偿的计算方面,侵犯商标专用权的赔偿数额,为侵权人在侵权期间因侵权所获得的利益,或者被侵权人在被侵权期间因被侵权所受到的损失,包括被侵权人为制止侵权行为所支付的合理开支。

人民法院确定侵权人的赔偿责任时,可以根据权利人选择的计算方法计算赔偿数额。侵权所获得的利益,可以根据侵权商品销售量与该商品单位利润乘积计算;该商品单位利润无法查明的,按照注册商标商品的单位利润计算。因被侵权所受到的损失,可以根据权利人因侵权所造成商品销售减少量或者侵权商品销售量与该注册商标商品的单位利润乘积计算。制止侵权行为所支付的合理开支,包括权利人或者委托代理人对侵权行为进行调查、取证的合理费用。人民法院根据当事人的诉讼请求和案件具体情况,可以将符合国家有关部门规定的律师费用计算在赔偿范围内。此外,对恶意侵犯商标专用权,情节严重的,可以在按照上述方法确定数额的1倍以上5倍以下确定赔偿数额。权利人因被侵权所受到的实际损失、侵权人因侵权所获得的利益、注册商标许可使用费难以确定的,由人民法院根据侵权行为的情节判决给予500万元以下的赔偿。确定法定赔偿数额时,应当考虑侵权行为的性质、期间、后果,侵权人的主观过错程度,商标的声誉及制止侵权行为的合理开支等因素综合确定。需要指出的是,当事人如果销售不知道是侵犯注册商标专用权的商品,能证明该商品是自己合法取得的并说明提供者的,则不承担赔偿责任。

此外，《商标法》规定，侵犯他人注册商标权构成犯罪的，除赔偿被侵权人的损失外，依法应承担刑事责任。《刑法》规定了侵犯商标权的三个罪名，即假冒注册商标罪，销售假冒注册商标商品罪，非法制造、销售非法制造的注册商标标识罪。因此，在商标侵权案件中，当事人可以通过“以刑逼民”的方式进行权利救济。

（六）不视为侵犯商标权的情形

商标法没有就商标的合理使用做出相应的规定。从司法实践来看，一般来说，如果对他人商标的使用符合下列构成要件，则可认为是合理使用而不构成商标侵权：① 使用出于善意；② 不是作为商标使用；③ 使用只是为了说明或描述自己的商品或服务；④ 使用不会造成相关公众的混淆、误认。下列行为可以认定为商标的合理使用行为：使用注册商标中所含有的本商品的通用名称、图形、型号的；使用注册商标中直接表示商品或者服务的性质、用途、质量、主要原料、种类及其他特征的标志的；规范使用自己的企业名称及其字号的；使用自己所在地的地名的；其他可以认定为商标合理使用的行为。

三、著作权的法律保护

（一）著作权的内容

根据《著作权法》的规定，著作权包括著作人身权和著作财产权。

著作人身权主要包括以下 4 项：① 发表权，即决定是否将作品公之于众的权利。② 署名权，即作者有在自己创作的作品上及其复制件上标记姓名的权利。③ 修改权，即有修改或者授权他人修改作品的权利。④ 保护作品完整权，即保护作品不受歪曲、篡改的权利。

著作财产权主要包括以下 13 项权利：① 复制权，即以印刷、复印、拓印、录音、录像、翻录、翻拍、数字化等方式将作品制作一份或者多份的权利。② 发行权，即以出售或者赠与方式向公众提供作品的原件或者复制件的权利。③ 出租权，即有偿许可他人临时使用视听作品、计算机软件的原件或者复制件的权利，计算机软件不是出租的主要标的的除外。④ 展览权，即公开陈列美术作品、摄影作品的原件或者复制件的权利。⑤ 表演权，即公开表演作品，以及用各种手段公开播送作品的表演的权利。⑥ 放映权，即通过放映机、幻灯机等技术设备公开再现美术、摄影、电影和类似摄制电影的方法创作的作品等的权利。⑦ 广播权，即以有线或者无线方式公开传播或者转播作品，以及通过扩音器或者其他传送符号、声音、图像的类似工具向公众传播广播的作品的权利。⑧ 信息网络传播权，即以有线或无线方式向公众提供作品，使公众可以在其个人选定的时间和地点获得作品的权利。⑨ 摄制权，即以摄制视听作品的方法将作品固定在载体上的权利。⑩ 改编权，即改变作品，创作出具有独创性的新作品的权利。⑪ 翻译权，即将作品从一种语言文字转换成另一种语言文字的权利。⑫ 汇编权，即将作品或者作品片段通过选择或者编排，汇集成新作品的权利。⑬ 应当由著作权人享有的其他权利。

同时，为了保护作品传播者的权利，《著作权法》还规定了邻接权，即就出版者、表演者、录音录像制作者、广播电台和电视台的权利做了相应的规定。

（二）侵犯著作权的主要类型

根据《著作权法》的规定，著作权直接侵权行为包括 19 类，其中有：① 未经著作权人许可，发表其作品的；② 未经合作作者许可，将与他人合作创作的作品当作自己单独创作的作品发表的；③ 没有参加创作，为谋取个人名利，在他人作品上署名的；④ 歪曲、篡改他人作品的；⑤ 剽窃他人作品的；⑥ 未经著作权人许可，以展览、摄制视听作品的方法使用作品，或者以改编、翻译、注释等方式使用作品的，但《著作权法》另有规定的除外；⑦ 使用他人作品，应当支付报酬而未支付的；⑧ 未经视听作品、计算机软件、录音录像制品的著作权人、表演者或者录音录像制作者许可，出租其作品或者录音录像制品的原件或者复制件的，但《著作权法》另有规定的除外；⑨ 未经出版者许可，使用其出版的图书、期刊的版式设计的；⑩ 未经表演者许可，从现场直播或者公开传送其现场表演，或者录制其表演的；⑪ 其他侵犯著作权以及与著作权有关的权益的行为。

对于上述侵权行为当事人只需承担停止侵害、消除影响、赔礼道歉、赔偿损失等民事责任。但是对于以下 8 类侵权行为，除了承担民事责任外，如果侵权行为同时损害公共利益的，由主管著作权的部门责令停止侵权行为，予以警告，没收违法所得，没收、无害化销毁处理侵权复制品以及主要用于制作侵权复制品的材料、工具、设备等，违法经营额 5 万元以上的，可以并处违法经营额 1 倍以上 5 倍以下的罚款；没有违法经营额、违法经营额难以计算或者不足 5 万元的，可以并处 25 万元以下的罚款；构成犯罪的，依法追究刑事责任：① 未经著作权人许可，复制、发行、表演、放映、广播、汇编、通过信息网络向公众传播其作品的，《著作权法》另有规定的除外；② 出版他人享有专有出版权的图书的；③ 未经表演者许可，复制、发行录有其表演的录音录像制品，或者通过信息网络向公众传播其表演的，《著作权法》另有规定的除外；④ 未经录音录像制作者许可，复制、发行、通过信息网络向公众传播其制作的录音录像制品的，《著作权法》另有规定的除外；⑤ 未经许可，播放、复制或者通过信息网络向公众传播广播、电视的，《著作权法》另有规定的除外；⑥ 未经著作权人或者与著作权有关的权利人许可，故意避开或者破坏技术措施的，故意制造、进口或者向他人提供主要用于避开、破坏技术措施的装置或者部件的，或者故意为他人避开或者破坏技术措施提供技术服务的，法律、行政法规另有规定的除外；⑦ 未经著作权人或者与著作权有关的权利人许可，故意删除或者改变作品、版式设计、表演、录音录像制品或者广播、电视上的权利管理信息的，知道或者应当知道作品、版式设计、表演、录音录像制品或者广播、电视上的权利管理信息未经许可被删除或者改变，仍然向公众提供的，法律、行政法规另有规定的除外；⑧ 制作、出售假冒他人署名的作品的。

除了上述侵权行为外，最高人民法院《关于审理侵害信息网络传播权民事纠纷案件适用法律若干问题的规定》就网络著作权侵权行为做了相应的规定：① 网络服务提供者未经许可，通过信息网络提供权利人享有信息网络传播权的作品、表演、录音录像制品，除法律、行政法规另有规定外，应当认定其构成侵害信息网络传播权行为。其中，提供行为包括通过上传到网络服务器、设置共享文件或者利用文件分享软件等方式，将作品、表演、录音录像制品置于信息网络中，使公众能够在个人选定的时间和地点以下载、浏览或者其他方式获得的。② 网络服务提供者与他人以分工合作等方式共同提供作品、表演、录音录像制品，构成共同侵权行为的，应承担连带责任。但能够证明其仅提供自动接入、自动传输、信息存储空间、搜索、链接、文件分享技术等网络服务的除外。③网络服务提供者在提供网络服务时教唆或者帮助网络用户实施侵害信息网络传播权行为的，应承担侵权责任。网络服务提供者以言语、推介技术支持、奖励积分等方式诱导、鼓励网络用户实施侵害信息网络传播权行为的，属于教唆侵权行为。④网络服务提供者明知或者应知网络用户利用网络服务侵害信息网络传播权，未采取删除、屏蔽、断开链接等必要措施，或者提供技术支持等帮助行为的，构成帮助侵权行为。

（三）著作权侵权的处理

1. 有权提起侵权处理的主体

根据《著作权法》和最高人民法院的司法解释，可以提起著作权侵权处理的主体有著作权人及其继承人、受让人。对于著作权许可协议的被许可人能否提起诉讼，我国法律并没有相关的规定，但笔者认为可参照上文有关专利和商标许可协议的被许可人的权利进行处理。此外，依法成立的著作权集体管理组织，如果得到著作权人的书面授权，也可以自己的名义提起著作权侵权处理。

2. 有权审理和处理著作权侵权的机关

（1）有权审理著作权的法院。根据最高人民法院的司法解释，著作权侵权案件在级别管辖方面，第一审案件一般由中级以上人民法院管辖，但是各高级人民法院根据本辖区的实际情况，可以报请最高人民法院批准，由若干基层人民法院管辖第一审著作权民事纠纷案件。在地域管辖方面，著作权民事侵权纠纷案件由侵权行为的实施地、侵权复制品储藏地或者查封扣押地、被告住所地人民法院管辖。其中，"侵权复制品储藏地"是指大量或者经常性储存、隐匿侵权复制品所在地；"查封扣押地"是指海关、版权等行政机关依法查封、扣押侵权复制品所在地。如果对涉及不同侵权行为实施地的多个被告提起的共同诉讼，原告可以选择其中一个被告的侵权行为实施地人民法院管辖；仅对其中某一被告提起的诉讼，该被告侵权行为实施地的人民法院有管辖权。但就网络著作权纠纷案而言，其侵权行为地包括实施被诉侵权行为的网络服务器、计算机终端等设备所在地。如果侵权行为地和被告住所地均难以确定或者在境外的，原告发现侵权内容的计算机终端等设备所在地可以视为侵权行为地。

（2）有权处理著作权纠纷案件的行政机关。根据《著作权法》《著作权行政处罚实施办法》的规定，国家版权局以及地方主管著作权的部门，在法定职权范围内就著作权违法行为实施行政处罚。两个以上地方主管著作权的部门对同一违法行为均有管辖权时，由先立案的主管著作权的部门负责查处该违法行为。地方主管著作权的部门因管辖权发生争议或者管辖不明时，由争议双方协商解决；协商不成的，报请共同的上一级主管著作权的部门指定管辖；其共同的上一级主管著作权的部门也可以直接指定管辖。上级主管著作权的部门在必要时，可以处理下级主管著作权的部门管辖的有重大影响的案件，也可以将自己管辖的案件交由下级主管著作权的部门处理；下级主管著作权的部门认为其管辖的案件案情重大、复杂，需要由上级主管著作权的部门处理的，可以报请上一级主管著作权的部门处理。

投诉人就著作权违法行为申请主管著作权的部门立案查处的，需要提交申请书、权利证明、被侵权作品（或者制品）以及其他证据。申请书应当说明当事人的姓名（或者名称）、地址以及申请查处所根据的主要事实、理由。主管著作权的部门在收到所有投诉材料之日起 15 日内，决定是否受理并通知投诉人。不予受理的，应当书面告知理由。

3. 举证责任

一般来说，著作权侵权案件，原告需要提供证据证明自己是权利人，他人的行为侵犯了自己的权利。而且，当事人自行或者委托他人以订购、现场交易等方式购买侵权复制品而取得的实物、发票等，可以作为证据使用。

在特殊的情况下，由权利人举证证明被告侵犯了自己的权利存在一定的难度。为此，著作权法规定了“举证责任倒置”。《著作权法》规定，复制品的出版者、制作者不能证明其出版、制作有合法授权的，复制品的发行者或者视听作品、计算机软件、录音录像制品的复制品的出租者不能证明其发行、出租的复制品有合法来源的，应当承担法律责任。

（四）诉前行为保全、财产保全和证据保全

为制止侵权行为，在证据可能灭失或者以后难以取得的情况下，著作权人或者与著作权有关的权利人可以在起诉前向人民法院申请保全证据。同时，著作权人或者与著作权有关的权利人有证据证明他人正在实施或者即将实施侵犯其权利、妨碍其实现权利的行为，如不及时制止将会使其合法权益受到难以弥补的损害的，可以在起诉前依法向人民法院申请采取财产保全、责令作出一定行为或者禁止作出一定行为等措施。关于诉前行为保全、财产保全和证据保全的具体程序方面，与上文有关专利侵权的规定是一致的，在此不予赘述。

（五）著作权侵权的法律责任

根据《著作权法》的规定，著作权侵权行为的法律责任包括民事责任、行政责任和刑事责任。上文在介绍著作权侵权的类型时已将不同的侵权行为需要承担的相应法律责任做了介绍。这里主要介绍著作权侵权的损害赔偿责任和刑事责任。

在损害赔偿方面，一般来说，侵犯著作人身权（发表权除外）只需要承担赔礼道歉的法律责任，而不需承担民事赔偿责任。在著作权侵权损害赔偿的计算方面，侵权人应当按照权利人因此受到的实际损失或者侵权人的违法所得给予赔偿；权利人的实际损失或者侵权人的违法所得难以计算的，可以参照该权利使用费给予赔偿。赔偿数额还应当包括权利人为制止侵权行为所支付的合理开支。权利人的实际损失、侵权人的违法所得、权利使用费难以计算的，由人民法院根据侵权行为的情节，判决给予500元以上500万元以下的赔偿。其中，“权利人的实际损失”，可以根据权利人因侵权所造成复制品发行减少量或者侵权复制品销售量与权利人发行该复制品单位利润乘积计算；发行减少量难以确定的，按照侵权复制品市场销售量确定。“制止侵权行为所支付的合理开支”，包括权利人或者委托代理人对侵权行为进行调查、取证的合理费用。人民法院根据当事人的诉讼请求和具体案情，可以将符合国家有关部门规定的律师费用计算在赔偿范围内。此外，对故意侵犯著作权或者与著作权有关的权利，情节严重的，可以在按照上述方法确定数额的1倍以上5倍以下给予赔偿。确定具体惩罚性赔偿倍数时，法院应综合考虑被告主观过错程度、侵权行为的情节严重程度等因素。

在刑事责任方面，《刑法》规定了侵犯著作权罪、销售侵权复制品罪两个罪名。因此，如果侵权人的行为符合上述罪名的犯罪构成，当事人也可以采取“以刑逼民”的方式维权。

（六）合理使用

根据《著作权法》的规定，当事人的行为如果符合下列情形，则既不需要向著作权人取得许可，也不需要向当事人支付报酬，但需要指明作者姓名、作品名称，并且不得侵犯著作权人依照《著作权法》享有的其他权利：① 为个人学习、研究或者欣赏，使用他人已经发表的作品；② 为介绍、评论某一作品或者说明某一问题，在作品中适当引用他人已经发表的作品；③ 为报道新闻，在报纸、期刊、广播电台、电视台等媒体中不可避免地再现或者引用已经发表的作品；④ 报纸、期刊、广播电台、电视台等媒体刊登或者播放其他报纸、期刊、广播电台、电视台等媒体已经发表的关于政治、经济、宗教问题的时事性文章，但著作权人声明不许刊登、播放的除外；⑤ 报纸、期刊、广播电台、电视台等媒体刊登或者播放在公众集会上发表的讲话，但作者声明不许刊登、播放的除外；⑥ 为学校课堂教学或者科学研究，翻译、改编、汇编、播放或者少量复制已经发表的作品，供教学或者科研人员使用，但不得出版发行；⑦ 国家机关为执行公务在合理范围内使用已经发表的作品；⑧ 图书馆、档案馆、纪念馆、博物馆、美术馆、文化馆等为陈列或者保存版本的需要，复制本馆收藏的作品；⑨ 免费表演已经发表的作品，该表演未向公众收取费用，也未向表演者支付报酬，且不以营利为目的；⑩ 对设置或者陈列在室外公共场所的艺术作品进行临摹、绘画、摄影、录像；⑪ 将中国公民、法人或者非法人组织已经发表的以国家通用语言文字创作的作品翻译成少数民族语言文字作品在国内出版发行；⑫ 以阅读障碍者能够感知的无障碍方式向其提供已经发表的作品；⑬ 法律、行政法规规定的其他情形。上述规定适用于对与著作权有关的权利的限制。

四、商业秘密的法律保护

（一）商业秘密的构成和种类

根据《反不正当竞争法》的规定，所谓“商业秘密”，是指不为公众所知悉、具有商业价值并经权利人采取相应保密措施的技术信息、经营信息等商业信息。

“不为公众所知悉”，是指有关信息不为其所属领域的相关人员普遍知悉和容易获得。一般来说，具有下列情形之一的，可以认定有关信息不构成不为公众所知悉：① 该信息在所属领域属于一般常识或者行业惯例的；② 该信息仅涉及产品的尺寸、结构、材料、部件的简单组合等内容，所属领域的相关人员通过观察上市产品即可直接获得的；③ 该信息已经在公开出版物或者其他媒体上公开披露的；④ 该信息已通过公开的报告会、展览等方式公开的；⑤ 所属领域的相关人员从其他公开渠道可以获得该信息的。此外，将为公众所知悉的信息进行整理、改进、加工后形成的新信息，只要在被诉侵权行为发生时不为所属领域的相关人员普遍知悉和容易获得的，也可认定该新信息不为公众所知悉。

“具有商业价值”，是指有关信息具有现实的或者潜在的商业价值，能为权利人带来竞争优势。权利人请求保护的信息或生产经营活动中形成的阶段性成果，因不为公众所知悉而具有现实的或者潜在的商业价值的，可认定为“具有商业价值”。

“保密措施”，是指权利人为防止信息泄露所采取的与其商业价值等具体情况相适应的合理保护措施。在具体的案件审理过程中，法院会根据所涉信息载体的特性、权利人保密的意愿、保密措施的可识别程度、他人通过正当方式获得的难易程度等因素，认定权利人是否采取了保密措施。一般来讲，“相应保密措施”是指，权利人为防止商业秘密泄露，在被诉侵权行为发生以前所采取的合理保密措施。至于“权利人是否采取了相应保密措施”，法院会根据商业秘密及其载体的性质、商业秘密的商业价值、保密措施的可识别程度、保密措施与商业秘密的对应程度以及权利人的保密意愿等因素认定。

一般来说，具有下列情形之一，在正常情况下足以防止涉密信息泄露的，就可以认为权利人采取了保密措施：① 签订保密协议或者在合同中约定保密义务的；② 通过章程、培训、规章制度、书面告知等方式，对能够接触、获取商业秘密的员工、前员工、供应商、客户、来访者等提出保密要求的；③ 对涉密的厂房、车间等生产经营场所限制来访者或者进行区分管理的；④ 以标记、分类、隔离、加密、封存、限制能够接触或者获取的人员范围等方式，对商业秘密及其载体进行区分和管理的；⑤ 对能够接触、获取商业秘密的计算机设备、电子设备、网络设备、存储设备、软件等，采取禁止或者限制使用、访问、存储、复制等措施的；⑥ 要求离职员工登记、返还、清除、销毁其接触或者获取的商业秘密及其载体，继续承担保密义务的；⑦ 采取其他合理保密措施的。

商业秘密包括技术信息和商业信息。技术信息，包括与技术有关的结构、原料、组分、配方、材料、样品、样式、植物新品种繁殖材料、工艺、方法或其步骤、算法、数据、计算机程序及其有关文档等信息。经营信息，包括经营活动有关的创意、管理、销售、财务、计划、样本、招投标材料、客户信息、数据等信息。其中，客户信息，包括客户的名称、地址、联系方式以及交易习惯、意向、内容等信息。当事人仅以与特定客户保持长期稳定交易关系为由，主张该特定客户属于商业秘密的，法院一般不予支持。

（二）侵犯商业秘密的行为

根据《反不正当竞争法》以及最高人民法院的司法解释，侵犯商业秘密的行为主要有以下 5 种方式：

（1）以盗窃、贿赂、欺诈、胁迫、电子侵入或者其他不正当手段获取权利人的商业秘密。盗窃是指以秘密手段非法掌握不属于自己的财物，即他人的商业秘密。以贿赂手段获取权利人的商业秘密，是指行为人通过向掌握商业秘密的人员提供财物或者其他优待条件，诱使其向行为人提供商业秘密。以胁迫手段获取权利人的商业秘密，是指行为人用威胁、强制的方法迫使了解和掌握商业秘密的人员向其提供商业秘密。“其他不正当手段”属于概括性规定，包括除盗窃、贿赂、欺诈、胁迫、电子侵入之外的被诉侵权人以违反法律规定或者公认的商业道德的方式，如以“业务洽谈”“合作开发”等名义所实施的旨在获取权利人的商业秘密的各种行为。

（2）披露、使用或者允许他人使用以上述不正当手段获取的权利人的商业秘密。被诉侵权人在生产经营活动中直接使用商业秘密，或者对商业秘密进行修改、改进后使用，或者根据商业秘密调整、优化、改进有关生产经营活动的，属于“使用商业秘密”的情形。以违法手段获取他人的商业秘密构成了对他人知识产权的侵害，但是这往往并不是行为人的主要目的。随之而来的往往是对违法获取的商业秘密加以利用以进行不正当竞争，或者不论出于何种目的向他人泄露或向社会公开或允许他人使用。

（3）违反保密义务或者违反权利人有关保守商业秘密的要求，披露、使用或者允许他人使用其所掌握的商业秘密。一般来说，“保密义务”是指当事人根据法律规定或者合同约定所承担的保密义务。即使当事人未在合同中约定保密义务，但根据诚信原则以及合同的性质、目的、缔约过程、交易习惯等，被诉侵权人知道或者应当知道其获取的信息属于权利人的商业秘密的，也应当认定被诉侵权人对其获取的商业秘密承担保密义务。

合法掌握商业秘密的人，可能是权利人单位的内部工作人员或其他知情人，也可能是与权利人有合同关系的对方当事人。上述行为人违反单位规定或者合同约定的保密义务，将其所掌握的商业秘密擅自公开，或自己使用，或许可他人使用，都构成了对商业秘密的侵犯。

（4）权利人的职工违反合同约定或者违反权利人有关保守商业秘密的要求，披露、使用或者允许他人使用其所掌握的权利人的商业秘密。教唆、引诱、帮助他人违反保密义务或者违反权利人有关保守商业秘密的要求，获取、披露、使用或者允许他人使用权利人的商业秘密。

（5）第三人明知或者应知商业秘密权利人的员工、前员工或者其他单位、个人实施前述违法行为，仍获取、披露、使用或者允许他人使用该商业秘密的，视为侵犯商业秘密。其中，“员工、前员工”包括法人、非法人组织的经营、管理人员以及具有劳动关系的其他人员。

此外，经营者以外的其他自然人、法人和非法人组织实施上述所列违法行为的，视为侵犯商业秘密。

（三）侵犯商业秘密的处理

1. 有权提起诉讼的主体

商业秘密的权利人或者利害关系人可以就侵犯商业秘密的行为提起诉讼。商业秘密独占使用许可合同的被许可人可以单独提起诉讼；排他使用许可合同的被许可人可以和权利人共同提起诉讼，或者在权利人不起诉的情况下，自行提起诉讼；普通使用许可合同的被许可人可以和权利人共同提起诉讼，或者经权利人书面授权，单独提起诉讼。

2. 有管辖权的法院

在级别方面，商业秘密第一审案件一般由中级以上人民法院受理；但各高级人民法院根据本辖区的实际情况，经最高人民法院批准，可以确定若干基层人民法院受理不正当竞争民事第一审案件。在地域管辖方面，一般由被告住所地或者侵权行为地的人民法院管辖。

3. 举证责任

当事人指称他人侵犯其商业秘密的，应当对其拥有的商业秘密符合法定条件、对方当事人的信息与其商业秘密相同或者实质相同以及对方当事人采取不正当手段的事实负举证责任。其中，商业秘密符合法定条件的证据，包括商业秘密的载体、具体内容、商业价值和对该项商业秘密所采取的具体保密措施等。

权利人已经提供侵权人因侵权所获得的利益的初步证据，但与侵犯商业秘密行为相关的账簿、资料由侵权人掌握的，人民法院可以根据权利人的申请，责令侵权人提供该账簿、资料。侵权人无正当理由拒不提供或者不如实提供的，人民法院可以根据权利人的主张和提供的证据认定侵权人因侵权所获得的利益。

由公安机关、检察机关或者人民法院保存的与被诉侵权行为具有关联性的证据，侵犯商业秘密民事案件的当事人及其诉讼代理人因客观原因不能自行收集，申请调查收集的，人民法院应当准许，但可能影响正在进行的刑事诉讼程序的除外。

4. 行为保全

被申请人试图或者已经以不正当手段获取、披露、使用或者允许他人使用权利人所主张的商业秘密，不采取行为保全措施会使判决难以执行或者造成当事人其他损害，或者将会使权利人的合法权益受到难以弥补的损害的，人民法院可以依法裁定采取行为保全措施。情况紧急的，人民法院应当在48小时内作出裁定。

（四）侵犯商业秘密的法律责任

行为人不仅应当依照《民法典》和《反不正当竞争法》的有关规定，承担相应的民事责任，还应当承担行政责任；侵权后果严重的，还应当按照《刑法》的规定负刑事责任。

1. 侵犯商业秘密的民事责任

人民法院对于侵犯商业秘密行为判决停止侵害的民事责任时，停止侵害的时间一般持续到该项商业秘密已为公众知悉时为止。判决停止侵害的时间如果明显不合理的,可以在依法保护权利人该项商业秘密竞争优势的情况下,判决侵权人在一定期限或者范围内停止使用该项商业秘密。在损害赔偿额的计算方面,可以参照确定侵犯专利权的损害赔偿额的方法进行。因侵权行为导致商业秘密已为公众所知悉的,则应当根据该项商业秘密的商业价值确定损害赔偿额。商业秘密的商业价值的确定,要充分考虑研究开发成本、实施该项商业秘密的收益、可得利益、可保持竞争优势的时间等因素。

经营者恶意实施侵犯商业秘密行为,情节严重的,可以在上述方法确定数额的 1 倍以上 5 倍以下确定赔偿数额。其中,“恶意”与“情节严重”的认定,与前文“专利侵权的法律责任”一节所述的规定一致。因不正当竞争行为受到损害的经营者的赔偿数额,按照其因被侵权所受到的实际损失确定;权利人请求参照商业秘密许可使用费确定因被侵权所受到的实际损失的,法院可以根据许可的性质、内容、实际履行情况以及侵权行为的性质、情节、后果等因素确定。实际损失难以计算的,按照侵权人因侵权所获得的利益确定。赔偿数额还应当包括经营者为制止侵权行为所支付的合理开支。经营者侵犯商业秘密,权利人因被侵权所受到的实际损失、侵权人因侵权所获得的利益难以确定的,由人民法院根据侵权行为的情节判决给予权利人 500 万元以下的赔偿。法定赔偿额的计算,可以考虑商业秘密的性质、商业价值、研究开发成本、创新程度、能带来的竞争优势以及侵权人的主观过错、侵权行为的性质、情节、后果等因素。

2. 侵犯商业秘密的行政责任

经营者以及其他自然人、法人和非法人组织侵犯商业秘密的,由监督检查部门责令停止违法行为,没收违法所得,处 10 万元以上 100 万元以下的罚款;情节严重的,处 50 万元以上 500 万元以下的罚款。

3. 侵犯商业秘密的刑事责任

根据《刑法》第 219 条、第 220 条的规定,侵犯商业秘密的刑事责任分为个人犯罪责任和单位犯罪责任。

(1)个人犯罪的刑事责任。侵犯商业秘密,情节严重的,处 3 年以下有期徒刑,并处或者单处罚金;情节特别严重的,处 3 年以上 10 年以下有期徒刑,并处罚金。为境外的机构、组织、人员窃取、刺探、收买、非法提供商业秘密的,处 5 年以下有期徒刑,并处或者单处罚金;情节严重的,处 5 年以上有期徒刑,并处罚金。

根据最高院司法解释有关规定,对于侵犯知识产权犯罪的,应当综合考虑犯罪违法所得数额、非法经营数额、给权利人造成的损失数额、侵权假冒物品数量及社会危害性等情节,依法判处罚金。罚金数额一般在违法所得数额的 1 倍以上 5 倍以下确定。违法所得数额无法查清的,罚金数额一般按照非法经营数额的 50% 以上 1 倍以下确定。违法所得数额和非法经营数额均无法查清,判处 3 年以下有期徒刑、拘役、管制或者单处罚金的,一般在 3 万元以上 100 万元以下确定罚金数额;判处 3 年以上有期徒刑的,一般在 15 万元以上 500 万元以下确定罚金数额。此外,根据最高院司法解释规定,以不正当手段获取权利人的商业秘密后尚未披露、使用或者允许他人使用的,可以酌情从轻处罚。

(2)单位犯罪的刑事责任。单位侵犯商业秘密,给商业秘密的权利人造成重大损失的,对单位判处罚金,并对其直接负责的主管人员和其他直接责任人员依照个人犯罪的规定予以处罚。

（五）不视为侵犯商业秘密的情形

一般来说，以下情形不构成侵犯商业秘密：① 独立研究开发所取得的与商业秘密相同的信息；② 通过自行开发研制或者反向工程等方式获得的与商业秘密相同的信息；③ 从公开使用或公开展出获得的与商业秘密相同信息。其中，“反向工程”是指，通过技术手段对从公开渠道取得的产品进行拆卸、测绘、分析等而获得该产品的有关技术信息。但是，被诉侵权人以不正当手段获取权利人的商业秘密后，又以反向工程为由主张未侵犯商业秘密的，人民法院不予支持。

第三节　知识产权技术保护

一、著作权的技术保护

在网络环境下，通过技术手段保护作品不被非法复制和传播已成为著作权人的重要手段。而且，根据《著作权法》以及最高人民法院的司法解释，除非法律另有规定，任何人不得破解著作权人所采取的著作权技术保护手段，同时，也不可为他人提供能够破解著作权技术保护手段的技术、装置或者部件。

著作权保护技术近年来发展迅速，在不同应用场合，主要使用以下不同的技术：数字著作权管理（DRM）技术、条件接收（CA）技术以及数字水印技术等。

（一）数字著作权管理技术

数字著作权管理技术是以数字加密技术为基础，结合一些软硬件技术，实现对数字内容的保护。数字著作权管理作为新兴的著作权保护、管理技术，突破了传统技术措施对作品的静态保护，实现了对数字作品从发行到使用的全程动态保护管理，逐渐成为著作权人实现其著作权利益的重要工具。数字著作权管理对作品的保护和管理主要依靠其内容模块和许可模块的技术规范来实现。内容模块通过加密的方式存储、保护数字作品内容；许可模块则通过计算机可读的授权许可语言将内容模块的加密内容进行自动发行许可。这样，借助于许可模块的技术规范，权利人可实现以技术手段控制数字作品的传播和使用。

典型数字著作权管理的许可模块主要由“用户享有什么权利”和“用户在何种条件下享有该权利”两组技术规范组成。“用户享有什么权利”主要规定用户可以对作品内容进行何种方式的使用，包括是否可以打印或者是仅能浏览，是否可以将数字内容从PC机转到笔记本电脑或者传输给第三人阅读，以及是否可以对作品进行编辑或将作品的部分内容嵌入其他作品当中等。“用户在何种条件下享有该权利”则对每个特定的权利进行附加的特别限制，其主要界定享有不同权利的不同用户类型、可享有的权利范围（如使用的时间或者次数）以及浏览作品必须采用的设备类型等。用户为了获得著作权作品，必须无条件地接受许可模块的协议内容。权利人在发行许可数字作品时，通常还要求用户提供个人的真实信息，以方便其通过数字著作权管理的跟踪系统对用户是否遵守协议的规定进行实时的跟踪反馈。

从数字著作权管理的技术属性可以看到，数字著作权管理不同于数字著作权保护，其复杂的技术规范已超出了现行著作权法对技术措施内涵的认识。数字著作权管理实质上是对数字信息使用方式的许可，而不单是对数字内容的加密保护。然而，数字著作权管理由于具有“限制未经作者授权或许可的行为”的传统技术措施的属性，故其可受著作权法禁止规避技术措施条款的保护；同时，其许可协议又属于合同法保护的范畴。因此，数字著作权管理不是著作权保护或合同保护之间的替代选择，而是两者的有机结合。而且，用户若不遵守以技术规范表现的许可协议，也仅能通过破解技术措施的方式才能实现，而这又会受到著作权法的规制。这意味着著作权人能够以禁止破解技术措施的侵权条款来规制用户违反许可合同的行为。

（二）条件接收技术

条件接收技术是对视频、音频和数据等信息进行加密传输，并为合法用户接收解密的过程。只有获得授权的用户才能正常收看相应的内容。条件接收技术使得数字内容产业经营者能够对用户接收的信息进行授权控制。目前主要在广播电视行业中运用，被认为是广播电视行业打破以广告为主要收入的单一模式，实现多元化经营的技术基础和工具。

条件接收技术主要是由以下两项关键技术组成：一是传输加扰（scrambling）和解扰（descrambling）的方法；二是控制解扰。通过在控制端提供一个加密信息，使被授权用户端的解扰器能对加密信息进行解密，从而接收受著作权保护的数字内容。

（三）数字水印技术

数字水印技术是将一些标志信息（即数字水印）直接嵌入数字载体（包括多媒体、文档、软件等）当中，但不影响原载体的使用价值，也不容易被人的知觉系统（如视觉或听觉系统）觉察或注意到。通过这些隐藏在载体中的信息，可以达到确认内容创建者、购买者，传送隐秘信息或者判断载体是否被篡改等目的。

一般来说，数字水印技术具有下面几个方面的特点：① 安全性。数字水印的信息应是安全的，难以篡改或伪造，同时，应当有较低的误检测率，当原内容发生变化时，数字水印应当发生变化，从而可以检测原始数据的变更。当然数字水印同样对重复添加有很强的抵抗性。② 隐蔽性。数字水印应是不可知觉的，而且应不影响被保护数据的正常使用；数字水印不会降质。③ 顽健性。即在经历多种无意或有意的信号处理过程后，数字水印仍能保持部分完整性并能被准确鉴别。可能的信号处理过程包括信道噪声、滤波、数 / 模与模 / 数转换、重采样、剪切、位移、尺度变化以及有损压缩编码等。④ 水印容量。即载体在不发生形变的前提下可嵌入的水印信息量。嵌入的水印信息必须足以表示多媒体内容的创建者或所有者的标志信息，或购买者的序列号，这样有利于解决著作权纠纷，保护数字产权合法拥有者的利益。

二、商业秘密的技术保护

企业在信息化过程中，需要建立和完善信息安全管制制度，以防止互联网的运用对企业商业秘密带来的威胁。一般来说，企业要将内网和外网相分离，同时加强对接入主干网计算机设备的安全管理，限制通过主干网接入互联网的用户和流量，限制开放的端口。针对信息化的要求，企业应健全各项信息安全保密制度，制定和完善公司信息安全保密管理办法，理顺管理流程。要根据计算机信息安全管理的相关规定，与各涉密单位主要负责人及与涉密计算机相关人员层层签订保密协议，责任落实到人。加强公司信息数据的集中管理，尽快划分公司信息保密的范围和内容，确立保密等级。

关键术语

知识产权保护策略（intellectual property protection strategy）
知识产权诉讼（intellectual property litigation ）

复习思考题

1. 简述专利侵权处理的主要法律制度。
2. 简述商标侵权处理的主要法律制度。
3. 结合实际情况，论述如何协调运用专利、商业秘密保护制度。
4. 论述知识产权保护策略在企业市场竞争中的作用。

案例讨论

华鑫公司董事会决定，将太阳能燃料电池作为公司未来重点发展的新产品。为此，2006 年 9 月，公司将刚从华美公司辞职的李某聘到本公司工作，并负责研发事宜。2009 年 1 月 4 日，李某不辞而别，离开了华鑫公司。华鑫公司意识到问题的严重性，决定采用专利而不是技术秘密的方式保护李某负责的研发项目，并于 2009 年 1 月 8 日委托专利代理公司提交专利申请。然而，专利代理公司经过查询，发现李某已就相同技术方案于 2007 年 8 月申请了专利并已公开，目前已进入实质审查阶段。

案例讨论题

1. 本案涉及哪些知识产权法律问题？
2. 华鑫公司应如何维权？
3. 李某应如何抗辩？

延伸阅读

我国知识产权发展状况介绍

第二篇

分　　论

第六章

知识产权行政管理

学习目标

1. 了解知识产权行政管理的主要特征
2. 熟悉我国知识产权行政管理的基本体系
3. 掌握我国知识产权行政管理的基本内容
4. 理解知识产权公共服务管理的重要意义

专利行政执法成为我国专利保护的重要手段

习近平总书记指出，加强知识产权保护，是完善产权保护制度最重要的内容，也是提高中国经济竞争力最大的激励；要着力营造尊重知识价值的营商环境，全面完善知识产权保护法律体系；要加大知识产权侵权违法行为惩治力度，让侵权者付出沉重代价。知识产权已成为全面推进依法治国的重要内容和经济发展新常态的重要支撑。知识产权司法与行政执法“两条途径、协调运作”一直以来是我国知识产权保护制度的特色。

我国的专利行政执法制度是专利权行政保护的一项重要措施。专利行政执法包括两个方面：一是查处假冒专利案件，比如当事人是否在未被授予专利权的产品上标注专利标识，是否未经许可在产品上标注他人的专利号等。二是处理专利侵权纠纷，这往往需要较高的专业知识，需对一方实施的技术方案是否落入另一方的专利权保护范围作出判断。新时期，我国伴随着经济发展不同阶段出现的各种问题，对《专利法》规定的内容也与时俱进地进行了修订、完善。自1985年我国第一部《专利法》实施以来，已经经历过四次修正。在《专利法》第四次修正案中，针对专利行政执法部分，主要作出了以下三个方面的修改：

一是调整执法机构。2008年《专利法》规定，假冒专利案件和专利侵权纠纷都由“管理专利工作的部门”（主要是省级知识产权局，也包括一些专利管理工作量大又有实际处理能力的市级知识产权局）查处或者处理（2008年《专利法》第60条、第63条）。结合新一轮国务院机构改革的情况，此次修改为，由负责专利执法的部门（主要是各级市场监督管理局，一般是由其下的综合执法大队负责具体执法）查处较为简单的假冒专利案件（第 68 条）；由管理专利工作的部门（主要是地方知识产权局，同时也包括国家知识产权局）处理较为复杂的专利侵权纠纷（第 65 条）。

二是调整执法层级。此次修改专利法，国务院提出的草案强化了专利行政执法，增加规定：国务院专利行政部门可以应专利权人或者利害关系人的请求处理在全国有重大影响的专利侵权纠纷；管理专利工作的部门应专利权人或者利害关系人的请求处理专利侵权纠纷，对在本行政区域内侵犯其同一专利权的案件可以合并处理；对跨区域侵犯其同一专利权的案件可以请求上级人民政府管理专利工作的部门处理。据此，国家知识产权局可以应请求处理跨省侵权案件，不论该案件是否在全国有重大影响。全国人大常委会审议过程中，经研究认为，专利侵权案件，原则上应当由“地方管理专利工作的部门”处理，国务院专利行政部门作为专利授权确权部门，不宜过多地直接处理具体案件，具体范围限定在“在全国有重大影响的案件”即可；同时，随着互联网经济的发展，实践中跨省域的专利侵权案件较多，都由国务院专利行政部门处理，也不现实。因此，将相关规定修改为：跨区域的专利侵权案件可以请求上级地方人民政府管理专利工作的部门处理。据此，国家知识产权局只处理“在全国有重大影响”的案件，对于跨省又尚不构成在全国有重大影响的专利侵权纠纷，可以由相关省级管理专利工作的部门之间协调处理权限，或者由国务院专利行政部门协调或者指定由哪个省处理。

三是调整执法措施。2008 年修改专利法，增加了关于管理专利工作的部门对涉嫌假冒专利的行为进行查处时有权采取的措施的规定，包括询问调查权，现场检查权，查阅、复制权，产品检查权和查封、扣押权（2008 年《专利法》第 64 条）。此次修改专利法，国务院提出的草案规定，管理专利工作的部门处理专利侵权纠纷时，也可以行使这五项权力。对此，有关方面存在不同意见：一种意见认为，行政机关处理专利侵权纠纷具有便利、快捷的优点，应当赋予其充分的执法措施，以便更好地保护专利权人的合法权益。另一种意见则认为，专利侵权纠纷是平等主体之间的民事纠纷，应当以自力救济、司法途径解决为主；行政机关不宜过多干预企业的生产经营活动，特别是查封、扣押等对企业生产经营活动影响较大的执法措施，不宜由行政机关在认定专利侵权过程中行使。综合两方面意见，考虑到管理专利工作的部门在处理专利侵权纠纷时主要是认定侵权行为是否成立，新专利法赋予其与认定侵权相适应的必要职权。

另外，近年来，党中央、国务院高度重视行政裁决工作，对加强和规范行政裁决工作作出一系列重要部署。2018 年 12 月，中共中央办公厅、国务院办公厅印发《关于健全行政裁决制度加强行政裁决工作的意见》，提出“重点做好自然资源权属争议、知识产权侵权纠纷和补偿争议、政府采购活动争议等方面行政裁决工作，更好地为经济社会发展服务”。国家知识产权局、司法部按照党中央、国务院决策部署，将知识产权领域行政裁决工作作为推进法治政府建设、优化营商环境、服务经济社会发展的重要抓手，不断加大工作力度，完善工作推进体系，健全知识产权侵权纠纷行政裁决制度，加强知识产权侵权纠纷行政裁决工作。

2019 年 11 月，国家知识产权局印发《关于开展专利侵权纠纷行政裁决示范建设工作的通知》，组织各地开展专利侵权纠纷行政裁决示范建设，加强专利侵权纠纷行政裁决工作。2020 年 3 月，确定北京、河北、上海、江苏、浙江、湖北、广东、深圳 8 个地区作为第一批试点，开展专利侵权纠纷行政裁决示范建设工作。印发《专利侵权纠纷行政裁决办案指南》《专利纠纷行政调解指南》等规范性文件，进一步完善专利侵权纠纷行政裁决程序和实体标准。

1980年1月14日，国务院批准成立中国专利局，自此，我国开始建立起具有中国特色的知识产权行政管理体系。30多年来，我国陆续在商标、著作权、地理标志等不同领域、不同层级建立了广泛的知识产权行政管理网络。

（资料来源：① 陈扬跃，马正平．专利法第四次修改的主要内容与价值取向．知识产权，2020(12)：6-19；② 国家知识产权局网站．）

伴随改革开放的深化、知识产权法制建设的完善、经济建设和科技创新的发展，我国知识产权行政管理体系不断发展。尽管知识产权在很大程度上是一种私权，但是它却与社会利益紧密相关。历史上，各国知识产权行政管理机关在知识产权审查、授权、公共服务、宣传教育等专业性管理方面发挥了巨大的作用。如今，在国家发展的整体战略背景下，各国知识产权行政管理系统面临着更大的挑战，知识产权行政管理部门的使命更为重大，不仅要提高作为专业机构的效率、生产率和成本效益，而且要承担发展组织的作用。在我国，知识产权行政管理具有其他国家所没有的直接执法职能，这使得知识产权行政管理更为复杂。

第一节 知识产权行政管理概述

一、知识产权行政管理的意义

行政管理作为国家的一种组织活动，是指国家通过依法行使国家行政权力的行政主体运用国家行政权力，对国家的政治、经济、文化等各种社会公共事务所进行的组织管理活动。换句话说，行政管理就是国家行政机关从合法、合理的权力行使的角度出发，通过履行特定的管理职能，实现国家对广泛的社会生活的有效管理。行政管理的基础是国家行政权力。国家行政机关（或获得相应行政授权的组织）是行政管理的主体。

知识产权行政管理是指知识产权行政机关依据知识产权相关法律、法规与政策，管理国家有关知识产权的社会公共事务，为公民和社会提供知识产权公共服务的行为和活动，包括知识产权的申请与授权管理、知识产权行政处理、知识产权行政查处、知识产权行政服务等，如图6-1所示。

知识产权行政管理旨在依靠国家行政机关的权威，通过制定法律法规与政策，通过行政手段强制贯彻、协调、控制、监督、管理涉及知识产权的各项活动，以促进知识产权的利用，保护知识产权权利人的合法权益，维护市场的公平交易秩序，推动经济和社会的发展。当今世界，由于知识产权方面的社会公共事务愈来愈繁复，现代知识产权行政管理机关面临着诸多变革与挑战。政府部门在实施知识产权行政管理的过程中，越来越重视和强调主动进取、追求卓越、创新发展等现代行政精神，不断强化知识产权公共管理和服务功能，不断提升知识产权行政管理机关自我革新的能力，以实现知识产权行政管理的科学化、法制化、现代化。

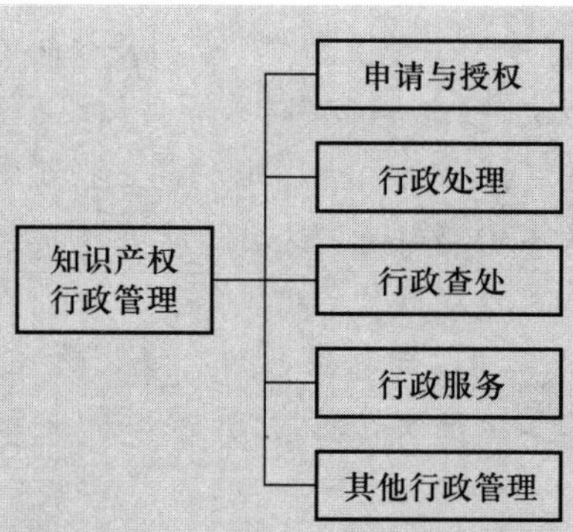

图 6-1 我国知识产权行政管理的主要内容

二、知识产权行政管理的特征

（一）专业性

知识产权行政管理是具有很强专业性色彩的管理。具体来讲，知识产权行政管理按部门类型可以分为专利管理、商标管理、著作权管理、商业秘密管理等。这些都是带有很强专业性的事务，要求由专门的行政管理机构来进行管理。例如，专利的代理、申请、受理、审批等各个环节都需要具有专利知识和相关技术知识的人来进行管理，商标、集成电路布图设计、计算机软件著作权等注册或登记也需要经过专门培训的人来进行组织和管理。权利人的知识产权在遭到侵害后，可以向有关知识产权行政管理机关请求行政保护，知识产权案件的行政查处、处罚等执法活动也是专业性很强的。只有专业化的管理才能保证知识产权行政管理高效、快捷。

（二）综合性

知识产权行政管理是一项包含多层次、涉及多主体的系统工程。一方面，鉴于知识产权客体范围的广泛性，知识产权行政管理的内容也是多方面、多层次的，不仅包括专利管理、商标管理、著作权管理、商业秘密管理等，还涉及专利管理部门、工商管理部门、新闻出版管理部门、科技管理部门、教育管理部门等不同政府部门之间知识产权业务的交叉与合作。另一方面，知识产权行政管理中存在着国家行政管理机关、行政管理相对人、第三人等多方权力主体，这些权力主体之间可能发生利益冲突，这些冲突可能涉及国家利益、公众利益与私人利益之间的协调。此外，知识产权行政管理机关还涉及对企业的知识产权工作的指导与服务、与同级司法部门之间知识产权案件审理的衔接等问题，需要协调科技、产业、教育、文化、外贸等诸多方面的工作。因此，知识产权行政管理是一项综合性很强的工作。

（三）法治性

知识产权行政管理是一个复杂的过程，从知识产权的创造、运用到保护各个方面都存在着行政管理的问题。知识产权行政管理是法治化管理，即依法行政的管理。知识产权行政管理法治性的内涵包括：一是知识产权行政管理机关行政权力的取得必须由法律设定；二是知识产权行政管理机关行使行政权力必须依据法律；三是知识产权行政管理机关对违法行政必须承担法律责任。这就意味着知识产权行政管理过程中必须“合法行政”。

知识产权行政管理贯穿着知识产权行政授权、确权、处罚、强制、裁决、复议、监督、处分、调解等法治化的环节。知识产权行政管理机关通常将制定或实施法律、法规、规章、其他规范性文件或政策措施等作为有效的行政管理手段。我国知识产权行政管理的大部分内容要在法律法规的指导下才能顺利开展。

（四）多元、多层级性

我国现行知识产权行政管理体制呈现出多元和多层级的特点。“多元”是指知识产权由不同的行政管理机构来保护，“多层级”是指各行政管理机构分为中央和地方若干个管理层次。在我国，知识产权行政管理的主体非常广泛，不仅主管同一知识产权的不同层级的各个行政管理机构知识产权管理的权限不同，而且处于同一层级但主管不同知识产权的行政管理机构权力差异也很大。

2018 年，为了完善知识产权管理体制，解决商标和专利分头管理、重复执法的问题，我国重新组建国家知识产权局。将国家知识产权局的职责、国家工商行政管理总局的商标管理职责、国家质量监督检验检疫总局的原产地地理标志管理职责进行了整合，由国家市场监督管理总局管理。2018 年改革之后，我国中央级知识产权行政管理机构设置现状如表 6-1 所示。

表 6-1　我国知识产权行政管理机构设置现状

序号	行政管理部门	主要职责
1	国家知识产权局	（1）国家知识产权局是国家市场监督管理总局管理的国家局，主要负责商标、专利、原产地地理标志、集成电路布图设计等知识产权 （2）在地方的市或者区层级，市场监督管理局设有综合执法大队，具体负责商标、专利等知识产权的行政执法保护 （3）国家市场监督管理总局还负责商业秘密、反不正当竞争以及与技术标准有关的知识产权
2	中央宣传部	（1）负责版权，对外加挂国家电影局和国家新闻出版署（国家版权局）牌子 （2）在地方的市或者区层级，宣传部门对本行政区域内版权进行行政保护。其中，行政执法则通过委托的方式由市级或者区级文化执法大队来实施
3	农业农村部	负责植物新品种方面的知识产权
4	国家林业和草原局	负责林业植物新品种、生物安全、生物遗传资源等方面的知识产权
5	海关总署	负责对进出口环节的知识产权
6	商务部	负责与国际贸易有关的知识产权
7	科学技术部	负责与科技有关的知识产权
8	网信办	负责与互联网有关的知识产权
9	公安部	知识产权行政执法与知识产权刑事司法衔接保护的主责机关
10	国防知识产权局	负责国防和军事领域的知识产权行政保护，隶属于中央军委装备发展部

资料来源：戚建刚．论建设知识产权强国战略背景下的行政保护体系．武汉科技大学学报（社会科学版），2020，22（6）：608–620.

设立国家市场监督管理总局,重组国家知识产权局并将其纳入国家市场监督管理总局管理之下,这一改革举措是进一步集中行政机构监管职能的必行之路,有效实现了市场全流程监管,更是有力化解监管职能交叉重叠、权力“碎片化”样态的必要之举,全面提升了市场监管的层面和级别。

三、国外知识产权行政管理的基本现状

(一)美国的知识产权行政管理体制

美国是世界上较早实行知识产权制度的国家之一,也是当今世界技术创新能力最强并且最注重知识产权保护的国家之一。美国联邦知识产权管理机构按功能可以分为两大类:一类是行政主管机关,如专利商标局主管专利与商标业务,美国国会图书馆的版权局主管著作权业务。另一类是特别设立的非行政主管部门,美国国会为了开展研究科技政策、起草科技立法、修订有关法案、收集最新资讯等各项工作,分别设立了相应的机构,如国会研究服务署、会计署、科技评估室、国会预算室等。美国国际贸易委员会、贸易代表办公室等机构开展的知识产权保护工作,是美国知识产权行政保护制度的重要内容之一。

1. 知识产权行政主管部门的管理体制

(1)美国专利商标局(USPTO)。美国专利商标局是美国的专利与商标行政主管部门,隶属于商务部。根据2000年《美国发明人保护法》,USPTO被确立为隶属于美国商务部且接受商务部政策指导的绩效组织,可以商业化的方式运作,在人事、采办、预算以及其他行政职能上具有自治管理权。

USPTO下设专利、商标审查部门和专利、商标文件部门两大类职能部门。前者主管专利、商标计划控制及审查、登记,后者主管有关文件分类、技术评估及预测等。实际上,除版权登记外,USPTO管理所有其他类型知识产权的申请审批和登记注册,包括发明专利、外观设计、商标、地理标志、植物新品种等。USPTO的主要职能有:专利授权与商标注册;为发明人提供与其专利或发明、产品及服务标识相关的服务;通过实施专利与商标等知识产权相关法律,管理专利、商标以及与贸易有关的知识产权事务,并向总统和商务部部长提出相关政策建议,为增强国家经济实力出谋划策;为商务部和其他机构提供涉及知识产权事务的建议和帮助;通过保存、分类和传播专利信息,帮助、支持创新和国家科技发展。

在USPTO内部有两个行使行政处理职能的机构,即专利申诉与抵触委员会(BPAI)和商标评审与上诉委员会(TTAB)。BPAI行政处理的纠纷主要有四种情形:第一,专利申请人如果有任何要求两次被驳回,在一次性交清申诉费用后,可以就初级审查员的决定向BPAI提起申诉。第二,在任何再审查程序中的专利所有权人,在一次性交清申诉费用后,可以就初级审查员最终驳回的任何要求向BPAI提起申诉。第三,在当事人之间程序中的第三方请求人,在一次性交清申诉费用后,可以就被初级审查员做出的有利于获得专利的最终裁决向BPAI提起申诉。第四,BPAI应当对发明的优先权问题做出裁决,也可以对可专利性问题做出裁决。TTAB行政处理的纠纷主要有:第一,在支付规定的费用后,当事人可以就主管商标注册的审查员做出的任何最终决定向TTAB提出申诉。第二,在每一个抵触、注册异议、申请注册成为合法的共同使用者或申请撤销商标注册的案件中,专利商标局局长应当领导TTAB裁决或决定有关注册的相关权益。

(2)美国版权局(the Register of Copyright)。美国版权局的全称为美国国会图书馆版

权局，成立于1897年。国会图书馆隶属于美国国会，是美国国会的直属单位之一。主要负责执行版权法及半导体芯片保护法，并对国会、法院及行政部门就版权的法规和政策提供咨询。美国版权局的主要职能有：

第一，版权登记与存档。美国版权局受理版权登记的申请，并进行登记，对于满足版权法要求的与版权有关的文件进行存档。美国版权局还提供关于版权法条款的信息和进行登记的步骤、解释美国版权局的运转和所做的工作并将在公共档案中发现的事实报告版权局。版权局也管理版权法中规定的各种强制认证条款，包括收取报酬。

第二，版权政策制定与指导。这方面包括帮助国会分析和起草版权立法文件和立法报告，对于如何保持国内法与美国所参加的多边条约要求相一致提供意见；在国际知识产权协议的商议中与国务院、美国贸易代表办公室等其他部门协作提供技术性的专家意见；向公众提供信息服务，为与版权相关的个人、行业、图书馆、协会以及其他利益相关者就版权法问题提供咨询意见；为其他国家发展其本国版权法提供技术性的协助；通过其国际版权研究院促进在保护版权方面全世界的理解和合作。

2. 非知识产权行政主管部门的管理体制

在非知识产权行政主管部门对知识产权的行政管理方面，美国有以下非常重要的行政机构：联邦贸易委员会、国际贸易委员会、美国对外贸易代表办公室和国家知识产权执法协调委员会。这些机构构成了美国知识产权行政保护的一大特色。

（1）联邦贸易委员会（FTC）。FTC是依据1914年颁布的《美国联邦贸易委员会法》成立的，其职能涉及竞争和消费者权益保护等多个领域，但反不正当竞争是其主要职责。FTC的行政职权主要有调查权、执行权和提出诉讼权。具体来讲，FTC或其指定的审查员可以在美国任何地方行使履行职责所必要的调查询问权。其有权收集各类商业信息和发传票，并对调查结果进行强制处理。在执法方面，一方面，FTC可以通过行政裁决和制定规则两种法定措施来执行法律；另一方面，还可以通过法院来执法，即FTC将其管辖的违法行为向法院起诉并由法院做出裁决的一种执法活动，包括请求法院发布各类禁止令，向法院寻求获得民事处罚等。此外，FTC可以发布禁止商业中不正当竞争方法的禁令。如果当事人认为某一专利侵权属于这类不正当竞争方法，可以向FTC请求发布有关禁令。

（2）国际贸易委员会（ITC）。ITC设在美国商务部，是一个独立的、非党派性质的准司法联邦机构，其前身为1916年创建的美国关税委员会。ITC主要依据源自美国1930年《关税法》第337节"在进口贸易中的不公平行为"条款（简称337条款）来对涉及不公平竞争的进口物品采取行政司法行为。ITC的职责范围包括：判定美国国内行业是否因外国产品的倾销或补贴而受到损害；判定进口对美国国内行业部门的影响；对某些不公平贸易措施，如对专利、商标或版权的侵权行为，采取应对措施；对贸易和关税问题进行研究；就贸易与关税问题向总统、国会和其他政府机构提供技术性信息和建议。

ITC与商务部共同负责美国对外反倾销和反补贴调查工作。商务部负责判定被控的倾销或补贴是否存在及程度如何。ITC则判定美国国内行业部门是否因外国倾销或补贴行为而受到损害。ITC还负责对美国的协调关税制度进行经常性审议，并做出其认为必要或合理的修改建议。

（3）美国对外贸易代表办公室（USTR）。USTR是根据《1962年国会扩大贸易法》而设立的，隶属于总统行政办公室，主要负责美国对外贸易政策的制定和主要的贸易谈判。

它具有双重任务：一是要就国际经济问题向总统提出独立的、全面的、完全客观的分析意见。二是要耐心引导各部门去注意某些具有长远影响的问题，协调他们对当前问题的不同看法。贸易代表是办公室的负责人，由总统和参议院任命，对国会负责。

美国国会早在 1962 年就成立了一个综合的贸易政策协调机制，这套机制包括了一系列的委员会，委员会下面还有很多子委员会，其主要目标就是发展和协调美国政府在国家贸易问题上的立场。其中一个子委员会集中执行“特别 301 条款”审议工作。“特别 301 条款”是专门针对那些美国认为对其知识产权没有提供充分有效保护工作的国家和地区，规定美国贸易代表可以对上述国家和地区进行认定、调查和采取报复措施。USTR 每年 4 月 30 日前向国会提交有关报告（即《特别 301 报告》），报告评价与美国有贸易关系的国家的知识产权保护情况，并视其程度，依次分别列入“重点国家”“重点观察国家”“一般观察国家”等名单，加以区别对待。

（4）国家知识产权执法协调委员会（NIPLECC）。为了加强协调和提高工作效率，在美国政府的指导下还成立了一些受政府领导的知识产权协调管理机构。美国国会 1999 年设立了国家知识产权执法协调委员会。NIPLECC 是一个跨部门团体，负责协调美国和国际知识产权执法活动。美国专利商标局局长和司法部主管刑事犯罪的副部长共同担任协调委员会的主席，其成员还包括美国国务院主管经济及农业事务的副国务卿、美国贸易副代表、海关总署署长以及负责国际贸易的商务部副部长。该委员会还直接与美国版权局就与版权、相关权利有关的事项的执法事宜进行协商。该委员会并没有独立的人员和经费。NIPLECC 每年就其协调活动向美国总统、美国国会参议院的预算拨配司法委员会提出年度报告。

（二）日本的知识产权行政管理体制

1. 日本的知识产权战略本部

日本作为亚洲国家中唯一没有被西方国家殖民化的强国，在第二次世界大战（以下简称“二战”）之前就完成了工业化进程。“二战”后日本在一片废墟上进行重建，以惊人的速度完成了经济的复苏并在诸多领域居于世界领先地位，成为仅次于美国的第二经济大国。其独具特色的知识产权战略作为上层建筑的重要组成部分对经济基础的壮大起到了不可或缺的作用。

“二战”之后，日本通过引进美国和欧洲的先进技术并对其进行消化和再创新，建立了有形产品制造体制，被称为“日本模式”。然而，20 世纪 90 年代，日本经济开始长期陷入低迷期。在这样严峻的形势下，日本政府提出“知识产权立国”的口号。2002 年 7 月日本政府正式发表《知识产权战略大纲》，重点是实现在知识产权平台上建设国家，也就是说要用知识产权创造高附加值的产品，为达到激励经济和社会发展的目的服务。

日本的知识产权战略有四大支柱，即创造、保护、运用和人才培养。通过知识产权战略的制定与实施，日本明确了各政府部门在实施知识产权战略中的职责，以加强政府部门对知识产权管理与支持的力度。从总体上看，日本实施知识产权战略主要有三大举措：在管理方面，成立知识产权战略本部；在立法方面，制定《知识产权基本法》；在司法方面，成立了知识产权高等法院。另外，在经济方面，成立了知识产权委员会。这一系列行动从法律和行政上确立了“知识产权立国”的方针，形成了举国重视知识产权的局面。

知识产权战略本部是日本政府知识产权的最高协调机构，其由全体内阁成员和 10 名在知识产权方面有专长的成员组成。首相任部长，副部长由内阁官房长官、负责科学技术的大臣、文部科学大臣、经济产业大臣担任。知识产权战略总部下设知识产权战略推进秘书处，由副部长级的干部担任政府审议会秘书处秘书长，这在日本还是首次。有专长的成员包括三菱电机等大公司的总裁、著名大学和研究所的专家学者以及律师等。知识产权战略总部包括三个分部：知识产权执行分部、媒介内容分部和医学专利保护分部。

2. 日本的特许厅

日本的知识产权行政管理机构主要是特许厅（即专利局，英文缩写为 JPO）。JPO 的主要职责有：协助制定、修改和解释日本《发明专利法》《实用新型法》《外观设计法》和《商标法》；受理和审批发明专利、实用新型、外观设计和商标申请；制定、实施工业产权政策；协调国际工业产权保护及其他国际合作事务；促进工业产权信息的传播。

JPO 由总务部，商标、外观设计和管理事务部、专利审查部、复审部以及工业产权审议会组成。其中总务部主要负责综合协调专利局内部事务，商标、外观设计和管理事务部主要受理外观设计、商标的申请、注册和审批，以及维护和管理信息系统，审查一部、二部、三部、四部负责审批发明专利申请，复审部负责审理专利复审、无效请求申请。

3. 其他（非）知识产权行政管理机构

除了以上知识产权管理机构外，日本文部省著作权局负责管理有关著作权，包括计算机软件。日本农林水产省负责实施《种苗法》。对植物新品种，培育者认为有经济价值，有必要获得知识产权保护的，可以提出申请，农林水产省对于申请保护的品种，除进行文件审查外，还进行实地调查或栽培实验，以确保新品种的质量和真实性。日本还设立了“知识产权保护中心”，负责有关咨询与维权事宜。“知识产权保护中心”不仅就有关知识产权权益问题向日本企业提供咨询服务，还将加强对涉嫌侵犯日本企业产品“外观设计”和“注册商标”等知识产权的外国企业进行调查，收集各类侵权证据，协助日本企业保护自身权益。

（三）韩国和印度的知识产权行政管理体制

1. 韩国

韩国知识产权局的前身是 1946 年成立于工商部属下的专利署。1977 年更名为韩国专利管理局，转属韩国产业资源部。1988 年再次更名为韩国工业产权局。2000 年 6 月，为了更好地反映该局的总体职能，韩国工业产权局更名为韩国知识产权局（KIPO）。2004 年 3 月，KIPO 转属科技部。2006 年 5 月，KIPO 改制成为韩国中央国家机关中首个自负盈亏的企业性机构。KIPO 的主要职能有：专利、实用新型、工业外观设计和商标的审查和注册（包括服务标记），制定保护商业秘密的政策和半导体芯片布图设计注册；审查与知识产权有关的争端；反假冒活动；国内外知识产权信息和文件的管理、计算机化和宣传；鼓励创造和创新活动；知识产权领域内的国际合作；知识产权领域内的人力资源开发等。

KIPO 总部设在大田市，1998 年之前设在首尔。KIPO 下设 5 个审查部和政策管理与公共关系办公室、工业产权政策局、信息政策局、总务处、监察审计处等，此外还设有知识产权裁判所（Intellectual Property Tribunal）、国际知识产权培训学院以及首尔分局等下属机构。

近年来，KIPO 在自动化、行政管理等方面积极实行改革，知识产权管理能力和国际声誉迅速提升，为提高韩国的创新能力和知识经济发展水平，使韩国发展成为知识产权强国发挥了积极的主导作用。1999 年，韩国知识产权局已发展成为全球第 10 个 PCT 国际检索单位和国际初审单位，相继成为菲律宾、印度、美国等 9 个国家的国际检索服务单位。2005 年 10 月，韩国专利文献被纳入 PCT 最低文献量。KIPO 的国际知识产权培训学院被指定为

WIPO 官方培训机构。

在提高国际声誉的同时，KIPO 不断探索为用户提供快捷、便利服务的新途径，为此积极实施了多项重要措施。特别是 2006 年制定了缩短审查 / 复审周期、提高审查质量、推进专利信息应用等 12 项重点政策课题；帮助中小企业开展技术评估和技术融资；与研究机构和行业协会等单位合作，促进专利信息利用，以及与日本专利局实施“专利审查高速公路项目”等加强国际合作的举措，使其知识产权管理能力提升到世界先进水平。2006 年 12 月成功实现将发明专利的“一通”周期缩短至 9.8 个月，达到世界最快水平；商标和外观设计的“一通”周期也均缩短到了 5.9 个月。

韩国政府在帮助中小企业获取知识产权方面出台了一系列措施，针对中小企业开展专门的专利服务。一是大力开展中小企业知识产权普及运动。韩国知识产权局每年在全国大中城市举办关于知识产权信息的巡回讲习班。二是对中小企业利用专利信息进行指导。近年来 KIPO 专利审查员积极与韩国各地中小型企业之间建立密切关系，以提供关于获取和管理知识产权的实际信息。

为加强知识产权管理的能力，韩国成立由知识产权相关的部局代表组成的国家知识产权战略委员会，作为韩国国内知识产权战略和政策的协调机构，负责制定和调整知识产权综合战略。

2. 印度

作为发展中国家的典型代表，印度知识产权制度建设起步较早，始于 19 世纪中期，目前已形成独具特色的知识产权保护体系。印度根据知识产权的不同种类，在不同的行政部门中设立相应的机构履行知识产权管理职责，主要包括：

（1）印度专利、设计及商标管理总局（CGPDTM）。印度商工部工业政策及促进司下属的 CGPDTM 是印度专利、外观设计、商标及地理标志等事务的主管机关。其职能包括：负责专利、外观设计、商标及地理标志的申请、审查、核准等管理事务；向政府提交知识产权相关事务的政策建议；承担印度作为《保护工业产权巴黎公约》及《专利合作条约》成员的联系协调工作。总部设在孟买，下设专利局（含设计局）、专利信息服务中心、商标注册局、地理标志注册局和知识产权学院 5 个机构。

专利局负责受理专利案件的申请、审查、核准、续展，无效专利的恢复，强制许可证的发放及专利代理机构的登记等相关事宜。专利局只负责管理辖区范围内的专利事务。设计局在专利局内，负责管理工业品设计的注册、续展、撤销等事务，其机构设置与专利局相同。

专利信息服务中心自 1980 年起向公众提供专利信息服务，包括全球范围的专利说明书、专利技术信息及相关资料等，还对外提供专利说明书复印件服务及搜索服务。

商标注册局负责管理商标的申请、注册、续展、修订和撤销等相关事务。申请商标注册时，首先由商标代理人将申请书递交所属区域的商标注册局。商标注册局对申请书审查无误后受理商标注册申请，并将申请书转交位于孟买的商标注册局总部。商标注册局通过《商标期刊》将申请书公布于众。如果自申请书公布之日起 3 个月内未收到异议，则商标获得注册。

地理标志注册局负责管理产品的地理标志注册事务。此外，地理标志注册局还与印度各邦商会、政府及大学合作，积极举办研讨会，提高人们对地理标志的认识，鼓励人们挖掘出更多的潜在地理标志。

（2）印度版权局及版权委员会。印度版权局于 1958 年 1 月依据《1957 年版权法》的规定在首都新德里组建而成，是印度受理版权登记注册、发放版权证书等相关事务的主管机关。版权局成员包括注册官、副注册官及一般工作人员。印度版权委员会隶属印度人力资源发展部教育司，是印度受理版权案件行政申诉、发放版权强制许可证的主管部门。版权委员会由主席及 2~14 人的委员会成员组成。委员会成员任期不超过 5 年。

此外，印度中央政府和各邦政府还采取各种措施保护知识产权，主要包括：① 定期检查知识产权保护的执法工作，把具体执法责任落实到官员个人。② 编写和分发《知识产权法手册》，向政府执法官员提供知识产权法培训。将《知识产权法手册》免费分发至中央政府、各邦政府和各级警察局的官员手中，并在各种知识产权研讨会和论坛上发放，而且国家警察学院会定期对警察和海关官员提供知识产权法方面的课程培训。③ 定期组织研讨会、论坛，以提高社会各相关利益方保护知识产权的意识。例如，印度专利局定期举办讲座，由技术官员讲授专利申请程序、专利授予、专利保护的相关知识。④ 加强对知识产权的理论研究，鼓励各级教育系统进行知识产权的学习，不断充实知识产权管理人员队伍。⑤ 加强知识产权执法机关的现代化建设，更新执法设施和装备，加大对知识产权保护资金的投入。印度目前正在实施"知识产权办公现代化工程"。该工程计划在孟买、新德里、加尔各答及金奈四个城市按照国际化标准分别建造配备现代化设施和设备的知识产权办公大楼，将专利、设计、商标及地理标志四个领域的管理机构整合在一幢大楼办公。⑥ 制定详细的操作规程，确保执法程序统一性，使用全国统一的知识产权标志。印度制定了《专利操作及程序手册》《商标工作手册》等具体的执法操作规程供各地执法官员遵照执行，全国各知识产权管理机构使用统一的标志。⑦ 在地方警察局内设立独立的版权实施处，使用来源识别码（SID CODE）打击盗版。⑧ 密切协调政府和知识产权组织及产权人的关系。为加强知识产权组织及产权人与执法机关的联系，及时掌握相关信息，印度在 11 个邦及 3 个中央直辖区的政府内专门指定一名官员负责协调政府和知识产权组织及产权人的关系。

第二节　我国知识产权行政管理的基本制度

一、我国知识产权行政管理基本体系

我国知识产权行政管理机构负责对知识产权的创造、运用、保护等进行管理，并对知识产权进行行政保护。根据党的十九届三中全会审议通过的《中共中央关于深化党和国家机构改革的决定》《深化党和国家机构改革方案》和第十三届全国人民代表大会第一次会议批准的《国务院机构改革方案》，国家知识产权局负责贯彻落实党中央关于知识产权工作的方针政策和决策部署，在履行职责过程中坚持和加强党对知识产权工作的集中统一领导。国家知识产权局组织机构如图 6–2 所示。

国家知识产权局的主要职责是：

（1）负责拟订和组织实施国家知识产权战略。拟订加强知识产权强国建设的重大方针政策和发展规划。拟订和实施强化知识产权创造、保护和运用的管理政策和制度。

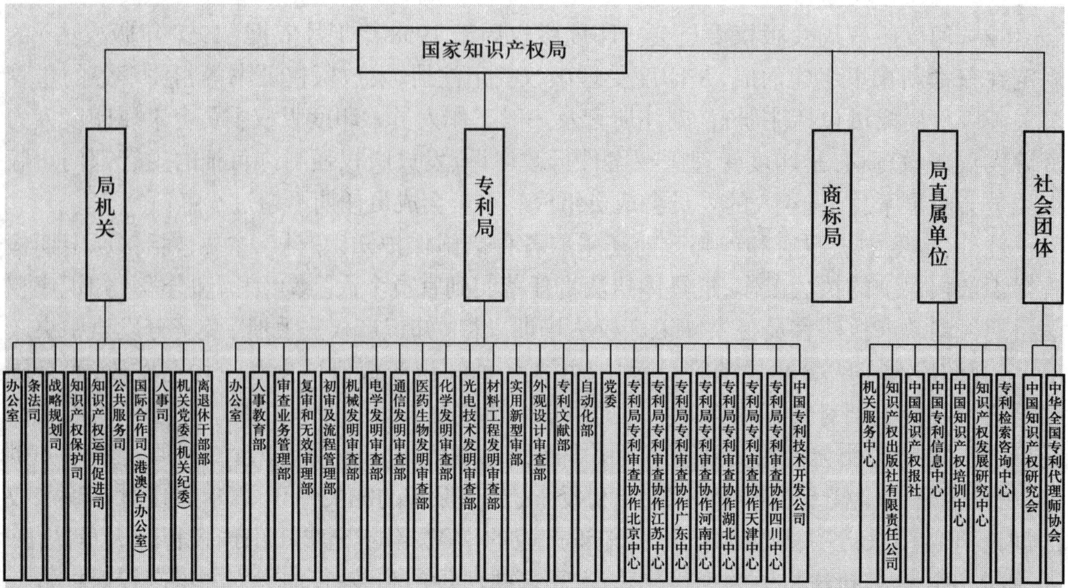

图 6-2 国家知识产权局组织机构图

（2）负责保护知识产权。拟订严格保护商标、专利、原产地地理标志、集成电路布图设计等知识产权制度并组织实施。组织起草相关法律法规草案，拟订部门规章，并监督实施。研究鼓励新领域、新业态、新模式创新的知识产权保护、管理和服务政策。研究提出知识产权保护体系建设方案并组织实施，推动建设知识产权保护体系。负责指导商标、专利执法工作，指导地方知识产权争议处理、维权援助和纠纷调处。

（3）负责促进知识产权运用。拟订知识产权运用和规范交易的政策，促进知识产权转移转化。规范知识产权无形资产评估工作。负责专利强制许可相关工作。制定知识产权中介服务发展与监管的政策措施。

（4）负责知识产权的审查注册登记和行政裁决。实施商标注册、专利审查、集成电路布图设计登记。负责商标、专利、集成电路布图设计复审和无效等行政裁决。拟订原产地地理标志统一认定制度并组织实施。

（5）负责建立知识产权公共服务体系。建设便企利民、互联互通的全国知识产权信息公共服务平台，推动商标、专利等知识产权信息的传播利用。

（6）负责统筹协调涉外知识产权事宜。拟订知识产权涉外工作的政策，按分工开展对外知识产权谈判。开展知识产权工作的国际联络、合作与交流活动。

（7）完成党中央、国务院交办的其他任务。

（8）职能转变。

① 进一步整合资源、优化流程，有效利用信息化手段，缩短知识产权注册登记时间，提升服务便利化水平，提高审查质量和效率。

② 进一步放宽知识产权服务业准入，扩大专利代理领域开放，放宽对专利代理机构股东或合伙人的条件限制。

③ 加快建设知识产权信息公共服务平台，汇集全球知识产权信息，按产业领域加强专

利导航,为创业创新提供便捷查询、咨询等服务,实现信息免费或低成本开放,提高全社会知识产权保护和风险防范意识。

④ 加强对商标抢注、非正常专利申请等行为的信用监管,规范商标注册和专利申请行为,维护权利人合法权益。

按照部门类别来看,我国知识产权行政管理体系可以分为:

(一) 专利行政管理部门

根据《专利法》第 3 条的规定,国务院专利行政部门(国家知识产权局专利局)负责管理全国的专利工作;统一受理和审查专利申请,依法授予专利权。省、自治区、直辖市人民政府管理专利工作的部门负责本行政区域内的专利管理工作。国家知识产权局管理全国专利工作的职责主要包括:国家知识产权局将原中国专利局承担的对专利申请的受理、审查、复审以及对无效宣告请求的审查业务委托国家知识产权局专利局承担。国家知识产权局专利局为国家知识产权局的下属事业单位。

国家知识产权局专利局的职能包括:① 提出专利法及其实施条例的修改草案;研究相关的知识产权法规;组织制定专利工作的规章制度。② 研究拟定知识产权涉外工作的方针、政策;研究国外知识产权发展动向;统筹协调涉外知识产权事宜(含必要的对外知识产权谈判);负责专利工作的国际联络、合作与交流活动。③ 组织制定全国专利工作发展规划和专利信息网络规划。④ 组织制定专利确权、侵权判断标准并指定管理确权机构;指导地方处理专利纠纷和查处冒充专利行为的工作;负责专利代理机构的审核、人员资格的确认;指定涉外专利代理机构。⑤ 组织、推动专利法及有关法规的宣传普及工作;规划有关知识产权的教育与培训。⑥ 承办国务院交办的其他事项。

(二) 著作权行政管理部门

著作权行政管理是我国著作权保护采取的特殊行政措施,也是我国实施著作权法的有效手段。《著作权法》第 7 条专门规定,国家著作权主管部门负责全国的著作权管理工作;各县级以上地方主管著作权的部门负责本行政区域的著作权管理工作。同时,《著作权法实施条例》第 16 条、第 22 条、第 25 条还分别规定了著作权行政管理部门的另外几项职责:一是管理国家享有著作权的作品的使用;二是会同国务院价格主管部门制定、公布法定许可使用的付酬标准;三是负责对专有许可使用合同、转让合同进行备案。因此,从法律规定来看,著作权行政执法应是著作权行政管理工作的主要内容。此外,著作权行政管理部门还负有宣传、普及著作权法律知识,提高社会著作权保护意识,规范作品使用行为,贯彻实施著作权法律法规等职责。

我国著作权行政管理不同于一般的行政管理,具有非常明显的特色:第一,著作权行政管理不属于行业管理,没有行政许可的职权;第二,著作权行政管理的范围非常宽泛,涉及各行各业,很多行业都有各自的行业主管部门,已经形成了各自规范的管理体系,著作权行政管理很难介入;第三,著作权行政管理没有行业限制,涉及的行业有文化领域,也有工业领域,具有不同的特点,很难用统一的模式来实施管理;第四,除了对侵犯著作权的行为进行行政执法外,著作权行政管理工作很难找到其他实质性的切入点,对涉及的行业难以指导,如没有产业规划、产业政策扶持等。

(三) 商标权行政管理部门

国家知识产权局商标局是我国的商标权行政管理机关。2018 年 11 月 15 日《中央编办关于国家知识产权局所属事业单位机构编制的批复》（中央编办复字〔2018〕114号）规定，将原国家工商行政管理总局商标局、商标评审委、商标审查协作中心整合为国家知识产权局商标局，是国家知识产权局所属事业单位。商标局主要职责为：承担商标审查注册、行政裁决等具体工作；参与商标法及其实施条例、规章、规范性文件的研究制定；参与规范商标注册行为；参与商标领域政策研究；参与商标信息化建设、商标信息研究分析和传播利用工作；承担对商标审查协作单位的业务指导工作；组织商标审查队伍的教育和培训；完成国家知识产权局交办的其他事项。

商标局下设综合处、财务处、行政处、法律处、应诉复议处、宣传与对外交流处、人事教育处、党委（纪委）办公室、驻中关村国家自主创新示范区办事处、申请业务管理处、申请受理事务一至二处、审查管理一至二处、审查一至五处、审查事务管理处、审查事务一至五处、国际注册一至三处、异议形式审查处、异议审查一至八处、评审案件受理处、评审一至九处、评审事务处、文档事务处、数据信息管理处、信息化项目管理处、信息化运行管理处52个职能处。

（四）其他知识产权行政管理部门

1. 商业秘密行政管理部门

商业秘密，是指不为公众所知悉、具有商业价值并经权利人采取相应保密措施的技术信息、经营信息等商业信息。我国目前采取的商业秘密保护模式是“以反不正当竞争法为中心”的商业秘密保护模式。[①] 根据《反不正当竞争法》的规定，各级人民政府应当采取措施，制止不正当竞争行为，为公平竞争创造良好的环境和条件。国务院建立反不正当竞争工作协调机制，研究决定反不正当竞争重大政策，协调处理维护市场竞争秩序的重大问题。2020年国家市场监管总局发布的《商业秘密保护规定（征求意见稿）》第20条规定，侵犯商业秘密行为由县级以上市场监督管理部门认定查处。

2. 集成电路布图设计行政管理部门

集成电路布图设计是指集成电路中至少有一个是有源元件的两个以上元件和部分或者全部互联线路的三维配置，或者为制造集成电路而准备的上述三维配置。为保护集成电路布图设计专有权，国务院于2001年4月2日通过了《集成电路布图设计保护条例》。根据该条例，国家知识产权局负责集成电路布图设计的申请受理、登记等管理工作。国家知识产权局还设立集成电路布图设计行政执法委员会，负责处理侵犯布图设计专有权的纠纷，调解侵犯布图设计专有权的赔偿数额。

3. 植物新品种行政管理部门

植物新品种权是指育种者对于植物新品种所享有的专有权。根据2014年修改的《植物新品种保护条例》，国务院农业、林业行政部门按照职责分工共同负责植物新品种权申请的受理和审查并对符合本条例规定的植物新品种授予植物新品种权。根据《植物新品种保护条例》及《植物新品种保护条例实施细则》，植物新品种保护办公室负责受理和审查林业品种的品种权申请，组织与植物新品种保护有关的测试、保藏等业务，承办与植物新品种保护有关的国际事务等具体工作。植物新品种保护办公室负责承担农业品种权申请的受理和审查任务，以及管理其他有关事务。省级以上人民政府农业、林业行政部门和县级以上人民政府农业、林业行政部门负责地方植物新品种权的管理工作。

---

① 马忠法，李仲琛．再论我国商业秘密保护的立法模式．电子知识产权，2019（12）：4-13.

4. 地理标志行政管理部门

地理标志是生产经营者参与市场竞争的一种手段，也是一种无形资产，蕴涵着巨大的经济价值。2018 年 3 月，国务院职能机构改革整合了原国家工商行政管理总局和原国家质量监督检验检疫总局的职能。

在此次改革之前，我国有两种途径对地理标志进行保护。一种途径是商标法保护。《商标法》第 16 条第 2 款规定：地理标志，是指标示某商品来源于某地区，该商品的特定质量、信誉或者其他特征，主要由该地区的自然因素或者人文因素所决定的标志。按照《商标法实施条例》，对于符合这一特征的地理标志，可以向商标局请求授予证明商标或者集体商标。另一种保护途径为原国家质量监督检验检疫总局和农业部批准实施的地理标志产品保护，其主要依据为 2005 年国家质量监督检验检疫总局颁布的《地理标志产品保护规定》和 2007 年农业部颁布的《农产品地理标志管理办法》。

经过调整之后，在国家层面地理标志行政管理职能已由新组建的国家知识产权局承担，由其负责原产地地理标志注册登记和行政裁决，拟订原产地地理标志统一认定制度并组织实施。2020 年 4 月，《地理标志专用标志使用管理办法（试行）》颁布，旨在加强我国地理标志保护，统一和规范地理标志专用标志使用。2020 年 9 月，中欧双方正式签订《中华人民共和国政府与欧洲联盟地理标志保护与合作协定》，该协定包括 14 条和 7 个附录，协定附录共纳入双方各 275 个地理标志产品。根据协定，纳入协定的地理标志将享受高水平保护，并可使用双方的地理标志官方标志等。该协定的签订，彰显了中国对对外开放和知识产权保护的重视，地理标志国际合作迈上新台阶。

根据国家知识产权局的数据显示，截至 2021 年 1 月底，我国累计批准地理标志保护产品 2 394 个，地理标志作为集体商标、证明商标注册 6 116 件，核准专用标志使用市场主体 10 015 家，建设地理标志产品保护示范区 24 个。

二、我国知识产权行政管理基本制度

专利、商标、集成电路、地理标志等知识产权需要专门的行政审批机构授权才能产生。国家知识产权行政部门的管理包括知识产权的申请和授权管理、转让和许可管理、知识产权纠纷行政处理和知识产权违法行为的行政查处等主要内容。

（一）知识产权的申请和授权管理

1. 专利的申请和授权

根据《专利法》的规定，专利权人申请专利需要向国家知识产权局申请授权。在专利申请阶段，国家知识产权局有如下行政管理职能：

第一，保密审查管理。任何单位或者个人将在中国完成的发明或者实用新型向外国申请专利或依照有关国际条约提出专利国际申请的，应当事先报经国家知识产权局进行保密审查。

第二，申请受理。国家知识产权局应当按照客观、公正、准确、及时的要求，依法处理有关专利的申请。国家知识产权局应当完整、准确、及时发布专利信息，定期出版专利公报。在专利申请公布或者公告前，国家知识产权局的有关人员对其内容负有保密责任。

第三，专利授权。国家知识产权局收到发明专利申请后，经初步审查认为符合《专利法》要求的，自申请日起满 18 个月即行公布。发明专利申请自申请日起 3 年内，国家知识产权局可以根据申请人随时提出的请求，对其申请进行实质审查；申请人无正当理由逾期不请求实质审查的，该申请即被视为撤回。国家知识产权局对发明专利申请进行实质审查后，认为不符合《专利法》规定的，应当通知申请人陈述意见或者进行修改或者予以驳回。没有发现驳回理由的，做出授予发明专利权的决定。实用新型和外观设计专利申请经初步审查没有发现驳回理由的，做出授予实用新型专利权或者外观设计专利权的决定。授权决定做出后发给相应的专利证书，同时予以登记和公告。

2. 商标的注册与授权

商标注册是指法人、自然人或者其他合法的民事主体将其已经使用或者准备使用的商标依照法律规定的条件和程序，向国家知识产权局商标局提出注册申请，经商标局依法审查，予以注册登记的法律事实。在我国，商标注册是商标得到法律保护的前提，是确定商标专用权的法律依据。

商标局根据商标注册申请是否符合《商标法》的规定，决定对申请商标予以初步审定或驳回申请。根据《商标法》的规定，商标局对申请商标实行审查原则，由商标局指定审查人员进行审查。审查包括形式审查和实质审查两个步骤。形式审查是对商标注册申请的书件能否受理的审查，内容包括对商标注册申请人资格是否符合规定，商标注册申请书件的填写是否真实、正确、准确、清晰、完备等。实质审查是对商标是否具备注册条件的审查，其主要从两个方面进行：一是审查商标是否具备显著性，是否违反法律禁用条款；二是审查该商标与在先申请或者注册的商标是否相同或近似，即近似性审查。商标局在对商标申请进行审查的过程中，可能会给申请人发出各种文件，主要有：商标注册申请受理通知书和商标注册驳回通知书等文件，如果商标局在审查过程中要求申请人对原申请内容作一定的修改并回复，还将送达申请人补正通知书。

商标注册申请经商标局审查后，对初步认为符合《商标法》有关规定的，在商标公告中予以初步审定公告。初步审定的商标自刊登初步审定公告之日起 3 个月内没有人提出异议或者被提出异议后经裁定异议不成立的，该商标予以注册，同时刊登注册公告。商标自公告期截止后的第二日注册生效，受法律保护，商标注册人享有该商标的专用权。注册商标的有效期限为 10 年，自核准注册之日起计算，注册商标有效期满，需要继续使用的，可以申请商标续展注册。

3. 著作权登记

我国实行著作权自动取得制度，作品创作完成后，作者即可自动取得著作权，而不需要到著作权管理部门履行登记手续。但是，如果作者愿意，可以到著作权管理部门进行作品自愿登记，以便为日后作品的利用或可能发生的诉讼提前保存相关的证据。中国版权保护中心是国家版权登记机构，我国唯一的软件著作权登记、著作权质权登记机构，提供版权鉴定、监测维权、版权产业及版权资产管理研究咨询培训等专业服务。就计算机软件而言，《计算机软件保护条例》第 7 条规定：软件著作权人可以向国务院著作权行政管理部门认定的软件登记机构办理登记。软件登记机构发放的登记证明文件是登记事项的初步证明。办理软件登记应当缴纳费用。软件登记的收费标准由国务院著作权行政管理部门会同国务院价格主管部门规定。

（二）知识产权的转让和许可管理

我国各级知识产权行政管理部门还对知识产权的转让和许可具有一定的管理职能。

具体内容有：

1. 专利的转让和许可

第一，国有企事业单位发明专利推广应用管理。《专利法》第49条规定：国有企业事业单位的发明专利，对国家利益或者公共利益具有重大意义的，国务院有关主管部门和省、自治区、直辖市人民政府报经国务院批准，可以决定在批准的范围内推广应用，允许指定的单位实施，由实施单位按照国家规定向专利权人支付使用费。

第二，专利申请权和专利权转让管理。《专利法》第10条规定：中国单位或者个人向外国人、外国企业或者外国其他组织转让专利申请权或者专利权的，应当依照有关法律、行政法规的规定办理手续。转让专利申请权或者专利权的，当事人应当订立书面合同，并向国务院专利行政部门登记，由国务院专利行政部门予以公告。专利申请权或者专利权的转让自登记之日起生效。

第三，强制许可管理。根据《专利法》第53条的规定，有下列情形之一的，国家知识产权局根据具备实施条件的单位或者个人的申请，可以给予实施发明专利或者实用新型专利的强制许可：专利权人自专利权被授予之日起满3年，且自提出专利申请之日起满4年，无正当理由未实施或者未充分实施其专利的；专利权人行使专利权的行为被依法认定为垄断行为，为消除或者减少该行为对竞争产生的不利影响的。

在国家出现紧急状态或者非常情况时，或者为了公共利益的目的，国家知识产权局可以给予实施发明专利或者实用新型专利的强制许可。为了公共健康目的，对取得专利权的药品，国家知识产权局可以给予制造并将其出口到符合中国参加的有关国际条约规定的国家或者地区的强制许可。此外，一项取得专利权的发明或者实用新型比前已经取得专利权的发明或者实用新型具有显著经济意义的重大技术进步，其实施又有赖于前一发明或者实用新型的实施的，国家知识产权局根据后（前）一专利权人的申请，可以给予实施前（后）一发明或实用新型的强制许可。给予实施强制许可的决定，应当根据强制许可的理由规定实施的范围和时间。强制许可的理由消除并不再发生时，国家知识产权局应当根据专利权人的请求，经审查后做出终止实施强制许可的决定。

2. 商标的变更、转让与续展

根据《商标法》的规定，商标权人可以将商标进行变更、转让和续展。

变更商标注册人名义、地址或者其他注册事项的，应当向商标局提交变更申请书。商标局核准后，发给商标注册人相应证明，并予以公告；不予核准的，应当书面通知申请人并说明理由。变更商标注册人名义或者地址的，商标注册人应当将其全部注册商标一并变更；未一并变更的，视为放弃变更申请，商标局应当书面通知申请人。

转让注册商标的，转让人和受让人应当向商标局提交转让注册商标申请书。转让注册商标申请手续由受让人办理。商标局核准转让注册商标申请后，发给受让人相应证明，并予以公告。转让注册商标的，商标注册人对其在同一种或者类似商品上注册的相同或者近似的商标，应当一并转让；未一并转让的，由商标局通知其限期改正；期满不改正的，视为放弃转让该注册商标的申请，商标局应当书面通知申请人。对可能产生误认、混淆或者其他不良影响的转让注册商标申请，商标局不予核准，书面通知申请人并说明理由。

注册商标专用权因转让以外的其他事由发生移转的，接受该注册商标专用权移转的当事人应当凭有关证明文件或者法律文书到商标局办理注册商标专用权移转手续。注册商标专用权移转的，注册商标专用权人在同一种或者类似商品上注册的相同或者近似的商标，应当一并移转；未一并移转的，由商标局通知其限期改正；期满不改正的，视为放弃该移转注册商标的申请，商标局应当书面通知申请人。

注册商标需要续展注册的，应当向商标局提交商标续展注册申请书。商标局核准商标注册续展申请后，发给相应证明，并予以公告。

3. 著作权的转让与利用

《著作权法》第三章对著作权许可使用和转让合同作了规定。《著作权法》第26条规定：使用他人作品应当同著作权人订立许可使用合同，本法规定可以不经许可的除外。《著作权法》第27条规定，著作权的权利转让应当订立书面合同，合同包括下列主要内容：作品的名称；转让的权利种类、地域范围；转让价金；交付转让价金的日期和方式；违约责任；双方认为需要约定的其他内容。《著作权法实施条例》第25条规定：与著作权人订立专有许可使用合同、转让合同的，可以向著作权行政管理部门备案。

此外，国家版权局主要是对著作权利用中的支付报酬行为进行管理。我国《著作权法》第30条规定："使用作品的付酬标准可以由当事人约定，也可以按照国家著作权主管部门会同有关部门制定的付酬标准支付报酬。当事人约定不明确的，按照国家著作权主管部门会同有关部门制定的付酬标准支付报酬。"因此，国家版权局需要会同有关部门制定使用作品的付酬标准。

在著作权利用方面，国家版权局发布了《著作权质权登记办法》规定，国家版权局负责著作权质权登记工作，以著作权出质的，出质人和质权人应当订立书面质权合同，并由双方共同向登记机构办理著作权质权登记。著作权质权的设立、变更、转让和消灭，自记载于《著作权质权登记簿》时发生效力。经审查符合要求的，登记机构应当自受理之日起10日内予以登记，并向出质人和质权人发放著作权质权登记证书。经审查不符合要求的，登记机构应当自受理之日起10日内通知申请人补正。补正通知书应载明补正事项和合理的补正期限。无正当理由逾期不补正的，视为撤回申请。

（三）知识产权纠纷的行政处理

知识产权纠纷的行政处理是指相关行政主体在法律的授权下依当事人申请解决知识产权纠纷的行为，属于依申请对知识产权进行行政保护的范畴。根据我国相关法律的具体规定，知识产权纠纷行政处理的方式主要有行政调解、行政裁决、行政复议等。

1. 行政调解

知识产权行政调解是指国家知识产权行政管理部门在纠纷当事人双方自愿并提出请求的前提下，通过耐心的说服教育，使纠纷的双方当事人互相谅解，在平等协商的基础上达成一致协议，从而合理地解决知识产权纠纷的一种方式与活动。

行政调解是当前我国知识产权民事纠纷行政处理中运用得较多的一种处理手段，其调解的纠纷范围非常广泛。具体地说，行政调解的专利民事纠纷主要包括：专利侵权纠纷；专利申请权和专利权归属纠纷；发明人、设计人资格纠纷；职务发明中发明人、设计人的奖励和报酬纠纷；在发明专利申请公布后专利权授予前使用发明而未支付适当费用的纠纷；其他专利纠纷，如专利合同纠纷等。商标行政调解的民事纠纷主要包括侵犯注册商标专用权的纠纷，此外，也可以处理其他一些民事案件，如商标专用权权属纠纷案件、商标专用权转让合同纠纷案件、商标许可使用合同纠纷案件等。著作权行政调解的民事纠纷包括：著作权及与著作权有关权益权属、侵权、合同纠纷案件；其他著作权及与著作权有关的权益纠纷案件。

2. 行政裁决

知识产权行政裁决是指国家知识产权行政管理部门依当事人的请求，依法对与行政管理活动密切相关的、特定的知识产权相关民事纠纷（争议）进行审查并做出裁决的具体行政行为。知识产权行政裁决具有法定性。国家知识产权行政机关只有获得法律授权，才能对授权范围内的知识产权相关民事纠纷案件进行审查并裁决。

当前，我国几部主要的知识产权法律对行政裁决的规定存在差别。专利行政裁决主要有：地方各级专利管理工作部门对专利侵权纠纷的行政裁决；国家知识产权局对实施强制许可的使用费纠纷和对专利申请纠纷的行政裁决；专利复审机关对无效宣告请求纠纷的行政裁决等。商标行政裁决主要有：地方各级工商行政管理部门对注册商标专用权侵权纠纷的行政裁决；商标局对初步审定、予以公告的商标异议纠纷的行政裁决；商标评审机关对前述商标异议纠纷的行政裁决和对已注册商标有争议的纠纷进行行政裁决等。与专利和商标不同的是，《著作权法》未明确授予著作权行政管理部门对著作权民事纠纷的行政裁决权。

3. 行政复议

知识产权行政复议是指公民、法人和其他组织认为国家知识产权行政管理部门做出的除驳回和授权行为以外的具体行政行为侵犯其合法权益，作为国家知识产权行政管理部门的行政相对人或者利害关系人依法向国家知识产权行政管理部门提出复议申请，国家知识产权行政管理部门依法受理、审理并做出决定的活动。

例如，涉及专利行政复议的规范性法律文件有《中华人民共和国行政复议法》和《国家知识产权局行政复议规程》。专利行政复议的目的是纠正国家知识产权局违法或者不当的具体行政行为，保护公民、法人和其他组织的合法权益，保障和监督国家知识产权局依法行使职权。公民、法人和其他组织认为国家知识产权局做出的具体行政行为侵犯了自己的合法权益，就可以申请行政复议。行政复议只能因公民、法人和其他组织的申请而启动，不能由国家知识产权局自行启动。

（四）知识产权违法行为的行政查处

知识产权行政查处是指与知识产权相关的行政主体依法定职权强制要求违法者履行义务或者对知识产权违法行为进行制裁的行为总和。这种行为属于依职权行使知识产权行政保护的范畴。

1. 行政检查

知识产权行政检查是指知识产权行政管理机关基于行政职权依法对公民、法人或者其他组织（相对人）是否遵守法律、法规及规章等的情况进行了解的行为。这是一种行政主体依法对相对人是否守法的事实作单方强制了解的行政行为，是一种依职权的具体行政行为，具有一定的相对独立性。

根据我国相关知识产权法律法规，知识产权行政检查权主要涉及以下具体权力内容：① 询问权，指行政检查主体有权询问相关当事人，调查与知识产权违法行为或侵权行为有关的情况；② 查阅、复制权，指行政检查主体有权查阅、复制与侵权或违法活动有关的合同、发票、账簿以及其他有关资料；③ 现场检查权，指行政检查主体有权对当事人涉嫌从事侵权或违法活动的场所实施现场检查;④ 现场勘验权,指行政检查主体有权采用测量、拍照、摄像等方式进行现场勘验;⑤ 要求现场演示权,指行政检查主体有权要求被调查人进行现场演示;⑥ 登记保存权,指在证据可能灭失或者以后难以取得,又无法进行抽样取证的情况下,行政检查主体有权进行登记保存,经登记保存的证据,被调查单位或者个人不得销毁或转移;⑦ 抽样检查权,指行政检查主体有权对知识产权违法或侵权物品采用抽样检查的方式进行检查;⑧ 要求当事人协助检查的权力,指行政检查主体在行使上述检查权时,有权要求有关当事人予以协助、配合,并如实提供有关材料、物品或其他情况,不得拒绝、阻挠。

2. 行政处罚

知识产权行政处罚是国家知识产权行政机关对违反知识产权相关行政法律规范的公民、法人或其他组织(相对人)给予制裁的具体行政行为。

对于知识产权违法行为的行政处罚,相关行政主体除了要遵循《中华人民共和国行政处罚法》这一基本法律以外,还应当遵循《专利法》《商标法》《著作权法》等相关知识产权单行法律法规的规定。根据相关法律、行政法规和部门规章的规定,知识产权行政处罚权主要涉及如下几项内容:

(1)罚款权。罚款权是指相关行政主体依法强制违法者缴纳一定金钱的权力。罚款这一行政处罚种类在专利、商标和著作权三个领域的相关法律、行政法规和部门规章中均有明确规定。例如,《商标法》第 51 条规定,违反本法第 6 条规定的,由地方工商行政管理部门责令限期申请注册,违法经营额 5 万元以上的,可以处违法经营额 20% 以下的罚款,没有违法经营额或者违法经营额不足 5 万元的,可以处 1 万元以下的罚款。

(2)没收权。没收权是指相关行政主体依法对违法者的违法所得和其他相关非法财物的所有权予以剥夺的权力。依据有关知识产权法律和行政法规的规定,我国与专利、商标和著作权相关的行政主体均拥有一定的没收权。例如,《专利法》第 68 条规定,假冒专利的,除依法承担民事责任外,由管理专利工作的部门责令改正并予公告,没收违法所得,可以处违法所得 5 倍以下的罚款;没有违法所得的,可以处 25 万元以下的罚款;构成犯罪的,依法追究刑事责任。

(3)责令类行政处罚权,如责令停止侵权行为、责令改正违法行为并予以公告等。这类行政处罚权在专利、商标和著作权法律法规中均有规定。例如,《专利法》第 65 条规定,管理专利工作的部门处理时,认定侵权行为成立的,可以责令侵权人立即停止侵权行为。

(4)收缴、销毁权。这类行政处罚权在商标、著作权的相关法律、法规和部门规章中有规定,《专利法》没有明确规定此类权力。例如,根据《商标法实施条例》第 72 条规定,商标持有人依照商标法第 13 条规定请求驰名商标保护的,可以向工商行政管理部门提出请求。经商标局依照商标法第 14 条规定认定为驰名商标的,由工商行政管理部门责令停止违反商标法第 13 条规定使用商标的行为,收缴、销毁违法使用的商标标识;商标标识与商品难以分离的,一并收缴、销毁。(注:2018 年国务院行政机构改革之后,工商行政管理部门的职责由市场监督管理局承担)

(5)其他行政处罚权。其他行政处罚权在不同的知识产权单行法中有不同规定。例如,《商标法》第 49 条中的撤销注册商标权和第 52 条规定的通报权;《专利代理条例》第 24 条规定的撤销权和第 25 条规定的吊销证照权等等。

3. 行政强制

知识产权行政强制是指知识产权行政管理部门或其他行政主体为了保障知识产权行政管理顺利进行，通过依法采取强制手段迫使拒不履行行政法义务的相对方履行义务或达到与履行义务相同的状态；或者出于维护社会秩序或保护公民人身健康、安全的需要，对相对方的人身或财产采取紧急性、即时性强制措施的具体行政行为的总称。由此，知识产权行政强制由"行政强制执行"与"行政强制措施"两种行为构成。

知识产权领域的行政强制主要分为针对财产的行政强制和针对行为的行政强制两类：① 针对财产的行政强制。这类行政强制主要包括相关行政主体对知识产权侵权商品和专门用于制造侵权商品、伪造知识产权标识的材料、工具和设备等违法物品的查封、扣押、收缴、销毁、扣留、拍卖等行政强制行为。例如，《专利法》第 69 条第 1 款第 5 项规定，负责专利执行的部门根据已经取得的证据，检查与涉嫌违法行为有关的产品，对有证据证明是假冒专利的产品，可以查封或者扣押。《商标法》第 62 条同样规定了县级以上工商行政管理部门有权对有证据证明是侵犯他人注册商标专用权的物品进行查封或者扣押。② 针对行为的行政强制。这类行政强制主要有责令停止侵权行为、责令停止违法行为、强制许可等。

知识产权行政强制的执行方式主要有两种：一是由相关行政主体申请人民法院强制执行。从目前的法律规定来看，我国在行政强制执行制度上实行的主要是以申请人民法院强制执行为主、行政机关自己执行为辅的模式。二是由相关行政主体自己实施行政强制。这种行政强制的执行方式相对来说较少，但是，相关知识产权法律法规中还是有规定，例如，根据《著作权法》的规定，著作权行政管理部门可以采取行政强制措施制止侵权行为和获取侵权证据。

第三节　我国知识产权行政管理制度的变革

（一）行政管理制度取得的成绩

知识产权领域的"放管服"改革是新时代深化我国政府"放管服"改革的重要组成部分。2018 年 3 月 21 日，中共中央印发了《深化党和国家机构改革方案》，习近平总书记在党的十九大报告中强调要"转变政府职能，深化简政放权，创新监管方式，增强政府公信力和执行力，建设人民满意的服务型政府"。

（1）维护知识产权法治秩序，营造良好的社会主义市场经济环境。《2018 年深入实施国家知识产权战略加快建设知识产权强国推进计划》规定，国家知识产权局、国家版权局等行政机关负责：深入开展"护航""雷霆"等专项行动，严厉打击展会、电商等重点领域和关键环节出现的专利侵权违法行为；深化京津冀、长江经济带、珠三角等区域的专利联合执法等任务。值得一提的是，该计划规定了信用监管，即将故意侵权、长期侵权、重复侵权、严重侵权、假冒专利商标、恶意抢注商标、囤积商标、实施知识产权劫持、滥用知识产权诉权、滥用知识产权等行为纳入征信系统，预防行为人再次实施侵害行为，降低市场主体成本，提升社会公共福利。2018 年 7 月 31 日，国家知识产权局发布《"互联网 +"知识产权保护工作方案》规定，到 2020 年，知识产权侵权假冒线索在线识别、实时监测、源头追溯的技术支撑体系基本建成，知识产权相关数据库、产品和服务数据库构建完成，全流程的知识产权执法维权指导管理系统运行通畅。

（2）营造便利化的营商环境，降低企业成本。《2017 年深入实施国家知识产权战略加快建设知识产权强国推进计划》规定，国家知识产权局等行政机关负责：试行专利复审及无效优先审查，探索实施短周期案件审查模式，探索建立涉及系列申请复审案件的集中审查机制；大力推进商标网上申请，将网上申请由仅对商标代理机构开放扩大至所有申请人。2019 年国务院公布了《优化营商环境条例》，其中提出了“简政放权、放管结合、优化服务改革”的新理念，加大知识产权保护。2020 年，国家知识产权局以 1 号文件印发《关于深化知识产权领域“放管服”改革，营造良好营商环境的实施意见》，提出了统筹推进知识产权领域“放管服”改革工作。通过设立地方商标受理窗口、专利代办处等方式，拓展了专利、商标申请渠道；通过优化网上申请服务，提升了专利、商标电子申请比例；通过持续优化流程，精简业务办理程序，我国知识产权公共服务便利化程度日益提升；借助人工智能技术，提高了专利、商标审查质量和效率，大幅压缩了审查周期，更好地满足了社会公众需求。

（3）营造良好的国际环境，提升企业的国际竞争力。比如，《2018 年深入实施国家知识产权战略加快建设知识产权强国推进计划》规定国家知识产权局、商务部、国资委等机关负责搭建企业知识产权海外维权平台，推动设立企业知识产权海外维权援助服务基金；建立海外知识产权问题及案件信息提交平台，推动形成海外知识产权维权援助服务网；持续推进海外知识产权信息平台“智南针”网建设等保护任务。

（4）知识产权公共服务的加强。《专利法》第 21 条第 2 款规定，国务院专利行政部门应当加强专利信息公共服务体系建设，完整、准确、及时发布专利信息，提供专利基础数据，定期出版专利公报，促进专利信息传播与利用。近年来，我国知识产权信息公共服务水平进一步提升。国家知识产权公共服务网整合现有知识产权信息公共服务资源，推动实现专利、商标、地理标志等各项业务“一网通办”。该网站上线 3 个月，总访问量达到 19 万余人次。同时，国家知识产权局升级改造新一代地方专利检索及分析系统，完成 26 个地方站点部署，方便企业自建网上专题数据库。此外，国家知识产权局还支持地方建设“需求差异化、功能多样化”的公共服务平台。目前，全国有 40 个副省级以上省市建设了知识产权公共服务平台，占比达到 87%。另外，国家知识产权局积极推动高校、科研院所、图书情报机构和各部委产业服务平台等纳入知识产权信息公共服务体系。例如，2019 年，国家知识产权局联合教育部认定了 23 家首批高校国家知识产权信息服务中心。

（二）新时代背景下行政管理制度变革的方向

（1）知识产权行政保护机关之间的协调机制。2018 年党政机构改革之后，国家虽然对知识产权行政保护机关作了一定程度的整合，但从总体看，依然呈现碎片化现象，这制约了保护效果。比如，农业农村部负责植物新品种方面的知识产权行政保护；国家林业和草原局负责林业植物新品种、生物安全、生物遗传资源等方面的知识产权行政保护；海关总署负责对进出口环节的知识产权的行政保护；国家知识产权局是国家市场监督管理总局管理的国家局，主要负责商标、专利、原产地地理标志、集成电路布图设计等知识产权的行政保护。在地方的市或者区层级，市场监督管理局设有综合执法大队，具体负责商标、专利等知识产权的行政执法保护。国家市场监督管理总局还对商业秘密、反不正当竞争、与技术标准有关的知识产权进行保护；商务部负责与国际贸易有关的知识产权行政保护；科学技术部负责与科技有关的知识产权行政保护等。在中央层面就有数十个行政保护机关承担着某一环节或者某一领域的知识产权保护工作。如何确保它们高效协同开展知识保护工作，就需要一种权威的协调机制，对此，行政法需要及时提供。

（2）针对新领域、新业态需要及时制定知识产权行政保护规范。我国已经进入人工智能和数字化时代，宽带移动互联网、云计算、物联网、大数据、高性能计算、移动智能终端、生物工程、基因技术等新领域和新业态将成为或者已经成为知识产权行政保护的重要对象。然而，这些新领域和新业态的知识产权立法仍然滞后或者不健全，从而难以为行政保护提供规范依据。这主要体现为两点：第一点是因知识产权法律规范欠缺致使行政保护无法可依。目前我国在"互联网+"、电子商务、大数据、生物工程、新媒体条件下的新闻作品版权、实质性派生品种等诸多新领域、新业态尚未制定专门的知识产权法律。然而，这些新领域、新业态又亟须行政保护，特别是行政机关提供行政指导、行政服务、行政奖励等形式的保护。由于缺乏相应立法，行政保护处于无法可依状态。第二点是因知识产权法律规范不健全致使出现行政机关保护职责不清、运动式保护倾向严重、行政保护效果欠缺等弊端。当前我国在网络、电商平台等新领域、新业态的知识产权行政保护主要通过专项行动方案、运动式执法方式及上级行政机关组织集中检查、集中整治、集中办案等方式进行，如"网剑""双打""护航""雷霆"等行动，但由于这些行政保护方式的法律依据不充分，通常带有"应急"特点，从而难以取得稳定的、长期的效果，有的还引发市场主体的抵制。

（3）跨区域知识产权行政执法。近年来我国跨区域知识产权行政执法取得较大成绩，但依然存在两大主要问题：首先是行政法律规范依据不足。对于跨区域知识产权行政执法的机制、程序、执行等问题缺乏相应的行政法规范，削弱了跨区域知识产权行政执法的合法性。其次是发展不平衡。目前跨区域知识产权行政执法主要集中在浙江、广东、江苏等经济发达省份，中西部地区比较落后，从而影响跨区域知识产权行政执法的整体效果。

（4）国际知识产权行政执法。我国国际知识产权行政执法逐步强化，知识产权部门开展了与相关国际组织和境外执法部门的联合执法，建立了打击跨国盗版侵权行为的执法信息沟通机制。但从适应未来知识产权强国建设目标来分析，国际知识产权行政执法依然面临诸多挑战。诸如，国际知识产权行政执法规则不明确；国际知识产权行政执法方式单一，缺乏执行力；尚未建立海外知识产权执法体系和专业的执法队伍，缺乏一批具有国际视野、拥有国际水平、能够处理国际知识产权事务的执法队伍；海外知识产权护航机制不健全，尚未真正建立起对我国企业实施"不公平"贸易做法的其他国家进行调查，并可与被确认为不公平做法的国家政府协商，最后由我国政府决定采取提高关税、限制进口、停止有关协定等报复措施的制度。

（5）新型知识产权行政执法方式。当前知识产权行政执法方式比较单一，主要体现为以命令与服从为特征的行政处罚、行政检查、行政确权授权、行政强制等方式。这些行政执法方式主要目的是化解知识产权纠纷，主要适用于知识产权的权利确认和权利分配阶段，而难以适用于知识产权的权利增值阶段，也难以适应新领域、新业态下的知识产权保护需要，更无法满足未来建设知识产权强国需要。行政法需要重点规范知识产权行政保护机关运用行政指导、行政奖励、行政扶持、行政补贴、行政预警、行政契约等柔性行政执法方式。

（6）知识产权行政执法与司法裁判的统一标准。相对于司法裁判权，行政执法权具有便捷、成本低、证明标准低、程序启动简单、效率较高等特点。但是行政执法的不足也是显而易见的，即程序缺乏透明，缺乏对抗制的申辩和举证程序，同时也缺乏有效的监督，容易造成越权、滥权等问题，在保护权利人合法权益和打击侵权违法者之间难以达到恰当平衡。

因此，相比行政执法，司法裁判往往具有公开、透明、公正、权威、终局性等特点。随着人工智能、大数据时代的来临，互联网知识产权侵权案件高发、新型侵权行为涌现，知识产权保护的压力不断加剧，知识产权行政执法在发展中扮演了重要角色、发挥了重要作用。但是，尽管反对知识产权行政执法权的呼声很大，在2019年《商标法》的修订、2020年《专利法》和《著作权法》的修订中，"行政执法权"被进一步明确和得以扩张。①修订后的《商标法》《专利法》和《著作权法》进一步扩大了知识产权行政执法权的权限和范围，增加和加强了行政执法的手段和措施，忽略了对知识产权行政执法权的限制，并且也未建立明确的与司法裁判衔接的机制，未能解决知识产权行政执法权与司法裁判权长期存在的矛盾和冲突，甚至有产生更多新问题和法律风险的可能。

（7）知识产权公共行政权力的监督和制约机制。由于行政保护机关权力的扩张，以及知识产权行政保护体制机制尚未完全理顺等因素，知识产权行政保护机关出现违法行政的现象。诸如，由于受知识产权的私权属性影响，知识产权行政保护机关容易与私权相勾结，沦为维护私权的工具，进而有损公共利益。由此，行政法需要健全对知识产权行政执法机关有效监督机制、健全常态化的执法责任追究机制、加强监督主体和监督方式的专业性和科学性等。

保护知识产权就是保护创新。习近平总书记指出，要强化知识产权全链条保护。要综合运用法律、行政、经济、技术、社会治理等多种手段，从审查授权、行政执法、司法保护、仲裁调解、行业自律、公民诚信等环节完善保护体系，加强协同配合，构建大保护工作格局，我国知识产权保护达到了新的阶段。在"严保护、大保护、快保护、同保护、强保护"的保护格局中，知识产权行政保护体系是关键，相对于司法权保护和社会力量保护，行政权力保护具有天然优势——主动性、效率性、灵活性、前瞻性、整体性和专业性，而如何让这一富有中国特色的知识产权行政保护体系真正能够服务于实现知识产权强国的战略目标，是需要深入探讨的问题所在。

关键术语

知识产权行政管理体系（the administration system of intellectual property）
知识产权行政执法（the administrative law enforcement of intellectual property）
知识产权公共服务（the public administrative services of intellectual property）

复习思考题

1. 简述我国知识产权行政管理的基本概念及特点。
2. 简述国外典型国家知识产权行政管理体系的特点。
3. 简述我国知识产权行政管理机构的特点。
4. 简述我国知识产权行政管理制度的基本内容。
5. 论述我国知识产权行政管理制度发展的趋势。

---

① 参见李伟民．知识产权行政执法与司法裁判衔接机制研究．中国应用法学，2021（2）．

案例讨论

关于“小方瓶”劲酒专利全国行政维权的情况

湖北省劲牌有限公司是一家历经50余年稳定发展的专业化健康食品企业，其主打产品“方瓶酒”于2004年在全国范围遭受群体侵权，该“方瓶酒”专利作为全国范围内跨地区行政维权的首例案件付诸实践。以下是湖北省劲牌有限公司对此次维权行为的基本回顾。

一、“小方瓶”劲酒专利权维权的背景

1. “小方瓶”劲酒是劲牌公司的主导产品

湖北省劲牌有限公司（简称劲牌公司）始建于1953年，原是一家生产地方白酒的作坊小厂，20世纪80年代，劲牌公司转为开发保健酒。在武汉同济医科大学等科研部门的技术指导下，劲牌公司经过10余次组方，1991年中国劲酒诞生了，1997年国家卫生部核发卫食健字号。由于该酒口味醇正，具强身健体、增强免疫力等保健功能，推向市场后受到了消费者的广泛欢迎。劲牌公司逐步发展成为拥有多家实体，员工3 200多人，资产达5.67亿元的中国最大的保健酒生产基地之一。2003年“劲牌”商标被认定为“中国驰名商标”。

1996年，劲牌公司根据市场需求，开发出“小方瓶”中国劲酒，并同时将相关“小方瓶”容器申请了外观设计专利，1997年授权。“小方瓶”劲酒上市后，由于携带方便，容量及价格合理，深受欢迎，当年销售额就达到4 000万元，此后“小方瓶”劲酒每年都保持30%以上的增长幅度。2003年全公司销售额达到4.96亿元，上缴税收8 600万元，“小方瓶”劲酒就占80%以上，成为劲牌公司名副其实的主导产品。

2. 侵权产品严重扰乱劲牌公司的产品市场

就像所有畅销的商品一样，正当劲牌公司“小方瓶”劲酒稳步拓展全国市场之际，市场上使用“小方瓶”容器、与劲牌公司产品近似外包装、瓶贴等“沾亲带故”的产品，铺天盖地而来，并极大地误导着消费者。2000年湖南市场的销售额从上年的4 500万元下降到3 000万元，市场上销售的30%都是假冒产品。2002年，劲牌公司“小方瓶”劲酒在浙江省市场销售额达到6 000万元，而该省杭州神旺食品公司使用小方瓶容器的产品销售额也达到了2 000万元。山西汾酒厂使用小方瓶容器的产品已从黄河流域扩张到全国及世界6个国家和地区。据统计，2001年，不算使用小方瓶容器灌装白酒的厂家，单是使用该容器生产“药酒”“保健酒”的厂家就有188家。尤为可怕的是这些厂家大部分是作坊式的小企业，质量缺乏保证，有的甚至生产冒充的保健酒或假酒。这些情况不仅严重损害了广大消费者的利益和健康，也极大地损害了保健酒的形象，影响了劲牌公司的效益。

3. 寻求行政手段维权是有效途径

面对市场上侵犯劲牌公司“小方瓶”专利权的行为，自2001年起，劲牌公司开始了专利维权工作。2001年劲牌公司咨询湖北省内专利领域的司法及学术专家，又请求国家知识产权局专利复审委员就“大小方瓶”近似问题进行技术鉴定。11月29日，专利复审委员会出具鉴定报告，认定劲牌公司已获得专利权的大方瓶容器与当前市场存在的小方瓶容器有细微差别，但整体近似。这一结论，坚定了劲牌公司维权的信心。

基于“情系社会、共创繁荣”的经营理念，劲牌公司对侵权企业并非一味追究到底，先是三次告知侵权企业已经侵权，要求停止侵权，对于不停止侵权的企业，劲牌公司再通过诉讼或行政调处途径维权。2001年至2003年期间，劲牌公司通过法院维权22起，通过湖北省、黄石市知识产权局调处案件15起，配合各地专利、工商等执法部门查处各类假冒案件183起，捣毁制假窝点32个，查封侵权产品39 582件，直接阻止了500多万元侵权假冒产品流入市场，有力地扼制了侵权的势头。

从这些维权实践中，劲牌公司也充分认识到通过行政手段维权具有简便高效的特点。2001年6月，湖北某制酒企业侵犯劲牌公司专利权，湖北省知识产权局从立案到查封侵权产品，直至对方赔偿和结案仅用了半个月的时间。2001年12月20日，黄石市工商行政管理局参照黄石市知识产权局的侵权认定，依据国家工商总局333号令《关于知名商品外包装装潢、外观设计专利保护办法》的有关规定，在全市范围内开展了专项维权行动，在市内零售、批发商处的侵权产品被查封。当时市场上除了劲牌公司“小方瓶”劲酒外，再无任何一家方酒瓶类的产品销售，“小方瓶”外观设计专利权再次发挥了巨大的威力。

2003年，市场上使用劲牌公司“小方瓶”容器的企业又有抬头之势，全国市场又超过百家。面对这一情况，劲牌公司决策层再一次明确了运用行政手段维权的工作方针，并将此想法向黄石市和湖北省知识产权局反映，得到了国家知识产权局的支持，开展全国性的联合执法行动，以维护劲牌公司的权益。

二、全国跨地区联合维权的基本情况

1. 做好准备工作，积极配合管理部门维权

劲牌公司明确运用行政手段维权的工作方针后，立即成立了由劲牌公司行政总监挂帅的工作专班负责此项工作。劲牌公司知识产权部很快拿出了工作方案。一是要求全国32个省、市、自治区的营销部门立即购买涉嫌侵权企业的产品，并收集相关的票据；二是根据收集的证据，由劲牌公司知识产权部提出行政维权的企业名单，报劲牌公司决策层研究；三是根据决策层确定的名单，补充完善有关证据，提起专利行政维权的相关材料。

经过紧张工作，2004年5月，劲牌公司正式向湖北省知识产权局提交了向涉及全国21个省、市、自治区188家企业的专利行政调处请求。2004年7月23日，“全国跨地区专利行政执法研讨会”后，劲牌公司又成立专班安排专人，配合各地专利管理部门维权。

2. 各地专利维权的情况

此次跨地区联合执法，涉及湖北、北京、江西、安徽、浙江、四川、内蒙古、江苏、山东、吉林、福建11个省（市）自治区的24家企业，双方通过协议，调解结案的13起，缺席开庭下达处理决定的2起，结案率达到62.5%；正在调解的2起；因地址不详撤诉结案的4起；启动无效程序中止办理的1起；未进行办理的2起，只占案件的8.3%。

三、此次维权行动的收获

通过此次维权行动，劲牌公司较为有效地维护了合法权益，有力地促进了企业的发展，取得了良好的社会和经济效益。

1. 有效地提高了企业的知名度和效益

此次维权行动涉及面广，全国11个省（市）、自治区专利管理部门联合行动，不仅是维权行动，更是一次影响面广的企业形象宣传活动。2004年劲牌公司被湖北省知识产权局列为"知识产权管理与保护推进工程重点保护单位"，被黄石市列为"首批实施专利战略示范单位"。通过管理部门的联合维权，劲牌公司"小方瓶"劲酒的市场份额稳步扩大，2004年销售额达到6.1亿元，比上年增长23%，上缴利税1.1亿元，又创历史新高。劲牌公司被评为湖北省最佳成长型企业、十强民营企业；总裁吴少勋当选为湖北省经济风云人物。

2. 更加突出了专利战略在企业发展中的战略地位

通过此次维权行动，专利工作在企业中的地位又有了进一步提升。现在劲牌公司以每年销售利润的3%投入知识产权的建设与维护之中，并将这项费用纳入了企业成本预算。完善了商标、专利管理制度，制定了《关于打假维权工作程序的规定》和《关于打假维权工作的奖励规定》。在新产品开发程序中，对新技术和新产品设计开发过程中的专利保护、运用也做了相关规定。专利工作已真正融入企业的决策、研发、生产、营销的各个环节，成为企业经营管理不可或缺的重要工作内容。

3. 促进了行业内的和谐发展

此次专项行动，劲牌公司与侵权厂家达成和解协议不予以追究责任的有11家，占总数的47%。这些企业对于劲牌公司的做法表示感激，表示将在今后的经营活动中规范企业行为，并按市场规则办事，达到了劲牌公司最初提出的实现保健酒行业内企业相互尊重、良性竞争的维权初衷。

4. 密切了与专利管理部门的联系

这次行动之所以能够在较短时间内取得较好的效果，与国家知识产权局的高度重视和各地专利管理部门高效工作密不可分，特别是各地专利管理部门认真、细致、周到、严格地按法律办事，为这次行动的成功奠定了良好的基础。

（资料来源：根据湖北省知识产权局相关资料整理。）

案例讨论题

1. 以"小方瓶"劲酒专利维权为例，说明知识产权行政保护管理对企业的重要性。
2. 结合以上实例，谈一谈知识产权跨地域行政执法的作用与意义。

第七章

知识产权价值评估

学习目标

1. 了解无形资产评估的内涵和特征
2. 熟悉知识产权价值评估的基本程序
3. 掌握知识产权价值评估的一般方法

正泰与施耐德的知识产权诉讼

2007 年 9 月 29 日，中国标的额最高的专利侵权案在浙江温州一审判决。在这场中国民营企业正泰集团与世界低压电气巨头法国施耐德公司的公开较量中，施耐德最终被温州市中级人民法院一审判决立即停止侵犯知识产权行为，并赔偿正泰集团 3.3 亿元。

施耐德与正泰是法庭上的老相识了。在过去的 12 年间，施耐德以侵犯知识产权为由在世界多个国家对正泰发起了 20 多次诉讼。2006 年 8 月，正泰一改被动应诉的态度，首次主动起诉施耐德侵权，并要求其赔偿 3.3 亿元。

一审判决认为：由于施耐德天津公司未提供成本账，则以施耐德天津公司的工商资料作为计算利润率的依据，以施耐德天津公司于 2004 年 8 月 2 日至 2006 年 7 月 31 日期间销售侵权产品所获得的营业利润来确定赔偿数额，得出 355 939 206.25 元的赔偿数额，因高于正泰集团请求的 334 869 872 元，故确定施耐德天津公司的赔偿金额为 334 869 872 元。

宣判后，施耐德天津公司不服，向浙江省高级人民法院提起上诉。2009 年 4 月 15 日上午，浙江省高级人民法院当庭宣布正泰集团诉施耐德专利侵权纠纷案达成和解协议，施耐德天津公司向正泰集团支付补偿金人民币 1.575 亿元，长达 3 年的诉讼以和解收场。值得注意的是，正泰集团与施耐德公司还达成了一份全球和解协议。协议包括无论胜败与否，双方停止在全球范围内现有的诉讼；对于双方现有产品目录上的产品，涉及侵权的，均不追究；在未来的新产品开发中若涉及侵权，双方会事前预警，建立知识产权沟通机制等内容。

（资料来源：根据人民网、新浪网和搜狐网等网络资料整理。）

正泰诉施耐德专利侵权案被媒体称作“中国专利第一案”，而正泰的胜诉使得在知识产权诉讼中长期处于劣势的中国企业多少有一点欣慰。许多实力强大的跨国公司都把智力资本作为最重要的资产之一，因为这是世界顶级企业占领市场、保持盈利和竞争优势的重要基础。同时，智力资本通常也是并购的关键目标，聪明的公司越来越多地利用许可这一途径将这些资产转移到低税收的领域。

尽管如此，企业对知识产权的作用及其价值的认识还远远不够。公司财务中的会计基准对评估知识产权的价值难以适用，知识产权的价值经常被错误估计，对它们的管理不够完善，利用也不充分。知识产权和无形资产是重要而复杂的事情，但组织中负责知识产权事务的成员之间往往很少进行协调。为了更好地理解企业的知识产权和无形资产，经常需要回答以下问题：① 企业使用的是什么样的知识产权和无形资产？② 其价值如何（以及相应的风险程度如何）？③ 谁是权利人（是自己起诉别人还是被别人起诉）？④ 如何更好地利用知识产权（例如，是通过使用许可获得技术还是通过使用许可出让技术）？⑤ 在多大程度上可以控制知识产权和无形资产带来的风险？

决定一个企业成败的关键因素之一，是这个企业有效利用智力资本及评估其风险的程度。管理层当然应该了解知识产权的价值及风险，就像他们必须了解有形资产的潜在价值一样；企业的管理层应该了解自己所管理、掌控的所有资产的价值和责任，以确保能够保有这些价值。为此，需要对知识产权进行价值评估，这在正泰诉施耐德专利侵权案中已充分体现出来，3.3 亿元的赔偿既不是市场交易的价格，更不是拍脑袋想出来的，而是根据营业利润估算出来的。

第一节　知识产权评估的基本概念

一、定价与估价

定价（pricing）和估价（valuation）是两个用来表述紧密相关观点的术语。定价指使用估价结果来达成一项协议，是对预测价值进行内外沟通后的结果。定价也是估价的具体答案，以货币或相应的术语来说明商品的销售价格。

估价是模拟市场定价而不是替代市场定价，估价与通常意义上的定价有本质上的不同。估价是提供关于价值的专业意见，为相关当事人的决策提供参考依据。定价往往与相关当事人自己的行为有关，如卖方要价、买方出价或者买卖双方的成交价等。交易当事人出于某种目的或者需要，可以使其要价、出价或者成交价低于或高于交易标的的价值。为此，中国注册资产评估师协会在《资产评估准则——基本准则》中将资产评估定义为“注册资产评估师依据相关法律、法规和资产评估准则，对评估对象在评估基准日特定目的下的价值进行分析、估算并发表专业意见的行为和过程”。根据《中华人民共和国资产评估法》，资产评估是指评估机构及其评估专业人员根据委托对不动产、动产、无形资产、企业价值、资产损失或者其他经济权益进行评定、估算，并出具评估报告的专业服务行为。

估价是一种广义的“定价”。虽然价值总的讲是一种主观的东西，估价在表面上或形式上也是一种主观活动，看上去是估价师在给估价对象定价；但是对于估价师或者某个市场参与者而言，价值则是客观的，由市场力量决定，即价值是由众多的市场参与者的价值判断而非个别市场参与者的价值判断所形成的。因此,估价不是估价师的主观随意定价,而是估价师模拟大多数市场参与者的思维和行为,在充分认识市场形成价格的机制和过程,以及深入调查了解市场行情的基础上,通过科学的分析、测算和判断活动,把客观存在的价值揭示出来。换句话说,估价是基于估价对象的价值本来就存在,估价师只是运用自己掌握的估价理论知识、积累的估价实践经验去"揭示"或者"发现"它,而不是去"发明"或者"创造"它。

另一种说明估价与定价两者不同之处的看法是:估价是一个观念;定价是为进行谈判并最终达成协议和承诺的一个报价。定价是双方对一笔交易说"成"或"不成"的惯用方法。多数情况下,一个潜在买方从战略角度进行考察后,就已经产生了一个估价,在该价格下买方会买进,高于该价格买方会选择放弃。

二、无形资产的内涵

知识产权是随着知识经济的发展而产生的一种资产类别。从会计学的角度来看,知识产权是一种无形资产。为了便于对知识产权的内涵和特征有一个相对全面的理解,有必要对无形资产的概念及其相关知识做简单介绍。

资产是指由过去的交易或事项所形成并由企业拥有或者控制的资源,该资源预期会给企业带来经济利益。从定义可知,资产主要具有如下特征:① 能够给企业带来经济利益。② 为企业所拥有的,或者即使不为企业所拥有,但也是由企业所控制的。③ 是企业在过去发生的交易或事项中获得的。按有无实物形态划分,资产可分为有形资产和无形资产。

无形资产,作为一个概念,不管是在学术界,还是在实业界,已经是一个耳熟能详的概念,但是要给无形资产下一个能达成共识的定义,依然是一件非常困难的事。应该说,无形资产是一个动态的概念,无形资产的特征将随着科学技术发展、经济增长和社会进步等而不断发生变化;从经济学、法学、会计学和资产评估学等不同学科的视角来看,也存在着不同的定义。

本章采用中国注册资产评估师协会发布的《资产评估准则——无形资产》的定义,将无形资产界定为"特定主体所拥有或者控制的,不具有实物形态,能持续发挥作用且能带来经济利益的资源"。无形资产可以分为可辨认无形资产和不可辨认无形资产两大类。其中,可辨认无形资产包括专利权、商标权、著作权、专有技术、销售网络、客户关系、特许经营权、合同权益等;不可辨认无形资产则指商誉。无形资产评估是指资产评估机构及其资产评估专业人员遵守法律、行政法规和资产评估准则,根据委托对评估基准日特定目的下的无形资产价值进行评定和估算,并出具资产评估报告的专业服务行为。

三、无形资产的特征

如前所述,无形资产与有形资产一样,具有资产的共性。除此之外,结合无形资产评估的特点,无形资产还具有以下一些特征:

(一)依附性

无形资产不具备独立的物质实体,没有具体的实物形态,它必须依附于一定的物质实体作为载体来发挥作用。例如,土地使用权必须依附于土地,专利权和专有技术要与一定的设备、生产线等相结合,商誉则内含于企业整体资产组合之中,只有在某个特定企业范围内才存在。需要指出的是,企业的应收账款、应收票据等资产也没有物质实体,但它们并不属于无形资产。

（二）独创性

无形资产中的专利权、专有技术、计算机软件等是科研劳动的成果,具有一定程度的创造性。在社会上不会出现相同的无形资产,因而其价值不可能由社会必要劳动时间来决定,只能由无形资产使用后所节约的社会劳动来衡量。此外,由于无形资产所具有的独创性使得各项无形资产之间可比性较差,因此,在进行无形资产评估时,难以在市场上找到合适的参照物,这在很大程度上限制了现行市价法的适用范围。

（三）成本的弱对应性

研发无形资产是一种创造性活动,往往面临较大的风险。无形资产,特别是技术型无形资产的开发,通常要经历一系列的失败才能取得成功,其开发过程中所发生的支出与无形资产的成本并不总是一一对应的。无形资产的这个特性为准确测定其成本增加了难度。

（四）经济寿命及其所提供的未来经济利益的不确定性

无形资产区别于有形资产的特征之一在于它能在其经济寿命期内为企业提供超额经济利益,但无形资产的经济寿命及其所提供的经济利益往往受到技术进步、市场供求状况、保密程度及可多次转让性等因素的影响从而产生较大的不确定性。另外,无形资产的依附性表明其必须与一定的有形资产相结合才能发挥作用。因此,不能忽视与无形资产结合使用的有形资产对新增经济利益所做出的贡献。

（五）价值的难以确定性

无形资产的价值主要通过其所提供的超额经济利益来体现。然而,如前所述,无形资产的经济寿命与其所提供的经济利益具有较大的不确定性,导致无形资产的价值难以确定。同时,由于无形资产价值评估不可能存在绝对统一的评估标准,许多影响价值的因素需要依靠评估人员的专业知识和经验加以把握,因而即使对同一无形资产进行评估,不同的评估机构得出的结论也不尽相同,有时甚至大相径庭。

四、知识产权与无形资产

作为无形资产之一的知识产权同样具有上述特征,这也决定了知识产权价值评估的独特之处,但无形资产不仅仅指的是知识产权。中国资产评估协会发布的《资产评估准则——无形资产》认为,无形资产分为可辨认无形资产和不可辨认无形资产两大类。其中,可辨认无形资产包括专利权、商标权、著作权、专有技术、销售网络、客户关系、特许经营权、合同权益等;不可辨认无形资产则指商誉。《成立世界知识产权组织公约》第 2 条第 8 款规定,“知识产权”应包括下列权利:① 与文学、艺术及科学作品有关的权利;② 与表演艺术家的表演活动、录音制品及广播有关的权利;③ 与人类创造性活动的一切领域内的发明有关的权利;④ 与科学发现有关的权利;⑤ 与工业品外观设计有关的权利;⑥ 与商品商标、服务商标、商号及其他商业标记有关的权利;⑦ 与防止不正当竞争有关的权利;⑧ 一切其他来自工业、科学及文学艺术领域的创作活动所产生的权利。从上述界定不难看出,无形资产与知识产权的范围有相当大的重叠之处,但两者不能完全等同或包含,专利权、商标权、著作权和专有技术是这两者共有的核心内容。

2017 年,中国资产评估协会发布的《知识产权资产评估指南》指出:知识产权资产是指知识产权权利人拥有或者控制的,能够持续发挥作用并且带来经济利益的知识产权权益。知识产权资产包括专利权、商标专用权、著作权、商业秘密、集成电路布图设计和植物新品种等。知识产权资产评估是指资产评估机构及其资产评估专业人员遵守法律、行政法规和资产评估准则,根据委托对评估基准日特定目的下的知识产权资产价值进行评定和估算,并出具资产评估报告的专业服务行为。

由此,本章"知识产权价值评估"与"知识产权资产评估"的不同提法不存在实质性差异,两词使用不做严格区分。

第二节 知识产权价值评估

一、知识产权的价值特征

与有形资产价值相比,知识产权的价值因为其资产特征而具有如下特征:

(一)价值形成的渐进性

无形资产的价值形成往往需要企业长期、连续不断的投资,一般都要经历从低到高逐步形成与发展的过程。例如,知识产权中的商标,企业在创建商标后还必须为商标的信誉作进一步的投资,这些投资主要用在产品质量、技术开发、广告宣传、产品售后服务以及商标知名度等方面,最终逐步转化为知识产权的价值。美国可口可乐公司的发展壮大就经历了近百年的历史,在"可口可乐"商标价值高达数百亿美元后,该公司每年平均广告宣传费用仍保持在1亿美元左右。

(二)价值计量的主观性

由于知识产权是创造性劳动的结晶,具有独创性与不可重复性,再加上影响知识产权价值的因素众多,难以制定出一套适用于各种情况的评估标准,因此知识产权的价值评估往往容易受到主观因素的影响。导致同一知识产权的价值存在差异的原因是多方面的,例如,不同的评估主体、同一评估主体采用不同的评估体系以及不同的评估目的和动机等。

(三)价值的不稳定性

由于知识产权的技术成熟程度、市场前景、转让方式和转让次数等因素都会对其价值产生影响,因此知识产权的价值将不断发生变化。某些知识产权的价值甚至在一年时间内出现大幅度波动。例如,IBM公司在1994年时其品牌价值非常低,而在1995年却大幅度上升,品牌价值高达171亿美元。

此外,同一件专利,在其处于有效状态和失效状态时,价值往往有天壤之别。

(四)价值与成本不成比例

知识产权的价值并不完全取决于其成本,也就是说,知识产权的价值与其成本之间并不存在某种比例关系。我国企业财务制度规定:企业的自创无形资产应当按开发过程中实际发生的支出数记账。然而,许多无形资产,特别是技术资产要经历一系列研制失败后才能获得成功。对于研制失败所耗费的支出,会计上并未计入该项无形资产的成本,而是列入费用计入当期损益。此外,知识产权中的商标权在创建时所耗费的成本并不多,但维持和提升商标的信誉和知名度却需要企业长期大量的投入。因此,不能简单地采用成本标准来衡量知识产权的价值。

（五）价值的战略性

随着市场竞争的加剧，企业越来越关注如何形成和培育自身的竞争优势。知识产权显然具有符合这种需求的资源特征：首先，拥有一定数量的知识产权意味着具有一定的资源优势；其次，知识产权的法律特征还使这种优势具有一定的独占性，由此可能成为独特竞争优势的基础。换言之，知识产权不仅有通常理解的经济价值，更具有借以构建竞争优势的战略价值。以专利为例，专利价值的战略性特征既可展现在专利的战略性申请环节，也可体现在专利的战略性应用环节。在现实当中，企业往往把战略价值的实现与经济价值的实现结合在一起，以充分挖掘实现知识产权价值。这种趋势的产生不仅加剧了知识产权价值分析的复杂性，也对知识产权价值评估构成了新的挑战。正因如此，有观点认为，专利的价值往往体现在是否能够套住竞争对手，在于别人用不用或者别人想不想用，在于是否为可诉专利。

二、知识产权价值评估的前提

由于知识产权价值具有以上特殊性，因此在评估其价值时必须首先确定它的价值前提。知识产权的价值前提是指它将参与何种经济活动，如转让、许可使用、出资、拍卖、质押、诉讼、损失赔偿、财务报告和纳税等形式，以及如何参与这些经济活动，如以许可使用的方式等。对于知识产权而言，对应不同的价值前提，一般具有不同的价值。因为，在评估知识产权价值时，必须首先清楚该项评估应在何种价值前提下做出，由此确定评估的价值类型，只有这样才能正确评估知识产权的价值。与其他无形资产一样，知识产权价值评估应遵循如下两个一般前提：

（一）一般应以产权变动为前提

首先，无形资产拥有者或控制者以无形资产的完全产权或部分产权进行交易或对外投资等，需要对无形资产进行评估；其次，企业整体或部分发生变动时，对企业资产中包括的无形资产进行评估。

（二）一般是对其获利能力的评估

无形资产评估就是对无形资产获利能力的评估。这种获利能力具体表现在：第一，理论上能够带来超额收益，指在其他条件保持社会平均水平的情况下，能够获得高于社会平均水平的收益；第二，超额收益在实践中往往表现为追加利润，即使用该无形资产对利润增长的贡献；第三，在运用无形资产形成市场垄断的情况下，无形资产的获利能力表现为垄断利润。

三、知识产权资产评估的基本内容

知识产权资产往往与其他资产共同发挥作用。进行知识产权资产评估时，应根据评估对象的具体情况和评估目的分析、判断知识产权资产的作用，恰当进行单项知识产权资产或知识产权资产组合的评估，以便合理确定知识产权资产的价值。根据中国资产评估协会2017年发布的《知识产权资产评估指南》，知识产权资产评估主要包括：

（一）专利资产评估

专利资产评估对象是指专利资产权益，包括专利所有权和专利使用权。专利使用权是指专利实施许可权，包括独占许可、排他许可、普通许可等形式。进行专利资产评估的一个重要前提是明确专利资产的权利属性。

（二）商标资产评估

注册商标包括商品商标、服务商标、集体商标和证明商标。商标资产评估对象一般是指受法律保护的注册商标资产权益，包括商标专用权、商标许可权。

（三）著作权资产评估

著作权资产评估对象是指著作权中的财产权益以及与著作权有关权利的财产权益。著作权财产权利种类包括复制权、发行权、出租权、展览权、表演权、放映权、广播权、信息网络传播权、摄制权、改编权、翻译权、汇编权以及著作权人享有的其他财产权利。著作权财产权利形式包括著作权人享有的权利，以及转让或者许可他人使用的权利。

（四）商业秘密资产评估

商业秘密是指不为公众所知悉、能为权利人带来经济利益、具有实用性并经权利人采取保密措施的技术信息和经营信息，主要包括设计、程序、产品配方、制作工艺、制作方法、管理诀窍、客户名单、货源情报、产销策略、招投标中的标底及标书内容等信息。其中，设计、程序、产品配方、制作工艺、制作方法等通常又称为“专有技术”或“技术诀窍”。在进行商业秘密资产评估时，应当注意商业秘密的保密级别、保密期限及应用范围，同时还应该考虑权利人对商业秘密所采取的保护措施，如竞业禁止协议等对商业秘密价值的影响。

（五）集成电路布图设计资产评估

集成电路布图设计资产评估对象是指集成电路布图设计资产的权益，包括专有权和许可他人使用的权利。集成电路布图设计权利人享有下列专有权：① 对受保护的布图设计的全部或者其中任何具有独创性的部分进行复制；② 将受保护的布图设计、含有该布图设计的集成电路或者含有该集成电路的物品投入商业利用。集成电路布图设计权利人可以将其专有权转让或者许可他人使用其布图设计。在开展集成电路布图设计资产评估业务时，应当注意是否存在反向工程、强制许可、独立创作的相同设计等情况，并考虑其对评估结论的影响。

（六）植物新品种资产评估

植物新品种是指经过人工培育的或者对发现的野生植物加以开发，具备新颖性、特异性、一致性和稳定性，并有适当命名的植物品种。在进行植物新品种资产评估时，应当注意植物新品种是否已经由相关部门审定以及审定对植物新品种应用范围的限制。此外，在开展涉外转让植物新品种资产评估时，还应要求委托人提供包括相关审批机关予以登记的证明、相关审批机关同意转让的批准回复以及相关审批机关发布的转让公告等经济行为依据。

四、知识产权价值评估的基本程序

对于一个资产评估机构来说，知识产权的价值评估一般应按如下程序进行（见图 7-1）：

（一）明确评估业务基本事项

明确资产评估业务基本事项是资产评估程序的第一个环节，包括在签订资产评估业务约定书以前所进行的一系列基础性工作，其对资产评估项目风险评价、项目承接与否以及资产评估项目顺利实施具有重要意义。需要明确的评估业务基本事项主要有：委托方和相关当事方基本状况、资产评估目的、评估对象基本状况、价值类型及定义、资产评估基准日、资产评估限制条件和重要假设等。

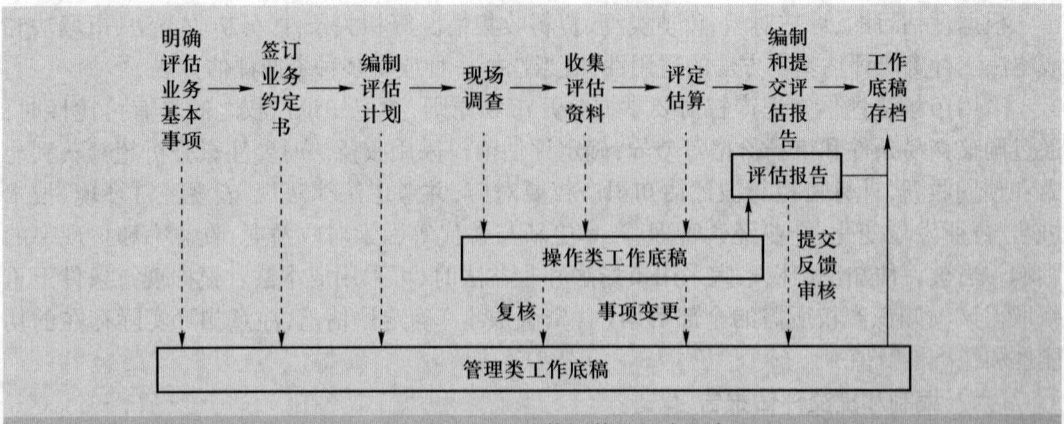

图 7-1　知识产权价值评估的基本程序

这里需要进一步说明的是，明确知识产权的评估目的，有利于确定知识产权的评估范围，有利于评估方案和评估方法的确定。例如，对于某项专利权的评估，在进行评估前，要明确是评估所有权拍卖价还是使用权出让、转让价，是独家许可还是多家使用许可，等等。

（二）签订业务约定书

评估机构在决定承接评估业务后，应当与委托方签订业务约定书。如果评估目的、评估对象、评估基准日发生变化，或者评估范围发生重大变化，评估机构应当与委托方签订补充协议或者重新签订业务约定书。

（三）编制评估计划

评估计划的内容涵盖现场调查、收集评估资料、评定估算、编制和提交评估报告等评估业务实施全过程。评估计划通常包括评估的具体步骤、时间进度、人员安排和技术方案等内容。注册资产评估师可以根据评估业务具体情况确定评估计划的繁简程度。

（四）现场调查与收集评估资料

根据评估知识产权的不同类别进行现场调查，并有针对性地收集有关资料。鉴于知识产权评估的特殊性，一般应当关注以下事项：

（1）知识产权资产权利的法律文件、权属有效性文件或者其他证明资料。

（2）知识产权资产特征、使用状况、历史沿革及以往的评估与交易情况。

（3）知识产权资产实施的地域范围与领域范围、获利能力及获利方式。

（4）知识产权资产是否能给权利人带来显著、持续的可辨识经济利益。

（5）知识产权资产的法定寿命和剩余经济寿命，知识产权资产的保护措施。

（6）知识产权资产实施过程中所受到的国家法律、行政法规或者其他限制。

（7）知识产权转让、出资、质押等的可行性。

（8）类似知识产权资产的市场价格信息。

（9）宏观经济环境。

（10）行业状况及发展前景。

（11）企业状况及发展前景。

（12）其他相关信息。

（五）评定估算

根据评估目的、评估对象、价值类型、资料收集情况等相关条件，分析收益法、市场法和成本法三种资产评估基本方法的适用性，恰当选择一种或者多种资产评估方法。

采用市场法评估知识产权时要掌握公开市场原则，类似知识产权之间具有可比性时，通过调整交易条件和市场价格等差异，确定评估值。采用收益法时要注意分析超额获利能力和预期收益，计算口径与被评估知识产权要对应，并考虑法律法规、宏观经济环境、技术进步、行业发展变化、企业经营管理、产品更新与替代等因素对收益期、收益率和折现率的影响。当被评估知识产权不宜采用市场法和收益法时，可采用成本法。根据现行条件下重新取得该项知识产权所需的全部费用（含资金成本）确定评估值，注意扣除实际存在的功能性和经济性贬值。

（六）编制和提交评估报告

评估报告是知识产权评估过程的总结，也是评估者承担法律责任的依据。报告书应说明拥有知识产权的公司或权利人名称、评估目的和评估基准日，说明评估价值的含义和适用条件，列出评估方法、重要参数及评定过程等。评估报告书要简洁、明确，避免误导。

（七）工作底稿存档

注册资产评估师在提交评估报告后，应当按照法律、法规和资产评估准则的要求对工作底稿进行整理，与评估报告一起形成评估档案，予以存档。

五、影响知识产权价值评估的因素

与有形资产相比，知识产权评估难度较大。因此，如果想使知识产权的评估值比较真实可信，需要了解影响知识产权评估值的各种因素，这些因素包括：

（一）产权因素

产权是一个复数概念，包括所有权、使用权、收益权和处置权等一系列权利。从转让内容来看，知识产权转让分为完全产权转让和部分产权转让。转让的产权内容不同，评估值也不同。例如，专利所有权转让的评估值要高于使用权转让的评估值。

（二）成本因素

成本因素是从价值补偿的角度来考虑如何影响知识产权的评估值。一方面，知识产权与有形资产一样，也具有成本，只是相对有形资产而言，其成本确定不是十分明晰和易于计量。对于外购的知识产权，其成本就比较容易确定，即全部外购成本。相比较而言，自创知识产权的成本计量较为复杂，其成本一般包括试验研究仪器、机器设备和试验材料等物质材料；同时，知识产权研制开发过程中，脑力劳动占主体地位，因此，在知识产权的整个支出中，活劳动支出所占比例较高。技术复杂程度越高，知识产权的价值就越高。另一方面，知识产权的创造与其投入密切相关，但确定这部分成本是很困难的。一般来说，这些成本项目包括创造发明成本、法律保护成本、发行推广成本等。

（三）获利能力因素

知识产权所能带来的超额收益，是决定评估值高低的最重要的因素。知识产权的价值是由未来收益期限内知识产权可实现的收益额折现而成的，包括有效寿命期间知识产权使用权的转让值、知识产权年收益评估值等。一项知识产权，在环境、制度允许的条件下，获利能力越强，其评估值越高；获利能力越弱，其评估值越低。有的知识产权，尽管其创造成本比较高，但不为市场所需要，或收益能力低微，其评估值就很低。

（四）技术因素

一般科技成果都有一个发展—成熟—衰退的过程。成果技术水平越高，垄断性越强，使用期限越长，成果获得超额收益的能力越强，其评估值就会越高；同时科技成果的成熟程度如何，直接影响到评估值的高低，其开发程度越高，技术越成熟，运用该技术成果的风险性越小，其评估值就会越高。另外，知识产权价值的损耗和贬值也会影响其评估值。知识产权的更新换代越快，无形损耗越大，其评估值就越低。与有形资产不同，知识产权价值的损耗和贬值，不取决于自身的使用损耗，而取决于自身以外的更新换代情况。

（五）市场因素

市场需求的变动影响知识产权的评估值。知识产权的市场供需状况一般反映在两个方面：一是知识产权的市场需求情况；二是知识产权的适用程度。对于可出售、转让的知识产权，其评估值随市场需求的变动而变动，市场需求越大，则评估值就越高；市场需求越小，且有同类知识产权替代时，其评估值就越低。同样，知识产权的适用范围越广，适用程度越高，需求者越多，需求量越大，评估值就越高。

（六）风险因素

对于知识产权未来收益预测的准确性，直接影响到知识产权价值的评估，而收益往往受很多不确定因素影响，使得收益的实现具有极大的风险。因此，在知识产权价值评估时，风险越大，其价值越低；风险越小，其价值越高。相比有形资产而言，知识产权价值评估时的风险是相对比较大的，因为它一般是属于高技术智力型的资产。

（七）使用期限因素

从价值本身而言，知识产权的价值与其产生收益的年份密切相关，知识产权使用期限的长短，直接影响其评估值。每一项知识产权，一般都有一定的使用期限。使用期限的长短，一方面取决于该知识产权的先进程度，另一方面取决于其无形损耗的大小。知识产权越先进，其领先水平越高，使用期限越长。同样，其无形损耗程度越低，具有实际超额收益的期限（或收益期限）越长。确定使用期限的原则和依据是：① 受法律保护而不受有效时间影响的知识产权，以法律保护年限为其使用期限；② 既受法律保护，也受经济年限限制的知识产权，以“孰短”的原则确定其使用年限；③ 不受法律保护的知识产权，由技术测定的有效经济收益年限为其使用年限；④ 有转让合同的知识产权，以合同规定期限为其使用年限。

第三节 知识产权价值评估的一般方法

知识产权价值评估目的不同，决定着采用的计价标准不同，又由于知识产权资产存在形态的差异和可收集到的数据资料的局限，评估操作必须通过不同的途径去进行。这些途径主要是：成本途径，即重建或重置具有相同功效的知识产权资产得花多少钱，从而确定被评估知识产权最多能值多少钱；收益途径，即投资购买了这项知识产权后能赚多少钱，从而“以利求本”确定被评估资产的价格；市场途径，即到公开的资产或技术交易市场上打听行情，与同类资产已成交的价格进行比较，从而确定被评估资产能卖什么价或什么价该买。不同的途径须以不同的方法评估计算。

一、知识产权价值评估的成本法

成本法（cost approach）是指在被评估资产的现时重置成本的基础上，扣减其各项损耗价值，从而确定被评估资产价值的各种评估方法的总称。其程序是：首先估测被评估资产的重置成本；然后估测被评估资产业已存在的各种贬损因素；最后将其从重置成本中予以扣除而得到被评估资产价值。

成本法也是资产评估的基本方法之一，基本思路是重建或重置被评估资产。在条件允许的情况下，任何潜在的投资者在决定投资某项资产时，所愿意支付的价格不会超过构建该项资产的现行构建成本。如果投资对象并非全新，投资者所愿支付的价格就会在投资对象全新时的构建成本的基础上扣除各种贬损因素。成本途径的理论表达式为：

资产评估价值 = 资产的重置成本 − 资产的实体性贬值 − 资产的功能性贬值 − 资产的经济性贬值

其中：资产的重置成本就是资产的现行再取得成本，可分为复原重置成本和更新重置成本两种；资产的实体性贬值亦称有形损耗，是指由于使用及自然力的作用导致资产的物理性能损耗或下降而引起的资产价值损失；资产的功能性贬值是指由于技术进步引起的资产功能相对落后而造成的资产价值损失；资产的经济性贬值是指由于外部条件的变化引起资产闲置、收益下降等而造成的资产价值损失。

成本法实际上建立在这样一个假设条件基础之上：在知识产权形成过程中所花费的每一元钱所能取得的效果都是一样的。很显然，在现实世界中，这个假设条件是不能成立的。因此，成本法在知识产权价值评估的实际应用中会遇到一些困难。但是，这并不意味着成本法没有多少实用价值。这种方法在一定程度上适用于商业秘密和专利的估价。商业秘密价值的下限则是根据商业秘密所涉及的发明创造申请到的专利价值的最小值。因为专利申请的提出通常会导致原本作为商业秘密保护的发明创造的公开，所以专利申请人必须确保获得专利保护所能带来的价值要远远高于所失去的商业秘密的价值。

二、知识产权价值评估的收益法

收益法（income approach）是指通过估测资产未来预期收益并折算成现值，借以确定被评估资产价值的各种评估方法的总称。它服从资产评估中以利求本的思路，即采用资本化和折现的方法来判断和估算资产价值。它涉及三个基本要素：一是被评估资产的预期收益；二是折现率或资本化率；三是被评估资产取得预期收益的持续时间。收益途径的理论表达式为：

$$\text{资产评估值} = \sum_{i=1}^{n} \frac{\text{预期收益}}{(1+\text{折现率})^{i}}$$

因此，能否清晰地把握上述三要素就成为能否运用收益法的基本前提。从这个意义上讲，运用收益法必须具备的前提条件是：被评估资产的未来预期收益可以预测并可以用货币衡量；资产拥有者获得预期收益所承担的风险也可以预测并可以用货币衡量；被评估资产预期获利年限可以预测。

采用收益法进行评估，其基本程序如下：

（1）收集验证与评估对象未来预期收益有关的数据资料，包括经营前景、财务状况、市场形势以及经营风险等。

（2）分析测算被评估对象未来预期收益。

（3）确定折现率或资本化率。

（4）用折现率或资本化率将评估对象未来预期收益折算成现值。

（5）分析确定评估结果。

就知识产权价值评估而言，收益法是建立在知识产权将能够产生一系列现金流的假设条件下。很显然，如果知识产权被许可使用，则现金流会以特许权许可使用费的形式出现。有时候知识产权所有者自已并不打算实施该项专利技术，但同时所有者也不打算限制竞争对手使用该专利技术，收益法最适合于这种情况下的知识产权价值评估。

三、知识产权价值评估的市场法

市场法（market approach）也称现行市价法、市场价格比较法，是指利用市场上同样或类似资产的近期交易价格，经过直接比较或类比分析以估测资产价值的各种评估方法的总称。供求关系决定价值论是市场法的理论基础。市场法是根据替代原则，采用比较和类比的思路及其方法判断资产价值的评估技术规程。在运用市场法时，如果不能直接取得资产的现行市价，就应在市场上选择相同或相似资产用来与被评估资产进行比较，以这个相同或相似资产的市价作为基础，再进行必要的调整，以此确定被评估资产的价格。

采用市场法进行评估，其基本程序如下：

（1）选择参照物。

（2）在评估对象与参照物之间选择比较因素。

（3）对比指标、量化差异。

（4）在各参照物成交价格的基础上调整已经量化的对比指标差异。

（5）综合分析确定评估结果。

例如，使用市场法对专利资产进行评估时，需要在收集足够的可比交易案例基础上，分析、比较和调整评估对象与可比交易案例之间的各种差异因素，以便得到合理的结论。

总体来看，我国资产评估的发展历史并不长。中国资产评估协会成立于 1993 年。同年，我国颁布了《公司法》，提出国有企业改建的评估资产问题。1996 年，国家国有资产管理局与中国专利局发布《关于加强专利资产评估管理工作若干问题的通知》。2008 年，中国资产评估协会发布《资产评估准则——无形资产》和《专利资产评估指导意见》，2010 年发布《著作权资产评估指导意见》，2011 年发布《商标资产评估指导意见》，2015 年发布《知识产权资产评估指南》。2016 年，我国颁布《中华人民共和国资产评估法》。2017 年，国家财政部发布《资产评估基本准则》。我国知识产权资产评估逐渐步入一个迅速发展的时代，这将进一步推进国家知识产权战略的实施。

关键术语

无形资产(intangible assets)
资产评估(assets valuation)
知识产权价值评估(intellectual property valuation)
成本法(cost approach)
收益法(income approach)
市场法(market approach)

复习思考题

1. 谈谈估价与定价的区别与联系。
2. 从评估学的角度看,无形资产具有哪些特征?
3. 与有形资产相比,知识产权的价值有哪些特征?这些会给知识产权价值评估带来什么影响?
4. 知识产权评估的基本方法有哪些?
5. 如何理解"标准必要专利"的资产价值?

案例讨论

"香兰素"技术秘密判赔案

嘉兴中华化工公司与上海欣晨公司共同研发了乙醛酸法生产香兰素工艺,并将之作为技术秘密保护。该工艺实施安全、易于操作、效果良好,相比传统工艺优越性显著,嘉兴中华化工公司基于这一工艺一跃成为全球最大的香兰素制造商,占据了香兰素全球市场约60%的份额。嘉兴中华化工公司、上海欣晨公司认为王龙集团公司、王龙科技公司、喜孚狮王龙公司、傅某某、王某某未经许可使用其香兰素生产工艺,侵害其技术秘密,故诉至浙江高院,请求判令停止侵权,赔偿经济损失及合理开支5.02亿元。浙江高院认定侵权成立,判令停止侵权、赔偿经济损失300万元及维权合理开支50万元。浙江高院在作出一审判决的同时,作出行为保全裁定,责令王龙科技公司、喜孚狮王龙公司立即停止使用涉案技术秘密,但王龙科技公司、喜孚狮王龙公司并未停止使用行为。除王某某外,本案各方当事人均不服一审判决,向最高人民法院提出上诉。二审中,嘉兴中华化工公司、上海欣晨公司上诉请求的赔偿额降至1.77亿元。最高人民法院知识产权法庭根据权利人提供的经济损失相关数据,综合考虑涉案技术秘密商业价值巨大、侵权规模大、侵权时间长、拒不执行生效行为保全裁定性质恶劣等因素,改判王龙集团公司、喜孚狮王龙公司、傅某某、王龙科技公司及其法定代表人王某某连带赔偿权利人经济损失1.59亿元。同时,法庭决定将本案涉嫌犯罪线索向公安机关移送。

在该案赔偿额的计算过程中，最高人民法院知识产权法庭考虑了权利人提供的分析报告。在分析报告中，权利人提出了三种计算方式：一是按照权利人的营业利润计算损失；二是按照销售利润计算损失；三是根据侵权行为造成价格侵蚀带来的损失计算。这三种不同的计算方式，所得到的赔偿数额结果也不一样。最终，最高人民法院知识产权法庭选择了侵权人在2011—2017年期间实际每年销售至少2 000吨作为销售量，乘以权利人销售香兰素的价格和利润率，得出侵权人侵权行为产生的销售利润。

该案是我国法院生效判决赔偿额最高的侵害商业秘密案件。

（资料来源：① 最高人民法院知识产权法庭2020年10件技术类知识产权典型案例案情简介．最高人民法院网站；② 1.59亿元！史上判赔额最高的侵害技术秘密案宣判，这笔钱怎么算的．科技日报，2021-02-26.）

案例讨论题

请检索“香兰素”技术秘密判赔案的法院判决书，结合案例中介绍的“权利人提出的三种计算方式”，分析最高人民法院知识产权法庭最终采用方法的科学性和合理性。

第八章

知识产权人力资源管理

学习目标

1. 理解知识产权人力资源管理的含义、特征和分类方法
2. 了解知识产权人力资源培训的内容及过程
3. 了解工作分析的作用和内容
4. 了解人力资源激励理论的基本内容
5. 理解知识产权人力资源激励制度的构建方法

1987年9月，华为技术有限公司（以下简称华为）在深圳创立。最初，华为只是一家生产用户交换机（PBX）的香港公司的销售代理，现已成为全球领先的ICT（信息与通信）基础设施和智能终端提供商。2019年，华为实现销售收入8 588亿元，实现净利润627亿元。2020年，历经暴风骤雨的华为，销售收入和利润均实现了正增长。在世界品牌实验室（World Brand Lab）发布的2020年度《世界品牌500强》排行榜中，华为排名53。此外，与2019年一样，华为位居中国ICT中的首位。目前，华为约有19.4万员工，业务遍及170多个国家和地区，服务30多亿人口。

30多年来，华为生存和发展的根本在于持续创新，并成为全球最大的专利持有企业之一。华为坚持每年将10%以上的销售收入投入研究与开发之中。2019年，华为从事研发工作的人员约为9.6万名，约占公司总人数的49%；研发费用支出为人民币1 316亿元，约占全年收入的15.3%。近十年来，华为累计投入的研发费用超过人民币6 000亿元。截至2019年年底，华为持有有效授权专利8.5万多件（90%以上专利为发明专利）。其中，拥有中国有效授权专利3万多件，拥有欧美有效授权专利4万多件。华为每年发表学术论文100~200篇左右，向全球各标准组织累计提交技术提案6万多篇，同时还是开源社区的主要贡献者。自2001年签署第一份专利许可合同至今，华为历史累计支付专利使用费超过60亿美元，其中接近80%是支付给美国公司的。此外，自2015年以来华为获得交叉许可后的知识产权净收入超过14亿美元，付

费方涵盖美国、欧洲、亚洲公司。华为为什么能够成为世界上最具创新力的公司之一？华为过去的成功能够使其未来获得更大的成功吗？实际上，这两个问题都很难回答。在这里，我们不妨从人力资源管理的角度，试图寻找一个答案。

（资料来源：① 华为官网；② 华为投资控股有限公司 2019 年年度报告；③ 华为创新与知识产权白皮书 .2019-06-27.）

随着知识产权战略的推进，人们越来越认识到，人力资源不仅在知识产权的创造、运用、保护和管理等过程中起着关键作用，人力资源本身也已成为知识产权战略体系的重要组成部分。正如国家科技部在 2001 年提出的，我国要注重三大战略的实施：第一是人才战略，第二是专利战略，第三是标准战略。可以说，知识产权人才是发展我国知识产权事业和建设知识产权强国最基本、最核心和最关键的要素。对于技术与人才资源依然缺乏的中国来说，在实施知识产权战略的同时促进知识产权人力资源的建设与发展，不失为一种合理的选择。

第一节　知识产权管理与人力资源

一、知识产权人力资源概述

经济学把为了创造物质财富而投入生产活动的要素通称为资源，其中人力资源是生产活动中最活跃的因素。因此，人力资源又被经济学家称为“第一资源”。一般认为，人力资源是指能够推动国民经济和社会发展，具有智力劳动和体力劳动能力的人们的总和。从广义而言，人力资源包括人口资源、人力资源和人才资源。本章讨论的“知识产权人力资源”主要指知识产权的人才资源，根据语境使用“人才资源”“人力资源”和“人才”等不同提法，不做严格区分。

（一）知识产权人力资源的含义

知识产权人才是一个广义的概念，主要包括与知识产权创造、运用、保护和管理相关的人，也就是从事与知识产权工作相关的人。吴汉东认为，知识产权人才就是具有创新能力、具有知识产权观念的创新性人才。朱雪忠指出了知识产权人才属于复合型人才的基本特征，并提出了知识产权人才应具备的知识结构。国家知识产权局在《知识产权人才“十三五”规划》中提出，知识产权人才是指从事知识产权工作，具有一定的知识产权专业知识和实践能力，能够推动知识产权事业发展并对激励创新、引领创新、保护创新和服务创新作出贡献的人。国内对知识产权专业人才的描述有两个角度：一是从应具备的知识结构和能力素质来进行描述；二是从工作岗位的性质和从事的行业进行描述。有学者认为，知识产权人才应具备的知识结构包括：法律知识、专业技术知识、语言沟通能力、管理知识和能力。理想的知识产权专业人才应该是具备一定的理工科背景，有扎实的法学基础，并掌握一定的工商管理和经济学知识的法律专业人才。

本书认为，知识产权人力资源是指在知识产权领域从事知识产权创造、运用、保护、管理和服务工作的专业人员。从我国具体情况来看，这些专业人员主要包括知识产权行政管理和执法人才、企业知识产权人才、知识产权服务业人才以及高等学校和科研机构等单位知识产权人才。企业是国家知识产权战略实施的关键主体,企业知识产权管理和法务等实务人才以及知识产权代理、法律、信息、商业化、咨询和培训等服务业领域人才,构成了我国知识产权人才资源的重要组成部分。

（二）知识产权人力资源管理的基本功能

现代管理的中心任务就是围绕如何调动人的积极性而展开的人力资源管理与开发。现代人力资源管理具有五种基本功能:

1. 获取

获取包括人力资源的规划、招聘和录用。为了实现组织目标,根据职务说明书和员工素质要求,制定人力资源需求与供给计划,开展招聘、考核、选拔、录用入职和配置,以获取组织人力资源。

2. 整合

整合指通过组织文化、信息沟通、人际关系协调及矛盾冲突化解等手段,使个体认知与组织理念、个人行为与组织规范、个体目标与组织目标同化,形成组织内部的高度合作与协调。

3. 奖酬

奖酬指因员工对组织做出了贡献而给予奖酬的过程,主要根据员工绩效考核结果,提供薪酬、奖励和福利等,保持员工积极性,维护其合法权益,增进满意感,促进组织绩效的提升。

4. 调控

调控是根据考评结果对员工进行动态管理的过程,包括对员工绩效与素质能力等进行全面的考核与评价,并以考评结果为依据,对员工采取奖惩、调动、晋升、解雇等管理行为。

5. 开发

开发是人力资源管理的重要职能,指提高员工技能、培养员工素质,发挥员工潜能,最大限度地实现其个人价值和对组织的贡献,达到员工个人和组织共同发展的目的。

需要指出,人力资源管理还包括两项非常重要的内容:工作分析和职业生涯规划。工作分析的结果是产生工作描述和职务说明书。职业生涯规划是对组织成员的兴趣、爱好、能力和特点进行分析与权衡,确定最佳的职业目标及做出安排的过程。工作分析为各项人力资源管理作业提供基本依据,起着核心作用。由于知识产权工作涉及组织内部各个业务领域与环节,需要充分发挥包括最高管理层在内的全体人员的创造性与积极性。如何以工作分析为起点,在知识产权的创造、运用、保护、管理等核心流程中体现上述五种基本职能,是知识产权人力资源管理的主要内容。

二、知识产权人力资源的分类

资源的分类管理有助于提高资源管理的成效。人力资源可以从不同的角度进行分类。美国劳工统计局在20世纪80年代前,将人力资源分为白领和蓝领两类;到80年代,美国商务部将人力资源分为管理人员、技术人员、服务人员、农林渔业工人、技工和操作工六类。我国人力资源统计指标体系(2004年)把人才分为党政人才、企业经营管理人才、专业技术及事业单位管理人才、技能人才、农村实用人才五类。2015年7月颁布的《中华人民共和国职业分类大典》(2015版),将我国职业分为8个大类、75个中类、434个小类,共计1 481个职业。其中,“经济和金融专业人员”中类设置了“知识产权专业人员”小类,下设

“专利代理专业人员”“专利审查专业人员”“专利管理专业人员”和“专利信息分析专业人员”4个职业。目前,对于知识产权人力资源存在如下分类依据:

（一）以工作性质为分类依据

1. 两分法

这种方法把知识产权专业人才分为“研究型”和“实务型”两类。研究型人才主要是从事大学的教学工作和研究机构的研究工作,这类人才的社会需求相对较小。实务型人才主要是从事知识产权实务工作,包括专利律师、企业法律部专业人员、专利审查员和中介服务人员等,这种人才的需求量很大。这种划分方法简明易懂,不足在于:一是分类较为宽泛,有些专业人才无法归类为研究型或是实务型;二是没有全面覆盖所有的知识产权人才,也没有能够明确界定既从事研究工作同时也从事实务工作的这些交叉型人才的分类问题。

2. 三分法

这种方法的典型观点有两种。一种观点认为,知识产权专业人才分为三类:管理人才、法律人才和教学人才。管理人才包括两个层面:一个是政府层面的管理人才;另一个是基层单位的管理人才,即在企业、高等学校或者研究所从事基层管理的人才。法律人才是立法机关、司法机关、中介机构中的律师、专利代理人和评估师等。教学人才是从事教学特别是高校教学的人才。另一种观点认为,知识产权专业人才分为三类:法律人才、经营管理人才以及教育科研和理论型人才。法律人才又分为两类:一是技术性的法律人才,如专利代理人;二是非技术性的法律人才,如中介机构的知识产权代理人员,还有知识产权法官、律师和行政管理人员,甚至知识产权的政策研究等人才。这两种观点依然没有很好地处理交叉型人才(例如,大学教师可能又是律师)的分类问题。

（二）以工作类别为分类依据

这种分类的依据就是知识产权专业人才所从事的工作。例如,日本的“知识产权人才培养综合战略”将知识产权人才分为三种:知识产权专业人才、知识产权创造和管理人才、潜在人才。其中,知识产权专业人才主要包括企业知识产权负责人、代理人、律师、专利审查员和法官等;知识产权创造和管理人才主要包括研究人员、经营者等;潜在人才包括学生、社会公众等。我国国家知识产权局《知识产权人才“十三五”规划》从支撑知识产权强国建设的角度指出,我国急需的紧缺知识产权人才包括专业化知识产权行政管理和执法人才、企业知识产权高级管理人才、知识产权运营人才、专利信息分析人才和知识产权国际化人才。这就是从工作类别的一种分类。

有的研究则将知识产权专业人才分为七类:① 专利律师和专利代理人;② 在企业里从事处理专利、技术许可、商标、著作权等事务的知识产权专业人员;③ 服务人员;④ 审查员(包括专利、商标审查,以及植物品种、集成电路布图设计登记的专业人员);⑤ 知识产权公共管理人员(如负责知识产权管理和执法的政府部门工作人员);⑥ 司法人员(主要是法官,例如,知识产权庭的法官);⑦ 教学与研究人员。

也有的研究把知识产权专业人才分为六类:① 企事业单位知识产权工程人才和经营管理人才(包括知识产权工程师、知识产权专员、知识产权主管等);② 专业服务机构知识产权代理与法律服务人才(包括专利代理人、商标代理人、知识产权律师等);③ 国家知识产权行政部门专利及商标审查人才(如专利局的专利审查员、商标局的商标审查员);④ 知识产权司法人才(包括法官、检察官等);⑤ 知识产权管理人才(如地方知识产权局、工商局、版权局等部门的行政管理与行政执法人员等）；⑥ 高校、科研机构及政府部门的知识产权教学与研究人才。

三、国外知识产权战略与人力资源管理

（一）美国

自从提出知识产权国家战略以来，美国专利申请量一直处于上升之中，1995 年后呈现加速趋势，知识产权战略起到了明显的导向作用。美国国家创新体系最突出的特点，就是千方百计让企业成为技术创新和产业化的主体。就此而言，政府与企业对创新有着共同的认识。美国为促进创新和知识产权战略的实施，首先建立了独特的专利体制，使美国专利触及领域广，涵盖范围宽，为企业技术创新提供了最基础的体制保证。其次，政府以商业合同方式向企业直接投入研发经费，取得了诸如 GPS 和 CDMA 等科技成果。最后，采用税收激励政策，极大地促进了企业、高校和各种非营利机构的基础性研究。

知识产权战略的关键在于人力资源管理，美国在这方面不遗余力，主要表现为：① 人才吸引方面。在大学兴建工程研究中心，集聚不同学科的工程技术人才，共同研发国家和产业面临的重大课题。② 高层次人才培养方面。美国政府各部门设立各种特别培养高层次人才计划。例如，美国海军设立的“青年研究员计划”，专门在一些大学和私人研究机构设立基金，培养最近 5 年获得博士学位的青年研究人员。美国国家科学基金会设立了“总统青年研究奖”，目的是将最优秀的人才吸引到国家急需的科学和工程领域中来。③ 知识产权培训教育方面。美国专利商标局（USPTO）设立“全球知识产权学院”（The Global Intellectual Property Academy，GIPA），定期提供各种不同主题的知识产权培训，主要侧重于执法、专利、商标和版权。每个 GIPA 课程的参加者必须是各级政府知识产权局的官员，或负责执行、专利、商标或版权政策的政府机构的官员。相关政府部门、企业和研究机构的科技人才每年都要参加继续教育，促使科技人员轮流接受再教育，加快知识更新。④ 对创新型中小企业的知识产权支持。美国专利商标局与美国国家科学基金会合作，通过利用美国专利商标局的小企业扶持项目和资源优势，为美国最大的一项研发项目“小企业创新研究项目”（SBIR）基金获得者提供全方位的知识产权支持。GIPA 还为中小企业提供远程学习计划。⑤ 对美国企业知识产权全球竞争力的维护方面。美国专利商标局负责推进“知识产权专员计划”，致力于改善知识产权制度并在国际上帮助美国利益相关者。知识产权专员直接协助美国企业，并进行全球宣传和倡导改善国外的知识产权政策、法律和法规。⑥ 人才激励方面。美国企业采用股票期权等方式来留住和激励人才。同时，良好创业环境的营造有助于知识产权资源的商业化应用。通过专利创业来实现创新创业的梦想，对有志于创业发展的技术创新人才而言是一种强大的激励。通过上述措施，在人才的吸引、使用、培养和激励方面，形成了一个运转有序、富有成效的体系，促使创新成果的不断涌现和转化运用。

（二）德国

近几十年来，德国经济一直走在世界经济的前列，一个重要原因是德国企业有效运用知识产权制度，不断提升和持续保持强大的市场竞争力。在德国知识产权战略实施过程中，德国企业（尤其是大企业）成为重要主体。德国企业普遍将知识产权战略作为企业整体发展战略的重点加以制定和实施，高层次和高水平的运作有效推动了德国国家知识产权战略的实施。在知识产权组织体系上，德国企业主要采用三种模式：第一种是由法律部门

管理知识产权；第二种是由研发部门管理知识产权；第三种是由法律部门和研发部门共同管理知识产权。这三种模式的共同点：一是知识产权组织体系趋于集中统一。集中管理模式，不仅有利于企业知识产权战略的统一，保证通过知识产权的优势取得有利的市场地位，也有利于合理利用各种资源，节约创新经费。二是知识产权组织体系的配置注重发挥法律部门的作用。德国企业知识产权管理重点围绕企业总体战略，在知识产权的管理职能、评价体系、产学研合作、成果应用和产业化、员工培训和奖励等方面形成了完善和富有成效的制度规范。同时，德国企业非常重视员工的知识产权教育和知识产权人才队伍的培养。每个员工进入企业时，都要接受注重理论和实践有机结合的知识产权培训，包括知识产权法律制度，文件管理及保密规定，知识产权发明、申请、应用、维权程序和途径等。员工经过教育培训，逐步形成自觉遵守法律制度和保护企业知识产权的强烈意识。不少德国企业还注意培养专业化的知识产权人才队伍，对技术、法律人员定期进行跨学科轮训，或派员到专利事务所、律师事务所或高校进修学习，积极创造条件，鼓励员工参加专利律师资格考试，以培养具有理工科背景、技术与法律相结合的复合型人才。

（三）日本

自从1995年颁布的《科学技术基本法》将“科技创造立国”作为基本国策以来，日本的自主创新事业得到了迅速和持续的发展，新增专利数量连续十余年位居世界三甲。2002年，日本颁布《知识产权基本法》，将国家发展政策调整为“知识产权立国”，确立国家尊重发明创造的方向，提出了“创造、保护、应用、人才”的知识产权战略四大支柱，并通过相关法案不断完善来实现战略的系统化与制度化。鉴于知识产权人才存在大企业与中小企业的巨大差距、知识产权律师数量的不足、专利审查员的素质有待提高等问题，日本早在2006年就制定了“知识产权人才培养综合战略”，该战略将知识产权人才分为“知识产权专业人才”“知识产权创造和管理人才”和“潜在人才”三种。其中，知识产权专业人才的培养至关重要。为适应这一人才培养需求，同时也为日本企业确立全球化的知识产权体系、巩固发展优势产业提供重要保障，日本知识产权管理工程师职业资格制度应运而生。这里的“知识产权管理工程师”不同于专利代理人，它是以企业知识产权部的员工为主，主要职责是为企业策划知识产权战略并加以实施。该资格考试的目的在于测定职业技能及其相关知识水平，帮助日本企业评价和管理知识产权人才，提高这些人员在实际工作中发现问题和解决问题的能力。

日本把“培养适应未来社会的人力资源和业务”，作为《知识产权推进计划2018》的第一个重点工作。提出要“制定相关政策实现高等院校的知识产权创造教育系统化，推进知识产权创造教育及人才培育”。日本在《知识产权推进计划2019》中提出了“以实现价值设计社会为目标”，认为实现价值设计社会有三项重要因素：一是充分发挥个人优秀的潜在能力和才能；二是充分融合各项才能，产生新的创意；三是获得对新创意的共鸣，实现新创意的价值。提出要通过知识产权创造教育、“未来教室”、特殊才能展示等项目增加具有创造性的人才，以此推动社会对具有拔尖才能的人才的理解，扩大其发挥才能的机会，让具有创造性的顶尖人才活跃起来。同时，建立初创企业支援机制，支援各地区中小企业强化知识产权战略。构筑创造生态系统，打造利于价值实现的环境，培养和确保人才，推动无形资产的发展。可以发现，日本知识产权战略的推进过程也是知识产权人力资源的培养过程。

第二节 知识产权人力资源的培养

知识产权人才培养是一个复杂和长期的系统工程，从内容看，包括知识产权相关知识、技能和能力等业务层面的内容，也包括知识产权经营管理与流程、职业道德等管理层面的内容，还包括高度适应竞争环境变化等战略层面的内容。总体来看，既需要培养知识产权的战略管理、经营管理和业务管理的专业化人才，也需要培养具备上述三类知识、技能和战略思维的复合型人才。应根据其知识产权管理现状与战略需求，来构建目标明确、层次合理和调整有序的知识产权人才培养体系。

一、人力资源培训与开发概述

人力资源培训与开发是指为促使有关人员适应未来工作和个人发展的需要，通过各种方式获取相关知识、技能、能力，以形成与工作要求相适应的职业道德和态度的组织活动过程。以下从企业的角度介绍人力资源培训与开发的过程与内容。

（一）人力资源培训与开发的主要类型

（1）按照培训对象，培训分为管理人员培训、专业技术人员培训、行政事务人员培训、业务操作人员培训等。如爱普生公司的知识产权培训包括两个部分：一是针对全体新员工或不同层次员工设立的知识产权法律知识的普及教育，目的在于提高知识产权意识。二是针对知识产权部门专业人员的培训，包括在岗基础培训、研修会、演讲和不同期限的海外培训课程等。

（2）按照在职时间，培训分为新进人员培训和在职人员培训。例如，澳大利亚知识产权局对新专利审查员的全程培训要经过12个月，分正式培训和在岗培训两种。正式培训侧重理论培训，在岗培训通过具体案例来学习实际操作。日本弁理士会（日本“弁理士”相当于中国的专利及商标代理人）培训中心对新专利代理人的培训分为前期培训与后期培训两种。前期培训重点是基础业务学习；参加后期培训的是已参加过前期培训并有半年实际工作经验的代理人，内容主要是复审、鉴定、外国专利申请业务等。

（3）按照是否脱产划分，可划分为在职培训和脱产培训。在职培训是指受训人员不离开工作岗位，在日常的实际工作中接受培训的训练方法。脱产培训指的是离开工作和工作现场，由企业内外的专家和教师对企业内各类人员进行集中教育培训。脱产培训分为三大类：分阶层培训、分专业培训和分等级培训。

（二）人力资源培训的基本流程

1. 需求分析

这主要包括组织分析、工作分析、人员分析。组织分析指对组织目标、资源和环境的分析，以及对人力资源的重要或关键方面的分析；工作分析要了解从事某项工作的具体内容，分析完成该工作所需的各种技能和能力。人员分析要研究组织成员与组织期望值之间存在差距的内在和主观的原因，增强未来培训的人性化和个性化，确保培训能达到预期效果。

2. 目标设置

培训目标可分为三类：一是知识传授，包括概念和理论的理解和纠正、知识的灌输与接受、认识的建立与改变等，强调理论、概念与实际的结合。二是技能/能力培训。对于基层人员的培训，主要是技巧训练；对于中层人员应强调管理和控制技能的培养；对于高层人员的培训，应注重思维、分析与决策能力等的培训。三是文化、制度与价值观的培训。这往往涉及思想和情感因素，不是单纯的知识传授能够解决的。

3. 计划制定

根据培训目标的不同层次来制定相应的培训计划，主要包括总体方案和培训实施计划。总体方案指组织的整体培训发展计划。培训实施计划一般包括：预期结果，培训对象、内容、形式、时间、地点和方式，培训组织者，培训评估者及评估标准，费用预算等。

4. 培训实施

培训实施主要包括：确定培训师；确定教材；确定培训时间和地点，布置培训场所，准备投影仪、屏幕、计算机等培训设备；发放培训通知，对受训对象提出明确的受训要求。

5. 效果评估

完整的培训效果评估包括培训前评估、培训中评估和培训后评估三个部分。培训后评估包括培训目标实现情况评估、培训效果效益综合评估和培训师工作绩效评估。培训后评估是最重要的，而培训效果效益综合评估是重中之重。我们通常所说的培训评估也就是培训效果评估。

二、工作分析与任职资格

（一）工作分析的作用和内容

工作分析（即职务分析，job analysis）指对各工作职务的特征、规范、要求、流程以及对完成工作所需的素质、知识、技能及职业道德等要求进行描述的过程。工作分析的内容包括工作名称分析、工作描述分析、工作环境分析和任职资格分析。其中，任职资格分析指分析相关工作的执行人员的最低任职资格条件，一般包括这些方面：① 必备知识分析，即应具备的基本知识技能；② 必备经验分析，指基本经验要求，如工作经历要求、专门训练与执业证书要求及实践经验要求；③ 必备能力分析，包括意志力、决策力、创造力、组织力等；④ 必备心理素质分析，如职业性向、气质性格等。日本弁理士会制定的《业务标准手册》和《弁理士道德指导守则（第一部）》，就是根据工作分析结果来制定的统一规范。工作分析在人力资源管理中的地位如图 8-1 所示。工作分析有助于选拔和任用合格人员，设计员工个人开发计划，为绩效评估提供标准和依据，也有助于实现公平报酬，全面整合实现人力资源开发与管理，形成人力资源调控的基础。

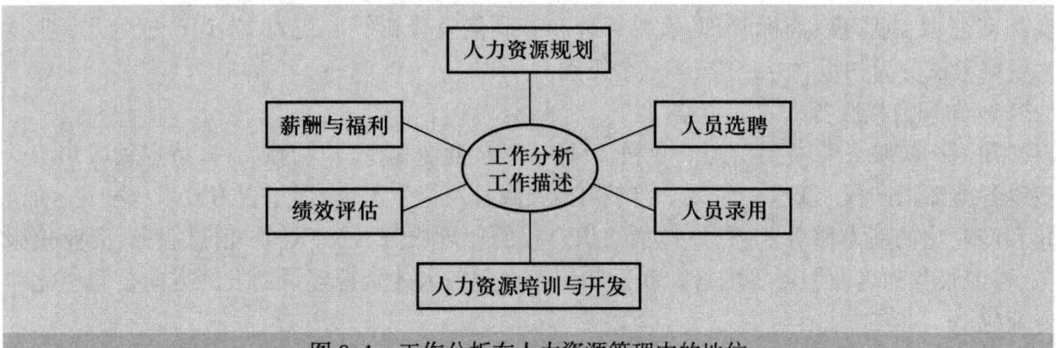

图 8-1　工作分析在人力资源管理中的地位

（二）知识产权专业人才的资格制度

对知识产权专业人才的评价和使用，主要通过任职资格和职业资格制度来进行。

1. 知识产权审查人才的任职资格

知识产权审查人才的资格制度主要有专利审查官制度和商标审查官制度，只有经过系统、长期和严格的专业知识、能力、技能及相应职业道德的培训和考核，才有可能成为审查官。我国专利审查员是国家专利行政部门内从事对专利申请进行审查的专业技术人员。基本条件是具有中华人民共和国国籍，遵守宪法和法律，具有良好的品行修养和胜任岗位所需要的知识水平和扎实的专业功底，一般要求具有理工类学科领域的硕士及以上学位。美国专利商标局规定，审查官资格必须是美国公民，至少获得物理学、生命科学、工程学或计算机科学等学科领域的学士学位。日本《专利法》规定只有通过Ⅰ类国家公务员录用考试，才能成为特许厅审查官。要成为专利审查官，必须在Ⅰ类国家公务员录用考试的技术类合格，被特许厅录取后接受三个月培训，之后被任用为审查官助手。经过审查官后备培训和一定时期的业务工作，才可升任为审查官。就商标审查官而言，日本特许厅在1997年就制定了《基本培训方针》，对审查官进行系统培训。2004年又修订了《基本培训方针》，详细规定了商标审查官应该具备的知识和能力。

2. 知识产权管理人才的资格

知识产权管理人才的涉及面很广，大部分集中在企业。一般来说，知识产权管理部门人员所必需的素质包括法律知识、技术知识和知识量。日本是世界上首次建立由国家认可的知识产权管理工程师职业资格制度的国家。日本“知识产权人才能力鉴定制度”确立了知识产权人才的能力指标体系，设立了能力资格培训和认定制度。在日本，该资格的名称是“知识产权经营管理师”，设置Ⅰ级、准Ⅰ级、Ⅱ级、准Ⅱ级四个等级。参加Ⅰ级考试的人员是：企业、大学、研究所中的知识产权专业人才，法律事务负责人中有实际业务经验的人员以及专利代理人等。参加Ⅱ级考试的是：知识产权管理人员、法律事务负责人、工程师和研究人员等。该项资格考试的主要内容有法律知识和实际业务两个部分。其中，法律知识包括一般法、周边法和外国法；实际业务包括知识产权的创造阶段、权利化阶段和实际应用阶段的业务。日本“知识产权管理工程师”资格考试的资格分为三个等级，每个等级的考试目的与着眼点有所不同：三级在于拓展知识产权的视野；二级更加关注发现问题的能力；一级则要求具有较高的实务操作能力和较强的解决问题能力。2019年4月，“知识产权”被列入我国经济专业技术资格考试的新增专业。知识产权专业人员（知识产权师）属于经济和金融专业人员中类，专业内容根据职业大典分类包括专利代理、商标代理、专利审查、商标审查、专利管理、商标管理、版权管理和专利信息分析等。我国“知识产权师”专业技术资格考试分为初级、中级和高级三个级别。

3. 知识产权服务人才的资格

知识产权服务业主要指提供专利、商标、版权、商业秘密、植物新品种、特定领域知识产权等各类知识产权“获权—用权—维权”相关服务及衍生服务，促进智力成果权利化、商业化和产业化的新型服务业，具体包括知识产权的代理服务、法律服务、信息服务、商业化服务、咨询服务和培训服务等内容。我国知识产权服务人才资源建设的发展方向是职业化和专业化。

（1）我国知识产权服务人才的相关制度。我国知识产权服务人才中的专利代理师属于职业资格范畴，需要通过考试获得资格才具备行业准入资格。我国专利代理师执业准入资格考试始于1992年，考试科目包括专利法律知识、相关法律知识和专利代理实务三个部分。具有完全民事行为能力、取得国家承认的理工科大专以上学历并获得毕业证书或者学位证书的中国公民可以报名参加考试。根据我国《专利代理条例》（2018年修订），专利代理师在取得专利代理师资格证书、实习满一年以及在一家专利代理机构专职从事代理服务，即可执业。在我国，知识产权律师是律师从业专业细分下的一个分类，主要是处理专利、商标、著作权、商业秘密、不正当竞争等方面的诉讼和非诉讼法律相关事务。若想成为律师必须先通过国家司法考试获得法律职业资格证，且在律师事务所实习合格后，便可以申请律师执业证。知识产权律师在处理业务时，常常会与专利代理师的职务有所交叉，不少知识产权律师往往也会考取专利代理师资格证。企业事业单位的知识产权管理人才，正在推进从业资格制度，统一纳入国家职业资格证书管理。例如，要取得中国认证认可协会（CCAA）"知识产权管理体系审核员"资格，需要根据《IPMS知识产权管理体系认证审核员确认方案》等规定，参加培训并通过考试等规定环节。

（2）美国专利代理制度。美国专利代理的执业人员分为专利代理人（patent agent）和专利律师（patent attorney）。专利代理人是在美国专利商标局申请并符合注册条件，从事专利代理事务的个人。一个人只通过专利代理人资格考试而没有通过普通律师执业资格考试，则仅被称为专利代理人。任何美国公民，在满足相应规定的要求情况下就可以注册为美国专利代理人。合法定居在美国的非美国公民，在满足法规要求的条件下也可以注册为美国专利代理人，从事代理与美国专利商标局相关的专利事务。专利律师是满足专利代理人的条件且已经在任何美国联邦法院或任何州的最高法院从业的律师。由于专利代理服务具有很强的专业性，任何一个人要取得执业资格，必须通过资格考试。考试形式为笔试，涉及专利法、美国专利商标局条例、执业实践、诉讼程序及其他内容。

（3）日本专利代理制度。日本的专利代理人称为"弁理士"。原则上，要成为一名弁理士，首先必须是日本公民或取得永久居留权的外国人，在日本国内有住所，并通过日本专利代理人考试或者取得律师资格，或者在特许厅作为审查员或复审员工作7年以上。1922年，日本举行了首次专利代理人资格考试。日本专利代理人考试包括笔试和口试两部分，笔试合格后才可以参加口试。考试内容包括知识产权所有相关权利涉及的法律和法令，以及由考试者自行选择的一门工业技术的考试。专利代理人从业，需要在专利代理人协会下设的专利代理人登记处登记。

（4）德国专利代理制度。在德国，受雇于专利代理事务所的称为"专利律师"或"专利代理人"（patentanwalt，专利代理事务所律师），受雇于公司的称为"专利顾问律师"（pantentassesor）。

德国对专利代理人前期的工作经验、实践、培训等方面的要求非常严格。根据德国《专利代理人条例》，申请参加专利代理人考试必须先参加其系列培训和实践。参试人员应取得大学理工科学位，并在相关领域具有至少1年的工作经验。参试人员需要接受至少34个月的培训。德国专利代理人考试由德国专利商标局考试委员会组织。考试包括笔试及撰写文书，考试内容包括：工业产权保护和实践活动的理论性测试，工业产权法、民法、商法、反不正当竞争法、外国工业产权法、专利律师法等的口试。通过后如果想成为正式执业人员，还必须获得执业资格证。

三、知识产权人才培养

《中华人民共和国职业分类大典》(2015 版)把“知识产权专业人员”分为专利审查人员、专利代理人员、专利管理人员和专利信息分析人员 4 大类。通常情况下,知识产权人才培养主要由知识产权行政管理部门、行业协会、企业和高等学校来完成。

(一)专利审查人员的培养

我国专利审查员的培养主要由国家知识产权局专利局负责实施。国家知识产权局在《专利人才教育培训指南(试行)》基础上,完善了《专利局新审查员入职培训标准课程体系》等培训教学大纲,确定了新审查员入职培训的全部课程内容、课程时长及授课顺序,规定了集中培训、全岗培训、企业实习等内容和要求,通过审查员系列培训教材开展培养工作。我国专利审查员的培训由入局培训、岗位实习、提高阶段、继续教育阶段和扩展阶段构成。专利审查员的培训通常采取半脱产形式,首先是学习流程管理,其次是接受专利任务培训,然后进入实审阶段培训。新入局人员为期 4 个月的培训内容包括公务员初任培训,国家知识产权局基本情况介绍,专利法相关知识、检索和审查技能等培训单元。入局培训结束之后,新入局人员要回到所应聘的审查部门开始实习,进入导师带教阶段,协助导师审查案卷。新审查员培训结束后将进行上岗答辩。通过答辩的新审查员仍然要接受实习辅导,然后才能独立开展审查业务。

美国专利商标局(USPTO)对专利审查员提供的培训项目称为“专利审查员技术培训计划”(Patent Examiner Technical Training Program, PETTP),这是一个由技术人员、科学家、工程师和其他来自工业界和学术界的专家自愿提供帮助、以客座讲师(guest lecturers)身份参与并向专利审查员提供有关最新技术的技术培训和专业知识的培训项目,可以是线下培训或是网络培训。2012 年,美国专利商标局和大学技术经理人协会(Association of University Technology Managers, AUTM)联合推出一个新的专利审查员培训计划,该计划是由在大学技术转让办公室(Technology Transfer Office, TTO)工作的 AUTM 会员为专利审查员定制培训方案并提供关键的教职员工作为培训师,以增强 PETTP 培训效果。美国专利商标局希望通过这个培训,实现更精简的专利审查,减少延误和要求继续审查的需求,最终批准强有力和有效的专利。

(二)专利代理人员的培养

我国专利代理师的培训主要由中华全国专利代理人协会(ACPAA)来完成,主要包括专利代理师的实习培训和执业培训,职业道德与执业纪律教育。2014 年,中华全国专利代理人协会发布了《专利代理实务实习管理办法》,明确了拟首次申请领取专利代理人执业证的人员的实务实习的内容、期限、实习导师和实习考核等方面的要求。该办法的第 7 条规定:实习期内,实习人员在实习导师的指导下至少参与 10 件专利申请案件或专利案件的事务处理。实习内容涉及:掌握专利申请办理流程;撰写专利申请文件;答复审查意见通知书;参与专利代理业务案卷的整理与归档;参与代理复审和无效案件;参与会晤或庭审活动等。中华全国专利代理人协会还编写出版《专利咨询服务》《专利侵权与诉讼》《专利申请代理》和《专利代理职业道德》等教材,组织研讨交流活动,加强对专利代理师的培养。

美国专利代理的业务范围主要包括专利代理、专利诉讼以及其他非诉讼业务。美国的专利代理人或专利律师并没有全国性的统一协会组织。美国知识产权法协会（American Intellectual Property Law Association，AIPLA）是美国专利代理方面参与人数比较多的一个全国性质的行业协会。AIPLA积极支持地方、州和联邦各级政府的旨在解决专业培训的各种计划，致力于促进其成员和公众专业化的教育，提高专业水平。在日本，专利代理人必须参加日本经济产业大臣主持、使专利代理人具备高水平的实务应用能力的实务修习。实务修习每年举行一次以上，由至少从业7年的资深专利代理人担任讲师。实务研修课程包括代理人事务所的使命、专利明细书的写作方法、专利侵害案例的防止策略等，培训对象包括初入行的专利代理人、一般律师资格持有人、企业的知识产权部门人员、政府机构的相关职员。日本专利代理人协会是法律认可的唯一有资质承担实务修习培训的组织。在德国，申请参加专利代理人考试，必须接受至少34个月的培训与实践，内容包括：① 预备律师至少要在专利律师事务所或企业专利部门跟从一名导师工作26个月，同时定期接受欧盟和德国知识产权法远程教育并参加专利律师考试；② 在专利商标局实习2个月；③ 在专利法院实习6个月，还可额外选择在地方法院进行2个月的专利侵权诉讼相关实习。德国在专利代理人资格取得的严格培训，尤其是近3年的知识产权领域实践，对代理人执业能力的提高具有很大帮助。德国《专利代理人条例》还明确规定了“继续进行职业进修是专利代理人的一项基本义务”。在通过专利代理人资格考试且执业两年以后，还要进行职业进修并参加相应考试。

（三）专利管理人员的培养

这里的专利管理人员，主要包括从事知识产权行政管理和执法人员、企业和高校的知识产权管理人员、技术研发和知识产权运营人员，涉及政府与行业协会、企业、大学和科研机构。知识产权行政管理和执法人员的培训主要由各级知识产权局负责组织，培训主要涵盖知识产权行政管理、法律法规、授权确权、行政执法、司法裁判、仲裁调解等内容，尤其需要重视快速维权以及互联网、电子商务等新业态和食品药品等民生领域知识产权执法人才的培养和培训。企业和高校的知识产权管理人员培训涉及各级各类企业和高校，人数众多，需求不一。

通常而言，企事业单位知识产权管理人员的培训内容可以包括：专利法基础知识、专利申请与审批程序、专利申请文件撰写、专利信息检索及分析利用、专利行政保护与司法保护、知识产权资产评估、专利（知识产权）管理制度建设、企业专利战略等。此外，对于企业和高校的知识产权管理人员，《企业知识产权管理规范》（GB/T 29490—2013）和《高等学校知识产权管理规范》（GB/T 33251—2016）应列入其培训内容。对于企业研发管理人员和从事科研管理的高校教师，应进行专利法基础知识、专利信息检索及分析利用、专利申请文件撰写和专利与技术秘密等培训。

（四）专利信息分析人员的培养

在这个方面，国家知识产权局发布了《关于加强专利分析工作的指导意见》，制定了《专利信息分析专业人员能力素质指导大纲》，以规范专利信息分析人员的培养，培训内容主要包括专利文献基础、专利检索、专利分析基本流程、专利分析方法、专利分析典型应用五个部分。

（五）我国国家知识产权局“知识产权人才重大工程”

国家知识产权局通过发布《知识产权人才“十三五”规划》，推进“知识产权人才重大

工程”,内容包括:

（1）实施知识产权高端引领人才工程。发挥领军人才高端引领、示范带动作用,科学规划百名青年拔尖人才发展路径,完善成长通道,形成知识产权领军人才引领事业发展的良好局面。

（2）实施知识产权急需紧缺人才工程。以加强知识产权运用和保护为主要目标,完善企业、服务业、高等学校和科研机构知识产权“人才链”,培养和集聚知识产权强国建设急需的知识产权行政管理和执法人才、企业知识产权高级管理人才、知识产权运营人才、专利信息分析人才和知识产权国际化人才。

（3）实施知识产权基础人才工程。完善专利审查人才教育培训体系和专利代理人资格考试制度,建立专利代理人等知识产权服务业人才能力素质标准,探索职业水平评价体系,推动建立企事业单位知识产权人才评价制度。

（六）高校知识产权人才的培养

1. 我国高校知识产权人才培养

知识产权人才培养包括知识产权人才在学培养和知识产权人才在职培养两大部分。知识产权人才在学培养包括本专科生和硕博士研究生的系列培养;知识产权人才在职培养包括在职人员的知识产权继续教育与培训。我国知识产权制度建立较晚。1987年起,中国人民大学、华中科技大学(时名华中工学院)和北京大学等高校开始招收“4+2”学制的知识产权法学本科第二学士学位,培养出我国最早一批本科第二学士学位的知识产权法学专业人才。1993年和1994年,北京大学和上海大学分别成立知识产权学院。2010年起,同济大学、中国科技大学等高校建立了国家知识产权人才培训基地,面向社会开展知识产权培训活动。从1987年至今,我国高校知识产权教育和专业人才培养迅速发展。截至2019年,我国已有35所高校成立了知识产权学院,88所普通高校设置了知识产权本科专业,国家知识产权局依靠高校设立了26个国家知识产权培训基地。总体来看,我国高校知识产权人才培养过于偏重知识产权法学理论的学习,辅以经济、管理、理工等课程,较为缺乏务实操作训练(见表8–1)。知识产权培训工作分散,缺乏协调、配合和统一规划,培训水平参差不齐。尚未形成成熟的应用型和复合型知识产权人才培养模式。

表8–1 北京大学知识产权学院课程设置一览

课程类别	课程名称
基础课程	法学院本科生基干课“知识产权法”,全校大类平台课“知识产权法”,法律硕士必修课“知识产权法专题”,在职法律硕士必修课“知识产权法”,法学博士“法学前沿”
博士生专业课	知识产权法哲学知识产权法专题研究
法学硕士 法律硕士专业课	知识产权理论基础、专利法、商标法、著作权法、知识产权国际保护专题、竞争法专题、高新技术知识产权保护、工业产权法、知识产权法(英文)
选修课	互联网法律问题研究、知识产权法比较研究、专利文献分析与检索、知识产权案例分析、企业知识产权管理

资料来源:北京大学知识产权学院官网.

2. 国外高校知识产权人才的培训

日本早在20世纪80年代,就把知识产权教育列入高等教育的重要内容,至今已构建一个完善的知识产权教育体系,包括针对中小学的知识产权启蒙教育、针对大学生和研究生的知识产权普及教育和专门人才的培养以及针对一般国民的知识产权普及教育。大学在其中扮演了极其重要的角色,强调实务应用人才的培养。日本高级人才的培育原则是:① 大量培养具有高度知识财产专业知识的专利代理人,以使他们能起到新的典范作用。② 这些能起着典范作用的人才是精通法律、技术和经营各领域的综合性人才,他们将参与到知识产权创造的环节中去。③ 每班采用小班制(约20人),主要针对专利代理人的非专利业务,通过讲师与学员之间以及学员之间的互动方式进行学习。④ 专利代理人以外的人也可以以讲师或学员的身份参加。同时根据不同培训目的制定了不同的培训内容与方向。在综合性领域,主要针对多种基础知识的提高;在尖端领域,主要提高运用知识的能力;在没有"唯一的正确答案"的领域,主要提高创造性思维能力。

德国高校知识产权人才培养非常重视实际能力的培养。以慕尼黑知识产权法研究中心为例,该中心只讲授与知识产权相关的知识和实务,舍弃法学基础理论讲授。在必修课程中,传统知识产权理论(包括版权、专利权和商标权)都会详细讲解。在知识产权运用领域涉及的内容,如专利申请、专利许可、专利实务、专利评估、可专利性研究、专利许可谈判等都纳入课程体系。此外,还开设生物技术发明的保护、制药知识产权、版权和计算机程序、知识产权与创意产业、软件专利、知识产权与传统知识、大数据与法律等针对特定技术领域的课程。课程设置注重与管理学、经济学的结合,开设经济学概论、知识产权的理论和经济基础、创新政策、技术与创新管理导论、无形资产评估等课程。学生实际能力的培养还体现在课程结构中。该中心开设的47门课程中,共有13门必修课(包括一门实践课)。34门选修课中的19门都提供实践机会,这些课程包括专利许可、商标法实务、专利实务、专利权许可机构执法实习、知识产权与替性争议解决、庭审口头辩论等。

美国知识产权学历教育的培养以各大学的法学院(研究生阶段)为主,由美国律师协会认可的法学院都可以开展正式的知识产权教育。主要特点:① 美国的知识产权学历教育属于职业教育,一般需要先修完四年本科课程、获得学士学位(非法学专业)并通过严格考试后才取得入学资格,进而接受学制三年的知识产权教育。从非法学专业和获得本科以上学位的人中招生,生源质量较高。该培养模式俗称J.D.。② 美国高校知识产权教育的培养目标是应用型人才。课程包括必修和选修两类,以选修课为主。必修课包括民法、刑法、国际知识产权法等课程。主流课程大多是各具特色的选修课。③ 注重学生实际动手能力的锻炼,开设了较多的操作实务课程,专利申请、商标申请、专利诉讼、知识产权写作等大多开设为独立课程。

第三节　知识产权人力资源的管理与激励

按照市场经济一般规律,企业理应成为国家自主创新的重要主体,最具创新精神和能力的优秀人才应该聚集在企业。美国企业就集聚了80%以上的优秀人才。我国企业吸纳的优秀人才仅占30%。可以说,加强企业知识产权人力资源的合理配置与有效管理,将有助于促进我国知识产权战略的深入实施与知识经济的持续发展。

一、人力资源管理体系与人力资源管理中的知识产权管理要点

（一）企业人力资源管理体系的构成

一般认为，人力资源管理体系由六大模块构成，分别是人力资源规划、招聘与配置、培训与开发、绩效管理、薪酬与福利管理、劳动关系管理。这是从模块划分的角度对企业人力资源管理工作内容的概括与总结。

1. 人力资源规划

这在于保证企业稳定拥有一定质量与必需数量的人员，使人员拥有量与人员需求量之间在实现企业目标进程中能够相互匹配。人力资源规划在人力资源工作中起着目标定位和方向把握的作用，其内容主要包括：组织机构的调整、分析与设置，企业人员供给 / 需求分析，人力资源相关制度制定，以及费用的预算编制与执行。

2. 招聘与配置

这是指按照企业经营战略与人力资源规划的要求，将合适的人员招进企业并将其放在合适的岗位。招聘与配置并非各自独立的两个过程，而是相互影响与依赖的两个环节。有些企业很重视招聘方法、招聘成本与招聘过程等环节，然而招聘与配置的成败更多地取决于招聘前的需求分析、工作分析与胜任力分析。

3. 培训与开发

培训是给新员工或现有员工传授胜任本职工作必需的基本技能的过程。开发强调对员工潜能的挖掘，指通过知识传授、技能提高或观念转变来改进当前或将来工作绩效的活动。培训与开发在于促使员工的素质能力与岗位工作需求的有效匹配，进而促进员工现在与未来工作绩效的提升；同时，还能增强组织或个人的适应能力，增强员工对组织的认同度和归属感。

4. 绩效管理

通常情况下，绩效管理主要是通过对员工业绩的考核，来体现企业对员工行为的肯定和否定，进而促进个人与企业整体绩效的提高。有效的绩效管理体系包括考核指标、考核标准及与考核结果相应的薪资、福利和奖惩措施。需要指出的是，绩效管理的本质并非让人们把注意力停留在业绩考核上，这种传统的绩效管理观的局限性在于对过去工作的过分关注。现代绩效管理更注重绩效的后续作用，更加关注未来绩效的提高。

5. 薪酬与福利管理

薪酬与福利是指员工为企业提供劳动所得到报酬的总和，应包括货币与非货币、物资形式与非物资形式的报酬。薪酬与福利的作用在于：一是企业对员工过去表现的肯定和承认，满足员工的基本生活需求。二是通过合理的薪酬福利体系，促使员工保持良好的工作状态和业绩，并通过薪酬福利体系的完善激发员工的潜能，促进绩效不断提高。有效的薪酬福利体系应具备公平性，包括社会公平、内部公平和岗位公平。社会公平体现出企业薪酬福利的市场有竞争力，内部公平需要体现出薪酬在企业内的纵向区别，岗位公平体现出同岗位员工在胜任力、执行力等方面的差距。

6. 劳动关系管理

这在于实现企业与员工的共生与双赢。双方的关系须建立在法律法规、政策及公司制度基础之上，通过劳动合同来明确和处理各自的权利和义务。具体来说，劳动合同确保劳

动者的应有利益及对企业的应尽义务；劳动合同在规范用工行为和维护劳动者基本利益的同时，也有效保障了用人单位的权益，如对雇员供职期限的约定权、依据适用条款对不能胜任岗位工作者的解雇权以及合法规避劳动法规的规避权等，进而为双方的双赢提供稳定和谐的环境。

六大模块的工作侧重点各有不同，但模块之间联系紧密，构成了一个有机体，任何一个环节的缺失或疏忽都会影响整个人力资源管理系统的失衡。企业需要根据不同情形选择工作重点，保证人力资源管理体系的运作，形成企业战略目标实现的根本保障。在企业具体的知识产权人力资源管理工作中，上述六个模块都会贯穿其中。当然，由于知识产权工作发展水平高低不同，这些模块工作在不同企业的开展也存在一定的差异性。

（二）企业人力资源管理过程中的知识产权管理要点

2013 年，我国颁布的《企业知识产权管理规范》提出了企业知识产权人力资源管理体系的六个构成要素，即任职资格、入职、人事合同、教育培训、激励与离职。正如前面所述，人力资源管理流程始于需求分析，应根据知识产权战略需要来明确岗位与人员配备要求，企业知识产权管理的部门设立、岗位设置及任职资格分析依次进行，形成组织体系的基础。在整个管理流程中，除了要注意知识产权专职人员与普通员工在入职、教育培训、激励与约束、离职等环节采用合同管理的方式加强专利、技术秘诀、商业秘密等知识产权的保护，还需采取合同方式对从事研发、营销等工作的企业关键人员进行知识产权事宜的约定与管理。

1. 确定明确的任职资格

应明确知识产权工作人员的任职条件，通过招聘遴选等环节，确保从事知识产权工作的人员能够满足相应的条件。

2. 完成必要的入职调查

对新入职员工进行适当的知识产权背景调查，以避免侵犯他人的知识产权；对于研究开发等与知识产权关系密切的岗位，应要求新入职员工签署知识产权声明文件。

3. 实施严格的人事合同管理

企业要通过劳动合同、劳务合同等方式对员工进行管理，约定知识产权权属、保密条款，明确发明创造人员享有的权利和负有的义务，通常情况下还要与关键人员约定竞业限制和补偿条款。

4. 开展常态化的教育培训

企业应制定各类人员的知识产权教育培训计划并加以组织实施，内容包括：① 全体员工按业务领域和岗位要求安排知识产权培训；② 中、高层管理人员的知识产权培训；③ 研究开发等与知识产权关系密切的岗位中的人员的知识产权培训。此外，还应形成培训计划、培训实施、培训考核、效果评价与反馈等完整记录。

5. 激励管理

不仅要明确员工在知识产权创造、保护和运用等方面的奖励和报酬，以激发员工的创新热情，充分挖掘和体现员工的创新潜力，同时，也要明确员工造成知识产权损失的责任。

6. 加强离职管理

对离职的员工进行相应的知识产权事项提醒。在涉及核心知识产权的员工离职时，还应签署离职知识产权协议或执行竞业限制协议，这一点在员工入职签订劳动合同时必须明确告知。

二、企业人力资源激励理论

从不同角度来理解，激励含义有所不同。就词义看，激励就是激发、鼓励，调动人的积极性和创造性。从历史演变而言，无论是对知识产权创造主体的奖励、认可、成果保护及运用程序的规定，还是对知识产权侵犯者的制裁，都离不开激励的范畴。前人的研究可概括为如下四类：

（一）内容型激励理论

1. 马斯洛的需要层次理论

美国心理学家马斯洛（Maslow）于1943年提出了需要层次理论。他认为：人类有五种需要（生理需要、安全需要、归属需要、尊重需要和自我实现的需要）；这五种需要是有层次区别的，由低级向高级发展。人类的需要是随着低层次需要的满足而逐渐向高层次需要不断发展的。低层次需要得到满足之后，高层次需要才会变得重要。得到满足的需要，就不再具有激励作用。需要是逐层次得以满足的，直到最后自我实现的需要变成主要的激励因素。具体来看，生理需要是人类最基本的原始需要，安全需要是人类保障自身安全、避免失业和丧失财产等威胁的需要，归属需要是对从属于某个群体或组织、与人交往、被人接纳、获得情感等的需要，尊重需要是指受人尊重和自尊的需要，自我实现的需要是指人总是希望能够最大限度地发挥自己的潜能、达到自己内心真正向往的目标和境界。尽管对这个理论存在诸多争论，但需要层次理论反映了社会的现实，所提出的人类先满足低层次需要后满足高层次需要的次序也大体符合人类的本性。在实际工作中，要及时调查了解组织成员的需要及其变化，尽可能帮助员工有机会来充分发挥潜能和满足内心真实愿望的机会。

2. 赫茨伯格的双因素理论

美国心理学家赫茨伯格（Herzberg）的双因素理论认为，存在两种不同的激励因素：一类是促使人们产生工作满意感的因素，称为激励因素；另一类是促使人们产生不满的因素，称为保健因素。激励因素指与工作内容相关的因素，这类因素的改善能够产生很大程度的激励，产生工作的满意感，有助于调动人员的积极性。保健因素指与工作环境（或条件）相关的因素，这类需要得不到满足会导致不满甚至挫伤工作的积极性；反之，如果得到满足，只能防止不满情绪的产生，而不会产生满意情绪。双因素理论的最大价值在于提出了激励的重要观点：真正对工作产生重要和持续的激励作用的正是工作本身，这与只注重工资、奖金和工作条件等外在因素的传统激励方式有着重要的区别。双因素理论将这些因素视为保健因素，强调要从工作本身来寻找激励之道。因此，根据对个人爱好和兴趣来了解和安排岗位，使工作丰富化，并有效发挥工资和奖金的激励作用。

（二）过程型激励理论

1. 洛克的目标设置理论

美国心理学家洛克（Locke）在1967年提出了目标设置理论。该理论强调：人的任何行为都受到某种目标的驱使，指向目标的工作是工作机理的重要来源。因此，可通过合理设定目标来进行激励。该理论认为：① 有目标的任务比没有目标的任务好；② 具体的、可操作的、分阶段的目标比空泛的、号召性的目标好；③ 有一定难度的目标比没有难度的目标好；④ 能被人接受的目标比不能被人接受的目标好。在实际应用中，目标设置理论主要是通过目标管理来实现的。目标管理要求：① 管理者要设定有一定难度的目标，让成员了解组织和个人的具体目标并建立二者的关联；② 尽可能提供参与制定和实现目标的各种机会；③ 要有一套方法控制目标的实施过程；④ 评价和反馈组织成员的工作绩效，使目标效果与奖惩明确联系起来。

2. 佛隆的期望理论

美国心理学家佛隆（Vroom）在 1964 年提出了期望理论。观点是：人们只有在预期其行为有助于达到某种目标的情况下，才会被充分激励起来，产生内在的激发力量，真正产生行动。因此，激励是个人对一个目标的预期价值（即效价）与他对能实现目标的主观估计（即期望值）的乘积。可用如下公式来表示：

$$F=\sum V\times E$$

其中：F 为激励力，是指个人所受激励的程度；V 为效价，指个人对达到某种成果或目标的偏爱程度，是个人对该成果或目标价值的主观估计；E 为期望，指个人对通过特定的活动导致预期成果（或目标）的概率估计。根据上述公式，要调动积极性，就要：① 根据个体需要偏好，给不同的组织成员设置报酬和奖励措施（也就是提高效价 V）。② 给成员创造良好的工作条件，增强其达到目标的信心；同时，通过建立奖励制度来提高其对完成组织目标后达到个人目标的期望值（也就是提高 E），提高组织成员的工作热情。

（三）强化型激励理论

强化理论由美国心理学家斯金纳（Skinner）于 1938 年提出。所谓强化指的是对一种行为肯定或否定的结果（奖励和惩罚）在一定程度上会决定这种行为重复发生的概率。这一理论在管理中有四种应用方式：① 正强化，指用好的结果（包括各种正面刺激）刺激个体好的行为重复出现。② 负强化或回避，指预先告诉某种不符合要求的行为或不良绩效可能引起的不良后果，让组织成员按照符合组织要求的方式行事或避免不符合要求的行为，来回避这些后果。③ 自然消退，指对组织成员的某种行为不给予回应，以表示对该行为的轻视或某种程度的否定，以减少此种行为发生。④ 惩罚，指以某种具有强制性和威胁性的结果（如批评、降薪、降职或开除等）来创造一种令人不安甚至痛苦的环境，表示对某些不符合要求行为的否定，以消除该行为重复发生的可能性。在管理中，首先要根据组织成员的年龄、性别、个性、心理需要和承受能力等不同特征来选择合适的强化方式、强化物和强化时间。其次，要考虑每种方式的后果，力争取得最满意的强化效果。最后，组织的各种规章制度不仅应规定和表述明确，还应通过各种培训不断灌输强化。

（四）综合型激励理论

激励是一个非常复杂的问题。将各种激励理论综合归纳，系统解释人的行为激励过程，就是美国心理学家劳勒（Lawler）和波特（Porter）在 1968 年提出的综合型激励理论的追求目标。该理论包括四个变量：个体努力程度、工作绩效、内外报酬和满足感。他们认为：① 个体努力程度是由工作所获得报偿的价值和个人感到努力后可能获得报偿的概率决定的，而个体绩效主要依赖于努力程度，同时还依赖于个人能力、个人角色认识及所处环境的限制。② 个体满意感取决于实际所获报偿与个人自认为应获报偿的一致性。③ 一个人得到的满意程度又将影响后续的价值判断。个体的成绩与效果（绩效）既直接影响他自认为应得的报偿，也影响到其今后对该项工作的期望值。该理论指出，激励和绩效之间并不是简单的因果关系，不要以为设置了激励目标、采取了激励手段，就一定能获得所需的行动和努力,并使员工满意。在实际工作中,要善于从不同的角度来考虑激励的方式,找出影响组织成员工作积极性的因素。这就要求管理者要利用各种激励理论从不同角度来解决问题。总之,综合考虑奖励内容、奖惩制度、组织分工、目标设置、考核的公正性、领导作风及个人心理期望等多种因素,才有可能使激励产生预期的效果。

三、知识产权人力资源激励制度的构建

(一)宏观层面人力资源激励制度的构建

宏观激励制度是指由建立在国家(及地方政府)制定的促进知识产权的创造、运用、保护和管理,激励自主创新的相关政策、法规和措施基础之上所形成的激励制度。其中很多政策法规直接或间接地涉及知识产权人力资源的激励问题。

1. 美国相关激励政策

美国专利制度已有200多年的历史,已基本建立了完整的知识产权法律及政策体系,并以此为基础形成了较为完善的创新激励机制,是实施知识产权制度最为成功的国家。

(1)对知识产权创造的激励。例如,美国专利制度对申请专利的对象几乎没有限制,不但批准的领域广,而且一种专利涵盖的范围也较宽,这使得技术发明人的权利能得到最大限度的保护。几十年来,美国根据国家利益及其企业的竞争需要,对专利法、著作权法、商标法等知识产权立法不断修改与完善,扩大保护范围,加强保护力度。强大的专利保护制度能有效激励人们(特别是私人企业)全力进行创新。此外,还通过商业合同向企业注入研发资金、采用税收优惠等方式刺激企业的技术创新。

(2)对知识产权运用的激励与约束。美国不断加强调整知识产权利益关系,在鼓励转化和应用创新方面强化立法。自1980年的《拜杜法案》到1986年的《联邦技术转移法》以及1998年的《技术转让商业化法》之后,1999年美国国会又通过了《美国发明家保护法令》,使美国的大学、国家实验室在申请专利、加速产学研结合及创办高新技术企业方面发挥更大的主动性。《拜杜法案》的实施,使研究机构专利数量大幅增长,并促使其乐于转让专利技术,对专利商业化起到了有益的促进作用。

(3)通过特别培养高层次人才计划、人才继续教育计划等措施,有效保证并不断提高创新人才知识更新和创新素质,同时运用移民政策来吸引和留住所需的国外科技人才。让外国人才深深感受到,他们来美国不仅仅是追求丰富的物质生活,而是为了更充分发挥自己的才能。为此,美国尽量创造出更自由宽松的学术环境,提供丰富的信息资源,努力营造吸引人才的外部环境。

(4)完善证券市场及其法规,加强技术转移、知识产权代理等服务机构建设,练就一大批创新风险投资人士和高素质的知识产权经营管理人才。目前,美国已有不少企业建立了基于"R&D投资—知识产权—许可收入—R&D投资"的知识产权战略模式,形成了完善的市场激励机制。这些政策措施的影响力还延伸到企业知识产权战略之中,促进了美国知识产权制度的发展。

2. 我国相关激励政策

2008年,我国颁布《国家知识产权战略纲要》,根本目的在于通过完善知识产权制度,构建一个有利于创造和运用知识资源的环境,促进市场主体提高创造、运用、保护和管理知识产权的综合能力,从而支撑创新型国家和小康社会建设。同年,我国建立国家知识产权

战略实施工作部际联席会议制度。2016年，我国建立国务院知识产权战略实施工作部际联席会议制度，统筹协调国家知识产权战略实施和知识产权强国建设工作。2020年，我国发布《2020年深入实施国家知识产权战略加快建设知识产权强国推进计划》。

（1）对知识产权创造的激励。2007年修订的《科学技术进步法》提出，要实施激励企业技术创新的财税政策，制定鼓励自主创新、限制盲目重复引进的政策；实施促进自主创新的政府采购；实施促进创新创业的金融政策；建立和完善创业风险投资机制；营造有利于科技创新的社会环境等政策。国家鼓励信托公司综合运用股权、债权、投贷联动、产业基金、知识产权信托等方式开展知识产权投融资业务。鼓励融资担保公司开发适合知识产权的信用担保产品，加大对小微企业知识产权融资的支持力度。《2020年深入实施国家知识产权战略加快建设知识产权强国推进计划》强调提高知识产权审查质量和效率，强化知识产权质量导向。提出逐步建立高校职务科技成果披露制度和专利申请前评估制度，停止对专利申请的资助奖励，大幅减少并逐步取消对专利授权的奖励。

（2）对知识产权运用的激励。在《国家知识产权战略纲要》中，提出了促进知识产权创造和运用，鼓励知识产权转化运用，发展知识产权中介服务等措施，包括：运用财政、金融、投资和产业、能源、环境保护等政策，引导和支持创造与运用知识产权；完善国家资助开发的科研成果权利归属和利益分享机制；引导企业实现知识产权的市场价值；引导和支持创新要素向企业集聚等内容。在《科学技术进步法》中，提出了国家培育和发展技术市场，鼓励创办技术中介服务机构，引导建立技术交易服务体系；为企业自主创新与成果产业化贷款提供贴息、担保；鼓励设立创业投资引导基金，引导社会资金流向创业投资企业等措施。《2020年深入实施国家知识产权战略加快建设知识产权强国推进计划》提出通过提高转化收益比例等“后补助”方式对发明人或团队予以奖励；依托高校和科研院所探索开展技术经理人培养；鼓励高校与第三方知识产权运营服务平台合作；启动赋予科研人员职务科技成果所有权或长期使用权试点。

（3）对知识产权人才的激励。《科学技术进步法》明确提出国有企业应当建立健全有利于技术创新的分配制度，完善激励约束机制。在《国家知识产权战略纲要》明确提出要“紧紧抓住培养、吸引、用好人才三个环节”，“健全人才考核评价、选拔任用和激励保障机制，创造有利于人才成长、人尽其才的良好环境”“健全以品德、能力和业绩为重点的人才评价、选拔任用和激励保障机制”“完善专利审查工作激励与约束机制，体现重实绩、重贡献的激励原则”等政策措施。《2020年深入实施国家知识产权战略加快建设知识产权强国推进计划》提出：在职称晋升、绩效考核、岗位聘任、项目结题、人才评价和奖学金评定等政策中，坚决杜绝简单以专利申请量、授权量为考核内容，增加专利转化运用绩效的权重。鼓励高校与第三方知识产权运营服务平台合作，支持高校根据岗位设置管理有关规定自主设置技术转移转化系列技术类和管理类岗位。

（二）微观层面人力资源激励制度的构建

纵观各国知识产权战略的实施，都十分强调企业在自主创新中的主体角色。这里以中国、美国和日本企业为例，来了解微观层面知识产权人力资源激励制度的构建。

1. 中国企业知识产权人力资源激励制度

（1）知识产权管理体系构建。就企业而言，不同企业的知识产权管理架构是不一样的，没有一成不变的定式。就算同一个企业，其组织架构也会进行动态调整。例如，中兴通讯知识产权部门（包括专利和商标）一直设置在公司法务系统中。2017 年前后，知识产权管理部门列入公司研发体系之中，知识产权公司领导人也由分管法务的副总裁改为分管研发的副总裁。华为是研发、标准和专利由一个管理团队来进行统一的管理。

（2）实施有效的知识产权人力资源激励机制。企业要想实现知识产权投入的高效回报，一个关键环节就是实施高效合理的激励管理。例如，华为坚持每年将超过 10% 的销售收入投入研发。2014 年，在国内及全国各地设立 23 个研究所，在 9 个国家建立 5G 创新研究中心，全球研发中心总数达到 16 个，联合创新中心共 28 个。2019 年，研发人员约 9.6 万名，约占公司总人数的 49%。支持华为快速成长的一个重要机制就是以《华为基本法》为基础的人力资源激励机制。《华为基本法》的价值在于：第一，系统阐述了公司使命、愿景和核心价值观，统一员工思想，确立了企业基本管理体系。第二，明确了公司的未来发展目标和路径。第三，强调“奋斗者为本”，确定利益共享机制（即“员工持股计划”），形成“高层有使命感，中层有责任感，基层有饥饿感”，坚持“不让雷锋吃亏”的薪酬体系（“高工资”是第一推动力），通过“三优先、三鼓励”原则选择干部。

2. 美国企业知识产权人力资源激励制度

（1）确立知识产权管理架构。要对知识产权人力资源进行有效的经营管理，发挥员工的创造力和创新能力，需要有合理的组织架构和管理体制的支持。目前，国外企业知识产权管理体制可以分为集中式、分散式和行列式三种。IBM 采用集中管理模式，通过知识产权管理总部处理所有与业务有关的知识产权事务。总部内设法务部和专利部。IBM 知识产权管理部门在美国本土设有研究所，在海外设分支机构。通过这种管理机制，统一了公司的知识产权政策和管理，确保知识产权活动及其管理顺利进行。

（2）提供良好的环境、支持和培训。例如，微软定期对人才状况进行分析，评估其发展前景和发展路径；设计了“双轨道”机制，即允许优秀员工在管理轨道或技术轨道上发展，从制度上保证了人才发展道路的多样性；鼓励内部流动，给优秀人才发展空间。此外，微软实施优胜劣汰机制，通过建立分级评估体系，定期考核员工工作。与提高待遇相比，微软更注重提供一个能吸引人、留住人的环境，包括：充分的资源支持；最佳的队伍和开放平等的环境，有切磋和学习的机会；吸引人的科研工作；领导者理解并支持员工的研究，让每个人有足够空间及自由去发展自己的才能。

（3）强化对创新人才的激励。美国不少企业建立了激励创造的奖励制度。一是针对发明人的奖励制度。例如，累计积分制是 IBM 公司为激励发明人而设立的奖励方法。公司对申请并刊载在技术公报的发明计 1 点，点数累计为 12 点时，给予一定的发明业绩奖；发明人若是第一次申请即获专利，给予第一次申请奖，奖金 1 500 美元；第二次及以后申请获专利的，给予发明申请奖 500 美元。二是优秀技术人才激励制度。例如，美国很多企业采用配股激励方式，公司按工龄配给员工一定的股份，以此留住人才和激励人才。

（4）重视组织文化的激励作用。一个企业的文化和价值观是它的精神、思维方式和行为方式，是企业员工形成的一种行为规范和价值观念。例如，微软的价值观包括：诚实和守信；公开交流，尊重他人，与他人共同进步；勇于面对重大挑战；对客户、合作伙伴和技术充满激情；善于自我批评和自我改进，永不自满等。价值观能够产生无形的影响，帮助员工在工作中发挥更大的潜力。

3. 日本企业知识产权人力资源激励制度

在日本,大多数专利都是企业研究开发的成果。日本企业在知识产权人力资源激励制度上与美国企业相似,也有其特点:

(1)采取多种形式,鼓励研究人员积极从事创新研究。通过修改《专利法》第35条,使研究人员可以签订合同的方式确定研究成果的报酬与奖励,以此激励科研人员积极从事创造发明;通过废除发明补贴封顶的规定,鼓励研究人员积极进行知识创新;通过增加竞争性资金比重、以公开招标方式分配政府科研经费、根据知识创新实际业绩优先分配研究经费等方式,激励研究人员的创造热情。

(2)强化创新人才的奖励制度。日本企业一般均设有第一次申请奖、发明申请奖、申请补偿奖、特别功劳奖等奖项。例如,三菱公司、日立公司实行奖励直到权项的终止。由于获得专利授权需要的时间很长,爱普生还专门设立了一个裁定委员会,对专利申请的价值做出判断,确保员工即时获得相应的报酬,即使是已经离职或者故去的员工也能确保其得到奖励。实施后的奖励较高,主要根据实施效益。专利实施后,对发明人、实施单位、实施单位的知识产权部门给予知识产权奖。日本企业知识产权奖励制度的发展趋势是提高奖励。

(3)改革和完善在职发明制度。修改有关规则,以职务晋升和津贴、奖金为杠杆,强化对研究开发人员和发明者的激励机制。2014年诺贝尔物理学奖获得者中村修二与其曾任职的日本公司之间的专利诉讼纠纷,不仅暴露出日本企业知识产权人力资源激励制度的缺陷,也折射了日本专利法案在激励机制设计上的隐患。2015年,日本通过了新的《专利法》,规定员工的职务发明归企业所有。同时,该法还规定发明该专利的员工"拥有获得相当金钱或其他经济利益的权利",要求企业完善回馈员工的机制。

知识产权人力资源激励制度的构建是一个复杂和庞大的系统工程,除了企业以外,还应建立知识产权管理部门、大学、研究机构等机构和个人的激励机制。限于篇幅,这些方面不再展开。

关键术语

知识产权人才(intellectual property talents, IP talents)
人力资源管理基本功能(basic functions of human resource management)
人力资源培养开发(human resource development)
工作分析(job analysis)
激励理论(incentive theory)

复习思考题

1. 简述知识产权人才的含义和构成。
2. 简述知识产权人力资源管理的基本内容。
3. 简述知识产权人力资源培训开发的内容、类型和基本流程。

4. 请结合工作分析相关理论,试说明企业知识产权业务层、管理层和决策层各类人员的任职资格。

5. 知识产权的归属问题一直是引发企业与科研人员矛盾的重要原因之一。请结合我国实际情况,分析知识产权归属问题对企业研发人员的影响。

6. 试析我国中小企业如何解决知识产权人才不足与实施知识产权战略之间的矛盾。

案例讨论

如何进行有效的知识产权人才管理:IBM 与华为的比较

与美国 IBM 这家老牌公司相比,我国华为公司可谓后生新人。这两家公司在知识产权人才管理方面都有其成功之处,对实现公司目标起到了重要的支持作用,主要表现为两个方面:

首先,建立适合自身特点的知识产权管理机制与组织结构。IBM 采用的是高度集权的管理模式,层层细分,职权明确。IBM 在总公司设有知识产权管理总部,总部下设法务部(负责法律事务)和专利部(负责专利事务),负责处理所有与公司业务有关的知识产权事务。全球众多的子公司知识产权分部要执行总部统一的知识产权政策。这种模式较好地实现了研发和知识产权管理的协调,使知识产权战略的制定更贴近市场与现实需求,提高了知识产权管理的执行能力。华为专利战略管理成功的关键之一就是公司明确的专利管理战略指导思想。在知识产权管理组织结构方面,设立了知识产权部,与公司的技术开发部、流程管理处、安全管理部等建立跨部门、跨流程的联系制度与联合领导机构,促使知识产权工作融入全公司的每个部门和每个岗位,以实现知识产权战略的上下一致和统一连贯。同时,通过制定知识产权管理办法、科研成果奖励条例、专利奖励办法等制度,建立了较为健全的知识产权管理体系。

其次,建立有效的知识产权人才激励机制。对知识产权人才的有效激励,不仅体现在物质激励上,还体现在能否提供稳定和持续的个人发展机会与成长空间上,尤其需要注意的是使用工作、成就和目标实现等多样化的激励途径与手段。IBM 在总公司及子公司实行"累计积分制"的奖励制度,对申请专利的发明人进行计分:1 项专利为 3 点,同时奖励 1 200 美元;若点数累积到 12 点,另奖励 1 200 美元。员工首次申请即获专利可获 1 500 美元的"首次申请奖"。如果专利对整个公司贡献重大,专利发明人根据贡献程度得到"特别功劳奖"。此外,IBM 每年举办一次盛大的科技发明奖颁奖仪式,总裁亲自颁奖,由 100 名获奖员工来分享 300 万美元的奖金。仪式结束后,公司还出资请获奖者度假数日,作为奖励。

华为在激励机制构建上有其独特的做法,例如制定了《华为基本法》,实施"全员高薪制"和"员工持股计划",形成企业内部的利益共同体。华为制定了多阶段奖励的激励办法,保证发明人全流程关注专利申请。设置"专利申请奖""初审合格奖"和"专利授权奖",专利实施经济效益显著的发明人还可获得"专利实施奖",通过设置"专利墙"来激励研发人员。此外，专利和保密工作成绩优秀的部门或个人，可获得“专利荣誉奖”和“保密荣誉奖”。同时，明确专利工作的责任体系，构建专利的绩效考评体系，将专利工作与工资、晋升等挂钩。总体来说，专利队伍建设的常抓不懈是华为知识产权管理的一个突出特点：团队建设的投入保证了专利团队在人数、知识积累、技能和协同合作等方面的提升；良好的内训体系保证了专利工程师的专利基本功、职业素养、研究能力和发展后劲，避免资深人才的批量流失以及知识、经验和技能的断层；合理的工作轮换和岗位配置很好地将华为自己培养的知识产权人才源源不断地输送到华为在全球的各个分部，不仅有效管理和支持了华为在当地的业务需求，也确保了公司整体战略和流程的高效实施。

（资料来源：李富山．解密华为专利管理实务．2015-09-15；谷丹．IBM 知识产权管理：高度集权　激励创新．2009-03-13．）

案例讨论题

1. 请结合华为“员工持股计划”，试分析我国基于专利创业的中小型企业如何构建知识产权人力资源激励机制。

2. 请结合《华为基本法》的人力资源管理理念，试分析在我国其他公司推广应用的可行性。

第九章

知识产权合同管理

学习目标

1. 熟悉与知识产权合同管理相关的法律法规及制度
2. 掌握各类知识产权合同的主要内容
3. 掌握签订各类知识产权合同的重要注意事项

知识产权实施许可、质押担保快速增长

知识产权转让、实施许可一直是知识产权利用的重要方式,也是一些跨国企业获取利润的重要来源。就中国国内情况而言,知识产权转让、实施许可也一直呈现快速增长的趋势。以专利实施许可为例,2004年在国家知识产权局登记备案的专利技术为406项,2005年在国家知识产权局登记备案的专利技术为4 822项,2006年在国家知识产权局登记备案的专利技术为1 800项,2007年在国家知识产权局登记备案的专利技术为4 443项。此外,知识产权质押担保逐步成为创新型企业融资的重要方式。目前全国许多地方都出台了鼓励知识产权质押担保融资的政策,知识产权质押担保融资已为企业、银行所认可。仅2008年一年,在国家知识产权局登记备案的专利质押担保合同就有97个,涉及专利技术200余项。

(资料来源:国家知识产权局政府网站的有关统计信息。)

知识产权作为民事权利的一种,其转让、实施许可(强制许可除外)、质押担保均是通过合同的方式予以实现的,其权利归属亦可以通过合同的方式予以确定。随着知识产权在市场竞争中的作用日益显现,知识产权合同管理已成为促进知识产权创造和运用的重要手段。

第一节 知识产权合同概述

一、知识产权合同的概念与特征

（一）知识产权合同的概念

合同是平等主体的自然人、法人、非法人组织之间设立、变更、终止民事权利义务关系的协议。随着知识产权在市场竞争中的作用日益显现,促进知识产权的创造和运用已成为企业、研发机构的主要目标之一,而知识产权合同管理则成为促进其知识产权创造和运用的重要手段。因此,知识产权合同管理已成为企业、研发机构管理知识产权的主要方式之一。

知识产权是一种民事权利,知识产权合同性质上属于民事合同。知识产权合同,指平等主体的自然人、法人、非法人组织之间设立、变更、终止知识产权权利义务关系的协议。从知识产权创造、运用的角度,可以将知识产权合同分为知识产权开发合同、知识产权转让合同、知识产权实施许可合同、知识产权质押担保合同。从知识产权合同交易客体类别的角度,可以将知识产权合同分为专利权合同、商标权合同、著作权合同等。

（二）知识产权合同的特征

同其他合同相比,知识产权合同具有如下显著的特征:

1. 知识产权合同标的的无形性

知识产权合同标的即知识产品,是一种没有形体的精神财富,其无形性是知识产权合同区别于其他民事合同的本质特性。知识产权合同标的的无形性表现在:第一,不发生有形控制的占有。知识产权合同的标的不像物权合同的标的有形物那样具有物质实体,不占有一定的空间,知识产权合同当事人对知识产品的占有不是一种实在而具体的占据,而是表现为对知识产品的理解、实现或使用。第二,存在着无形损耗。知识产品的损耗不像有形物那样,不会在使用过程中被消耗掉,无须进行大批量的生产。但由于知识产品是智力成果,随着科学技术的发展,新的技术将会取代旧技术,产品也会升级换代,那么原知识产品也会在无形中损耗。第三,知识产权合同标的可以同时为多个法律主体所掌握。知识产品不可能通过实物形态消费而发生损耗,由于其具有可复制性,知识产品可以在同一时间、多种场合为多个法律主体所占有和使用。

2. 知识产权合同一般为要式合同

要式合同,是指法律、行政法规要求合同必须具备某种特定形式才能成立、生效的合同。知识产权合同一般为要式合同。我国法律规定知识产权合同一般采用书面形式。例如,《专利法》第 10 条规定:专利申请权和专利权可以转让。转让专利申请权或者专利权的,当事人应当订立书面合同,并向国务院专利行政部门登记,由国务院专利行政部门予以公告。专利申请权或者专利权的转让自登记之日起生效。尽管《专利法》未对专利实施许可合同是否采用书面形式做出明确规定,但《专利法实施细则》要求专利实施许可合同应当自合同生效之日起 3 个月内向国务院专利行政部门备案。由此可知,专利实施许可合同应采用书面形式。根据《商标法》第 42 条的规定,注册商标转让合同和注册商标使用许可合同也必须采取书面的方式,注册商标的受让人自公告之日起享有商标专用权,商标使用许可合同则应当报商标局备案。根据《著作权法》第 27 条第 1 款的规定,转让著作权中的财产性权利的,应当订立书面合同,但除专有使用权外,著作权许可使用合同的形式没有强制性规定,为非要式合同。至于知识产权质押合同的形式,各知识产权专门法均未做出明确规定,但《民法典》第 427 条规定,"设立质权,当事人应当采用书面形式订立质押合同"。由此可见,知识产权质押合同必须采用书面形式。

二、知识产权合同的主要内容

知识产权合同的内容,是指知识产权合同条款中所集中载明的当事人双方的权利义务,既是当事人双方履行合同的依据,又是合同未能履行、未完全履行或者履行不适当时承担违约责任的依据。知识产权合同的内容一般由当事人约定,不需要法律做出具体规定。知识产权合同一般包括以下内容:

(1)项目名称。项目名称既规定了知识产权合同的种类,又规定了知识产权合同的内容,如知识产权开发、知识产权转让、知识产权实施许可、知识产权质押等。

(2)标的的内容、范围和要求。不同的知识产权合同,有着不同的标的内容、范围和要求,当事人应根据需要与可能,认真协商,在知识产权合同中予以明确界定。

(3)履行的计划、进度、期限、地点、地域和方式。不同的知识产权合同,其履行程序和方式各不相同,应根据具体情况予以确定。

(4)技术情报和资料的保密。对技术情报和资料的保密,既是保护双方利益的需要,也是一些知识产权合同得以履行的条件。双方当事人应对保密事项、保密范围、保密期限和保密责任做出明确约定。

(5)风险责任的承担。知识产权合同的风险是指由于不可归责于双方当事人的原因,导致知识产权合同确定的内容无法实现。知识产权开发合同的风险最大,因为技术的开发及其知识产权的取得是探索未知世界的创造性活动,既可能成功,也可能失败。在知识产权合同中,必须规定风险责任如何承担,以及潜在风险如何处理。

(6)知识产权成果的归属。在知识产权开发合同中,其标的就是特定的知识产权,在知识产权实施许可合同履行过程中,也可能产生新的知识产权,因此必须按照利益分享的原则对知识产权成果的归属予以确定。

(7)研究经费或者许可使用费及其支付方式。对于知识产权开发合同的经费,当事人可以约定按照实际所需支付,也可以约定包干使用。对于知识产权许可使用费,当事人可以选择一次性支付或者入门费加提成费的方式。

(8)违约金或者损害赔偿的计算方法。当事人约定的违约金额,不得超过因违法而可能给对方造成的损失。损害赔偿的计算方法,应符合损赔相当的原则,不能显失公平。

(9)名词、术语的解释。知识产权开发合同有很强的专业性,在合同文本中可能使用专业名词、术语,为防止双方理解上的分歧,应对关键性的名词、术语做出确定无误的解释。

(10)与履行合同密切相关的资料。与履行合同密切相关的资料通常以附件的形式存在,作为合同的组成部分,与合同主文具有同等的法律效力。与履行合同密切相关的资料一般包括技术背景资料、可行性论证和技术评价报告、项目任务书和计划书、技术标准、技术规范、原始设计和工艺文件,以及作为合同标的的知识产权的相关信息等。

第二节　知识产权开发合同

一、知识产权开发合同概述

（一）知识产权开发合同的概念和特征

知识产权开发合同是指当事人就新的能获得知识产权保护的创造性智力成果的研究开发所订立的合同。知识产权开发合同包括专利技术开发合同和软件开发合同。我国对知识产权开发合同的规定主要集中表现在《民法典》合同编第20章。《民法典》合同编第20章“技术合同”涵盖了知识产权开发合同的大部分内容。本节以《民法典》合同编第20章第2节“技术开发合同”为依据介绍知识产权开发合同。

技术开发合同是指当事人之间就新技术、新产品、新工艺或者新材料及其系统的研究开发所订立的合同，包括委托开发合同和合作开发合同。技术开发合同应当采用书面形式。

技术开发合同的特征主要表现在：

（1）技术开发合同的标的是新技术、新产品、新工艺或者新材料及其系统。技术开发合同的标的不同于其他知识产权合同，其他知识产权合同的标的是已经开发出来并取得了知识产权保护的智力成果或是经注册的商标。技术开发合同的标的是指在合同订立时尚不存在的技术成果，这种新的技术成果需要合同当事人进行研究开发，通过艰苦的创造性劳动才可能获得，如新的计算机软件的开发、新药的开发研制等。

（2）技术开发合同的主体具有广泛性和特定性。我国对技术开发合同的主体一般没有限制，无论是自然人、法人或者非法人组织，都可以成为技术开发合同的主体。但至少应有一方具有技术研发能力，否则合同将无法履行。因此技术开发合同的主体又具有特定性。

（3）技术开发合同的风险大。技术开发合同能否达到订立合同的目的，不仅依赖于当事人能否按照合同约定全面履行合同义务和依照诚实信用原则履行附随义务，还不可避免地受到开发者或者人类现有的认识水平、技术水平和科学知识等因素的影响。技术开发合同的履行是一个从无到有、从未知到相对已知的技术创新过程。在这个过程中极有可能遇到无法预见和无法克服的技术困难而导致研究开发全部或部分失败。所以，技术开发合同的风险大。对于技术开发合同的风险责任，当事人应尽可能在合同中做出明确约定。

（二）知识产权开发合同的分类

《民法典》第851条第2款规定：“技术开发合同包括委托开发合同和合作开发合同。”从字面上看，委托开发合同，是指当事人一方委托另一方进行研究开发所订立的合同。合作开发合同，是指当事人各方就共同进行研究开发所订立的合同。

二、技术开发合同双方的义务

（一）委托开发合同双方的义务

1. 委托方的义务

根据《民法典》第852条的规定，委托开发方应承担以下义务：

（1）按合同的约定支付研究开发经费和报酬。研究开发经费，是指完成研究开发工作所需要的成本。除合同另有规定的以外，委托人应按约定的期限支付研究开发工作所需要的全部成本，如设备仪器、材料、能源、试制、安装、计算以及收集文件所需费用。当事人应在合同中约定研究开发经费的结算办法。合同约定按照实际所需经费支付的，研究开发经费不足的，委托人应当追加，研究开发经费有剩余的，研究开发人应当返还。合同约定包干使用的，结余经费归研究开发人，经费不足的部分由研究开发人自筹。

（2）按照合同约定提供技术资料、原始数据，并完成协作事项。委托开发合同的委托人应根据技术研究开发的需要，提供约定的技术资料、原始数据以及开发所需要的背景资料。在履行合同必需的范围内，应研究开发人的请求补充必要的背景资料和数据。完成协作事项，为研究开发工作创造条件。

（3）按期接受开发研究成果。接受研究开发成果既是委托人的权利，也是委托人的义务，委托人应当按照合同约定的期限，接受研究开发成果。

2. 开发方的义务

根据《民法典》第853条的规定，开发方应承担的义务有：

（1）按约定制定和实施研究开发计划。开发方应对开发项目进行必要的可行性论证，及时制定研究方案、研究计划，并通报委托人；开发方应亲自实施研究开发项目，确保研究开发工作按研究计划顺利进行。

（2）合理使用研究开发经费。开发方应按照合同的约定，本着专款专用的原则，根据研究开发项目的需要合理使用委托人支付的经费，不得挪用研究开发经费，并接受委托方对经费使用情况的检查。

（3）按期完成研究开发工作，交付研究开发成果。开发方应按合同约定的条件完成研究任务，不得擅自更改研究内容。向委托方提供有关的技术资料和必要的技术指导，帮助委托人掌握研究开发成果。

（二）合作开发合同双方的义务

根据《民法典》第855条的规定，合作开发方的主要义务有：

1. 双方当事人按照合同的约定共同投资

按照合同的约定进行投资，投资方式可以多种多样，包括资金、设备、材料、试验条件、情报资料，以及专利和非专利技术等。采用非货币形式投资的，必须评估作价，以明确当事人各自投资的比例。

2. 双方当事人按照合同约定参与研究开发工作

双方当事人应按照合同约定的计划和分工，共同开展或分别承担设计、工艺、试验、试制等研究开发工作，各方应实际参加研究开发工作并对研发工作做出实质性贡献。

3. 协作配合研究开发工作

当事人双方应按照合同的约定，支持、配合对方所承担的研究工作，以保证研究工作顺利进行。各方所掌握的技术资料、数据以及其他有关的研究资料、材料，研究进展和存在的问题等，应及时通报对方，以便研究工作顺利进行。

（三）委托开发合同和合作开发合同的区别

委托开发合同和合作开发合同的区别主要表现在以下几点：

1. 当事人的责任不同

委托开发合同是委托方委托受托方进行研究开发，由委托方按照约定支付研究开发经费和报酬，提供技术资料、原始数据等，受托方凭借自身的努力和掌握的知识完成研究开发成果；合作开发合同的各方当事人则共同从事研究开发工作，协作配合完成研究开发工作。

2. 当事人的技术能力要求不同

技术开发合同的标的是新的技术成果，新的技术成果产生于一方或合同当事人双方的科研实力之上。委托开发合同只需受托方具备一定的技术能力、拥有一定的科技工作人员以及提供一定的技术设备，对委托方的科研能力不作要求。合作开发合同则要求各方当事人都须具备上述科研能力、人员和条件。

3. 技术成果的权益归属不同

委托开发合同的技术成果在没有约定的情况下，属于受托方。《民法典》第 859 条规定：委托开发完成的发明创造，除法律另有规定或者当事人另有约定外，申请专利的权利属于研究开发人。研究开发人取得专利权的，委托人可以依法实施该专利。研究开发人转让专利申请权的，委托人享有以同等条件优先受让的权利。

合作开发合同的技术成果，除当事人另有约定的以外，属于合作开发的当事人共有。《民法典》第 860 条规定：合作开发完成的发明创造，申请专利的权利属于合作开发的当事人共有；当事人一方转让其共有的专利申请权的，其他各方享有以同等条件优先受让的权利。但是，当事人另有约定的除外。合作开发的当事人一方声明放弃其共有的专利申请权的，除当事人另有约定外，可以由另一方单独申请或者由其他各方共同申请。申请人取得专利权的，放弃专利申请权的一方可以免费实施该专利。合作开发的当事人一方不同意申请专利的，另一方或者其他各方不得申请专利。

三、知识产权开发合同的重要注意事项

（一）清晰界定合同条款的内容

推敲合同所有词语、术语的含义，利用定义条款对词语或者术语的含义进行界定，尤其是借助定义条款对合同所要开发取得的知识产权做出明确的界定，包括技术发明上的界定和法律权利上的界定。

（二）确保研发项目取得知识产权并约定其归属

对拟研究开发项目的成果能否取得知识产权以及取得哪些知识产权进行充分的论证，并采取合理的措施确保项目成果取得合同约定的知识产权。对研究开发项目拟取得的知识产权的归属做出约定，防止知识产权流失，避免为自己委托开发或者共同研发项目取得的知识产权所困。

（三）不得非法垄断技术、妨碍技术进步

禁止任何一方当事人利用合同非法垄断技术、妨碍技术进步。知识产权开发合同不得限制任何一方在合同标的的基础上进行新的研究开发，也不得限制任何一方根据市场需求，以合理方式充分实施知识产权开发合同中所取得的知识产权。

（四）正确界定风险责任与违约责任

受认识水平、科学技术水平的制约，知识产权开发存在一定的风险。因此，正确界定风险责任与违约责任，依法保护各方当事人合法权益，非常必要。一般而言，风险责任按照约定承担或者合理分担，违约责任则由违约一方当事人承担。

第三节 知识产权实施许可合同

一、知识产权实施许可合同的概念和特征

（一）概念

知识产权实施许可合同，是指知识产权权利人作为许可人许可被许可人在约定的方式、范围、期间内实施知识产权，被许可人支付使用费的合同。知识产权实施许可合同转移的是部分或者全部的知识产权使用权，知识产权本身并没有转移，仍属于知识产权权利人。

（二）特征

除具备合同的一般特征外，知识产权实施许可合同还具有如下特征：

1. 知识产权实施许可合同的标的是知识产权的使用权

知识产权是一种排他性的专有权。对依法享有的知识产权，知识产权权利人可以自己实施，也可以同时或者单独许可他人实施。未经知识产权权利人同意，不得实施其知识产权。《专利法》第 12 条规定："任何单位或者个人实施他人专利的，应当与专利权人订立实施许可合同，向专利权人支付专利使用费。被许可人无权允许合同规定以外的任何单位或者个人实施该专利。"《著作权法》第 26 条第 1 款规定："使用他人作品应当同著作权人订立许可使用合同，本法规定可以不经许可的除外。"《商标法》第 43 条第 1 款规定："商标注册人可以通过签订商标使用许可合同，许可他人使用其注册商标。许可人应当监督被许可人使用其注册商标的商品质量。被许可人应当保证使用该注册商标的商品质量。"

2. 经知识产权实施许可合同取得的知识产权使用权的有限性

知识产权实施许可合同的双方当事人要在合同中就使用知识产权的方式、范围、期间等进行约定，被许可人对知识产权的使用权受到合同的限制，不完整。被许可人必须要在合同约定的期间和范围内，以约定的方式使用知识产权。

3. 知识产权实施许可合同一般需要备案

知识产权实施许可合同一般需要备案。《专利法实施细则》第 14 条第 2 款规定："专利权人与他人订立的专利实施许可合同，应当自合同生效之日起 3 个月内向国务院专利行政部门备案。"《商标法》第 43 条规定：商标使用许可合同应当报商标局备案。《著作权法实施条例》第 25 条规定："与著作权人订立专有许可使用合同、转让合同的，可以向著作权行政管理部门备案。" 知识产权实施许可合同备案只是作为有关机关处理知识产权实施许可合同纠纷的依据，并不影响知识产权实施许可合同的成立和生效。

二、主要的知识产权实施许可合同

按照合同交易客体的类别分类，知识产权实施许可合同可分为专利实施许可合同、商标使用许可合同、著作权许可使用合同。

（一）专利实施许可合同

1. 专利实施许可合同的概念及分类

专利实施许可合同是指专利权人或其授权的人作为让与人，许可受让人在约定的范围内实施专利，受让人支付约定的使用费的合同。受让人在合同成立后，可以在约定的地区、

期限内,按约定的方式实施专利技术。

专利实施许可合同转移的是专利的实施权,专利权并没有转移,仍属于专利权人。按照让与人出让专利实施权和受让人取得专利实施权的程度和范围,专利实施许可合同可分为如下三种形式:① 独占专利实施许可合同。受让人在规定的范围内享有合同规定的专利技术的实施权,让与人或任何第三方都不得同时在该范围内实施该项专利技术。② 排他专利实施许可合同。受让人在规定的范围内享有合同规定的专利技术的实施权,让与人仍保留在该范围内的实施权,但排除任何第三方在该范围内对该项专利技术的实施权。③ 普通专利实施许可合同。受让人在规定范围内享有对专利技术的实施权,同时让与人不仅保留着在该范围内对该项专利技术的实施权,而且还保留着在该范围内将该项专利技术的实施权出让给任何第三方的权利。

2. 专利实施许可合同当事人的权利义务

(1)专利实施许可合同许可人的权利义务。《民法典》第 865 条规定:"专利实施许可合同仅在该专利权的存续期限内有效。专利权有效期限届满或者专利权被宣告无效的,专利权人不得就该专利与他人订立专利实施许可合同。"《民法典》第 866 条规定:"专利实施许可合同的许可人应当按照约定许可被许可人实施专利,交付实施专利有关的技术资料,提供必要的技术指导。"可见,专利实施许可合同中许可人的特定义务主要为:按照约定许可被许可人实施专利,交付实施专利有关的技术资料,提供必要的技术指导;保证自己是所提供技术的合法拥有者,并保证所提供的技术完整、无误、有效,能够达到约定的目标;保证被许可人按约定的方式实施技术达到约定的技术指标。除非许可人与被许可人明确约定拟达到的经济效益指标,否则,许可人不对被许可人实施专利技术后的经济效益承担责任。专利实施许可合同许可人的权利主要为获得专利实施许可费。

(2)专利实施许可合同被许可人的权利义务。《民法典》第 867 条规定:"专利实施许可合同的被许可人应当按照约定实施专利,不得许可约定以外的第三人实施该专利,并按照约定支付使用费。"可见,专利实施许可合同中被许可人的特定义务主要为:按照约定实施专利,不得许可约定以外的第三人实施该专利;按照约定支付使用费;应当按照约定的范围和期限,对许可人提供的技术中尚未公开的秘密部分,承担保密义务。专利实施许可合同被许可人的权利主要是获得专利的实施权。

(二)商标使用许可合同

商标使用许可合同,是指商标注册人许可他人使用注册商标时双方签订的、规定许可人和被许可人的权利义务的合同。《商标法》第 43 条第 1 款规定:商标注册人可以通过签订商标使用许可合同,许可他人使用其注册商标。许可人应当监督被许可人使用其注册商标的商品质量。被许可人应当保证使用该注册商标的商品质量。

按照被许可人取得商标使用权的权利范围不同,商标许可使用合同可分为如下三种形式:① 商标独占使用许可合同。被许可人在规定的时间和地域范围内享有独占的使用注册商标的权利,许可人不得再许可他人使用其注册商标,许可人对其注册商标也不再享有使用权。② 商标排他使用许可合同。被许可人在规定的时间和地域内享有独家使用注册商标的权利,许可人不得再许可他人使用其注册商标,但许可人自己对注册商标仍享有使用权。③ 商标普通使用许可合同。被许可人有权使用注册商标,许可人对其注册商标仍有使用权,并有权继续许可他人使用该注册商标。

《商标法》第43条规定了商标使用许可合同当事人的权利义务，具体表现为：许可人应按约定许可被许可人使用其注册商标，许可人应当监督被许可人使用其注册商标的商品质量。被许可人应当保证使用该注册商标的商品质量。经许可使用他人注册商标的，必须在使用该注册商标的商品上标明被许可人的名称和商品产地。

（三）著作权许可使用合同

著作权许可使用合同是指著作权人与他人达成的有关著作权人授权该他人在一定期间和范围内，以一定的方式使用其作品的合意。《著作权法》第26条规定："使用他人作品应当同著作权人订立许可使用合同，本法规定可以不经许可的除外。"按照被许可人取得作品使用权的权利范围不同，著作权许可使用合同可分为如下两种形式：① 专有著作权许可使用合同。许可人允许被许可人在约定的范围内排他性地享有一个或多个对作品的使用权，许可人自己也不能以与被许可人相同的方式使用其作品。② 非专有著作权许可使用合同。被许可人在与许可人约定的范围内享有一个或者多个对作品的使用权，但许可人仍可许可他人以与被许可人相同的方式使用该作品，许可人也可以与被许可人相同的方式使用该作品。

《著作权法》第29条规定："许可使用合同和转让合同中著作权人未明确许可、转让的权利，未经著作权人同意，另一方当事人不得行使。"可见，被许可人只能在约定范围内使用许可人的作品。《著作权法》第31条规定："出版者、表演者、录音录像制作者、广播电台、电视台等依照本法有关规定使用他人作品的，不得侵犯作者的署名权、修改权、保护作品完整权和获得报酬的权利。"这表明被许可人负有不得侵犯许可人的署名权、修改权、保护作品完整权和获得报酬权的义务。

三、知识产权实施许可合同的重要注意事项

知识产权实施许可合同不仅涉及许可人和被许可人之间的现实利益分配问题，而且涉及由技术进步及品牌建设等带来竞争优势提升进而获得的期待利益的分配问题，所以，知识产权实施许可合同的双方当事人应围绕现实利益与期待利益的分配这一核心问题进行充分磋商并达成一致。

一般而言，签订知识产权实施许可合同必须特别注意以下几点：

（一）合理选择知识产权实施许可的方式

基于自身的实际情况，慎重选择知识产权实施许可的方式，避免自己被知识产权实施许可合同所限制。一般而言，影响知识产权实施许可方式的主要因素有市场容量、市场分布、生产能力以及竞争对手情况等。

（二）评估必要相关专利和联合商标

在专利实施许可中，要正确评估某一专利的实施所涉及的其余必要相关专利，同时展开专利实施许可谈判，争取统一获得许可，或者同时获得专利实施许可。如果不能统一获得许可或者同时获得许可，则必须将一个专利实施许可合同的生效与其余必要相关专利实施许可合同的生效联系在一起。在商标许可使用中，如果拟许可使用的商标存在联合商标，则须评估商标使用许可对联合商标的商标功能的影响，以及对品牌建设的影响。

（三）加强许可人对被许可人使用其注册商标的商品质量的监督

在商标使用许可中，许可人要加强对被许可人使用其注册商标的商品质量的监督，要求被许可人保证使用该注册商标的商品质量，争取通过商标的使用许可提升该商标的市场

影响力和价值，杜绝商标使用许可给该商标带来负面影响。

（四）恰当选择许可费的计算方式

许可费的计算方式中，一次性支付方式和入门费加提成费方式各有其风险。在入门费加提成费方式中，提成费既可以以利润为计算依据，也可以以销售额为计算依据，这与被许可人财务会计制度的健全程度密切相关。对于财务会计制度不健全的被许可人，不宜采取入门费加提成费方式。

（五）实施许可不得排除和限制竞争

知识产权实施许可不得排除和限制市场竞争。搭售、回授和权利不争都是不允许的。

第四节 知识产权质押合同

一、知识产权质押合同的概念

质押是债的担保的一种重要形式，是指债务人或第三人为担保债务的履行，将自己的财产出质于债权人，当债务人到期不履行债务时，债权人能够以该财产折价或者拍卖、变卖该财产的价款优先受偿。质押分为动产质押和权利质押，知识产权质押属于权利质押。根据《民法典》第440条第5项的规定，“可以转让的注册商标专用权、专利权、著作权等知识产权中的财产权”可以质押。

知识产权质押合同是指知识产权权利人以知识产权作为自己或者第三人债务履行担保标的物而设定的质押协议。该协议旨在由债务人或第三人将知识产权出质于债权人以担保债务的履行，在债务人不履行债务的情况下，债权人有权将该知识产权折价或者以拍卖、变卖该知识产权的价款优先受偿。

二、各类知识产权质押合同的内容

按照合同交易客体的类别分类，知识产权质押合同可分为专利权质押合同、商标专用权质押合同、著作权质押合同。

（一）专利权质押合同

专利权质押是指专利权人以专利权作为债务履行的担保，当债务人不能履行债务时，债权人有权依照法定程序将该专利权折价或转让、拍卖所得价款优先清偿债务。专利权质押合同是指债务人或者拥有专利的第三人与债权人就专利权质押达成的合意。

专利权质押合同一般应包括以下内容：

（1）出质人、质权人以及代理人或联系人的姓名（名称）、通信地址。

（2）被担保的主债权情况。专利权质押合同应记载质押担保的主债权性质及债务基本情况，属于何种法律上的原因产生的债权（如金钱债权、特定物给予债权等），质押合同记载的有关主债权的情况应与主合同保持一致。

（3）债务人履行债务的期限。债务人履行债务的期限指的是债务人清偿债务的期间，在该期间，当事人依法享有相应的权利、履行相应的义务。由于专利权只在法律规定的期限内有效，因此当事人约定的债务履行期限应在专利权有效期内。只有这样，在债务人不履行债务时，质权人才能主张以专利权折价或拍卖、变卖的价款优先受偿，否则，专利权期限届满,专利权质权随专利权无效而消灭,质权人设定质押担保的目的无法实现。

（4）专利件数以及每项专利的名称、专利号、申请日、颁证日。

（5）质押担保的范围。对于质押担保的范围,当事人可以自行约定。在当事人无约定的情形下,质押担保的范围一般包括:主债权及利息、违约金、损害赔偿金、实现质权（变卖、拍卖或折价等）的费用、质权人代缴的专利年费、质权人代缴的处理专利纠纷费用、向第三人提存转让费和许可费以及其他收益所需的保管费等。

（6）质押担保的金额。专利权质押担保合同应当约定被担保的主债权范围:属于金钱债权的,应确定明确的金钱数额;不属于金钱债权的,应注明债权标的数量和价款,以明确实现质权时就质物优先清偿的主债权数额。

（7）质押期间专利权转让或许可实施的约定。通过合同约定是否准许专利权转让或许可实施;若准许转让或许可实施,应约定转让费、许可费的处分方式:是向约定的第三人提存还是用于提前清偿所担保的债权。

（8）质押期间出质人维持专利权有效的义务。专利权合法、有效是质权人实现优先受偿的前提条件,因此维持专利权的有效性是出质人的基本义务。一般而言,除当事人另有约定的外,出质人必须按时交纳专利年费。专利权质押合同应当约定:当出现专利无效纠纷时,出质人应积极负责处理,提供翔实的证据来主张专利权的合法、有效,维护自身乃至质权人的利益;专利权被专利复审机关或人民法院宣告无效时,出质人履行质权保全义务的具体措施。通过以上约定,以避免专利权无效纠纷发生时,出质人不积极履行维持专利有效的义务。

（9）出现专利纠纷时出质人的责任。

（10）质押期间专利权被撤销或被宣告无效时的处理。

（11）违约责任。违约责任中应约定,当事人一方违反质押合同约定给另一方造成损失时,对方当事人应承担的责任范围大小、责任承担方式。

（12）争议的解决办法。专利权质押合同应约定在合同执行过程中产生争议时,当事人解决争议的具体办法,如协商解决、仲裁解决、司法解决以及其他解决方式等。

（13）出质期满,质权的实现方式。专利权质押合同应约定,专利权出质期满,债务人仍不履行债务时质权的实现方式:出质人与质权人协议以出质专利权折价;或依法拍卖、变卖专利权,以所得款项清偿债务。但质押合同不得约定出质期满债务人仍不履行债务时专利权自动移转为质权人所有。

（14）当事人认为需要约定的其他事项。例如,质押期间出质专利权价值明显减少可采取的质权保全措施,或出现其他异常情况的处理办法。

（15）合同签订日期、签名、盖章。

（二）商标专用权质押合同

商标专用权质押是指债务人或者第三人以可以转让的商标专用权作为债权的担保,当债务人不能履行债务时,债权人有权依照法定程序将该商标专用权折价或转让、拍卖所得价款优先清偿债务。商标专用权质押合同是指债务人或者拥有商标专用权的第三人与债权人就商标专用权质押达成的合意。商标专用权质押合同包括以下主要内容:

（1）出质人与质权人的名称（姓名）、地址;

（2）质押的原因和目的;

（3）出质的商标及质押的期限；

（4）出质商标专用权的价值及商标评估机构的评估报告；

（5）当事人约定的与该质押商标有关的其他事项。

（三）著作权质押合同

著作权质押是指债务人或者第三人以可以转让的著作权作为债权的担保，当债务人不能履行债务时，债权人有权依照法定程序将该著作权折价或转让、拍卖所得价款优先清偿债务。著作权质押合同是指债务人或者拥有著作权的第三人与债权人就著作权质押达成的合意。根据《著作权质权登记办法》第 7 条的规定，著作权质押合同应当包括以下内容：

（1）出质人和质权人的基本信息；

（2）被担保债权的种类和数额；

（3）债务人履行债务的期限；

（4）出质著作权的内容和保护期；

（5）质权担保的范围和期限；

（6）当事人约定的其他事项。

三、知识产权质押合同的重要注意事项

知识产权质押合同作为主债权债务合同的从合同，事关质权人（同时也是主合同债权人）和质押人的利益，加之作为质押标的物的知识产权具有不同于一般质物的显著特点，而我国知识产权质押制度又不尽完善，故订立知识产权质押合同应慎重。

一般而言，签订知识产权质押合同必须特别注意以下几点：

（一）正确评估知识产权的价值特点对知识产权质押的风险

正确评估知识产权的价值特点给知识产权质押双方当事人带来的风险。知识产权价值的难以评估性、知识产权价值实现的不确定性、知识产权价值的变动不居性（尤其是专利权、著作权中财产性权利的价值随时间不断衰减），可能导致质权人的债权未能获得充足的担保或者出质人对其债务担保过度。

（二）正确评估知识产权质押制度对知识产权质押的风险

正确评估知识产权质押制度本身给知识产权质押双方当事人带来的风险。鉴于知识产权的价值特点，就知识产权质押担保功能的实现而言，最为关键的就是鼓励知识产权权利人（出质人）利用知识产权产生尽可能多的收益，并以该收益作为主合同债权的担保。这既符合知识产权价值充分利用的原则，又符合知识产权和质权人双方的利益。然而，现有的知识产权质押制度在这方面存在严重不足：限制出质知识产权转让、许可实施，限制出质知识产权收益的实现（参见《民法典》第 444 条第 2 款）。因此，知识产权质押双方当事人应突破制度的束缚，共同推动出质知识产权的实施、许可实施或者转让，利用知识产权产生尽可能多的收益，并以该收益作为主合同债权的担保。

（三）定期关注出质知识产权的状况

质权人应定期关注出质知识产权的状况，并采取必要的措施保护自身利益，如质权保全权、物上代位权、质权受侵害时的救济权等。可在知识产权质押合同中约定：质权人对出质知识产权的实施、许可实施、转让享有知情权，由此产生的收益未经质权人同意，出质人不得处分。

关键术语

知识产权开发(intellectual property development)
知识产权许可(intellectual property license)
知识产权质押(intellectual property pledge)

复习思考题

1. 简述知识产权合同的概念、特征及主要内容。
2. 简述合作开发与委托开发的区别以及签订知识产权开发合同的重要注意事项。
3. 简述知识产权实施许可的方式以及签订知识产权实施许可合同的重要注意事项。
4. 简述签订知识产权质押合同的重要注意事项。
5. 从制度层面和操作层面谈谈完善知识产权合同管理的主要措施。

案例讨论

大洋公司诉黄河公司专利实施许可合同纠纷案

1999年11月19日,厦门市黄河贸易有限公司(甲方,简称黄河公司)与厦门大洋工艺品有限公司(乙方,简称大洋公司)签订"专利技术合作及专利技术实施许可合同"一份,约定:乙方实施甲方拥有的专利技术石材切压成型机,机器品牌为"黄河"牌NEW-668型石板材一次压制成型机;技术实施许可范围为甲方许可乙方在福建省范围内与甲方共同实施,并许可乙方同时独家在上海地区开发、生产、销售甲方拥有的专利项目及产品;签订本合同后,乙方派员到甲方工厂由甲方负责对其进行技术培训,有关费用由甲方负责;合同签订后的10天内,乙方向甲方支付定金人民币50万元,甲方在收到定金后100天内,分批负责制造出本合同约定应供给乙方的生产线,并运抵乙方指定的工厂;机械设备在乙方所在地安装调试前支付人民币30万元,安装调试合格后支付人民币20万元;除上款规定付清人民币100万元货款外,其余人民币400万元由乙方用厦门市湖滨北路建业西路阳明楼房产折抵,但乙方应在本合同签订的两天内与甲方签订上述单元的购房合同并办理公证及产权变更手续。

合同签订后,大洋公司按合同约定将阳明楼房产交付给黄河公司抵合同款,但未按照合同约定支付定金。

1999年11月25日,黄河公司与泉州市丰泽区北峰液压机械厂签订"委托加工合同",委托其生产黄河牌NEW-668A型石板材一次压制成型机50台及黄河牌特种模具250副,并已支付合同款项。1999年12月23日,黄河公司与厦门阳兴兴业输送机有限公司签订"产品制造协议书",定制重型悬挂输送线3条。当挂物输送线运抵大洋公司的生产基地安装时,遭到大洋公司项目负责人的阻拦,导致输送线无法安装,后来依大洋公司通知，厦门阳兴兴业输送机有限公司又将输送线运回。因大洋公司不允许安装设备，黄河公司通知泉州市丰泽区北峰液压机械厂暂停生产机器及模具等。双方签订的专利技术合作及专利技术实施许可合同停止履行。

2000年1月21日，黄河公司致函大洋公司，认为其已经按合同约定履行了相关义务，要求大洋公司支付定金50万元。2000年1月26日，针对黄河公司的来函，大洋公司复函，提出对方的产品没有专利权保障，且由于市场其他供货商每平方米的产品市价仅为25元等因素，将导致其无法实现合同目的，要求黄河公司提出解决方案，否则将依原合同法规定向法院申请予以撤销或变更合同。2000年1月28日，针对大洋公司1月26日的来函，黄河公司又函告大洋公司，辩驳大洋公司终止或变更双方签订的合同无理。2000年3月1日，黄河公司再次致函大洋公司，要求大洋公司立即履行双方所签的合同。此后，双方没有再为履行合同等问题进行过接触或协商，黄河公司也没有向法院申请撤销或变更讼争。

（资料来源：法搜网.）

案例讨论题

1. 大洋公司认为该合同因违反了法律强制性规定应被认定无效。其理由在于：黄河公司进行专利许可的目的是强制并高价销售并非实施该专利必不可少的设备，因而属于法律禁止的“非法垄断技术、妨碍技术进步”的行为。请予以评析。

2. 大洋公司拟提出解除合同，其理由在于：经石材切压成型机加工后的产品没有专利权保障，且由于市场其他供货商每平方米的产品市价仅为25元等因素，将导致其无法实现合同目的。请予以评析。

3. 从专利实施许可合同订立的角度来看，大洋公司有哪些教训？

第十章

专利信息检索与分析

学习目标

1. 了解专利信息的含义及包含的信息内容与作用
2. 熟悉专利信息的分类、专利信息检索的信息源
3. 理解专利信息的检索方法
4. 掌握专利信息分析的方法
5. 掌握专利信息分析流程与解读技巧

广东格兰仕(集团)公司利用专利文献促进技术创新

广东格兰仕(集团)公司近两年来,在利用专利文献,搞好技术创新方面做了大量艰苦细致的工作,取得了满意的效果。格兰仕公司的主要产品是微波炉,每年投入11.5亿元用作技术开发基金,近两三年来开发出上百种新产品、新技术。1999年以来,申请实用新型16件,发明9件,5件已授权,实现了专利拥有量的飞跃。格兰仕公司的产销规模超常规发展,经本期技术改造完成后,已扩大到年产1 200万台的产销规模,成为全球最大的微波炉制造商。1999年共进行专题检索12项46篇,有温控灵、热风对流式微波炉、定时器、微波烤盘、微波炉暖手器、风扇摇头机构、电磁感应电饭煲、波导盒温控技术、湿度控制等专题。格兰仕(集团)公司在利用专利文献方面所取得的经验包括以下内容:① 避免重复研究,提高技术创新的速度;② 借鉴相关技术,丰富技术创新的内容;③ 检索专利文献,适时申请专利;④ 利用专利文献,分析研究同行的技术动向;⑤ 利用国外专利文献,避免出口产品侵权。

近年来,格兰仕成为家电行业的出口大户,1999年产品出口创汇1.1亿美元,产品遍及北美、西欧、东南亚、非洲、大洋洲等60多个国家和地区。对1976—1999年某些国外公司在美申请的微波炉专利共400余件专利的全文仔细审阅,没有发现有可能侵权的产品,使公司外贸部门得以放心。

(资料来源:广东格兰仕集团公司.利用专利文献,促进企业技术创新.家用电器科技,2000(8))

专利信息分析是一项复杂而又系统的工程，涉及信息数据库的选择、信息检索的方式及策略、信息筛选及分析等内容。本章主要介绍专利信息及专利信息的检索与分析。

第一节 专利信息

一、专利信息的含义

人们在申请、保护、运用专利的过程中必然会产生很多信息，如专利所保护的技术内容、权利要求范围、专利的效力、专利的保护期限、专利的许可使用情况等。这些信息纷繁复杂，集技术、法律、经济等多种信息于一体。专利信息是对这些具体信息的高度概括，泛指人们从事一切专利活动所产生的相关信息的总和。

专利信息主要以文献信息的形式存在，即专利文献；非文献信息不仅少，而且难以获取和收集，少有人研究和分析。因此，狭义上的专利信息就是指专利文献信息。专利文献因专利制度而产生。专利制度的基本理念是"以公开换权利"，即政府赋予发明人在一定期限内对其发明创造享有一定的垄断权，发明人付出的代价是将其发明创造的所有信息公之于众。除了专利所保护的发明创造本身的信息，专利局还会及时公布专利在申请、审查、授权、运用、保护、终止等整个生命过程中的相关法律信息。1988 年世界知识产权组织（WIPO）编写的《知识产权法教材》将专利文献定义为："专利文献是包含已经申请或被确认为发现、发明、实用新型和工业品外观设计的研究、设计、开发和实验成果的有关资料，以及保护发明人、专利所有人及工业品外观设计和实用新型注册证书持有人权利的有关资料的已出版或未出版的文件（或其摘要）的总称。"该教材还进一步指出："专利文献按一般的理解主要是指各国专利局的正式出版物，包括发明申请说明书、发明说明书和官方的专利通报或公报。"

由世界知识产权组织的定义可知：

（1）专利文献是关于申请或批准为专利的发明创造的技术性资料，即"专利文献是包含已经申请或被确认为发现、发明、实用新型和工业品外观设计的研究、设计、开发和实验成果的有关资料"，而申请专利的发明创造都须经过专利局的审批。

（2）专利文献是关于保护发明人或专利权人的专利权的法律性资料，即"保护发明人、专利所有人及工业品外观设计和实用新型注册证书持有人权利的有关资料"，而这些资料是在专利审查和管理的过程中产生的文件。

（3）专利文献所包含的资料有些是公开出版的，有些则仅为存档或仅供复制使用。因此，专利文献是上述各种资料及其出版物的总称。

（4）专利文献由专利局出版，也就是说，它是专利局官方文件及官方出版物。

（5）专利文献按一般理解，主要是指各国专利局及国际性专利组织在审批专利过程中产生的正式官方文件及其出版物的总称。正式出版的专利文献主要包括：发明、实用新型和外观设计专利申请公布说明书、说明书、公报、文摘、索引以及有关的分类资料。

一般来说，专利信息可以为公众提供以下三类信息：

一是技术信息。在专利说明书、权利要求书、附图和摘要等专利文献中披露的与该发明创造内容有关的信息，以及通过专利文献所附的检索报告或相关文献间接披露的与发明创造相关的技术信息。

二是法律信息。在权利要求书、专利公报及专利登记簿等专利文献中记载的与权利保护范围和权利有效性有关的信息。这些法律信息包括：权利要求书中清楚、简要地表述该专利保护范围的发明创造的技术特征；与专利的审查、复审、异议和无效等审批确权程序有关的信息；与专利权的授予、转让、许可、继承、变更、放弃、终止和恢复等法律状态有关的信息；专利申请人、专利权人、发明人或设计人信息；专利申请日、公开日和/或授权日信息；专利的优先权日、优先权号和优先权国家信息；专利的申请号、文献号和国别信息等。

三是经济信息。在专利信息中存在着一些与国家、行业或企业经济活动密切相关的信息，比如与专利许可、专利转让或受让等有关的技术贸易信息，这些信息反映出专利申请人或专利权人的经济利益趋向和市场占有量及趋势。

二、专利信息的类型

本书所讲的专利信息主要是指专利文献。根据图书馆学和信息管理学，专利文献按其性质和加工层次可分为一次专利文献、二次专利文献和专利分类资料。一次专利文献是指各国专利局或国际性专利组织出版的各种专利说明书，是专利文献的主体。目前世界上约有 170 个国家和地区建立了专利制度，其中有 90 个国家和地区用 30 种文字每年出版 100 多万件专利说明书，还有南非、智利、新加坡等许多国家提供阅览和复印的专利说明书。二次专利文献是指各国专利局或国际性专利组织出版的专利公报、文摘和索引，主要报道专利申请的审批状况及其相关法律信息。专利分类资料是按发明技术主题对专利文献进行分类以便于检索的工具。

（一）专利说明书

很多国家（包括中国）在审查发明专利时都实行“早期公开，延迟审查”制度：专利申请经过初步审查合格以后，自申请之日或优先权日起满 18 个月予以公布，然后由申请人在一定期限内（一般为 3~7 年）请求实质审查，合格者予以授权公告。因此，这种审查制度产生的专利说明书一般包括两种：专利申请早期公开时出版的专利申请公开说明书和授予专利权时出版的专利说明书。专利说明书主要用来清楚、完整地公开申请或批准为专利的发明创造，以及请求或确定专利保护的范围。专利说明书由扉页、说明书正文、权利要求书和附图四个基本部分组成，有些国家或国际专利组织还附有检索报告。为了方便管理和检索，各国专利说明书均按照国际统一格式出版。

1. 扉页

专利说明书的扉页是由专利局在出版时增加的内容，集中介绍专利申请或专利的重要信息，类似于信息一览表，方便读者快速掌握专利申请或专利的主要内容。扉页的基本结构是：著录项目、摘要或权利要求、一幅主要附图（如机械图、电路图、化学结构式等）三部分，如图 10-1 和图 10-2 所示。

著录项目是为了揭示专利文献信息特征以及方便阅读和检索而编制的项目，包括专利及补充保护证书著录项目和工业品外观设计项目。著录项目通常用 WIPO 公布的国际承认的著录数据标志代码（Internationally Agreed Numbers for the Identification of Bibliographic

[19] 中华人民共和国国家知识产权局

[51] Int.Cl.
A61D 19/00(2006.01)
A01K 61/00(2006.01)

[12] 发明专利申请公开说明书

[21] 申请号 200510061585.9

[43] 公开日 2006年4月26日

[11] 公开号 CN 1762310A

[22] 申请日 2005.11.17
[21] 申请号 200510061585.9
[73] 申请人 浙江省淡水水产研究所
地址 313001 浙江省湖州市杭长桥南路999号
[72] 发明人 杨国梁 张宇飞 王军毅

[74] 专利代理机构 杭州丰禾专利事务所有限公司
代理人 王鹏举

权利要求书1页 说明书8页 附图2页

[54] 发明名称
罗氏沼虾杂交育种方法

[57] 摘要
本发明涉及一种引进的淡水虾的杂交育种技术，尤其涉及一种罗氏沼虾杂交育种方法。本发明引进远缘的罗氏沼虾苗A，将远缘的罗氏沼虾苗A雌亲虾和雄亲虾与本地种的雄亲虾和雌亲虾交配分别得到正交B_1^+和反交B_1^-；取正交B_1^+和反交B_1^-与本地种交配分别得到B_1^+正回交B_2^{++}、B_1^+反回

图 10-1 专利申请公开说明书的扉页示意图

Data, INID）表示。INID码由圆括号或中括号中的两位阿拉伯数字组成，其优点在于不受语言限制，能快速找到著录项目对应的信息。

各国专利说明书扉页通常使用以下著录项目：

[10]文献标志：[11]文献号（如公开号或授权公告号）、[12]文献种类、[19]公布文献的专利局或国际组织。

[20]申请数据：[21]申请号、[22]申请日期、[25]原始申请公布的语种、[26]申请公布的语种。

[30]优先权数据：[31]优先权申请号、[32]优先权申请日期、[33]优先权申请国家。

[40]公布日期：[43]公开日、[45]授权公告日。

[50]技术信息：[51]国际专利分类号、[52]国家专利分类号、[54]发明名称、[56]现有技术文献清单、[57]摘要或权利要求。

[70]当事人标识：[71]申请人、[72]发明人（或设计人）、[73]权利人或受让人、[74]代理机构或代理人。

[80]除巴黎公约以外的国际公约数据：[81]PCT申请指定国、[84]依据地区专利条约指定国、[85]进入国家阶段的日期、[86]PCT国际申请（申请日、申请号、公布语言）、[87]PCT国际公布（公布日、公布号、公布语言）。

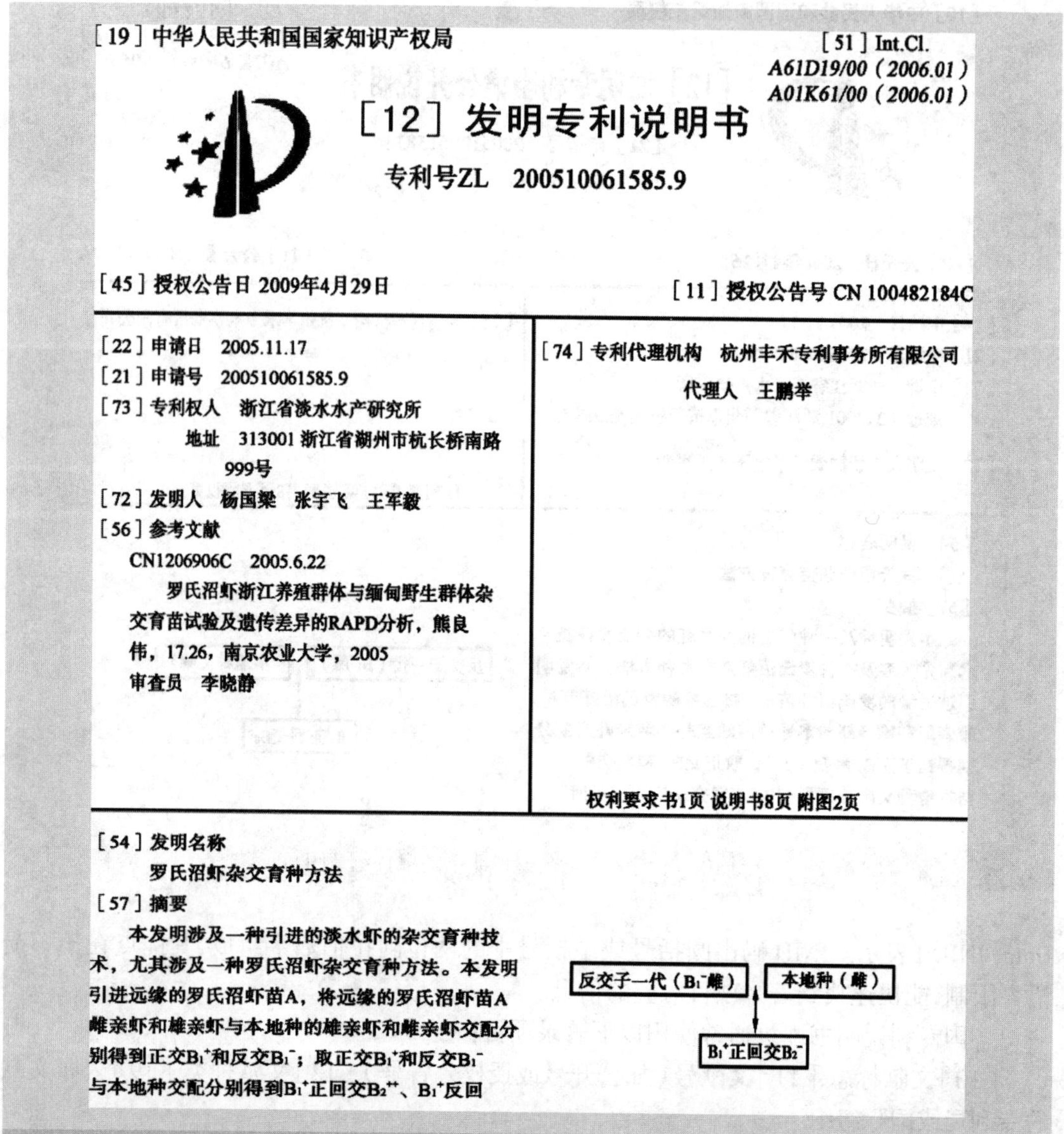

[19] 中华人民共和国国家知识产权局

[51] Int.Cl.
A61D19/00（2006.01）
A01K61/00（2006.01）

[12] 发明专利说明书

专利号ZL 200510061585.9

[45] 授权公告日 2009年4月29日

[11] 授权公告号 CN 100482184C

[22] 申请日 2005.11.17
[21] 申请号 200510061585.9
[73] 专利权人 浙江省淡水水产研究所
地址 313001 浙江省湖州市杭长桥南路999号
[72] 发明人 杨国梁 张宇飞 王军毅
[56] 参考文献
CN1206906C 2005.6.22
罗氏沼虾浙江养殖群体与缅甸野生群体杂交育苗试验及遗传差异的RAPD分析，熊良伟，17.26，南京农业大学，2005
审查员 李晓静

[74] 专利代理机构 杭州丰禾专利事务所有限公司
代理人 王鹏举

权利要求书1页 说明书8页 附图2页

[54] 发明名称
罗氏沼虾杂交育种方法
[57] 摘要
本发明涉及一种引进的淡水虾的杂交育种技术，尤其涉及一种罗氏沼虾杂交育种方法。本发明引进远缘的罗氏沼虾苗A，将远缘的罗氏沼虾苗A雌亲虾和雄亲虾与本地种的雄亲虾和雌亲虾交配分别得到正交B_1^+和反交B_1^-；取正交B_1^+和反交B_1^-与本地种交配分别得到B_1^+正回交B_2^{++}、B_1^+反回

图 10-2 发明专利说明书示意图

摘要是说明书技术内容的概要。一般写明发明的名称和所属技术领域，并清楚地反映所要解决的技术问题、解决该问题技术方案的要点及主要用途。化学方面的摘要还应有最能说明发明主题的化学结构式。各国对摘要字数均做限制，通常最多不超过 250 个字，我国规定为不超过 300 字。

扉页中的附图一般是一幅最能反映发明创造技术方案主要技术特征的附图。

2. 说明书

说明书是正文部分，主要用于清楚、完整地描述发明创造的技术内容。各国说明书体例基本相同。中国的说明书包括技术领域、背景技术、发明内容、附图说明和具体实施方式五部分内容，如图 10-3 所示。

200510061585.9　　**说　明　书**　　第1/8页

罗氏沼虾杂交育种方法

技术领域

本发明涉及一种引进的淡水虾的杂交育种技术，尤其涉及一种罗氏沼虾杂交育种方法。

背景技术

罗氏沼虾（Macrobrachium rosenbergii）,英文名Giant freshwater prawn,是由中国籍联合国官员、生物学家林绍文博士于1961年在马来西亚驯养成功。

……

发明内容

为了解决上述的技术问题，本发明的目的是提供一种育苗成活率高、抱籽率高、幼苗生长速度快、成品虾品质优越的罗氏沼虾杂交育种方法。

为了达到上述的目的，本发明采用了以下的技术方案：

罗氏沼虾杂交育种方法，该方法包括以下的步骤：

a、引进远缘的罗氏沼虾苗A，经精心培育，挑选远缘的罗氏沼虾苗A雌

……

附图说明

图1为正交B_1^+育种示意图。

图2为反交B_1^-育种示意图。

图3为B_1^+正回交B_2^{++}育种示意图。

……

具体实施方式

下面结合附图对本发明的具体实施方式做一个详细的说明。

引进未开发种质性状没有退化的缅甸罗氏沼虾种群属自然种群，经精心培育，进行选育与保种（如图7所示），挑选雌亲虾10200尾，雄亲虾 2000尾进育苗温室，水温控制在24–25℃

……

图 10–3　说明书示意图

3. 权利要求书

权利要求书以说明书为依据，说明要求专利保护的范围，如图 10–4 所示。当专利授权以后，权利要求书具有直接的法律效力，是确定专利侵权的依据。权利要求分为独立权利要求和从属权利要求。独立权利要求应当从整体上反映发明或者实用新型的技术方案，记载解决技术问题的必要技术特征。从属权利要求应当用附加的技术特征，对引用的权利要求作进一步限定。

200510061585.9　　**权利要求书**　　第1/1页

1. 罗氏沼虾杂交育种方法，该方法包括以下的步骤：

a、引进远缘的罗氏沼虾苗A，经精心培育，挑选远缘的罗氏沼虾苗A雌亲虾和雄亲虾进行育苗；

b、远缘的罗氏沼虾苗A雌亲虾和雄亲虾与本地种的雄亲虾和雌亲虾交配分别得到正交B_1^+和反交B_1^-；

c、取正交B_1^+和反交B_1^-与本地种交配分别得到B_1^+正回交B_2^{++}、B_1^+反回交B_2^{+-}、B_1^-反回交B_2^{--}和B_1^-正回交B_2^{-+}；

d、对B_1^+正回交B_2^{++}、B_1^+反回交B_2^{+-}、B_1^-反回交B_2^{--}和B_1^-正回交B_2^{-+}分别进行育苗。

2. 如权利要求1所述的罗氏沼虾杂交育种方法，其特征在于该方法包括以下的步骤：

a、引进远缘的罗氏沼虾苗A，经精心培育，挑选雄亲虾进行育苗；

b、远缘的罗氏沼虾苗雄亲虾与本地种的雌亲虾交配得到反交B_1^-；

c、取反交B_1^-雄亲虾与本地种雌亲虾交配得到B_1^-正回交B_2^{-+}；

d、对B_1^-正回交B_2^{-+}进行育苗。

3. 如权利要求1或2所述的罗氏沼虾杂交育种方法，其特征在于远缘的罗氏沼虾苗A选用种质性状没有退化的缅甸罗氏沼虾种群属。

图 10-4　权利要求书示意图

4. 附图

附图用于补充说明书文字部分，包括示意图、顺序图、流程图、数据图表、线路图和框架图等。在中国，附图是说明书的一部分，与说明书一起构成权利要求的基础。多数化学结构式并不作为附图单独刊载，而是随着描述内容出现在说明书相应的位置，但是摘要中以附图的形式出现。

（二）专利公报

专利公报是各国专利局连续出版的，及时报道专利申请、授权、效力等法律信息的出版物，是一种丰富的专利法律信息资料。国际上，专利公报主要包括题著型专利公报、文摘型专利公报和权利要求型专利公报。题著型专利公报仅以著录项目的形式报道相关信息，如欧洲专利局、英国、德国等的专利公报；文摘型专利公报以著录项目和文摘的形式报道相关信息，如中国、法国和世界知识产权组织国际局的专利公报；权利要求型专利公报以著录项目和权利要求的形式报道相关信息，如美国、俄罗斯、中国台湾地区的专利公报。

（三）专利分类资料

专利文献数量庞大，按一定规则将专利文献分类，利于归档和查找。一些国家的专利局在早期都有自己的分类方法，如欧洲专利分类法、美国专利分类法、日本专利分类法等。但是各分类法的规则差异较大，不利于理解和统一检索。为了解决这个问题，1971 年巴黎公约成员国签订了《国际专利分类的斯特拉斯堡协定》，根据该协定编制了国际专利分类表（International Patent Classification，IPC）。IPC 分类表是目前唯一国际通用的专利文献分类和检索工具，每五年修订一次，第 8 版于 2006 年 1 月 1 日生效，此版以后每三年修订一次。IPC 分类表只适用于发明和实用新型专利，外观设计专利的分类由 1986 年签订的《建立工业品外观设计国际分类洛迦诺协定》规定，制定相应的国际外观设计分类表，第 8 版于 2004 年 1 月 1 日生效。

IPC 分类表是按照发明创造的技术主题为特征进行编制的，包括 8 个部分，每一个部分定为一个分册，用英文大写字母 A~H 表示。IPC 分类体系是由高至低依次排列的等级式结构，设置的顺序是：部、分部、大类、小类、主组、小组。

8 个部所涉及的技术主题分别为：

A 部：生活需要；

B 部：作业、运输；

C 部：化学、冶金；

D 部：纺织、造纸；

E 部：固定建筑物；

F 部：机械工程、照明、加热、爆破；

G 部：物理；

H 部：电学。

一个完整的专利分类号由代表部、大类、小类、大组或小组的符号结合构成（见表 10–1）。

国际外观设计分类号由三部分组成：大类、小类和英文版产品序列号（见表 10–2）。

表 10–1　完整的专利分类号

例：	A61D 19/02	
部	A	生活需要
大类	A61	医学或兽医学；卫生学
小类	A61D	兽医用仪器、器械、工具或方法
大组	A61D 19/00	用于繁殖或授精的器械或方法〔5〕
小组	A61D 19/02	用于人工授精的〔5〕

表 10–2　国际外观设计分类号

例：	12–11–M0261	
大类	12	运输或提升工具
小类	12–11	自行车和摩托车
产品系列号	M0261	低座小摩托车

三、专利信息的作用

企业通过对专利信息中存在的以上三类信息的检索、统计、分析、整合，可以得出为本企业发展所需要的具有战略性特征的专利信息。比如，通过对这些信息按照一定的标准进行检索和整理后可以编制成一目了然的专利地图，从而为企业的专利决策提供信息基础。据世界知识产权组织的调查，企业在研究开发新产品、新工艺及进行技术改造时利用专利信息，可以节约60%的科研开发经费和40%的研究开发时间，避免重复研究。所以，企业专利信息的收集与服务是企业专利管理中最基础的一环，贯穿企业技术开发、专利申请及专利保护和运营的每一个环节，因而企业应该有一套完整的专利信息动态管理制度，随时为企业的生产经营决策提供相关的专利信息及分析结果。综合来看，专利信息的作用至少表现在以下几个方面：

首先，在确定技术研发课题前，研发人员与专利人员通常要对同主题专利文献进行检索和分析，通过对该类技术的发展趋势和成熟程度的预测，确定选题，并检索该类主题是否已有在先专利，可以评估其研发成果的技术价值，确定该技术研发的技术可行性。

其次，在研发过程中，通过专利文献检索和分析，充分利用已经公开的专利文献信息，提高研发的起点，确定技术突破口，寻找技术创新点和创新路径，并及时调整技术的研发方向，提高研发效率，节约研发时间。

再次，产品在制造和销售前，通过专利文献和检索分析，确定是否对自己的技术申请专利，并依据对检索的专利文献信息的分析，选择在何时、何地申请何种专利；同时，通过调查该产品在制造地或者销售地是否存在侵犯他人权利的可能性，评估产品制造和销售的法律风险。例如，海尔欲在他国设立分厂时，此种对专利文献的检索和分析尤为必要。

最后，在并购其他企业或者在与其他企业进行技术贸易时，也应通过专利文献检索和分析，分析欲并购企业所含的专利的法律状态等信息，并结合对该专利技术相关主题专利文献的检索和分析评估其技术价值；同时，通过专利文献检索和分析，对欲受让或者受许可的专利进行潜在侵权可能性、法律状态和技术价值等的评估。例如，海尔欲引进他人的某一专利技术时，此种专利文献的检索和分析尤为必要。

可见，决策者应该看到专利文献在竞争中的作用。从创业初期就将专利文献的收集和应用提高到战略的高度，配合企业知识产权战略，与企业其他经营战略一起，共同为企业的发展指明方向。通过对专利文献的收集和应用，企业不仅可以掌握国内外竞争对手的新动向，还可以为具体的经营决策提供最佳的信息资源，使企业的决策沿着正确的方向进行。

第二节 专利信息检索

进行专利信息分析之前，必须首先获取专利信息分析的对象即专利信息，获取专利信息的过程就是专利信息检索。专利信息的数量巨大，如根据《专利合作条约》（PCT）对专利新颖性检索的规定，最低限度的专利检索范围都包括了1920年以来七国两组织（美国、日本、英国、德国、法国、瑞士、苏联（俄罗斯）、欧洲专利局、世界知识产权组织）及讲英语、法语、德语、西班牙语的国家不要求优先权的专利文献，以及近5年的100多种科技期刊。可见，海量的专利信息为专利信息分析提供了充分的数据来源，但同时又对专利信息的选择和有效获取提出了更高的要求。为了提高专利信息分析的有效性，必须在浩瀚的专利信息中进行选择，这个选择的过程就是从某一特定角度，利用特定的方法，借助于一定的工具，对专利信息进行查找和检索的过程。

一、专利信息检索及其发展

（一）专利信息检索的含义

专利信息检索是指从众多的专利信息数据库中，根据一项或者几项数据特征，迅速而准确地查找出与这些数据特征相匹配的专利文献或信息的方法和过程。通俗地说，专利信息检索就是找专利信息。

（二）专利信息检索的要求

不同于一般的文献或信息检索过程，专利信息检索具有更高的要求。首先，专利信息检索要求进行全面的检索。这主要是因为专利信息颁布的主体、专利信息公开的语言种类、专利信息数据库的来源众多，除了各国会用本国语言公开专利文献外，欧洲专利局、世界知识产权组织等区域或国际性组织也会公开专利文献，还有不少商业机构开发了多种专利信息数据库。其次，专利信息检索要求进行快捷的检索。这主要是因为专利信息中包含的信息量比较大，包括技术、经济和法律信息，虽然专利文献具有统一分类的特点，但要确定某一项专利信息是否对专利分析有用，依然需要花费较大的工作量。因此，要想使检索工作更有效率，必须根据专利信息的某一项或者某几项数据特征，借助于现代计算机及数据库技术对专利信息进行快捷的检索。最后，专利信息检索要求进行准确的检索。这主要是因为检索目的也多种多样，面对不同的专利信息的需求，要想使检索工作做得更有效果，需要根据特定专利信息需求和目的，确立不同的检索途径、方法，从而准确地找到符合需求的专利信息。

（三）专利信息检索的发展

实际上，早期的专利信息检索并没有达到上述的要求。纵观专利信息检索的发展历程，主要经历了书本式检索、机械检索和计算机检索三大阶段。最早的书本式检索产生于19世纪末，主要是利用书本式和卡片式的检索工具，包括出版的专利索引和专利公报。这种检索不仅烦琐，而且工作量大，很难达到上述全面、快捷和准确的检索要求。除了在计算机检索很难实现的工业品外观设计专利的检索领域外，书本式检索现在已经很少有国家在采用。机械检索发端于20世纪70年代末期，其存在时间比较短，实际上是书本式检索向计算机检索过渡的阶段。机械检索主要是将专利信息存储于缩微胶卷、缩微平片等，然后利用机械来阅读这些缩微型专利信息产品实现检索的。早期的计算机检索受限于计算机技术的发展，检索速度也很慢，直到1976年英国的Derwent公司推出联机检索服务，才使得计算机检索变得快捷。随着计算机软硬件技术和围绕专利信息开发的计算机软件技术、网络技术的发展，现代计算机检索不仅操作简便，而且与早期的书本式检索和机械检索比较起来，在满足专利信息检索所要求的全面、快捷和准确性方面得到了很大的提升。

二、专利信息检索的资源

专利信息检索的资源就是指专利信息检索的对象。信息检索的对象可以分为文献型和非文献型。在信息检索领域,文献型信息资源主要包括印刷型文献、电子信息和网络信息。其中,网络信息成为现代信息检索的主要对象,基于网络信息的商业化应用带来的信息量及检索技术发展迅猛。

专利信息检索的对象也分为文献型和非文献型,其中主要是文献型专利信息。文献型专利信息作为专利信息检索的主要对象,内容广泛、新颖,技术细节详尽,实用性强,是技术、经济和法律三位一体的信息资源。文献型专利信息检索资源主要包括各国公开的专利文献、以电子载体形式存在的专利信息和网络环境下的专利信息数据库。

(一)各国公开的专利文献

专利文献是专利制度的产物。专利制度具有保护和传播的功能,为专利权人提供垄断性保护的同时,要求对专利技术以专利文献的形式进行公开,从而有利于专利技术信息的传播和扩散,促进技术进步。专利文献信息不同于一般的信息检索对象,各国公开的专利文献均按一定的格式每周、每月或者每季定期公布,是一种连续性的标准化出版物。一般来说,各国公布的专利文献包括专利公报和专利说明书。当然,也有少数国家只公布专利公报,不公布专利说明书。各国对专利文献公布形式和规律的规定都有不同。例如,美国每周都会定期出版专利公报和专利说明书;德国在每周出版专利公报和专利说明书的同时,出版专利说明书摘要;日本没有区分专利公报和专利说明书,统一以全文公开的方式将专利公报和专利说明书合二为一地予以出版。在我国,国家知识产权局每周都会出版专利文献,也包括专利公报和专利说明书。其中专利公报分为发明专利公报、实用新型专利公报和外观设计专利公报,专利说明书分为发明专利申请公开说明书、发明专利说明书和实用新型专利说明书。

(二)以电子载体形式存在的专利信息

以电子载体形式存在的专利信息主要是从20世纪90年代开始在各国兴起的光盘化的专利文献。随着专利文献信息量的增多和电子化存储技术的发展,各国为了解决日益增多的专利申请与手工专利检索工作量大之间的矛盾,电子化的专利文献存储在实行专利制度的国家得到了迅速发展。尤其是欧洲专利局、日本特许厅和美国专利商标局,从20世纪90年代开始纷纷制定专利申请、检索和审查的无纸化计划。目前,我国也正在实施专利申请的无纸化。其他国家也有类似的计划。电子载体的信息存储量大,阅读和检索方便,为专利制度的广泛应用带来了革命性的变化。

(三)网络环境下的专利信息数据库

随着计算机网络技术的发展、商业化应用和普及,基于计算机网络技术发展起来的专利信息数据库得到了广泛的应用。专利信息数据库是专利信息检索的主要资源渠道,这主要是因为用户进行专利信息检索,通过计算机联网,不用像电子载体形式的专利信息一样拥有全部的专利信息,只需要在进行检索时将用户计算机接入存储专利信息数据库的主机,便能方便地在专利信息数据库中进行检索和获取所需要的专利信息。专利信息数据库的迅猛发展,改变了人们进行专利信息检索的方式,为人们方便、快捷、准确和有效地检索并获取专利信息提供了条件。

就我国国内网上专利信息资源来说，主要是国家知识产权局网站提供的专利信息数据库。该网站可提供中国专利信息全文数据库，并可以免费下载和打印。除了国家知识产权局外，国内互联网上的专利信息资源还包括中国知识产权网专利库、中国专利信息网专利库、易信网专利库、CNKI网专利库、广西知识产权局、柳州市知识产权局、佛山专利信息网等。这些网站均提供了检索中国专利信息的数据库入口，用户可以方便地登录这些网址接入数据库提供给公众用户的界面进行中国专利信息检索。当然，这些数据库也各有不同的特点，用户可以有选择地运用。如一般的简单检索可以直接在中国国家知识产权局网专利库检索，复杂一些的检索可以先在中国专利信息网专利库检索，若需要检索结果的全文数据，再到中国国家知识产权局网检索。如果用户需要查失效专利信息，则可到易信网专利库检索。

就国外网上专利信息资源来说，主要是一些国家或地区专利机构免费提供的专利信息数据库及一些商业机构开发的更为完善的付费专利信息数据库。这些网上专利信息数据库主要包括欧洲专利局网站，该数据库提供了70多个国家近3 100万件专利数据，以及美国专利商标局网站，该网站收集了自1976年至现在的所有美国专利数据。此外，还有世界知识产权组织（WIPO）网站、Derwent公司网站专利数据库、Dialog联机检索系统专利数据库、STN联机检索系统专利数据库等网上数据库资源。用户选择时，应结合自身的需求和数据库特点进行选择。如一般性检索的首选为欧洲专利局的网站，它免费提供世界70多个国家及WIPO的专利文献，包括中国、美国的专利文献。当需要对美国专利进行深入了解时，应选美国专利商标局专利数据库，其功能最为完善，并且只有它免费提供各种专利转让信息。当涉及事关重大的决策（如投资巨大的研发项目立项），对专利检索的查全率、查准率要求很高时，应考虑使用质量高的商业专利数据库（如Derwent公司的专利数据库），并让专业技术人员与专业检索人员一起制定检索策略。当然，选择商业性专利信息数据库时，需要向商业性机构付费，有时检索费用会比较昂贵。例如，STN系统可以查询美国专利、日本专利、欧洲专利、PCT专利申请公开文献和Derwent专利，但收费昂贵。

三、专利信息检索的方法与策略

专利信息检索具有较强的检索目的，有的是为了在研发中确立方向和主题，有的是为了攻克技术难题，有的是为了进行新产品的开发，有的是为了在提交专利申请之前检验新颖性，有的是为了引进技术，有的是为了提起或应对专利侵权纠纷，有的是为了掌握竞争对手的研发状况，等等。不同的检索目的，对专利信息的需求重点不一样，所采用的检索方法也就不一样。目前，常用的检索方法主要是手工检索和计算机检索两类。

（一）手工检索

手工检索主要是检索者借助于各类索引工具，通过手工劳动的方式，对书本形式、卡片形式或缩微品形式的专利信息进行的检索。早期的专利信息检索方式主要是手工检索，目前虽仍然被采用，但由于这种检索方式工作量大，检索效率比较低。手工检索借助的索引工具包括了各国专利机构出版的专利分类年度索引、专利权人年度索引、专利公报，以及Derwent公司出版的《世界专利索引》《世界专利文摘》等。

根据手工检索工具提供的不同索引方式，可以将手工检索分为分类检索、名字（称）检索和号码检索三类。

分类检索建立在对专利信息的技术主题进行分类的基础上,通过不同技术主题对应的分类号或能反映技术主题的关键词进行检索。这里需要注意的是,虽然国际上有统一的专利分类方法和专利分类表,但有些国家或地区仍然在沿用其本国或地区的专利分类方法,如美国、日本和欧洲专利机构。在手工对美国、日本和欧洲进行分类检索时,需要了解其分类系统。同时,分类检索最常用的是利用技术主题的分类号进行检索。但检索者不清楚需要检索的专利信息所属的技术领域或者所属技术领域较多时,可以通过能够反映技术主题的关键词进行分类检索。通过关键词进行分类检索的好处在于不用了解所属技术领域,从而不需要查阅专利分类号,但其查找专利信息的准确度和效率不如分类号检索,因而检索者常常将关键词检索作为进一步进行分类号检索所做的前期准备。

名字(称)检索是以专利信息中所包含的自然人姓名或者法人名称为检索线索,对与该自然人或法人相关的全部或者特定专利信息进行的检索。专利信息中包含的自然人姓名或者法人名称主要是发明人、设计人的人名,以及申请人、专利权人、专利受让人的人名或名称。通过名字(称)检索,可以很方便地了解到竞争对手、合作伙伴或者诉争对方等的专利信息。但进行名字(称)检索时也需要注意,不同国家的专利公报或者不同的索引工具中,对名字(称)的处理方式不一样,如出现在中文专利公报中的外国法人名称,有时用的是意译名,而有时又是用的音译名。

号码检索也是常用的手工检索方法。所谓号码检索,就是利用专利信息中包含的相关的号码(如专利申请号和文献号)进行检索的方法。号码检索主要包括专利申请号检索、专利优先权检索和文献号检索。一般来说,进行号码检索的检索者往往是知道了专利申请号或者专利优先权信息(即优先申请国家、优先申请日期或优先申请号),通过进行专利申请号或者专利优先权检索,找到相关专利信息的文献号(即专利申请公开号、专利授权公告号和专利号),然后通过文献号进行检索,找到与文献号相对应的专利文献和信息。

由于手工检索的整个过程主要依靠人的劳动,受到人为因素的影响较大,同时,这种检索方式又受到检索工具的制约,因而其检索的效率和效果都比较低。随着计算机软硬件技术及计算机网络技术在专利信息检索领域的广泛应用,手工检索正在逐渐被计算机检索所取代。

(二)计算机检索

专利信息的计算机检索是在信息技术的基础上,结合专利信息的特点得以开发并应用的。专利信息的计算机检索是指检索者通过向计算机输入人机对话式指令,计算机系统通过对指令的识别,根据指令中所包含的检索要求在专利信息数据库中自动进行比较,并从数据库中根据检索者的指令对符合检索要求的专利信息进行操作的一系列活动。专利信息数据库是计算机检索的基础,庞大的专利信息数据往往存储在商用的大容量计算机存储器中。

不同于手工检索,由于计算机处理系统采用了分时技术,使得检索者的检索请求在几秒钟内能得到响应并反馈给检索者相应的检索结果,检索速度相当迅速。同时,由于计算机联机系统和计算机网络技术的发展,使得不同的数据库之间的通信和数据传输得以实现,检索范围非常广泛。另外,由于计算机智能技术的发展,使得计算机检索能同时满足检索者的若干要求,检索结果比较有效。计算机检索不同于手工检索的这些特点,使得计算机检索越来越成为人们进行专利信息检索的主要途径。当然,由于计算机检索的发展时间比较短,计算机检索在专利信息检索领域的应用也还存在一定的缺陷,如许多已有的专利信息检索系统还不是特别稳定,检索质量还在随着信息技术的发展而发展。

在专利信息数据库中,专利信息往往包括若干著录事项。目前的计算机检索还不能提供专利说明书的全文检索,只能对专利信息中的著录事项进行检索。如果检索者需要获取某一技术主题的专利文献信息,需要在数据库界面输入相关著录事项指令,计算机系统通过对指令的识别,在数据库中查找到与指令中著录事项相匹配的专利信息。而专利信息检索本身具有较高的复杂性,这就要求数据库检索入口能满足不同的检索要求。

一般来说,专利信息检索数据库的界面往往会提供专利分类号、专利权人(申请人)、发明人、专利文献号、专利申请号、主题词和优先权项等检索入口。例如,我国国家知识产权局网站提供给公众的免费计算机检索系统中,就提供了包括专利申请号、名称、摘要、申请日、分类号、主分类号、公开(公告)号、公开(公告)日、申请(专利权)人、发明(设计)人、地址、国际公布、颁证日、专利代理机构、专利代理人、优先权共计16个检索入口。检索者只需要在需要检索的入口处填写相应的关键词,如某一号码、姓名(名称)、日期等,随后点击检索命令,计算机系统就会将关键词与相应专利信息数据所包含的著录项目进行比较,并显示与关键词相匹配的检索结果。除了简单的主题检索、名字(名称)检索和号码检索外,为了满足不同检索者的要求,计算机还可以识别多重命令下的综合检索请求,并反馈相应的检索结果。需要注意的是,由于提供检索系统的机构及各国专利著录事项的差异化,不同的检索系统提供的检索入口不一样,检索方法也就不一样。进行具体的检索之前,需要了解相应系统各检索入口的含义及输入关键词的格式。

(三)检索策略

企业利用计算机检索专利信息时,还需要根据检索目的不同制定不同的检索策略。一般来说,专利信息检索目的主要包括专利技术信息检索、专利性检索、侵权检索、专利法律状态检索、同族专利检索及技术贸易检索。

专利技术信息检索主要包括追溯检索和定题检索,适用于科研开题收集技术信息,为解决技术攻关中的难题查找参考资料,为开发新产品、新技术而查找参考技术信息或专利项目等。专利技术信息检索也称为专利技术主题查全检索或者专利参考文献检索,适用于在给定的技术主题的基础上对专利文献进行检索,其目的是找出相关参考文献,因此,检索的出发点在技术主题,检索的要求在于“全”。一般来说,对于专利技术信息检索的策略主要是主题词和IPC号,有时辅以专利相关人、日期等。在应用这种检索时,主题词的确定是最重要的,而主题词的确定又是最难的,主要是在给定的技术主题范围一般比较大,很难准确找出对检索直接可用和有效的主题词,此时,需要通过检索、阅读、再检索、再阅读的反复过程来补充、剔除和修正主题词。在主题词之外,通过增加IPC号的方式进一步缩小检索范围和提高检索的精度,但不正确的IPC号可能成为检索结果的噪音,因此,IPC号也需要在反复检索和阅读基础上不断修正。当然,对于特定的专利相关人,如所述技术主题的主要专利的专利权人或者核心的研发人员等，有助于扩大检索范围，实现全面的检索，得到全面的专利参考文献。

专利性检索包括新颖性检索和创造性检索，适用于本企业准备申请专利或对他人的专利进行专利性评估。专利性检索也称为专利技术主题查准检索或者专利对比文件检索，适用于为确定申请专利的发明创造是否具有专利性，从发明创造的技术方案对包括专利文献在内的全世界范围的各种公开出版物进行的检索，其目的是找出可进行专利性对比的文件。由于此种检索也是一种技术信息检索，检索的策略与前述专利技术信息检索策略基本一致，专利性检索的信息特征依然以主题词和IPC号为主，有时辅以专利相关人，主要包括专利权人和发明人。但与专利技术信息检索不同的是，专利性检索是在已知具体的技术方案的基础上找到具体的对比文件，不同于在给定较大范围的技术主题的基础上找参考文献，前者的检索要求是“准”，而后者更看重“全”。那么，在已知具体的技术方案的基础上确定检索用的主题词的方法，主要是由具体技术方案中的技术要点，或者技术手段，或者技术特征来确定。当然，在专利性检索中，主题词的确定也是最重要的，但具体技术方案描述中使用到的技术术语，并不一定能准确查找到最接近对比文件，此时的策略依然是反复检索和阅读，从检索到的相关专利文献或其他文献中发现与技术方案中使用的技术术语相同的、相近的、相关的其他表述方式，甚至，有时需要使用更为上位的技术术语进行检索，从而准确地发现可以否定需要评价的技术方案的专利性的文件。当然，当专利性检索到一定程度，依然无法发现可以否定所述技术方案专利性的文件时，与专利技术信息检索一样，应该中止检索。

侵权检索主要包括防止侵权检索和被动侵权检索。防止侵权检索用于开发出新产品准备投放市场时为避免新产品侵犯他人的专利权；被动侵权检索适用于被告侵权时为保护自己的利益反诉原告专利无效。侵权检索主要是以法律状态检索为主。当然，被动侵权检索除了检索侵权诉讼所涉专利的法律状态外，还需要对该专利的专利性进行检索。专利性检索策略在本书中已有述及。实际上，法律状态检索也称为专利有效性检索，适用于对一项专利或专利申请当前所处的状态进行的检索，该检索的目的在于了解具体专利是否有效。因此，检索策略也相对简单，使用已知专利的专利号或者已知专利申请的申请号进行检索即可。只是，在法律状态检索的过程中，需要注意法律状态检索的全面性问题。其中，可能影响法律状态检索全面性效果的干扰因素主要是该专利的同族专利、不同国家的专利法制度等因素。如果该专利存在同族专利，尤其是存在复杂的同族专利，为了实现法律状态检索的全面性，应对该专利的所有同族专利的法律状态都进行检索。同时，不同国家的专利法律制度不同，如美国专利制度中的继续申请制度、不同国家年费缴纳制度（专利只有缴纳年费才有效，而不同国家年费缴纳后的有效时间不同，需要结合不同国家专利法律制度进行检索和评价）等，也会影响法律状态检索的策略和方法。

当然，针对不同的检索目的，有的时候需要检索种类的综合运用。比如，进行技术贸易、引进专利技术应进行专利有效性检索和技术贸易检索，收集欲引进的专利的有效性、法律状态及技术水平；产品出口时应选择侵权检索和专利地域效力检索；为了了解竞争对手的情况，应该选择专利申请人、专利权人、专利受让人检索。

第三节　专利信息分析方法

一、专利信息基础分析

专利信息基础分析，是在对获取的专利文献进行适当整理、必要标引之后，依据不同的分析目的，从中提取信息要素，然后将提取的信息要素按照一定的方式排序，最后用不同方法对数据的变化进行解释，取得动态发展趋势的情报。

（一）申请人情况分析

申请人情况分析是指在特定技术领域，按照申请人申请或授权专利数量，进行统计分析。每个企业的核心产品和研发项目在一定程度上通过专利申请有所反映，通过分析某一技术领域的专利申请量和申请人，可以了解该技术领域中技术领先者、技术强势领域以及竞争对手的动态，为本企业实施技术合作和技术授权、调整研发经营策略等提供有益帮助。

图 10-5 中横坐标为专利申请人，纵坐标为专利申请量。通过解读该图，可以了解该技术领域主要的公司，在此基础之上，进一步分析申请人的经营方向、技术特点、申请专利技术领域变化等，为公司制定研发政策、选择技术合作伙伴、寻求专利许可转让等提供有益帮助。

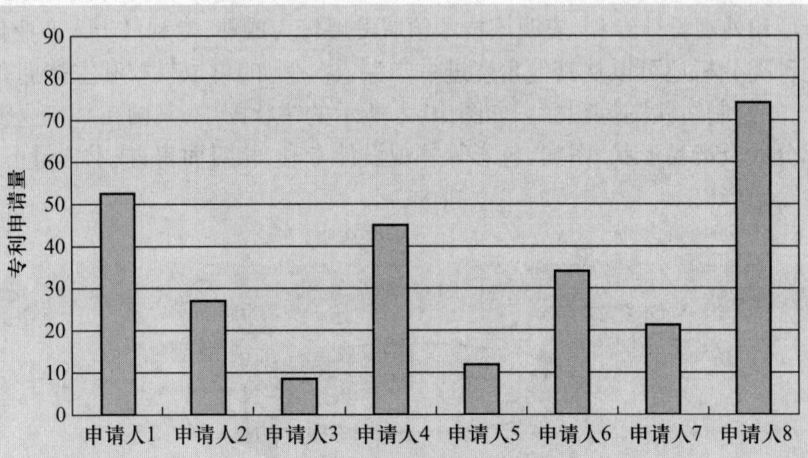

图 10-5　申请人情况分析图

（二）发明人情况分析

技术人员是发明的创造者，通过对技术人员情况进行分析，可以发现本领域优秀的技术人才，有利于公司的人才引进计划。伴随着技术的日趋复杂，技术复合程度空前提高，技术的研发依靠个人力量难以实现，需要研发团队合作完成。研发团队内部人员配置和架构建设是十分有价值的信息，从中可以发现优秀的研发人才，同时可以更加深入地了解竞争对手的研发思路和管理方向。

表 10-3 是对某公司专利发明人情况的分析。其中横坐标为相关专利发明人，纵坐标为专利技术名称。表格中具体内容描述发明人在发明过程中所起的作用：单独发明人、主

要发明人（存在多个发明人情况下，排位第一的发明人）、共同发明人（存在多个发明人情况下，列于第一发明人之后的其他发明人）。通过表 10-3 可以清楚了解公司在进行不同技术发明时，各个技术人员所起的作用以及公司研发队伍的组织结构。

表 10-3 专利发明人情况分析

发明人 / 专利	A	B	C	D	E	F	G
1	共同发明人	主要发明人			共同发明人		
2			主要发明人				共同发明人
3				单独发明人			
4			共同发明人		共同发明人	主要发明人	
5	单独发明人						
6							

（三）专利种类分析

我国专利包括发明、实用新型和外观设计。通过比较三种不同类型专利申请所占据的份额，可以判断技术领域的发展情况。如果某一技术领域只有发明专利，表明该技术领域尚处于研发起步阶段，多为技术基础性研究成果。如果在一定发明专利基础上，还存在较多的实用新型和外观设计专利，表明该技术领域发展较为成熟，专利已步入产业化阶段。

对专利种类分析还可以从其他角度进一步深入。例如，可以就权利主体拥有的专利种类进行划分，并绘制饼状图等图标。如图 10-6 所示的饼状图中，某国在某产业领域所拥有的专利大部分涉及产品形状、图案、色彩等外观设计专利，相对而言，技术含量不高，产业缺乏自主核心知识产权。

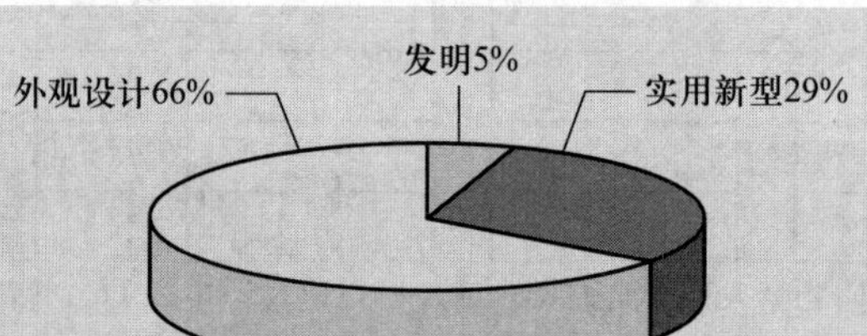

图 10-6 某产业领域三种专利类型比例

（四）时间趋势分析

时间趋势分析是以时间为轴，将企业、技术领域的专利数量作为变量考察其随时间变化的规律。专利申请量在一定程度上体现了市场需求。通过对专利申请量逐年的变化情况进行统计分析，对研究企业技术发展趋势、市场需求变化等提供有益的信息。例如，图 10-7 为某技术领域专利申请逐年变化折线图。其中横坐标为年份，纵坐标为专利申请量，该图反映了近年来该技术领域专利申请量呈逐年上升趋势，该技术处于技术发展期的特征明显。

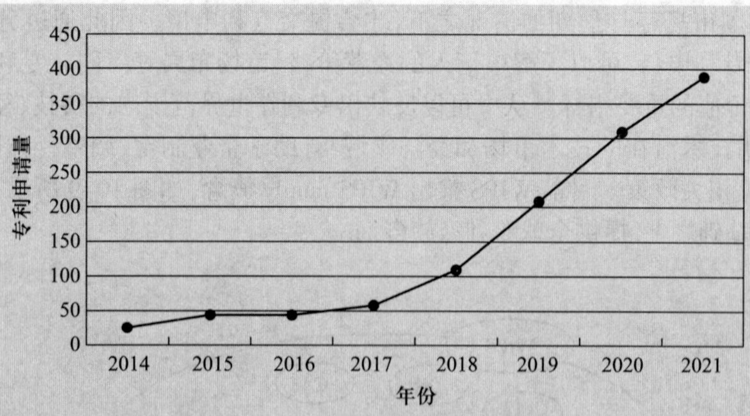

图 10-7　专利申请量逐年变化折线图

（五）IPC 分布分析

专利申请依其技术方案所属技术领域,对应相应的 IPC 分类号。结合此特点,通过分析某技术领域所覆盖的 IPC 小类或大小组,以及这些小类或大小组下分别包括的专利数量,能够获知该领域的技术构成情况和市场关注的重要技术点。图 10-8 中的横轴是所涉及技术的 IPC 分类号,纵轴为专利数量。从图中可以清晰看出此领域主要涉及技术点有 5 个,其中重点技术点为 C03B37/108 和 C02B6/00,最突出技术为 C02B6/00。

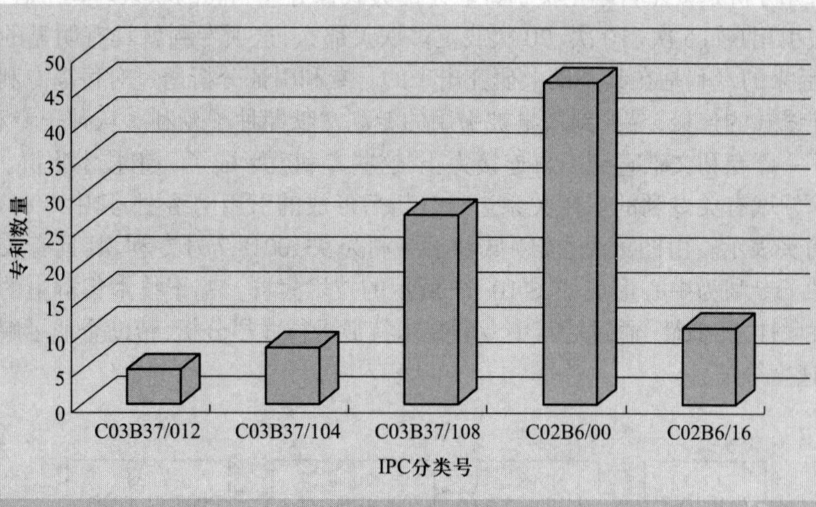

图 10-8　IPC 分布情况

二、专利家族分析

专利家族（patent family）包括狭义和广义两种。狭义的专利家族是指同一件专利在不同国家申请的集合。广义的专利家族是指同一件专利后续衍生的不同申请案,包括分隔案、连续案与部分连续案等,即为同一技术发明揭露后,后续持续衍生的不同专利申请情况。企业申请专利是为了取得技术的垄断实施权,借此实现经济效益的最大化。专利申请人只有在对某国市场存有预期的情况之下,才会提交专利申请。因此通过分析申请人向哪些国家提交专利申请,可以了解申请人的经营策略、市场布局等。同族专利的数量也是衡量专利经济价值的重要指标。从中可以反映出专利在世界范围内的科技、经济和法律地位,了解该发明技术潜在的技术市场和经济领域,有助于企业制定、调整科技研发、产业布局、市场拓展等相关政策。目前 WIPS 推出 WIPS family 概念,如图 10-9 所示,在整合其他各国专利资料基础之上,提供全球专利家族咨询。

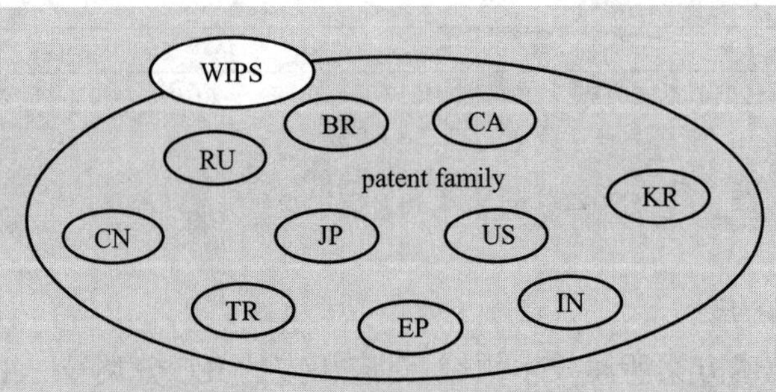

图 10-9 WIPS family 示意图

三、专利引证分析

专利引证分析是按照科学论文引证联系的方式探寻专利间的联系。其中心意思是,当一件专利被引用(如 5 次、10 次、20 次或更多次),那么,这项专利就具有明显的技术发展优势,很多后来的专利是在其基础上研究出来的。专利引证分析通过对每篇专利文献的引用情况作连线式的连接,寻找到最早被引用的专利文献即种子专利。从种子专利出发,依次连接到下一篇专利文献直到不再连接为止,这些专利就形成了一组技术集群。图 10-10 为对某技术领域有关专利的引用关系进行分析后形成的引用网络图,其中专利为节点,引用关系用箭头表示。由图可见,该领域种子专利为 9310018.7 号专利,其具有较高的引用率。以该种子专利为中心形成如图 10-11 所示的技术集群。鉴于技术集群中的专利技术具有一定关联性、相似性,通过对其中专利技术特征进行详尽分析,帮助企业了解技术发展路径、创新速度等信息。

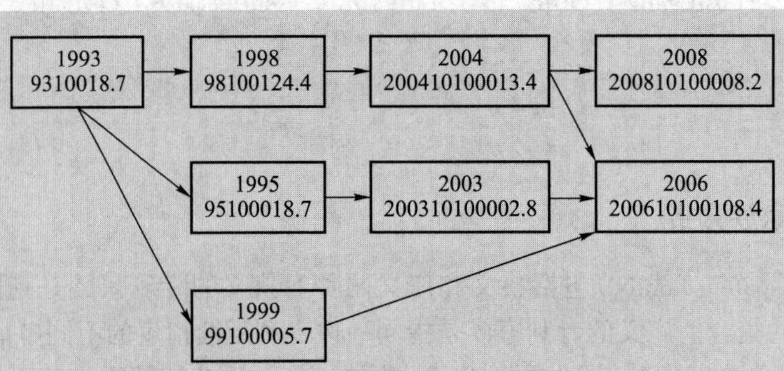

图 10-10 专利引证网络图

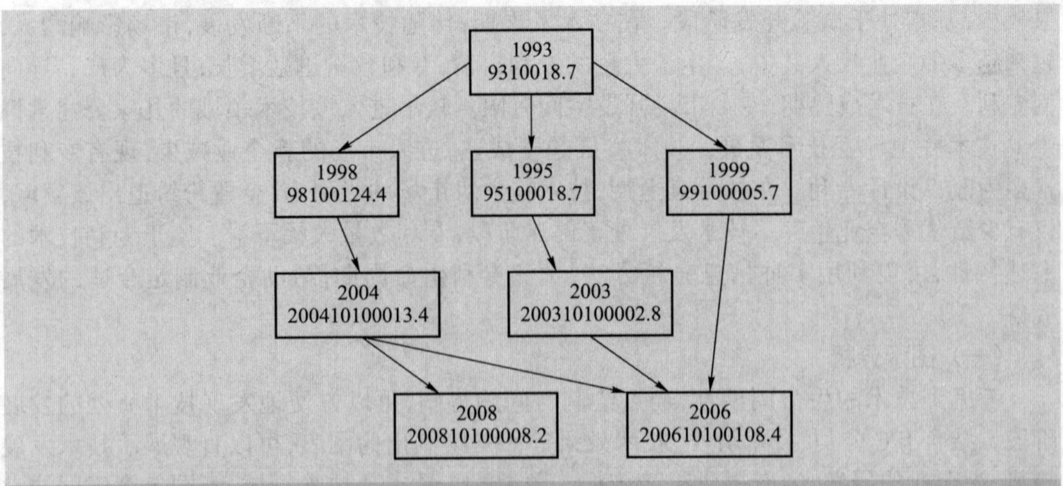

图 10-11 技术集群图

另外,有研究表明与优秀的新产品相联系的专利被频繁引证,因此专利引证分析可帮助企业评价其所拥有的专利质量。通过对产业内主要企业所拥有专利被引用情况进行分析对比,发现哪个公司是原始产品的生产者,哪个公司是该技术革新后的使用者。如果一个公司的专利被其他许多公司引用,该公司必然处在这一行业的中心位置,如果没有哪个公司明显地处于中心位置,那么就说明该项技术不被任何公司所控制。在图 10-12 中,B 公司专利被引证次数最多,其次为 D 公司,由此推论 B 公司可能处于技术领先地位,在该产业领域,具有影响产业发展的重要力量。

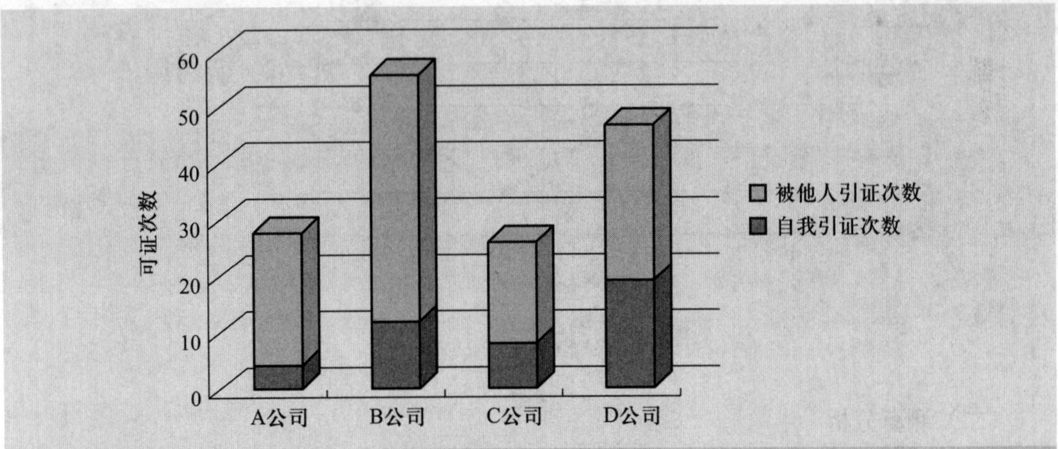

图 10-12 企业专利引证次数图

四、技术生命周期分析

专利技术发展中,历经技术起步期、技术发展期、技术成熟期和技术衰退期四个阶段,呈现出周期性变化趋势。在技术起步期,专利多为原理性的基础专利,整体数量较少。而且由于专利产业尚有诸多不确定性因素,参与技术研发和产业化开发的企业较少,研究成果较少，基本处于试验开发阶段。在技术发展期，伴随技术的不断发展，市场影响增大，越来越多的企业投入其中，产生了大量的专利申请，专利数量迅猛增长，且多为产品导向型专利。在技术成熟期，专利市场开发空间有限。较早进入该技术领域的几家公司掌握主要技术并主导着技术发展。技术发展趋于成熟，进入市场的新企业减少，现有专利技术多为改良设计专利。在技术衰退期，技术丧失对市场的吸引力，企业纷纷退出该领域，仅有少数优秀企业生存。技术发展处于停滞阶段，专利数量大幅下滑。鉴于专利技术的上述特性，可以利用多种信息分析方法，预测专利生命周期，帮助企业制定合适的发展战略。

（一）图示分析

考虑到技术的生命周期性，通过绘制时间趋势图，可以方便地发现技术所处的发展阶段。结合 IPC 分类、技术分类、技术效果等因素绘制出的图表，可以直观展示技术发展趋势，为企业的研发、生产提供决策依据。图 10–13 是在某技术领域，不同年度不同技术类别下的专利申请变化。从中可以分析不同技术所处的生命周期，决定企业未来的研发方向。例如，分类号 2，专利申请量在 2014—2017 年有所滑落，2017—2018 年迅速增长，之后维持在一个相对稳定的较高水平，体现了该技术在发展中曾遭遇困境（可能源于市场变化、产业环境、成本、技术难题等多方面），目前技术处于稳定发展阶段，值得企业特别关注。

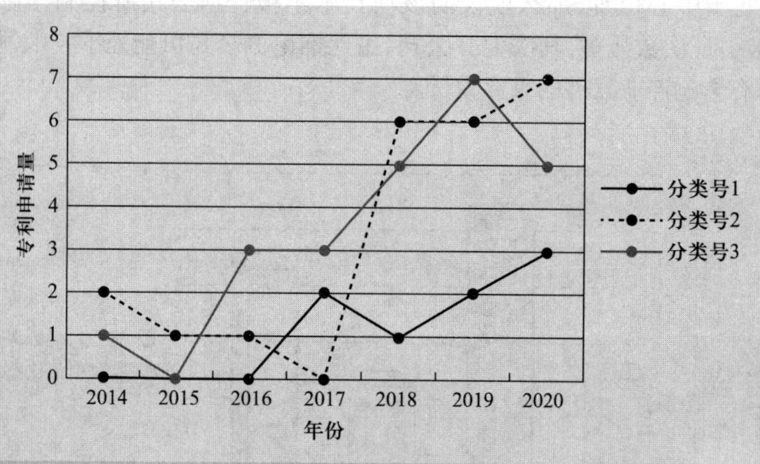

图 10–13 技术发展时间趋势图

（二）测算分析

测算分析法是通过计算技术生长率（v）、技术成熟系数（α）、技术衰老系数（β）和技术特征系数（N），根据 v、α、β、N 值随时间变化情况测算某技术领域的技术发展阶段。

1. 技术生长率（v）

计算公式如下：

$$v=a/A$$

v 为最新专利与早期专利之间的比值，v 值递增，表明新近专利不断增加，技术创新速度较快，该领域技术处于生长阶段。

2. 技术成熟系数（α）

计算公式如下：

$$\alpha=a/(a+b)$$

α 逐年变小，发明专利增长速度变慢，实用新型增加较快，技术市场趋于稳定，技术进入成熟期。

3. 技术衰老系数（β）

计算公式如下：

$$\beta=(a+b)/(a+b+c)$$

β 逐年变小，发明、实用新型专利减少较为迅速，仅有的增长也是来源于外观设计，技术研发缓慢甚至处于停滞状态。

4. 技术特征系数（N）

计算公式如下：

$$N=\sqrt{v^2+\alpha^2}$$

N 值越大，新技术特征越强，技术发展潜力大，值得企业关注。

上面公式中，a 表示该技术领域当年发明专利申请数或授权数；b 表示该技术领域当年实用新型申请数或授权数；c 表示该技术领域当年外观设计申请数或授权数；A 表示追溯到五年的该技术领域的发明专利申请累积数或授权累积数。

（三）技术生命周期计算

技术生命周期可以理解为该技术领域最新专利和最早专利之间的时间。如果在相同技术领域，一个企业比其他竞争对手拥有较短的生命周期，表示该企业创新速度快，拥有技术革新优势。如果伴随快速的技术革新，企业专利申请同步增长，说明企业始终处于领域技术最前沿，具有绝对技术优势。此外，从技术的角度看，如果某领域技术生命周期较短，通常为新兴技术，且技术更新速度极快，从而掌握技术集群的特征，为企业决策提供参考。

五、技术功效矩阵分析

技术功效矩阵分析是将专利技术相关信息通过矩阵图形来表示。它分析专利技术目的及其功效间的对应关系，通过专利数量统计来衡量为实现技术功效投入的技术力量，再结合企业自身技术潜力，评估技术发展的前景。此外，专利技术功效矩阵可以帮助企业找出技术领域面临的瓶颈，帮助企业准确定位研发方向，优化企业研发决策。技术功效矩阵的具体制作步骤如下：先将发明要解决的问题进行分类，然后再将技术的功能加以区分，找到不同的发明目的与技术功能的交叉点，从而显示出目的与功能对应的热点和目前的空白点，据此判断技术发展的热点区域和尚未开发空间，指导企业找到合适的技术创新切入点，避免决策错失良机和盲目投入。在表 10–4 矩阵图中，纵轴为发明目的即有待解决的问题，横轴为可以选用的技术效果。将专利技术按其权利要求书和申请书中所述技术内容，填写到图中相应空格处。表中没有专利的空格构成技术效果与技术方案之间的空白点，属于尚未开发的技术领域，企业可以从中寻找适合的研发方向。此外还可以计算实现每种技术效果对应专利数量。在表中，技术效果 1 对应专利 18 件，技术效果 2 对应专利 3 件，技术效果 3 对应专利 13 件，技术效果 4 只有 2 件专利，而技术效果 5 尚无专利技术。由此可以判断，目前技术研究集中于技术效果 1 和技术效果 3，已有较多专利技术，企业在确定自身技术方案时,要注意回避上述区域。而在技术效果 2 和 4 方面专利布局较少,技术效果 5 目前无专利,企业可以重点考虑上述领域。

表 10–4 专利技术分布矩阵分析图

技术效果 发明目的	1	2	3	4	5
1	专利(3)		专利(5)		
2		专利(2)			
3	专利(10)		专利(8)		
4	专利(2)	专利(1)			
5				专利(2)	
6	专利(3)				

另一方面,利用专利技术矩阵图,还可以分析竞争对手的情况。通过分析方框中各项专利的权利要求点和专利数量,可以了解行业主要竞争对手专利技术分布状况、研发侧重点,帮助本企业研发人员寻找专利空白点,为其提供研发思路,保证企业顺利获得专利授权并实现经济利益最大化。此外,技术功效矩阵分析可同时为企业专利许可、转让提供信息,还能有效避免专利侵权。

六、专利地图分析

专利地图是将检索到的各类专利信息,通过整理、加工、综合和归纳,制作成各种具有直观性、可供分析解读的图表,从中展现蕴含于专利数据内的各类有价值信息,帮助分析技术布局,指明技术发展方向,为企业制定经营、生产、研发、专利等战略服务。通常专利地图可分为专利技术地图、专利权利地图和专利管理地图。专利技术地图是对技术架构、功能、发展脉络等方面的分析研究,从中可以归纳出特定技术发展动向,并预测技术发展趋势,为企业研发决策提供参考。专利权利地图是对专利权利要求要素及其相互之间关系、权利保护范围等内容,从中揭示权利要求范围、权利转让、侵权可能等信息,帮助企业严格规划自身研发计划,避免专利侵权发生,同时帮助企业实施回避设计等战略。专利管理地图将大量的专利文献资料,按照"专利数量""权利人""技术生命周期"等变量进行统计分析,从中反映出专利的发展趋势、竞争对手的状态、竞争技术的领域。

专利地图通过科学、系统化的方式,将大量潜在的技术、经济、法律、管理信息以直观图形展示,有利于最大限度地发挥专利信息价值,为企业、行业、地区、国家经济科技决策提供科学依据。

第四节 专利信息分析流程与解读

专利信息分析有一定的流程,完整的专利信息分析流程,由不同的阶段及每个阶段的不同环节构成。专利信息分析完成后,对专利信息分析结果进行恰当解读,是揭示数据分析结论及撰写专利分析报告的关键。

一、专利信息分析流程

专利信息分析流程由四个不同的阶段构成,分别是前期准备阶段、数据采集阶段、数据分析阶段以及完成报告阶段。在不同的阶段,又有不同的环节,把握好每个环节的要点,是保证专利信息分析质量的前提。

(一)前期准备阶段

专利信息分析的第一个阶段是前期准备阶段,这个阶段的主要目的是对专利信息分析的课题进行分解,做好专利信息检索的准备工作。在前期准备阶段,首先应该成立课题组,课题组成员根据不同的专利信息分析课题,由不同的人员构成。如涉及专利信息技术分析,课题组成员应包括技术人员;如涉及专利信息管理分析,课题组成员应包括企业管理执行人员;如涉及专利信息法律分析,课题组成员应包括知识产权法务人员。其次,课题组成员应根据课题需求,讨论确立专利信息分析的目标。在这个环节,课题组成员提出专利信息分析目标之前,应进行相关的课题研究背景调查,确定研究方法,再明确提出课题所要求的专利信息分析目标。再次,在明确专利信息分析目标的条件下,对课题进行分解,分解成数据采集、数据分析与报告撰写不同阶段的目标。最后,在课题分解的基础上,选择专利信息检索数据库。

(二)数据采集阶段

数据采集是专利信息分析流程的第二阶段,也是最需要时间、处理起来最困难的阶段。数据采集阶段是对专利进行检索并对数据进行加工的阶段,所得到的数据是可以直接进行数据分析的,因此,也是专利信息分析流程中最关键的阶段。数据采集阶段可以分为两个关键的环节,分别为专利信息检索和数据加工。

首先,在专利信息检索环节,根据前期准备阶段对课题目标的分解,提出并制定恰当的检索策略,在选择的数据库里进行初步的专利检索。初步检索得到的数据,一般很难符合预期,往往要对初步数据进行阅读、分析,然后修正检索式。尤其是在专利信息技术检索中,关键词及分类号的修正往往需要反反复复进行很多次,最后检索得到的数据才会是排除了干扰的有用数据。在检索、阅读、分析、修正检索式、再检索进行若干次后,才能暂时结束检索,并提取专利数据。贯穿于该环节始终的是专家讨论。根据不同的专利信息分析目标,参与讨论的专家可以是技术专家、管理专家或者法律专家,可以是课题组内部专家,也可以是外部聘请的专家。专家讨论有助于科学有效地进行复杂的专利信息检索。

其次,在数据采集阶段,经过原始检索所得到的数据,大多数是无法满足专利分析要求的,需要对原始数据进行加工,即进入数据加工环节。在数据加工环节中,首先需要对原始数据进行整理转换,将原始数据按照专利分析的目标需求进行指标提取。如在专利信息技术分析中,提取时间要素、地域要素、技术功效或关键技术手段等技术性要素、专利申请人或专利权人等人员要素等。检索目标不同,数据转换过程中需要提取的要素指标也不同,在专利分析实践中应根据目标任务进行取舍。在要素提取过程中,需要对原始数据进行数据标引。数据标引过程与数据转换过程同步进行,这项工作只能由人工完成,因此不仅烦琐,而且需要耗费大量的时间,但又是数据采集阶段至关重要的环节。另外,贯穿数据加工始终的，是数据清洗，即在数据转换和人工标引过程中，对无用的原始数据进行筛选并剔除，防止不相关数据影响专利分析结果，提高专利分析的准确性和科学性。经过数据加工环节处理过的专利数据，是可以直接进行专利分析的数据。

（三）数据分析阶段

数据分析是专利信息分析的第三个阶段。该阶段是在数据采集阶段的基础上，对采集到的数据，按照一定的专利分析方法，利用一定的专利分析工具，获得满足专利分析目标的分析结论的过程。一般来说，该阶段主要由计算机软件完成，尤其是需要定量分析的课题，往往只需要在计算机软件中导入分析用数据，按照软件提供的专利分析功能，就能得到较好的分析结果，且计算机软件对分析结果能够提供可视化的图表，增加专利分析结果的直观性。计算机软件辅助的专利分析主要运用在技术生命周期分析、重点专利技术分析、技术发展趋势分析、主要竞争对手分析、专利区域分布分析、研发团队分析、核心专利分析、重点技术发展路径分析、空白技术分析等领域。需要注意的是，专利定性分析，尤其是专利定性分析的定量与定性综合分析无法用计算机软件完成。例如，专利功效矩阵分析需要人工处理每一项专利的功效、技术手段，这是该分析方法运用的关键环节，无法用计算机软件替代。

（四）完成报告阶段

完成报告阶段是专利信息分析的最后阶段，也是将专利信息检索及分析结果有效展现出来的阶段。这个阶段的主要任务就是撰写专利分析报告。在专利分析报告的撰写中，首先需要完整地体现专利信息检索与分析的全过程，即从课题组组成、课题分解、目标确立、数据库选择、检索式制定、初步检索、修正检索式、数据提取、数据转换、数据清洗、数据标引到最后的分析方法、分析软件选择及使用过程进行全面回顾与描述，清楚完整的描述过程有利于报告使用者深刻理解专利分析的结论。另外，在初步报告撰写完成后，应由课题组对初稿进行讨论，反复修改完善，在需要的情况下，还可以聘请外部专家对课题报告提出修改意见，使专利分析报告不仅全面反映全过程，而且做到对专利信息分析结果的深度解读。

二、专利信息分析解读

专利信息分析解读，是从专利信息分析的目标出发，根据专利信息的数据分析结果，综合考虑企业发展、技术趋势、竞争态势、政策环境等各方面因素后对数据分析结果进行的解读。结果解读是对专利信息的深度挖掘，是专利信息分析目标实现的关键环节之一，在科学解读过程中，需要把握一定的解读原则，运用一定的解读策略。

（一）解读原则

1. 用户适用性原则

用户适用性原则，要求专利信息分析的解读要站在用户的角度对数据分析结果进行解读。在用户适用性原则下，首先要求解读专利信息时能让用户理解，使用用户能理解的语言进行解读，如涉及专利分类时，使用自然语言，而不用分类等情报语言。例如，使用“垂直风力发动机”，而不用 F03D1/00。其次，在用户适用性原则下，要求站在用户的立场进行解读，如某一用户委托进行专利信息分析，就要站在该用户的角度解读专利信息分析结果，说明应采取何种策略。当然，非特定用户的行业性专利信息分析，可以从不同厂商的角度分别描述。

2. 全面性原则

全面性原则，要求专利信息分析的解读要结合目标进行综合解读。首先，在全面性原则下,要求结合从其他途径获得的情报进行综合解读。比如解释竞争对手专利申请量变化时,不仅要结合竞争对手自身的战略变化,还要结合从其他途径获得的竞争环境变化的情报进行综合解读。其次,在全面性原则下,当同一现象可以推出多种结果时,要全面反映不同的结果。例如,在美国,对于某一技术领域有许多专利申请,可以推断这是产业化区,也可以推断出这是产业雷区,对各种可能的结果都应进行解读。

3. 重点性原则

重点性原则,要求专利信息分析在全面性解读的基础上,从专利信息分析目标出发,对分析结果进行有重点的解读。首先,在重点性原则下,专利信息解读应紧紧围绕目标进行,不应脱离目标进行广泛解读。其次,在重点性原则下,应注重对分析结果中出现的突变点的解读,如数量突然变大或者突然变小,对突变处进行重点解读。最后,在重点性原则下,应结合目标,对分析结果进行层层递进的解读。

（二）解读策略

1. 解读要点

专利信息分析的解读是将数据分析结果转换为技术或者管理语言,为技术或者管理目标服务,因此,存在解读要素及不同目标下的解读重点问题。首先,对于专利信息的技术分析来说,解读的重点在于了解技术开发的脉络,了解新产品开发动向,选定研发课题,确定用途开发,进行技术挖掘,了解技术波及领域等。对于专利信息的竞争分析来说,解读的重点可能在于把握标杆企业的动向,把握新加入者的情况,促进技术转让或者提高专利调查精度等。另外,就解读要素而言,一般来说,可以将申请人或者权利人解读为竞争者,将发明人解读为研发人员,将专利分类解读为自然语言表达的技术,将权利要求解读为技术保护或者技术障碍,将专利量解读为市场等。

专利信息定性分析结果的解读要点与定量分析结果的解读要点存在一定的差异性。定性分析结果的解读主要针对专利信息具有的某种技术思想,判定同样技术思想的专利信息有哪些。就时间方面而言,以前有怎样的专利文献,以后会有怎样的专利文献,同期有怎样的专利文献等。即观察同类,观察关联,观察流向,观察发展过程,特别要解读出专利文献技术思想的不同之处,把握整体技术流向。

2. 解读技巧

在进行专利信息分析的解读时,应注重一定解读技巧的运用。首先,需要按照一定的顺序进行解读,如在解读某专利分析图时,应先揭示专利分析图的主题,再对坐标轴进行说明,然后对专利分析图中出现的形状、拐点或者差异点进行描述,再由现象推出结论,最后提出建议并对数据缺陷进行说明。

进行专利信息分析的解读,本质上是将专利信息及其背后的由现象反映的原因用语言表达出来,在这种转换过程中,可以运用多种解读技巧。运用得比较多的解读技巧包括:再现技巧,即将专利分析图的内容用文字重点描述;纠错技巧,即说明由于数据不足引起的图表问题;解释技巧,即说明造成变化的原因;联想技巧,如将专利量的增加描述成研发投入的增加;印证技巧,即将专利分析图的结果与同结果相符的其他研究或现实的情况进行比较说明;比较技巧,即说明关键要素的反差;推理技巧,即对未来可能的情况进行说明描述;建议技巧,即对如何解决问题进行阐述。需要注意的是,以上列举的八种专利信息分析解读技巧在解读过程中应综合运用,并注重在不同类型的专利信息分析中选择使用。

关键术语

专利文献(patent document)
专利信息分析(patent information analysis)

复习思考题

1. 简述专利信息包含的信息内容。
2. 简述国内外专利信息检索的资源及其选择策略。
3. 简述专利信息检索的要求。
4. 简述专利信息检索的各种方法。
5. 简述专利信息分析的主要方法。
6. 论述专利信息的基础分析方法。
7. 简述专利信息分析的流程。
8. 简述专利信息分析中的解读原则。

案例讨论

海尔集团的专利信息利用

1984年,海尔还是一个快要倒闭的小厂,发展到2003年已成为年产值超过800亿元,拥有包括白色家电、黑色家电、米色家电在内的几乎所有电器产品的跨行业集团公司,成功原因之一就是专利文献的收集和应用。

1992年,海尔成立了中国首家企业知识产权部门——海尔知识产权办公室。在此之前的1988年,海尔集团已经建成了一整套简便易查、全面实用的检索专利技术的卡片系统,称为专利文献人工检索系统。该系统收集了1974年至1986年世界上25个主要工业国家有关冰箱的14 000余条专利文献题录。这些题录涉及所有与冰箱制造有关的内容。按照国际专利分类法,分为冰冻设备(压缩机)、制冷装置、制冷剂、发泡材料、热交换装置(蒸发器、冷凝器)、温控装置、箱体结构、门体结构等19类,分放在卡片盒内,供科技人员使用。

1990年起又订购了三种中国专利公报和制冷领域的专利说明书,使之与"人工检索数据库"衔接配套,通过题录可以直接查到专利说明书原文。知识产权办公室每月还将公报中制冷领域的申请摘录出来,在《知识产权工作简报》上刊登,供新产品开发立题及从战略上考虑在为打掉竞争对手不应当获得的专利权而采用的撤销、无效措施中使用。科研人员取得了含50%氟利昂的聚氨酶发泡成果,通过与"世界专利索引"(WPI)联机检索系统检索,证实了该技术的先进性。

1995年,与青岛市专利服务中心合作,建立了中国家电行业专利信息库,定时提供最新专利信息。海尔集团知识产权办公室得到信息之后，将其进行二次加工，按所属企业的产品，将信息汇编成专题产品文献册，直接传递到企业领导和科研设计人员手中。同时，还将经过分析加工之后的信息存入磁盘。

1996年至今，海尔集团陆续与青岛市专利服务中心、山东省专利局文献室、中国国家知识产权局专利局信息中心三级服务机构进行合作，充分运用“借力”模式，选择各服务机构的不同优势，取长补短，为企业从不同角度提供不同的专利信息，形成一套稳固、易操作且严密的信息来源渠道及加工分析网络。到目前，海尔已经建立了适合本企业使用的中外专利数据库系统，包括七国两组织的专利数据，该系统有多项检索入口，能够实现全文检索，成功地解决了异构数据库的同一平台操作问题，可同时满足多个终端检索使用。

在应用专利文献方面，海尔“小小神童”洗衣机就是一个最为典型的事例。在研发此类微型洗衣机初期，技术人员急需了解市场中已有技术状况以及已实施的产品类型。通过对专利文献的检索分析，发现先期国内已有部分专利申请，但是此部分专利技术方案并不完善，尚不足以形成有效的保护范围，而且其中有的专利权已被放弃。这些公开技术，无疑能够为技术人员创造性思维带来启迪，帮助技术人员直观地理解所要面临解决的技术课题内容。在技术开发层面上，易于突破在先专利技术的封锁，通过对比找出其他解决方案；在技术开发高度上，以在先专利技术为基础，再进行改进和提高。在这些失效与无效专利的基础上，可以形成更高层次的技术保护方案，当然也就会形成更为完整的技术保护网。海尔“小小神童”洗衣机第一次申报专利就达12项，依据以上所述技术开发与专利申请相结合的策略，从外观到内部结构所有新技术的应用均通过专利申请方式获得了市场保护。投入市场后的几年来，产品深受消费者欢迎，市场效益巨大。“小小神童”洗衣机至今已推出第九代产品，从自动型、全自动型、计算机型到透明视窗型，每一代产品都形成了全面的专利保护，共获国家专利26项，其中实用新型专利16项。

截至2020年，海尔集团累计申请专利6万余项，其中发明专利占比超过63%，海外专利达1.2万余项，是中国在海外发明专利最多的家电企业。在发展过程中，海尔还获得国家专利金奖9项，占家电行业60%。此外，在专利战略的基础上实行标准化战略。近年来，海尔全面主导并参与部分国际标准的制定，在四大国际标准组织（ISO、IEC、IEEE、OCF）全面主导智慧家庭国际标准，累计主导和参与67项国际标准和550项国家行业标准的修订工作。可见，在海尔30多年的发展过程中，海尔集团从名牌战略发展阶段，发展到多元化战略发展阶段，再到现在的国际化战略发展阶段，专利信息利用和知识产权保护起到了全面支撑企业战略发展和转型的作用，也在不断升级和发展。目前，海尔集团已经形成了较为成熟的专利信息检索、分析和利用机制，实现了专利信息对新技术研发与引进、产品制造与销售、国际化布局与技术标准化过程等的全面支持。

案例讨论题

1. 以海尔集团为例，说明专利信息利用对现代企业的发展的重要意义。

2. 以海尔集团在专利信息利用方面的做法为例，讨论企业如何有效地检索和分析专利信息资源。

第十一章

技术标准与专利池管理

学习目标

1. 了解技术标准与专利池的基本含义
2. 掌握技术标准中涉及的知识产权
3. 了解专利池的组建和运作过程
4. 掌握专利池知识产权滥用的应对策略

我国本土专利池的组建尝试

2005年,一直与MPEG标准阵营展开激烈竞争的我国AVS(数字音视频编解码技术标准)标准阵营终于开始了其组建"专利池"的工作。AVS专利池管理委员会在京召开工作会议,正式通过了理事成员、工作计划以及专利许可费用等内容的表决,此举意味着在走向国际化的过程中,AVS标准已经完成了程序上的重要一步。

AVS是我国牵头创制的音视频信源编码标准,是数字电视、宽带网络流媒体、移动多媒体通信、激光视盘等数字音视频产业群的共性基础标准。AVS专利池管理机构是在中国注册的非营利性组织,其使命是将实施AVS标准所需的必要专利组成AVS专利池,对相关生产厂商实行"一站式"专利许可。

除AVS专利池外,我国在电子、通信、家电、建材等行业相继组建了一系列专利池或专利联盟,其中影响比较大的有闪联专利池、TD-SCDMA专利联盟、电压力锅专利联盟、深圳市LED专利联盟、中国彩电专利联盟、中国木地板专利联盟等。这些专利池(联盟)或由企业自发组建,或由行业协会协调创建,或由政府主导建成,在应对涉外知识产权纠纷、提升企业创新力、促进行业内各企业实现共赢等方面起到了积极作用。

在"技术专利化—专利标准化—标准许可化"的今天,掌握技术标准是企业参与市场竞争的最高境界。技术标准中的专利许可往往通过专利池来进行,专利池被普遍认为具有消除障碍专利、加强技术互补、降低交易成本、减少专利纠纷的积极作用,但同时也容易导致竞争厂商之间共谋垄断。技术标准竞争使得专利权人更愿意组成专利池以增强标准的竞争力。本章主要介绍技术标准与专利池的基本知识,帮助读者了解和掌握与技术标准相关的知识产权管理以及专利池管理的有关策略。

第一节 技术标准与专利池

一、技术标准概述

(一)技术标准的含义

标准是对重复性事物和概念所作的统一规定。它以科学、技术和实践经验的综合成果为基础,经有关方面协商一致,一般应由主管机构批准,以特定形式发布,作为共同遵守的准则和依据。

国际标准化组织(ISO)与国际电工组织(IEC)联合发布的第2号指南《标准化与相关活动的基本术语及其定义》将标准定义为“一个公认的机构制定和批准的文件。它对活动或活动的结果规定了规则、导则或特性,供共同和反复使用,以实现在预定领域内的最佳秩序和效益”。

世界贸易组织(WTO)在《贸易技术壁垒协议》(TBT协议)中对标准的定义是:“经公认机构批准的、规定非强制执行的、供通用或重复使用的产品或相关工艺和生产方法的规则、指南或特性的文件。该文件还可包括专门关于适用产品、工艺或生产方法的专门术语、符号、包装、标志或标签要求。”

我国采用了国际标准化组织的标准定义。在2000年发布的《标准化工作导则第1部分:标准的结构和编写规则》(GB/T 1.1—2000)中将标准定义为:“为在一定的范围内获得最佳秩序,对活动或其结果规定共同的和重复使用的规则、导则或特性文件。该文件经协商一致制定并经一个公认机构的批准。标准应以科学、技术和经验的综合成果为基础,以促进最佳社会效益为目的。”

技术标准的外延要比标准小,除了技术标准外,标准还包括管理标准、工作标准。技术标准可以概括为对标准化领域中需要统一的技术事项所制定的标准。如今,我们在谈论技术标准时,更多的是针对出现在高新技术产业中包含有一定技术解决方案的技术标准。

(二)技术标准的分类

根据不同的分类标准,可对技术标准做出不同的分类。

根据技术标准所规定的内容,技术标准可分为基础技术标准、产品标准、工艺标准、检验和试验方法标准、设备标准、原材料标准、安全标准、环境保护标准、卫生标准等。

按照技术标准的适用范围,可分为国际标准、国家标准、地方标准、行业标准、企业标准等。

按照技术标准的约束性,可分为强制性标准和推荐性标准(自愿性标准)。强制性标准是指为了保障人体健康、人身和财产安全及国家安全、生态环境等而由法律、行政法规规定强制执行的标准。例如,轰动一时的国家无线局域网的安全标准——WAPI标准就是我国政府强制推行的技术标准。推荐性标准是指国家鼓励自愿采用的具有指导作用而又不宜强制执行的标准。例如,我国信息产业部推荐的由我国企业提出的新一代高清碟机标准——EVD 标准。需要指出的是，世界贸易组织的 TBT 协议将强制性标准纳入技术法规的范畴，将标准限定于非强制性实施的标准。为了减少国际贸易中的技术性贸易壁垒，TBT 协议要求“如果存在相关的国际标准，成员应采用这些标准作为协调各自技术法规或标准的基础，除非国际标准对实现合法目标不适当或无效”，协议同时还对强制性的技术法规的使用做出了限制。

按照技术标准的来源可分为法定标准（de jure standards）和事实标准（de facto standards）。法定标准是指由政府及其授权的标准化组织或国际标准化组织制定或确认的技术标准。全球影响最大的三大国际标准化组织是国际标准化组织、国际电工组织和国际电信联盟（ITU）。事实标准是指非由标准化组织制定的，而是由处于技术领先地位的垄断企业、企业集团或行业联盟组织制定或认可的，由市场实际接纳的技术标准。美国微软公司的 Windows 操作系统和英特尔公司的计算机芯片共同构成的“WinTel”标准、垄断全球路由器市场的美国思科公司以“私有协议”形式推行的路由器标准都是由垄断企业或企业集团推出的事实标准。DVD 标准则是由索尼、飞利浦等企业集团提出并由全球 DVD 企业组成的行业联盟组织——DVD 论坛（DVD Forum）接纳和确认的事实标准。

了解技术标准的分类及来源对于企业参与技术标准的竞争以及选用何种技术标准都具有重要的指导意义。

（三）技术标准对于企业的重要意义

标准原本是排斥知识产权的。标准化工作是为了实现社会效益最大化，技术标准追求公益性、公开性、普遍适用性。而专利权等知识产权是私权，体现了知识产权人的权益。因此，早期的标准化组织尽可能地避免将专利技术带入标准中。但是，20 世纪 90 年代以来，随着技术的飞速发展，许多技术标准中不可避免地加入了包含有专利技术的技术方案，技术标准开始与知识产权结合。标准化组织也一改之前排斥专利的态度，开始接受越来越多的专利进入技术标准之中。国际标准化组织、国际电工组织和国际电信联盟三大国际标准化组织都制定了主要针对标准中所涉专利的知识产权政策。2013 年 12 月 19 日，我国国家标准委、国家知识产权局联合发布了《国家标准涉及专利的管理规定（暂行）》的公告，规定了制修订和实施国家标准过程中对国家标准涉及专利问题的处置，明确国家标准中可以包含专利，甚至允许强制性国家标准确有必要时也可涉及专利。为了获取由技术标准所带来的垄断利润，许多企业力图将自己的专利技术塞入技术标准，技术标准的竞争演变成企业间甚至国家间的竞争，成为企业竞争的制高点，形成了所谓“三流企业卖苦力，二流企业卖产品，一流企业卖技术，超一流企业卖标准”的态势。具体而言，技术标准对于企业的意义在于：

1. 进入标准是企业营利的最高境界

“技术专利化—专利标准化—标准许可化”是标准先行者主导的标准运作的基本模式。企业将自己的专利技术搭上标准的便车，将自己的“私有利益”附加到公共标准中，通过公共标准的推广，成功地将自己的“私有利益”最大限度地扩大和延伸。专利本来就是一种合法的垄断，而标准也是一种合法的垄断，使自己的专利进入标准就可以实现垄断的垄断，获取超额利润，从而达到企业营利的最高境界。

2. 选择标准是企业成败的关键

进入标准的企业毕竟是少数，绝大多数企业只是标准的使用者，需要在几种市场前景尚不明朗的技术标准中做出选择。因为选定一种标准意味着要投入大量的资金、设备和人员，因而这种选择对于企业而言往往是生死攸关的。例如，原本名气不大的我国电信企业UT斯达康，2000—2004年在业界普遍认为小灵通技术落后且没有发展前途的情况下，大胆进入该领域，终于一役成名，维持了60%的年均增长率，并占据了中国小灵通系统市场60%、终端市场50%以上的份额，使这个成立仅10年的公司，一度跻身全球十大电信设备商之列。而国内最大的电信设备供应商华为公司，因误判形势，一度放弃小灵通市场，结果错失良机。

二、专利池概述

（一）专利池的概念

专利池（patent pool），亦称专利联盟或专利联营，是指两个或两个以上的专利所有人间的协定，用以相互间或向第三方授权他们的一个或多个专利。专利池也可定义为：交叉授权标的的知识产权集合体，不论其是由专利权人直接授权还是通过其他媒介（如合资企业）来专门管理。

专利池通常由某一产业领域里多家共同掌握核心专利技术的厂商通过协议结成，各成员拥有的核心专利是其进入专利池的入场券。专利池依其是否对外许可可以分为开放式专利池和封闭式专利池。开放式专利池成员间以各自专利相互交叉授权，对外则由专利池统一进行许可。封闭性专利池则只在专利池内部成员间交叉许可，不统一对外许可。开放式专利池是现代专利池的主流，其对外许可方式通常为一站式打包许可，即将所有的必要专利捆绑在一起对外许可，并采用统一的专利收费标准，专利费收入按照所持专利的比例在专利池成员内分配。专利池对外的专利许可事宜或委托专利池内某一成员代理，或授权专设的独立实体机构来实施。与此同时，专利池各成员通常也可单独对外进行专利许可。随着技术标准与知识产权日益结合，技术标准下的开放式专利池正在世界范围扮演着越来越重要的角色。

近年来在我国影响较大的DVD 6C和DVD 3C联盟就是典型的技术标准下的开放式专利池。DVD 6C专利池是由东芝、松下、三菱、日立、JVC、时代华纳六家公司（IBM、三洋、夏普之后相继加入）于1999年6月11日达成协议，以各自拥有的包括DVD视频播放器、DVD-ROM驱动器、DVD解码器、DVD光盘等14类必要专利共同组建专利池（DVD 6C），对内相互交叉许可，对外共同许可收费。DVD 3C专利池由飞利浦、索尼、先锋三家公司于1998年12月共同建立（LG后来加入），是DVD产业中的第一个专利池。目前，除了DVD行业外，MPEG专利池、MP3专利池、CD-R专利池等在国际上都十分活跃，2008年在新一代数字光盘标准竞争中战胜HD-DVD集团的蓝光阵营也正在筹建专利池。

（二）专利池的由来与发展

1. 专利池溯源

专利池其实并非新生事物。早在1856年，美国就已经出现了第一个专利池——缝纫机联盟，该联盟几乎囊括了美国当时所有缝纫机专利的持有人。1908年，Armat、Biograph、Edison和Vitagraph四家公司达成协议组建专利池，将早期动画工业的所有专利集中管理。被许可人，如电影放映商，要向联盟缴纳指定的专利使用费。1917年，由美国海军牵线，美国飞机制造商们组成了飞机专利池。当时正值美国参加第一次世界大战，急需大批飞机。

然而,有关飞机制造的主要专利掌握在 Wright 公司和 Curtiss 公司手中,它们有效地限制了飞机生产。于是,美国官方出面促成各飞机生产厂商组成专利池,以减少专利阻碍,扩大飞机生产。

到 19 世纪末专利池在美国已经十分普遍,但好景不长,专利池的发展壮大越来越引起人们的争议。反对者认为专利池有可能导致垄断和不正当竞争。他们认为专利池成员常常互相勾结排斥竞争对手,控制市场价格,以非必要专利甚至无效专利进行不合理的收费。1912 年美国最高法院在 Standard Sanitary Manufacturing Co., Ltd. v. United States 一案中,认定这一卫生用品专利池固定销售价格的做法违反了《谢尔曼法》。此后,法院对待专利池的态度越来越严苛,专利池的发展陷入低谷。这一状况直至 20 世纪 90 年代才开始改观。

2. 专利池的产生探因

专利池的出现是科技发展和专利制度结合下的必然产物。尽管争议不断,但无论是支持者还是反对者都不否认专利池具有以下一些正面的作用:有效地消除障碍性专利,加强技术互补,降低交易成本,减少专利纠纷等。

专利池最重要的作用在于它能消除专利实施中的授权障碍,有利于专利技术推广应用。不同的专利之间存在三种关系:障碍性关系、互补性关系和竞争性关系。对于竞争性专利,一般认为,如果它们存在于同一专利池中,将会引发垄断的问题。因此,排除竞争性专利进入专利池也就成为反垄断机关审查专利池的重要内容之一。而对于障碍性专利和互补性专利,如果将其放入同一专利池中,将会消除专利间互相许可的障碍,从而促进技术推广。

专利池的另一显著作用是能显著降低专利许可中的交易成本。专利池对其他厂商实行一站式打包许可,并采用统一的标准许可协议和收费标准,从而被许可厂商不必分别与专利池各成员进行冗长的专利许可谈判,极大地节约了双方的交易成本。

此外,专利池还能减少专利纠纷,降低诉讼成本。专利池成员间的专利争议可通过内部协商解决,而无须对簿公堂。专利池所拥有专利的清单以及被许可厂商的名单都会公布于众,一旦有厂商侵犯专利权会很容易被查出,同时也减少了间接侵权。专利侵权行为的减少意味着专利诉讼的减少。并且,即使出现了专利纠纷,专利池作为一个整体代表专利池成员参与诉讼,可使诉讼过程大为简化。

专利池所具有的上述积极作用使其得以产生和发展,尤其是到了今天,现代专利池开始不断壮大,其产业影响也越来越广。

3. 现代专利池的兴起

自 20 世纪初以来,由于背上"垄断"的恶名,专利池的发展命运多舛。然而近年来,专利池又再度兴起,而且规模越来越大,影响越来越广,并且由国内组织向全球性联盟发展。与此同时,法院和政府反垄断机构对它的态度也开始变得宽容起来。

转机始于 MPEG-2 专利池的成立。1997 年,基于 MPEG-2 数字视频压缩标准的 MPEG-2 专利池成立,包括哥伦比亚大学、富士通公司、朗讯、索尼等九个成员。该专利池控制了全球 MPEG-2 标准的数字视频压缩产业。竞争者向美国司法部指控其违反了《知识产权许可的反托拉斯指南》,但司法部最终认定该专利池并未构成垄断。之后,DVD 3C 和 DVD 6C 联盟相继成立,美国司法部在对这两个 DVD 专利池的商业审查函(business review letter)中指出,虽然它们在专家审核机制上有瑕疵,但"尚无妨碍竞争的潜在可能"。

欧盟也相继批准了这两个专利池。最近,3G通信、数字电视、新一代DVD、生物制药等产业的专利池正在形成。除了高科技产业外,许多传统产业的专利池也十分活跃。

进入20世纪90年代以来,欧美等国政府和法院开始一改过去对专利池所持的成见,重新对它做出评判。1995年,美国司法部和联邦贸易委员会联合发布了《知识产权许可的反托拉斯指南》(Antitrust Guidelines for the Licensing of Intellectual Property),明确指出"一定条件下的专利交叉许可和专利池有利于竞争"。此后,美国司法部和欧盟有关机构相继批准了MPEG-2、1394、DVD 3C、DVD 6C等重要的专利池。2001年1月美国专利商标局(USPTO)在其发布的《专利池白皮书》中公开为专利池正名,白皮书结论认为"生物技术领域的专利池将同时造福公众和私人企业","最终的结论是专利池,尤其在生物技术领域,能够创造更多的创新和平行的研发,能够消除专利瓶颈并加速产品开发"。

三、技术标准与专利池的关联

观察近年来出现的专利池,我们可以发现一个有趣的现象:大部分专利池似乎都与技术标准有关联。如DVD 3C和DVD 6C均属于DVD数字光盘标准(指DVD论坛所定义的第一代DVD光盘标准);MPEG-2、MPEG-4两个专利池都遵循MPEG音视频压缩标准;3GPP属于国际电信联盟(ITU)定义的第三代全球移动通信IMT-2000标准体系(包含WCDMA、CDMA-2000等五个接口子标准);1394、CD-R以及我国第一个专利池AVS也都依附于相应的技术标准。这一现象的背后,主要是缘于技术标准化的发展。

在技术标准化的背景下,技术竞争往往表现为技术标准之间的竞争。在技术标准日益国际化的情势下,谁赢得了技术标准就意味着谁将控制国际市场。在网络效应(network effect)和锁定效应(lock-in effect)的影响下,标准竞争的胜利者赢家通吃的效应将变得更为显著和持久。在标准竞争中,真正的竞争参与者是每种标准背后的专利权人,他们需要冒着巨大的市场风险投入巨资进行研发,胜者即可通过专利控制标准进而获得整个市场,输家则一无所获,前期的研发投入也无法得到补偿。对于纯制造商而言,他们对待标准竞争的策略往往是静观其变,等待标准竞争的结果明朗之后再选择投向胜出的标准阵营。因此,技术标准竞争实际上是每种标准背后的专利权人之间展开的一种最激烈、最残酷的技术竞争,它迫使专利权人想尽一切办法争取下游厂商、消费者和国际标准化组织的支持,而组成专利池能够帮助他们达到这一目的。首先,专利池可以使相关标准的专利费率更低,从而降低最终产品或服务的价格。其次,专利池可以减少制造厂商的交易成本,降低专利授权的不确定性,吸引下游厂商选择相关标准。由此可知,技术标准竞争使得专利权人更愿意组成专利池以增强标准的竞争力。

第二节 与技术标准相关的知识产权管理

技术标准涉及的知识产权包括专利权、软件著作权、标准文件自身的著作权、标准化组织或者行业联盟组织的商标权,还包括事实标准中未公开的技术秘密等。

一、与技术标准相关的专利管理

技术标准涉及的知识产权中最重要的是专利权。现代高科技行业的技术标准中往往包含技术解决方案,因而不可避免地会遇到所含技术的专利权问题。一种技术标准最初涉及的专利技术为数众多,但最终能纳入标准体系中的专利只是少数的必要专利(essential patent),即实施此项标准必不可少的专利。必要专利一般都经由一定的评估机制评估,企业的专利一旦入选必要专利,就有机会获取"卖标准"所带来的超额利润。

企业与技术标准中的专利权相关联存在两种情形:一种情形是作为技术标准中所含专利的专利权人,另一种情形是应用技术标准时作为所含专利的被许可人。下面分别就此两种情形中企业的相关管理问题作简要介绍。

(一)企业作为专利权人时的管理

技术标准中的专利往往由众多权利人所持有,一种技术标准要想顺利推广,必须先解决好这些专利的授权问题。法定标准体系的专利政策一般在制定标准之初就由标准化组织先行制定,主要包括专利的披露、评估和许可机制。拥有相关专利的企业首先是应标准化组织的要求,提交同意许可的声明。许可可以是无偿的,但更多的是有偿的。在专利被纳入技术标准之后,由标准化组织下的专门管理机构或由相关企业结成的专利池统一负责专利许可事务。许可的形式一般是一站式的"打包许可",即一次性将所有必要专利进行许可。有的技术标准也允许专利权人单独对外进行许可。在事实标准中,专利权人可以通过专利池形式进行许可,也可单独对外进行许可。前者如 DVD 6C、DVD 3C 的专利许可,后者如英特尔公司、高通公司、思科公司的对外许可。

技术标准的专利许可一般遵循 FRAND(Fair, Reasonable and Non-discriminatory)原则,即公平、合理、非歧视原则,这也是许多标准化组织与反垄断机关的原则要求。公平原则要求不得无故拒绝许可,不得限制新的厂商进入;合理原则要求许可条款特别是专利许可费率应当合理;非歧视原则要求许可时应当对任何厂商一视同仁,不得因其所属国家、企业规模等原因而厚此薄彼。

(二)企业作为专利被许可人时的管理

企业在实施某项技术标准时,如果此项标准涉及专利权,就必须取得相应的授权。最为常见的情形是向技术标准的知识产权管理机构申请统一的"打包许可",有时也可以向技术标准中的部分企业寻求单独的许可。此时,企业应当重点关注以下问题:

第一,实施某项技术标准时,是否需要获得相关专利许可。有的技术标准不含专利或者专利权人无偿向标准体系授权,此时企业就无须寻求技术标准的专利许可。

第二,是否以公平、合理、非歧视的条件获得许可。当企业需要获得技术标准体系的专利许可时,企业应当先了解技术标准的知识产权管理机构的专利许可政策,确定这些政策是否符合公平、合理、非歧视的原则。在签署许可协议时,应当注意协议是否包含不合理的条款,如非法的专利回授条款、市场限制条款等。否则,企业可以向有关反垄断机构申诉或者向法院起诉。例如,2004 年 6 月我国香港无锡多媒体公司和东强(无锡)数码科技有限公司不满 DVD 3C 的专利许可政策,向美国加州南方地区法院起诉 DVD 3C 违反了《谢尔曼法》。

二、技术标准涉及的著作权与相关管理

技术标准涉及的著作权主要包括两类:一类是技术标准文本的著作权;另一类是技术标准中所含的计算机软件著作权。一些技术标准特别是信息产业技术标准中往往包含计

算机软件，而计算机软件主要是通过著作权予以保护，此类著作权的许可与技术标准中专利权的许可类似，因而此处不再赘述，而把重点放在第一类的著作权，即技术标准文本的著作权。

技术标准文本一般属于著作权法所称的作品，享有著作权。例外的情形是强制性技术标准文本因具有官方文件的性质，正如 TBT 协议所指出的强制性标准应属于技术法规之列，因而排除在著作权保护之外。《著作权法》第 5 条规定："法律、法规，国家机关的决议、决定、命令和其他具有立法、行政、司法性质的文件，及其官方正式译文" 不适用《著作权法》。

事实上，无论是标准化组织还是制定、管理事实标准的企业联盟或专利池一般都会主张拥有标准文本的著作权，对与技术标准有关的文件的复制、发行做出限定并收取费用。如国际标准化组织（ISO）实行严格的著作权政策，其《ISO 出版物版权、版权使用权及 ISO 出版物的销售政策和程序》规定：由 ISO 中央秘书处出版的 ISO 信息宣传出版物，如目录、备忘录、导则、发展手册、ISONET 出版物以及诸如 ISO 通报和 ISO 9000 消息之类的杂志，中央秘书处均对这些出版物提出了建议零售价；ISO 出版物发行的主要渠道是从中央秘书处经由 ISO 成员组织转向成员所在国领土内的最终用户；当成员在 ISO 标准的准备或委员会草案阶段（工作草案 -WD 或委员会草案 -CD）以销售为目的复制草案的纸质文本或不可更改电子版本，特别是复制委员会草案（请注意这些文件只供工作组和技术委员会使用），不管媒体为何种形式（纸质或电子版格式），版权费均为每一最终用户净销售收入的 10%；如果将 ISO 标准翻译为某成员国语言，其目的是为了销售（而不是为了制定国家标准），应付版权费为有关成员销售收入的 20%。制定、管理技术标准的企业联盟或专利池在向被许可人许可标准技术时，除了专利费外，通常也要向被许可人收取标准文本的著作权费。

作为技术标准被许可人的企业，不但要尊重标准体系的专利权，还要尊重技术标准文本的著作权，不得随意复制、销售受著作权保护的技术标准文本。

三、技术标准涉及的商标权与相关管理

技术标准中的商标权主要是针对标准体系的标志而言，许多技术标准体系都有自己的标志，如 DVD 标准中的 "DVD" 标志、杜比音频标准中的文字标志 "Dolby" 和图案标志 "" "" 等。这些标志同时也被注册为商标。这些商标实质上是一种证明商标，只有经过标准体系的商标持有人认证并许可，其他企业才能在其产品或服务上使用这些商标标志。例如，杜比音频标准声明："当涉及特定的杜比技术或杜比实验室生产的产品或我们的服务时，您可以参考使用杜比商标。我们的商标符号只能在获得认证或我们表明允许的情况下使用。"

技术标准中商标标志的认证和许可与专利技术的许可有的是由同一机构负责，有的则分由不同的机构负责。以 DVD 标准为例，DVD 的专利许可由 DVD 3C、DVD 6C 等专利池负责，而商标标志的许可则统一由 DVD 论坛下的 DVD 格式 / 标志许可公司（The DVD Format/Logo Licensing Corporation，简称 DVD FLLC）管理。DVD FLLC 是由创建 DVD 技术标准的专利持有人 3C、6C、1C 等共同成立的。在杜比音频标准中，杜比实验室既是该事实标准所含专利的专利权人，也是标准标志的所有人。该标准下不同的技术对应不同的商标标志，各种技术和相应的商标标志由杜比实验室同时进行认证和许可。例如，杜比环绕声

(Dolby Surround)技术对应的标志是“DOLBY SURROUND”,杜比数字技术的标志是“DOLBY DIGITAL”。

技术标准体系将其标志作为证明商标对外进行认证和许可,有其重要作用。首先,便于区分使用本标准的产品或服务,有效地查找和防止侵权。其次,通过严格的认证,可以保证合法使用本标准技术的产品或服务的品质。最后,通过标志的大量使用,还能够扩大技术标准的影响,树立标准的品牌形象。

第三节 专利池管理

一、专利池的组建与运作

现代专利池的兴起与产业技术标准化有着密切关联,其组建与运作常常和技术标准的形成与实施相伴相生。与过去的技术标准通常排斥专利权不同,今天的技术标准往往包含大量专利,专利池日益成为技术标准实施的平台。现代专利池的组建与运作因行业、地域等因素的差异而不尽相同,但总体而言大都遵循以下路径:

(一) 结成技术联盟,形成技术标准

当前,技术标准形成的主流模式是先由部分企业结成技术联盟,共同研发推出候选的技术标准,然后由政府或标准化组织采纳为法定标准或者由行业联盟接纳为行业标准。与过去标准主要由政府或标准化组织制定不同,现代技术标准的制定越来越市场化,更多地借助于企业的推动和市场的认可。同时,由于技术标准的研发需要巨额投入,并且将来能否成为市场认可的技术标准还存在风险,因而由少数企业独自研发推出技术标准的情形会越来越少,厂商们更愿意结成技术联盟共推技术标准。这种技术联盟实际上是专利池的雏形,一旦技术联盟共同开发的技术成为技术标准,专利池即以此为基础而形成。

以 3G 三大国际标准中目前最为成熟的 WCDMA 标准为例,WCDMA 技术由欧洲和日本公司共同研发,后被国际电信联盟(ITU)接纳为国际标准。2002 年 11 月,拥有 WCDMA 主要专利的 NTT DoCoMo、爱立信、诺基亚和西门子四家公司共同提出专利许可计划,承诺将以公平合理的条件对外许可,WCDMA 基本专利的许可费率与每家公司拥有的基本专利数目成比例,累积专利费率将不超过 5%。随后日本富士通、松下通信工业、三菱电机、NEC 和索尼公司表示愿意加入该计划,WCDMA 专利池初步形成。

(二) 评估必要专利,构建专利池

一项标准或技术往往会涉及许多大大小小的专利,但最终进入专利池的只能是其中的必要专利,这既是标准化组织的政策,也是各国反垄断部门的要求。因此,在构建专利池之前都要进行专利评估,以确定哪些专利是可以放入专利池中的必要专利。一项专利技术一旦入选为必要专利,专利权人就可借此获得交叉许可或专利收费的资格,因而专利评估的结果对各专利权人而言关系重大。为了保证评估结果的公正性和合理性,专利评估工作一般交由独立的第三方权威机构执行。评估的结果并非一成不变,随着专利授权情况和技术的变化,评估机构需要不断地进行技术跟踪和评估。超出有效期的专利会被清除出专利池,新授权的必要专利会被加入。因此,专利池中的专利数量会不断变化,专利池的成员也不断调整。一般而言,专利池中的专利数量和专利池成员数会逐渐增长。

例如,MPEG-2 的必要专利由专利池成员协议成立的独立的专利管理机构 MPEG-LA

(Moving Pictures Expert Group Licensing Administrator)负责组织专家评估。MPEG-LA最初检索了8 000多项美国专利摘要,评估了100多个专利所有人所拥有的逾800项专利,最后确定其中的27项专利为必要专利组成专利池。后来由于法国电信、日立等公司的加入,专利池中的专利增加到230项。WCDMA专利池必要专利的评估工作交由一个独立的第三方机构——国际专利评价协会(IPEC)执行。该协会目前由中、日、韩、英、法、意、德、美等国家的13个国际专利法律公司联合构成。专利评估按照业界定义的方法进行,对其中的每一项评价由三个专利律师承担,评估过程是可信的并且为业界所承认。

(三)制定知识产权政策,设立知识产权管理机构

专利池的知识产权政策一般由专利池成员协商制定,但同时也受到多种因素的影响和制约。除了需要满足反垄断法规的要求外,还经常受制于标准化组织的有关政策,甚至直接由标准化组织制定。专利池的知识产权政策主要包括知识产权许可的基本原则、许可费标准以及许可方式等。其知识产权许可的内容主要涉及专利,有的也包含商标(如产品标志)和著作权客体(如技术手册)。下面主要从专利许可角度介绍专利池的知识产权政策和管理机构。

1. 专利许可的原则

在专利池内部通常遵循平等原则,专利池成员无论专利数量多少,其地位一律平等,每一项必要专利无论其作用大小,也平等对待,这是因为专利池中任何一项专利都是技术实施中必不可少的专利。成员间一般相互交叉许可,对外许可收入则主要根据各成员所拥有的专利数量按比例分配。

专利池的对外专利许可则一般遵守FRAND原则。例如,3GPP、ETSI和CWTS等标准化组织都在它们的知识产权规约中规定了许可的FRAND原则。

2. 专利许可费标准

专利池对外许可一般执行统一的收费标准,这也是非歧视原则的体现。为了确定合理的专利收费标准和专利池成员间的分配比例,专利池需要确定一套专利许可费收取和分配的计算方法。这些方法一般包括成本累积法(cost approach)、市场比价法(market approach)、所得估算法(income approach)等。实践中,专利许可费率通常不超过专利产品净售价的5%。在标准化组织越来越强势的今天,专利池的知识产权许可收费常常受标准化组织事先限定。例如,由企业自发形成的3G标准化组织"第三代合作伙伴计划"3GPP试图扮演专利权人和3G厂商间的协调角色,不仅组织必要专利评估,还制定专利费的计算方法,并限定最高专利费率。

3. 知识产权管理机构

为了实现一站式打包许可,专利池需要确立一个专门的知识产权管理机构负责相关事务。管理机构不仅全权代表专利池统一对外许可,通常还负责处理有关专利纠纷和诉讼事务,是专利池的日常管理机构。国际上著名的专利池管理机构有MPEG-LA、SISVEL。前者目前管理着MPEG-2、ATSC、MVC等10个专利池,后者目前负责运作MP3、DVB-T、CDMA2000、UHF-RFID、H.264 SVC等10个专利池。

专利池管理机构的设置一般采用两种方式:一种方式是成立专门负责知识产权管理的独立实体,专利池成员首先与该独立实体签署专利授权协议,再由该独立实体统一负责知识产权许可事务。独立实体通常采用有限责任公司形式,如前面提到的MPEG-LA、SISVEL

以及管理 DVD 6C 专利池的 DVD6C-LA 都是有限责任公司。这些独立的专利池管理实体最初通常都是为许可某一种技术专利而设立,但是部分实体后来逐步发展为管理多家专利池的专业专利管理公司,例如,MPEG-LA 最早只是为 MPEG-2 专利池而设,SISVEL 最早只是意大利的一家电视机专利管理公司,现在它们都已发展成为国际著名的专业专利管理公司,各自管理着 10 个专利池和数家正在形成的准专利池,并在全球包括中国设有多家办事处。另一种方式是不另设独立机构,而是委托专利池内某一成员代表专利池进行管理,如 DVD 3C、蓝光专利许可联盟就是这种形式。DVD 3C 专利池委托专利池成员之一的飞利浦公司负责知识产权许可事务。蓝光专利许可联盟是东芝公司与三菱电机公司、汤姆森许可公司和华纳兄弟家庭娱乐集团建立的一家蓝光 DVD 专利池,东芝公司负责包含日本在内的亚洲、大洋洲、中东、北美和中南美地区的上述四公司拥有的蓝光必要专利许可业务,欧洲、非洲地区则由汤姆森许可公司负责。

二、专利池的知识产权滥用与我国的应对策略

(一)专利池的知识产权滥用及其规制

尽管专利池的活动已经遍及全球,但现代专利池更多情况下是将知识产权与技术标准结合在一起,这种结合赋予专利池更强的市场支配力量,增加了其知识产权滥用的危险,我们对此应保持警惕。

1. 美国对专利池知识产权滥用的法律规制

在反垄断最为严厉的美国,对于专利池的垄断性分析已渐趋成熟,并发展出一套分析判断的原则。美国司法部和联邦贸易委员会联合发布的《知识产权许可的反托拉斯指南》(以下简称《反托拉斯指南》)对专利池的垄断性评判给出了指导意见。《反托拉斯指南》指出:交叉许可和联营协议可以结合互补性技术、降低交易成本、清除障碍专利以及避免昂贵的侵权诉讼,从而带来促进竞争的益处。通过促进技术扩散,交叉许可和联营协议通常是促进竞争的,但是在某些情形下也可能产生反竞争的效果,这些情形包括:

(1)当不能有效地增进参与者经济活动结合时的联合定价或产量限制,特别是在交叉许可和联营协议成为赤裸裸的固定价格或划分市场的工具时,它们将适用本身违法原则;

(2)参与者中包含横向竞争者并且会降低竞争效果;

(3)当交叉许可或联营协议参与者共同拥有市场支配力并且使得被排除方难以在相关市场进行有效竞争的排他性安排;

(4)当联营协议阻止或妨碍参与者的研发活动,从而不利于创新。

美国司法部在对 MPEG-2、DVD 3C、DVD 6C 和 3GPP 等专利池出具的商业审查函中也给出了对专利池垄断性分析的意见。综合这些意见可以发现美国司法部所关注的主要集中于以下几个方面:① 是否有独立可信的专家机制以保证结合的专利都是有效的必要专利,且不存在竞争性关系;② 是否有妨碍竞争的潜在可能;③ 如果存在妨碍竞争的潜在可能,那么与促进竞争的效果相比孰大孰小。

2007 年 4 月,美国两大反垄断机构——美国司法部(USDOJ)和联邦贸易委员会(FTC)联合发布了《反垄断执法与知识产权:促进创新与竞争》(Antitrust Enforcement and Intellectual Property Rights: Promoting Innovation and Competition)的报告(以下简称《报告》),这是美国司法部和联邦贸易委员会继 1995 年联合发布《反托拉斯指南》以来再次共同发

布的阐释其涉及知识产权的反垄断政策的最新文件。《报告》第三章专门讨论了专利池与交叉许可问题，阐释了美国司法部和联邦贸易委员会对专利池的反垄断审查原则——通常以合理原则来审查专利池。《报告》指出，专利池有助于企业逾越重叠的专利（丛林），向市场提供商品。然而，在一定的条件下，它们也可能导致授权人之间横向联合或者阻碍创新。例如，专利池可能包含可相互替代的专利而出现垄断的危险。一种办法是将替代性专利从专利池中剔除，以保证入池的每件专利对于专利池所依附的相关技术标准或技术原理而言是必要的。同样，专利池的独占性有助于鼓励促进竞争的投资，但也可能带来减少技术创新的反竞争担忧。与之类似，在专利池（许可）协议中大量规定返授条款，一方面可以使授权人获得后续改进的技术从而促进竞争，另一方面也可能侵蚀授权人未来创新的动力。此外，限制授权人获得专利池其他成员竞争方面的敏感信息，可以最大化地降低不当共享专利池成员信息所带来的反竞争风险。尽管有许多担心来自专利池"高"专利费所引起的反竞争潜在危害，但美国反垄断机关通常不打算管制专利池专利费的"合理性"。同样，如果专利池许可条款要求将专利池中全部（不是部分）知识产权一并许可，通常也不会产生反竞争问题，只要许可人保留对外单独许可的能力并且专利池设计是竞争性的。

2. 欧盟对专利池知识产权滥用的规制

与美国相比，欧盟规范专利池的法规及其相关文献要少得多。目前，欧盟有关知识产权反垄断规制的主要规定包含于欧共体条约第 81 条和第 82 条、2004 年新修订的欧盟《技术转让协议集体豁免条例》（Technology Transfer Block Exemption Regulation，TTBER）及相应的新《欧共体条约第 81 条关于技术转让协议适用指南》（Guidelines on the application of Article 81 of the EC Treaty to Technology Transfer Agreements，以下简称《适用指南》）。但是，欧共体条约第 81、82 条没有专门提及专利池。新的《技术转让协议集体豁免条例》也没有涵盖专利池。而《适用指南》中却对专利池辟出专节进行了分析。《适用指南》认为专利池可能具有限制竞争的作用。专利池可能被利用来结合替代性技术从而变成操纵价格的卡特尔。此外，专利池不只可能减少成员间的竞争，当它们支持某项技术标准或自建一个事实标准时，将会排斥替代性技术而阻碍创新。技术标准和相关专利池的存在会使新技术或改良技术难以进入相关市场。《适用指南》同时指出，专利池也会产生促进竞争的效果，特别是减少交易成本和设置最高累积专利费来避免双重边际化（double marginalization）效应。对于知识产权十分分散的部门，这一效应尤其明显。《适应指南》认为，判断专利池是促进竞争还是抑制竞争，很大程度上取决于入池专利之间的关系以及入池专利与池外专利之间的关系。两种最基本的区别在于：① 技术互补还是技术替代；② 必要技术还是非必要技术。

3. 日本对专利池知识产权滥用的规制

日本反垄断法规中直接涉及专利池的条款主要体现于《反垄断法》（《独占禁止法》）下的两部指南：一是日本公正交易委员会（JFTC）于 1999 年 7 月发布的《反垄断法下专利和 Know-how 许可协议指南》；二是于 2005 年 5 月发布的《技术标准和专利池协议指南》。其中《技术标准和专利池协议指南》集中反映了当前日本反垄断机关对专利池的最新态度。《技术标准和专利池协议指南》认为，在某一技术（标准）领域，如果存在大量的专利和专利权人，生产和销售新产品时将面临许多阻碍。一方面，厂商需要花费大量资源去寻找相关的专利权人并与之谈判获得授权；另一方面，各个专利权人累积起来的专利费将会十分巨大。而专利池是能有效解决这些问题的手段。与此同时，如果竞争厂商之间结成专利池可能使他们限制相互使用专利并且限制下游市场的竞争，这样就会损害竞争。对于专利池的反垄断评估将会根据具体个案进行分析，分析的根据是市场条件，如相关标准产品的市场份额以及专利池在相关市场的地位。对于专利池对竞争影响的分析，将包括其促进竞争的方面，也包括阻碍竞争的方面。

4. 我国规制专利池知识产权滥用的发展动向

在我国《反垄断法》及其配套法规出台之前，我国原有法规中的一些反垄断条款虽然也能防范专利池的某些反竞争行为，但缺乏针对性和明确性。特别是针对专利池对我国产业的首要危害——过高的专利收费，我们缺乏有效的法律武器予以应对。2007 年，我国《反垄断法》颁布，该法第 55 条对知识产权滥用行为做出了原则性规定：经营者依照有关知识产权的法律、行政法规规定行使知识产权的行为，不适用本法；但是，经营者滥用知识产权，排除、限制竞争的行为，适用本法。2015 年 4 月，《关于禁止滥用知识产权排除、限制竞争行为的规定》第 12 条要求，经营者不得在行使知识产权的过程中，利用专利联营从事排除、限制竞争的行为，具体包括：专利联营的成员不得利用专利联营交换产量、市场划分等有关竞争的敏感信息，达成《反垄断法》第 13 条、第 14 条所禁止的垄断协议。但是，经营者能够证明所达成的协议符合《反垄断法》第 15 条规定的除外。具有市场支配地位的专利联营管理组织没有正当理由，不得利用专利联营实施下列滥用市场支配地位的行为，排除、限制竞争：① 限制联营成员在联营之外作为独立许可人许可专利；② 限制联营成员或者被许可人独立或者与第三方联合研发与联营专利相竞争的技术；③ 强迫被许可人将其改进或者研发的技术独占性地回授给专利联营管理组织或者联营成员；④ 禁止被许可人质疑联营专利的有效性；⑤ 对条件相同的联营成员或者同一相关市场的被许可人在交易条件上实行差别待遇；⑥ 被认定的其他滥用市场支配地位行为。2019 年 1 月 4 日，国务院反垄断委员会发布《关于知识产权领域的反垄断指南》，其中第 11 条"标准制定"规定："本指南所称标准制定，是指经营者共同制定或参与制定在一定范围内统一实施的涉及知识产权的标准。标准制定有助于实现不同产品之间的通用性，降低成本，提高效率，保证产品质量。但是，具有竞争关系的经营者共同参与标准制定可能排除、限制竞争，具体分析时可以考虑以下因素：（一）是否没有正当理由，排除其他特定经营者；（二）是否没有正当理由，排斥特定经营者的相关方案；（三）是否约定不实施其他竞争性标准；（四）对行使标准中所包含的知识产权是否有必要、合理的约束机制。"该指南的出台，将会使得我国关于专利池知识产权滥用的反垄断法规更为细致和健全，进一步缩小我国与美国、日本和欧盟之间在此方面的差距，令我国企业有法可依，便于维权。

（二）我国对专利池知识产权滥用的应对策略

首先，我国企业应当学会运用法律武器反击专利池的知识产权滥用行为。如上所述，我国目前针对技术标准及专利池知识产权滥用已经有法可依，我国企业需要学会利用相关法律法规合理应对。实际上，近年来我国已出现了相关案例，可供我国企业参考借鉴。例如，2014 年，中国通信工业协会等机构举报坐拥无线通信技术标准的美国高通公司涉嫌知识产权滥用，包括以整机作为计算许可费的基础、将标准必要专利与非标准必要专利捆绑许可、要求被许可人进行免费反许可、对过期专利继续收费、将专利许可与销售芯片进行捆绑、拒绝对芯片生产企业进行专利许可，以及在专利许可和芯片销售中附加不合理的交易条件等。国家发改委经过一年多的调查，于 2015 年 2 月 10 日发布行政处罚公告，认定高通公司在CDMA、WCDMA、LTE无线通信标准必要专利许可市场和基带芯片市场具有市场支配地位，实施了滥用市场支配地位的行为，决定对美国高通公司垄断违法行为罚款60.88亿元人民币。又如，2011年12月，深圳华为公司向深圳市中级人民法院提起对国际通信业巨头IDC公司的反垄断诉讼，称IDC公司利用其拥有的标准必要专利滥用市场支配地位。2013年10月28日，广东省高院做出终审判决，判定IDC公司构成垄断，赔偿华为2 000万元人民币。此外，广东省高院还判定，IDC公司许可给华为公司的费率是许可给苹果公司的100倍左右，是三星公司的10倍左右，明显违反了FRAND原则。法院判决直接确定IDC公司在中国的标准必要专利许可费率为不超过0.019%。此案对于我国企业反击国外专利池过高收取专利费有着极好的示范意义。

其次，我国企业应当提高自主创新能力。目前我国面临国际专利池的最直接的压力莫过于其向我国生产企业进行的大规模专利收费，造成这一局面的主要原因在于：我国在技术水平上相对落后，难以主导国际主流技术或标准，不得不充当国外专利权人的授权对象，成为他们的廉价“打工仔”。因此，我国应对国外专利池滥用的最根本的策略是提高我国企业的自主创新能力，取得更多的知识产权，增强在国际技术标准设立中的影响力，走以技术换取技术、以专利对抗专利的道路。只有通过自主创新掌握更多的核心专利，面对来势汹汹的国际专利池，我们才能从根本上改变目前的被动局面。以日本、韩国为例，它们当年也和我国现在一样，每年需要向欧美支付大量的专利授权费，但近年来日韩企业在技术创新上取得飞速的进步，已成为国际标准的重要参与者和一些国际专利池的核心成员。

最后，加强我国企业、政府、行业组织的协同与合作也是我国应对专利池滥用问题的有效策略。一方面，我们应当在与国际专利池的授权谈判过程中加强协同。实践证明，如果企业联合起来与国外专利池进行专利费率和许可条款的谈判，效果往往比企业单打独斗好得多。因此应当积极发挥行业协会、企业联盟和政府相关机构的协调作用。例如，DVD专利池收费是由代表中国DVD产业的中国电子音响工业协会（CAIA）出面谈判，第三代移动通信标准的专利收费是由信息产业部下的电信研究院代表中国企业出面谈判的。另一方面，我国企业应当在技术研发以及组建本土专利池的过程中加强合作。在技术研发过程中加强企业间的合作，不仅有利于我国自主技术或标准的成功开发，还可能为将来自主专利池的建立奠定合作基础。

关键术语

法定标准（de jure standards）
事实标准（de fact standards）
专利池（patent pool）

复习思考题

1. 简述技术标准的概念和分类。
2. 简述技术标准所涉及的知识产权。

3. 简述专利池的概念和作用。

4. 试述专利池的组建和运作的基本步骤。

案例讨论

CD-R 专利池知识产权滥用案

2001 年年初，我国台湾地区从事 CD-R 光盘生产的主要被许可厂商向台湾“公平交易委员会”检举 CD-R 专利池的联合许可行为违反“公平交易法”。CD-R 专利池是可录式光盘 CD-R 技术标准下的专利池，几乎囊括了全部相关核心专利。该专利池由荷兰飞利浦、日本索尼及太阳诱电公司三家公司协议组成，委托飞利浦公司统一负责对外联合授权。厂商检举的主要内容包括：① 以包裹授权方式排除各专利权人之间的竞争，妨碍了市场竞争机制。② 以格式条款合同要求被授权人接受包裹授权，属搭售行为，限制或妨碍了公平竞争。③ 三家公司占有市场支配地位，应属于“独占事业”。当 CD-R 价格大幅下跌后，仍按以前的标准收取权利金，比例高达售价的 20%~30%，价格明显不合理。④ 没有对所授权专利的必要性、权利范围、有效期限等相关信息做出充分说明。

“公平交易委员会”经过审查，采信了上述检举中的第①③④项指控，裁定三家公司涉及联合行为、不当维持权利金、强迫被授权人接受不合理条款等，分别处飞利浦公司新台币 800 万元、日本索尼公司新台币 400 万元、太阳诱电公司新台币 200 万元罚款。

今天，我国大陆地区业已成为全球制造基地，自然也成为发达国家专利权人征收专利费的重要对象，过高的专利收费正在成为我国企业与国外专利池产生矛盾的首要原因。在一般情况下，专利池制定其专利许可价格可能不会引起垄断问题，但是，如果专利池拥有市场支配地位，特别是当专利池控制了主流技术标准，那么情况就有所不同。此时专利权人制定垄断高价，是利用了其控制技术标准的优势地位，侵占制造厂商的合理利润，最终损害最终消费者的利益。现有的反垄断制度，无论是在发达国家还是我国，对于过高专利收费问题都缺少明确的规定。我国企业作为世界上主要的专利池缴费人，专利池过高收费对我国的影响比发达国家将更为严重。故此，这一问题应当成为我们关注专利池反竞争影响的首要问题。

案例讨论题

1. 企业如何应对专利池的知识产权滥用？

2. 判断专利池知识产权滥用的标准是什么？

3. 提起反垄断诉讼是我国企业应对技术标准下专利池滥用知识产权的有效策略之一，除此之外，还可以采取哪些应对策略？

第十二章

品牌战略与商标管理

学习目标

1. 理解品牌和品牌资产的概念
2. 掌握品牌的功能和意义
3. 分析不同的企业如何实施品牌战略
4. 掌握商标的日常事务管理内容
5. 灵活运用商标的运营管理策略

苹果的品牌与知识产权

凯度（Kantar）2020年“Brand Z全球品牌价值100强”榜单，苹果公司位列第二，品牌价值达3 522亿美元。在各大知名品牌价值排行榜中，苹果公司长期位居三甲。普通人理解为在乔布斯带领下的苹果公司通过一系列创新不断发布具有革命性意义的产品，进而为苹果公司创造了强大的品牌影响力。从专业人士的角度来看，苹果公司如此成功是与它的知识产权保护与运用难以分离的。例如，乔布斯在世时亲自参与苹果公司产品的研发与设计，包括Mac计算机、iPod音乐播放器、iTunes影视下载服务、iPhone手机、iPad平板计算机，甚至包括苹果零售店的风格设计，其生前及去世后苹果公司获得了含有乔布斯作为发明人和设计人的458项美国专利权和外观设计权。这些专利和外观设计对苹果公司获得市场、排除竞争起到了重要作用。如HTC公司在2008年和Google公司合作推出安卓智能手机曾一度是美国市场份额最高的品牌，力压苹果公司，但由于HTC公司专利储备不足，在2011年与苹果公司的一场专利诉讼失败后就开始走下坡路，现在已经是非常小众的品牌。

尽管苹果公司的知识产权规划、运营与管理做得很好，但也有过败笔。苹果公司的iPad于2010年1月在美国发布，随后迅速打开了市场，获得了空前的成功并对传统笔记本计算机形成极大的挑战，具有非常高的市场声誉。但是iPad在中国市场的品牌影响力受到了商标权的限制。当时中国大陆地区及其他多个国家和地区的iPad商标属于深圳唯冠公司所有,苹果公司在iPad进入中国市场之前,利用英国一家公司收购唯冠公司全球多个国家和地区的商标权,然后再转让给苹果公司。但是在中国大陆办理相关手续时由于疏忽,未到国家商标局办理权利变更手续。等iPad在中国市场热卖之后,唯冠公司提出商标侵权,在多地工商投诉要求iPad商品下架。该举动对iPad的中国市场影响极大。最后苹果公司和唯冠公司对簿公堂,官司从深圳中院一直打到广东高院。2012年7月,双方达成和解,苹果公司支付唯冠公司6 000万美元,获得iPad的中国商标所有权。

(资料来源:互联网数据资讯网,2021-02-28.)

品牌资产是一种无形资产,和商标、专利等知识产权有关联性,也有区别。本章将介绍品牌是什么、品牌有哪些功能和意义以及常见的品牌战略类型。同时,本章还要介绍商标管理方面的内容,如商标的日常事务管理、商标的运营管理策略等。

第一节 品牌及品牌的功能与意义

一、品牌与品牌资产的概念

(一)品牌的概念

"品牌"一词起源于古挪威文字"brand",原意为在马、牛、羊身上"打上烙印",用以区分不同的所有者。在古代,品牌与商标的含义并无明显的区别,而现代意义的"品牌"随着市场营销学的发展,其自身的含义不断得到扩展。一般认为,它包含了一个产品的名称、徽标、标志或注册商标,也可以是它们的组合。

(二)品牌资产的概念

美国品牌学家凯勒(Kevin Lane Keller)认为:品牌资产(brand equity)也称品牌权益,是指只有品牌才能产生的市场效益,或者说,产品在有品牌时与无品牌时的市场效益之差。

美国著名市场营销学家艾克(David A. Aaker)提出:品牌资产是消费者对品牌的认知、联想、忠诚度和对产品质量的感知及与品牌有关的商标、专利等资产。

艾克的定义首先强调品牌资产来自消费者的心理回应,就是说,品牌资产存在于消费者心里或头脑里。这种资产在消费者购买和消费产品时发挥心理作用并产生增益,这种增益对消费者是一种心理效用,而对品牌主是一种市场(经济)效益,表现为品牌的溢价或品牌产品销量的增加。其次,表明在知识经济时代,品牌越来越依附于产品或服务的知识产权含量,企业应保持在知识产权上的优势来谋求产品或服务的竞争优势。

二、品牌和商标的联系与区别

品牌与商标是极易混淆的一对概念。部分企业错误地认为商标注册后,商标自然就成了品牌,事实上,两者既有联系,又有区别。有时,两个概念可等同替代,而有时却不能混淆。品牌是市场营销上的概念,它强调企业(经营者)与顾客之间关系的建立、维系与发展。而商标是一个法律概念,它强调对生产经营者合法权益的保护。企业的商标和品牌可以相同，也可以不同。一般而言，品牌概念比商标概念具有更为广泛的外延，它具有自己独特的形象、个性和生命，主要用于市场营销且着重于消费者心理与行为。商标概念则更多地应用于企业的法律事务。

（一）品牌和商标的联系

1. 品牌与商标在构成上的相似性

与商标的构成相同，品牌也包括可称呼的文字名称和可辨别的图案、颜色及其组合等标志。以麦当劳为例，消费者对麦当劳品牌的识别，不仅在于名称本身，同时还包括英文字母 McDonalds 和黄色的“M”图案、红鼻子小丑等。从这一点看，品牌本身也是品名和品标的集合，与商标的整体构成是相互重叠的。

2. 品牌对商标的包容性

从商标与品牌的内涵而言，通常商标是品牌的基础和载体，如果没有商标提供法律上的保护，品牌一旦获得成功马上就会面临被假冒的风险。品牌和商标从表现形式来看没有区别，但由于企业对品牌的经营，而使其成为一个更为综合的象征，成为一个以消费者为中心的概念。商标的设计或注册只是建立品牌的第一道工作，要真正成为品牌，还要着手品牌个性、品牌认同、品牌定位、品牌传播、品牌管理等各方面内容的完善。

3. 品牌与商标的功能一致性

品牌与商标在下述功能上具有一致性：① 区别功能。它是二者共同的根本职能。它们的存在使其能区别商品，标明商品出处，便于消费者认牌购货等。② 广告功能。商标或品牌是联结产品与市场、产品与消费者的桥梁和纽带，是商品展示自我、介绍自我、宣传自我的重要载体，具有极强的广告作用。③ 装潢功能。商标和品牌起着点缀和美化商品的作用，强化消费者对商品的好感。④ 价值功能。商标和品牌都是企业的无形资产，是企业形象和产品形象的重要标志，是信誉、声望和财富的象征，具有巨大的增值和获利潜力。⑤ 艺术功能。这是指商标和品牌文字的文学性和图案的美术性，其艺术化程度越高，越具有影响消费者和吸引消费者的独特魅力。

（二）品牌和商标的区别

1. 品牌效应与商标权的产生方式不同

商标是一个法律概念，其需要经过法定程序审批，才能获得商标权。品牌是一个营销概念，它的使用可以由企业自己决定。品牌效应的产生主要关注消费者对其印象，这种印象不是通过注册或者使用就能产生的，而是品牌所有者经过多年的经营才可能产生。

2. 品牌与商标的时效不同

商标权法律上的有效期为 10 年，实际可以通过续展而无限延续。品牌则不同，法律上的有效期不等于市场上的有效期，很多品牌在市场上昙花一现，所以一个品牌的市场有效期可能小于商标的法律有效期。当然，如果一个品牌做得好，其市场有效期也可以与商标的法律有效期等同。

3. 品牌与商标的占有和使用不同

作为市场营销概念的品牌，如果在市场上不使用，就没有任何意义，也没有存在的必要。而商标则不同，占有某个商标而不使用它，往往是有意义的。一家企业可能只有少数商标在市场上使用，但是为了防止他人混淆、搭便车等行为，可以拥有几十个乃至上百个不同名称的注册商标。例如，娃哈哈公司主要使用商标“娃哈哈”，在进行商标注册时，同时申请注册了"哈娃娃""娃娃哈"等商标。娃哈哈公司注册这些商标,只是为了占有而不使用,以保护"娃哈哈"这个商标。

4. 品牌与商标的扩大使用方式不同

品牌可以扩张使用,从一类产品延伸到另一类产品。例如,世界著名赛车品牌法拉利,延伸到服饰、计算机等领域。这种延伸使用可以由企业自主决策,而且品牌名称、标示、图案等都没有改变,无须任何批准。如果是商标要延伸到其他种类的商品,必须重新办理商标登记注册,并且由商标行政主管部门批准才可以使用。

5. 品牌评估与商标评估的价值取向不同

品牌评估的作用并不单纯为了交易,更多的是为了显示自己这个品牌在市场上的显赫地位,显示一个企业及其产品的影响力和知名度。它主要着眼于从消费者角度评估品牌价值,如消费者对品牌的熟悉程度、忠诚程度、品质感知程度等,然后再根据这一结果实施有效的营销战略,以提高品牌的市场影响力或市场地位。而商标的评估是直接为产权交易或资产抵押服务的,因此,它的价值必须通过现金或者其他方式进行交易,才能真正体现出来。

三、品牌的功能

品牌在市场活动中具有一系列功能。美国品牌学家凯勒指出,品牌具有识别、法律保护、信息传递、质量承诺、公司或产品定位、激励和资产增值等功能。

(一)识别功能

品牌的基本功能是识别品牌主的产品或服务,并将它与竞争对手区分开来。品牌的识别功能来自品牌形式的独特性。可口可乐的"瓶子形象"设计、麦当劳的"金色拱门"标志等都具有很强的识别功能。

(二)法律保护功能

品牌是品牌主的一种无形资产。品牌或品牌的一部分一旦进行商标注册,就对品牌主的这种资产具有法律保护功能,即可以利用法律武器防止和打击品牌假冒或抄袭行为。

(三)信息传递功能

品牌是其所代表企业的信息的浓缩。如前所述,品牌可以传达有关企业特色、企业给市场带来的利益、企业价值观、企业文化、企业个性和企业服务对象等信息。品牌信息虽然比较抽象,但比较简括,比较有联想空间,并且比较好记。品牌信息的优点在信息时代尤其突出。在信息时代,公司信息或市场信息是爆炸式地传播,而消费者接收和处理信息的能力是有限的,因此,品牌信息这种浓缩的、简约的、好记的市场信息越来越为消费者所欢迎,品牌信息在整个市场信息中的地位越来越重要。例如,2008 年北京奥运会,阿迪达斯作为中国队运动品牌主赞助商,在所有中国运动员的队服和领奖服上都有其品牌名称(当然也是商标名),随着中国运动员站上领奖台而反复为观众提供一个信息——nothing is impossible(没有什么是不可能的)。

(四)质量承诺功能

品牌有助于减少消费者的购买风险,因为品牌实际上是以企业的信誉对消费者的承诺,对产品或服务的担保。品牌的承诺功能就是一种保险功能。消费者的购买风险之一是不了解产品或服务的性能和质量,而品牌尤其著名品牌,可以对产品或服务的性能和质量起到一种信誉担保的作用;消费者的购买风险之二是营销商的价格不诚实,而品牌信誉可以抑制营销商的价格不诚实行为；消费者的购买风险之三是为更多地收集企业信息而花费的时间成本，而品牌信息是企业信息的浓缩，可以节约消费者收集企业信息的时间成本；消费者还有一个购买风险是社会评价，即社会对产品的评价一般低于消费者个人的评价，而好的品牌尤其著名品牌已经具有良好的社会评价。

（五）情感功能

品牌形象的个性化或人格化使品牌具有情感功能。如儿童饮料"娃哈哈"就带有很强的情感色彩：这个名字的来源之一是20世纪60年代的一首新疆民歌《娃哈哈》。当年熟悉这首民歌的青少年到了娃哈哈诞生的20世纪80年代做了孩子的家长，他们看到或听到"娃哈哈"有一种亲切感，这种情感对促进娃哈哈儿童饮料的购买是有利的。品牌的情感功能常常通过广告、公共关系和形象代言人等促销方式得以发挥，因为广告、公共关系和形象代言人都是最能诉诸情感的促销方式。

（六）公司或产品定位功能

品牌是一种市场定位，即一家企业或其产品在目标市场（或顾客）心目中的位置，也就是目标市场对企业或其产品的心理评价。例如，美国赫兹公司的定位是"世界上最大的出租汽车公司"，可口可乐的定位是"世界上最大的软饮料公司"，宝马汽车的定位是"性能的代表"，沃尔沃汽车的定位是"安全的代表"，等等。品牌市场的定位实际上就是品牌特色为消费者所认同的表现。

（七）激励功能

企业品牌具有激励功能。品牌理念不仅包括企业的价值观，也包括企业追求的长远目标或发展前景，后者对管理层、员工和消费者起到一种激励作用。例如，海尔的目标理念是"真诚到永远"；苹果计算机的目标理念是"容纳更多的创造性"；亚马逊网上书店的目标理念是"把书店带回家"；耐克运动鞋的目标理念是"永夺金牌"。这些目标理念对企业员工和消费者都有很大的激励作用。

（八）资产增值功能

品牌能满足消费者特殊的心理需要而给他们带来额外的利益，由此能在市场上产生溢价或增值。例如，穿上李维斯牛仔服，可以满足人们的一种社会（情感）归属心理。世界上所有穿这种名牌牛仔服的人构成一个跨文化的群体，他们穿上这个品牌服装时，会感受到品牌中的情感价值，即觉得自己进入了这个群体。因此，李维斯牛仔服在国际市场上通常以溢价出售。

四、品牌的意义

（一）品牌对消费者的意义

品牌有助于消费者识别产品的来源或产品制造厂家，从而有利于消费者权益的保护。品牌有助于消费者避免购买风险，降低消费者的购买成本，从而更有利于消费者选购商品。同时品牌有利于消费者形成品牌偏好。消费者一旦形成品牌偏好，首先可以减少消费者消费失调行为从而获得一种满足；其次，他们已经了解了购买该品牌所能带来的好处或利益，进而也乐意继续购买，而且认为这种购买是值得的。

（二）品牌对生产者的意义

1. 培育消费者忠诚度

品牌一旦形成一定的知名度和美誉度，企业就可利用品牌优势扩大市场，促成消费者的品牌忠诚,品牌忠诚使销售者在竞争中得到某些保护,并使他们在制定市场营销企划时具有较大的控制能力。

2. 稳定产品价格

著名品牌能够减少价格弹性,增强产品对动态市场的适应性,减少未来的经营风险。在产品高度同质化的今天,品牌是同类产品相互区分的主要标志。通过各种商品信息的浓缩,品牌显示出该产品的不同之处,消费者依据自己的偏好,在大量商品中选择自己喜爱和信赖的产品;对企业而言,可以提升品牌影响力,降低价格战的风险。

3. 有助于市场细分与市场定位

消费者的需求是全方位、多层次的,这种差异化的需求正是市场细分的基础。企业不可能以一个品牌、一个类别的产品满足所有的客户需求,但可以根据客户的属性、需求和行为特性将分散的客户个体归类到某一群体中,并考虑向这些群体提供哪些产品和服务以及怎样提供这些产品和服务,这就是市场细分来确定不同风格的品牌。对于规模较大、产品线多的企业,可以采用多品牌战略,给每种产品分别命名,根据产品的特性、品质、功能等多种因素,使每个品牌在消费者心里占据一个独特的、适当的位置。

4. 降低新产品开拓市场的成本

一个新产品进入市场,风险是相当大的。在正常情况下让消费者熟悉一个新品牌的投入相当大,而且成功率也不高;如果企业进行品牌延伸,可以节省新产品广告费。企业借助已有的名牌,扩大产品组合或延伸产品线,推出新产品,可以降低开拓市场的成本。例如,海尔公司在冰箱领域成功之后,产品线扩大到洗衣机、空调、彩电等家电领域。

5. 保持竞争优势

现代社会信息发达,一种新产品推向市场很畅销的话,很容易被竞争者模仿,但品牌忠诚是竞争者通过模仿无法达到的。企业有一个良好口碑的品牌、消费者对该品牌具有较高认同感与忠诚度时,品牌就成为保持竞争优势的一种强有力工具。例如,美国苹果公司推出的 iPhone 手机,在世界各地都很畅销,中国内地市场上有很多所谓"高仿"机出售,但苹果公司借助其品牌号召力,在中国大陆市场的定价较高,仍然受到 iPhone 的忠诚消费者追捧。

(三)品牌对竞争者的意义

1. 可以推出相对应的品牌进行反击

品牌有了一定的知名度和美誉度后,会对竞争者形成一种威慑,但竞争者可以推出相对应的品牌进行反击。

2. 竞争者可采用"品牌补缺"战略占领一部分市场,从而获取利润

对手企业品牌组合或产品组合无论有多深、多广,都很难满足所有消费者的需求。竞争者总可以发现对手企业还未涉足的细分市场。虽然这一细分市场可能规模比较小,但只要进入成本比较低,有一定的购买力,能获利,那么,竞争者就可以进入。

3. 竞争者可不用品牌而销售

中国市场很大,需求层次很多,客观上存在着许多市场机会,竞争者针对某一特定顾客需求开发出相适应的产品,即使无品牌优势,照样可以获得一定的市场份额。

第二节　品牌的支撑因素与常见的品牌战略

一、品牌的支撑因素

品牌是一个复杂的系统,创立品牌更是一项复杂、系统的工作。下文将对品牌的各个支撑因素进行论述,为打造品牌提供思路。

(一) 质量

质量是品牌的本质、基础与生命。企业要打造一个好的品牌,就要不遗余力地追求和创造高质量的产品。市场上的名牌给消费者最基本的印象就是能提供更高的可感觉的质量。例如,消费者对宝马轿车的认知就是世界知名品牌、具有顶级的设计与质量。

(二) 服务

在当今商品丰富的市场里,服务是商品整体不可分割的一部分,尤其是在一些高集成度的商品领域,售前、售后服务已成为市场竞争的焦点。优质、完善的服务可以让企业迅速接近消费者,从而获取消费者的良好印象,这是为企业树立品牌正面形象的较佳途径。

(三) 形象

品牌形象是消费者对品牌认知的总和,是品牌竞争力的总体表现。品牌形象诠释品牌的内在精髓,传达品牌的定位,忠实于品牌个性。品牌形象是基于受众心理的一种特性,一个品牌形象塑造成功之后,其内在价值就会作用于消费者的思想和情感,从而引起消费者一定的心理反应。例如,沃尔沃汽车品牌给消费者的印象不单是汽车这种商品,更有其蕴含的安全与稳重的心理感觉。

(四) 文化

如果要保持品牌长盛不衰,文化是其影响因素。建立一个品牌,不仅仅是一系列经济性的社会活动,同时也是一种文化性的社会活动。品牌的创立过程中,可以产生一系列社会文化观念和文化现象。品牌通过文化来增加其附加值,对品牌文化进行挖掘,为产品赋予文化寓意,使文化渗透到品牌管理的各个方面。世界著名品牌无不以独特的文化魅力吸引着消费者,没有这些文化就不会有这样的世界名牌。例如,“LV”牌的各式箱包吸引了众多消费者,人们购买这些箱包不仅仅是使用优质产品,同时还享受来自法国的高档与浪漫文化。

(五) 创新

品牌创立之后并非一成不变,品牌的长远发展要依靠创新。在市场竞争日趋激烈的现代社会,只有通过持续、稳定的创新,企业才能在市场上占据一席之地,企业品牌才能获得一定的市场份额。因此,只有创新才能使企业及品牌有所发展、有所进步。如果一味安于现状、墨守成规,必然会遭到市场的否定和驱逐。创新是企业进步和发展的活力之源,也是品牌成长过程中的一个推进器。创新与企业知识产权管理密切关联,如产品创新与专利、广告创新与著作权和品牌、形象创新与商标权等。

(六) 广告

品牌的成长包括许多方面,企业的品牌离不开广告,而且广告在品牌成长中起着十分重要的作用。丰田汽车在进入中国市场之前,在中国大量投放广告:“车到山前必有路,有路就有丰田车。”这个巧妙运用了俗语的创意广告,让消费者在很长一段时间里,牢牢记住了丰田这个品牌,当丰田车开始销售时就取得了非常好的效果。

（七）公关

公关是公共关系的简称,是企业在市场营销活动中通过正确处理企业与社会公众的关系,以树立企业形象,促进产品销售的活动。品牌公关通过运用媒体传播企业动态、发布与推广新产品、宣传服务理念等,以提升品牌的知名度、美誉度、信任度等。企业公关通过媒体向公众传递信息,并对反馈信息进行收集与整理,而公众则接受企业的信息并可以做出反馈,两者之间形成互动交流的关系。同时,品牌公关往往是突发的,如市场上迅速变化的信息、公众的反馈、媒体的评价等都可能引发企业的公关活动,尤其是企业面临危机时,公关尤为重要。例如,欧洲质检部门查处可口可乐公司的饮料含有对人体有害成分,可口可乐中国公司立刻开展危机公关,通过各种媒体表示中国的生产部门和欧洲的生产部门是独立的,中国的产品没有质量问题,从而打消了消费者的疑虑。

二、中小企业常用的品牌战略

（一）无品牌化战略

有些企业的产品由于难以形成“产品差别”,或质量难以统一保证和衡量,或消费者对质量要求不高,无须进行特别的辨认,如电力、矿石、铁等产品,从而大大降低了品牌的作用,可以不使用品牌。商品不使用品牌,可使企业节省品牌设计、商标注册、广告宣传、品牌保护等相关工作及其相应的费用(包括采用简易包装节省的包装费用),从而降低产品成本,同样质量的商品可以降低售价。这样,企业大批量生产,薄利多销,具有低价格优势,能使企业获得比较好的经济收益。

（二）零售商品牌战略

零售商品牌又称中间商品牌、自由品牌、私人品牌,是商业竞争发展到一定阶段的产物。它是零售商为突出自身的形象、维持竞争地位,充分利用自身的无形资产和优势而采取的一种竞争战略。具体做法是,零售商通过市场调查了解消费者信息,提出产品的设计开发要求,并选择企业进行生产,然后利用零售商品牌把产品推向市场。

采用零售商品牌具有的优势如下:

1. 价格优势

厂家不需要商标投入,能以尽量低的价格供货。零售商省去中间环节和相关费用,能以较低的价格进货。良好信誉的零售商,其品牌具有名牌效应,良好的商誉就是最好的广告,其所付的宣传广告费用十分有限。并且由于销售渠道单一,使假冒伪劣的可能性大大降低。

2. 信誉优势

零售商对其自有品牌的商品具有较强的控制力,并会给予足够的关注,较容易在品质方面给顾客保证。

3. 销售优势

零售商推销自有品牌会不遗余力。例如,将商品放在醒目的地方、广告推荐等。

4. 把握市场需要优势

零售商愿意并可以及时收集大量有关市场信息,把握消费的需求变化,并根据消费者的需求来指导企业生产,使生产企业省去市场调研、产品开发等方面的工作,能准确地进行市场定位,生产出符合市场需要的产品。

（三）贴牌生产（OEM）战略

OEM 是"原始设备制造"（original equipment manufacturing）的缩写,基本含义是定牌加工,俗称"贴牌生产"。一家企业具有完善的市场销售网络和信誉良好的品牌,出于降低成本、增加产量等需要,通过订购,委托其他企业生产,并直接贴上自己的品牌商标。对于被委托的企业而言,由于不必负责市场营销和技术开发,集中精力于生产,可以通过大批量生产获得商业利润。

首先,品牌产品和 OEM 产品采用同一生产体系,容易获得成本优势,重点就是打开市场、宣传品牌。其次,OEM 可以消化企业过剩的生产能力和闲置资源,满足企业短期利益的需要。再次,OEM 有利于中小企业向大企业学习先进的生产技术和管理经验,提高企业的竞争力。最后,OEM 有利于中小企业摆脱技术风险和市场风险。

三、品牌延伸战略

所谓品牌延伸是指一个品牌从原有的业务或产品延伸到新业务或产品上,多项业务或产品共享原有的品牌资源;也就是说它是利用已经取得成功的品牌来推出新产品、新业务、新项目,使新产品、新业务、新项目开始市场运作,获得原来品牌力量的支持。

品牌延伸方式之一是品牌的品种延伸,即企业将一种产品的品牌延伸运用到同种产品不同的品种上去。例如,可口可乐品牌就延伸到减肥可乐、无咖啡因可乐和樱桃味可乐等新品种。品牌延伸方式之二是品牌的相关产品延伸。例如,可口可乐品牌延伸到与饮料相关的食品,如可口可乐爆米花。

品牌延伸战略也存在风险,新产品可能使消费者失望并可能损坏企业其他产品的信任度,而且如果推出的新产品和已有产品关联度低的话,可能使原有名牌失去在消费者心目中的特定定位,所以企业在采用品牌延伸战略时,必须研究原有名牌名称与新产品关联度如何,以免两边不讨好。"派克"钢笔是一种高档产品,但"派克"公司进入低档笔市场仍然使用"派克"的品牌,结果不仅没有顺利地打入低档笔市场,高档笔市场也受到了冲击。

四、品牌收购战略

20 世纪 80 年代以来,品牌化的一个重要趋势是品牌收购。随着品牌管理的加强和系统化,许多企业拥有成功的品牌。成功的品牌尽管是无形资产,但也是资本市场上可以交易的优质资产,因而引起那些进行品牌投资的企业的注意。这些企业想通过品牌投资达到市场扩张的目的,这也是 20 世纪 80 年代以来美国及整个国际市场兴起企业收购浪潮的一个重要因素。中国的企业在国际化进程中,也进行了大量的品牌收购。例如,联想收购 IBM 个人计算机事业部后,在高端领域使用的是"Thinkpad"这个品牌。

五、多品牌战略

所谓多品牌战略就是对同类产品使用两个或两个以上品牌的战略。多品牌会影响原有单一品牌的销售量,但几个竞争品牌的销售量之和会超过单一品牌的销售量。例如,宝洁公司的品牌中,洗衣粉品牌有汰渍、碧浪等,香皂品牌有舒肤佳,洗发水品牌有飘柔、潘婷、海飞丝等。

（一）多品牌的竞争优势

多品牌战略虽有众多好处，但其对企业实力、管理能力、市场规模要求较高，因此，采取此品牌战略应慎重。

采用多品牌战略适合零售商的行为特性。零售商通常按照品牌安排货架，多品牌可以在零售货架上占得更大空间，增加销售机会。采用多品牌战略有助于企业全面占领一个大市场，满足不同偏好消费群的需要。采用多品牌战略，有助于树立鲜明的品牌特色。比如，海飞丝定位在“去头屑”，潘婷定位在“维他命B5，拥有健康，当然亮泽”，飘柔定位在“柔顺”，沙宣定位在“保湿”。

多品牌战略还能给低品牌忠诚者提供更多的选择。低品牌忠诚者或无品牌忠诚者常发生品牌转移。截获品牌转移者的最好办法是提供多个品牌。属于同一企业的同类产品的不同品牌管理者之间适度竞争，还能提高士气和工作效率。采用多品牌战略也可以起到分散风险的作用，个别品牌的失败不至于殃及其他品牌及企业的整体形象。

多品牌战略是打击竞争对手、保护自己的有力手段。从积极的角度看，多品牌的频频出击，使企业在消费者心目中树立起实力雄厚的企业形象。从消极的角度来看，在销售渠道减少了竞争对手进攻的可能；企业从产品功能、价格诸方面对市场的细分，令竞争者更难进入，这种高进入障碍大大提高了竞争对手的竞争成本。

（二）多品牌战略出发点——锁定目标消费群

消费需求日趋多样化、差异化，由大众消费时代进入分众时代。企业若能在深入、科学的市场调查的基础上，发展出多个品牌，每个品牌都针对某一细分群体（分众）进行产品设计、价格定位、分销规划和广告活动，那么各品牌的个性和产品利益点便能更吻合，更照顾到自己所针对的那部分消费者的特殊需要，自然能获取这一群体的信赖和品牌忠诚，这比面向大众消费群泛泛而谈没有特色的品牌更有竞争力。

欧米茄（OMEGA）、雷达（RADO）、浪琴（Longiness）、斯沃琪（Swatch）、天梭（Tissot）等名表是同一家族的兄弟姐妹，都是全球最具规模的制表集团SMH（现更名为Swatch集团）旗下的手表品牌。为了凸显各品牌个性，Swatch集团从未主动宣传这些品牌源自同一企业。Swatch集团旗下的不同品牌性格迥异，凸显着其独特的一面，消费者易于根据自己的身份、职业、收入、社会地位的需要做出购买选择。欧米茄代表着一种成功人士或名人尊贵豪华的选择；雷达表是高科技的象征；斯沃琪则是前卫和时髦、潮流人士的首选。

（三）多品牌的运用战略

1. 严格的市场区隔

同一企业引入多品牌的终极目的是用不同的品牌去占有不同的细分市场，联手对外夺取竞争者的市场份额。如果引入的新品牌与原有品牌没有明显的差异，就等于自己打自己，毫无意义。例如，上海家化的美加净、百爱神、六神、明星等品牌旗下均有洗发水，但各洗发水之间没有明显的差异，且价位接近，目标市场相互重叠，除了起到多占货柜的作用外，并没有协同对外去占领不同的细分市场，背离一种产品多个品牌的战略意图。

2. 体现差异

宝洁的飘柔与潘婷电视广告就充分表现了品牌之间的区别。飘柔模特的头发拍得飘逸柔和、丝丝顺滑；而潘婷的头发主要是乌黑亮泽，模特在焗油上下了很大一番工夫。

3. 独特的吸引力

国内曾有好几家企业尝试推出男士洗发水，并以“×××，真正男子汉”和天王巨星为号召，但无人喝彩。这主要是因为洗发水是一种功能性极强的产品，讲究使用后的效果与感受，很难从心理、情感角度去细分，绅士型、英雄型、男子汉型的卖点没有足够的吸引力，无法托起一个洗发水品牌。如果能在科学上解释男女头发除长短不同外，头部皮肤和头发上也存在根本差异，需要用不同的洗发水来洗染养护，那么推出一个男士专用洗发水会大有前途。

4. 针对产品与行业特点

相对来说，生活用品、食品、服饰等行业适合于采用“一品多牌”战略。而电器类则更多的是走“一牌多品”的模式，如松下、日立、夏普，无论洗衣机、彩电、音响、空调、冰箱、传真机均采用同一品牌。其实这说到底与产品品牌是否需要个性形象来争夺市场有关。

5. 细分市场的规模性

企业专门发展出一个品牌去争夺某一细分市场，若这一细分市场的容量较小，销售额尚不足以支持一个品牌成功推广和生存所需的费用，就无法实施“一品多牌”战略。

我国台湾地区的日用品企业就很少采用多品牌战略。因为食品、日常用品的市场容量是以人口数量为基础的。台湾人口数量 2 000 多万，任何一种食品的市场容量都是有限的，其细分市场的规模就更小了。台湾的企业不仅极少采用“一品多牌”战略，而且往往连采用“一品一牌”的战略都很难做到，更多的是采用“一牌多品”战略，如台湾的统一公司的汽水、茶、饮料、果汁、方便面一概冠以“统一”的品牌名。美国与欧洲的市场容量大，饮料、食品就较多地采用“一品一牌”或“一品多牌”，如可口可乐旗下品牌仅可乐系列就有“可口可乐”“健怡可乐”“零度可乐”，其他还有清凉汽水“雪碧”、茶和矿物水“天与地”、果汁饮料“酷儿”、果味汽水“醒目”等众多品牌。

6. 及时调整品牌数量与定位

随着社会经济的发展，消费者的需求在不断变化之中，有些品牌细分市场可能会萎缩，这时就要剔除这一品牌或进行品牌再定位。例如，联合利华公司所拥有的品牌最高峰是 1 600 个，许多小品牌不能给公司带来规模效应并导致资源分散，联合利华的选择是淘汰业绩不佳的 1 200 个品牌，只保留 400 个。又如，阿迪达斯公司早期是做足球鞋起家的，在 20 世纪 80 年代以前，该公司的定位主要是运动品牌，随着时代的变迁，进入 90 年代该公司的定位扩展为运动、休闲、时尚，扩大了公司产品的市场范围，取得了良好的业绩，现在是世界上排名第二的运动休闲品牌。

第三节　商标的日常事务管理

企业的商标管理包括对其商标实行有效的日常事务管理，以达到充分保护商标的目的。一般而言，企业对其商标进行日常事务管理有以下几种类型：

一、商标的实时监控管理

（一）商标印制的管理

现代社会分工非常细致，绝大多数企业的商标都是委托专业厂家来印制的，为了防止他人取得商标生产仿冒产品,企业应当加强商标印制的管理。在委托他人代为印制商标时,应当在合同中规定保密义务,即印制人不得泄露企业商标的设计、样图以及印制的方法等,以免他人通过印制人的渠道获取商标的印制方法,用于假冒商标的印制。其中,还应当包括印制图纸、材料等物品的处理。

(二)经常进行市场调查,杜绝侵权行为产生

商标侵权行为不仅会造成市场秩序混乱,损害消费者利益,而且会对商标权人造成直接损害。企业必须强化维权意识,时刻对市场保持监控,严厉打击商标侵权行为。企业应建立防假、打假的信息网络,要主动向社会和消费者介绍辨认真假商标标志的知识。企业在监控市场时,可以利用营销网络获取第一手信息,同时也注意与消费者保持密切联系、拓展信息渠道。发现侵权线索后,要及时做好相关的调查取证、证据保全工作。加强和执法机关的合作,发现违法侵权线索要及时向工商行政管理部门投诉,或向人民法院提起诉讼。

二、商标的续展策略

注册商标的专用权是有时间限制的,而非一经注册即可无限期地专有使用。注册商标的有效期就是法律对注册商标的有效保护期间。根据我国《商标法》第 39 条的规定,“注册商标的有效期为十年,自核准注册之日起计算”。但是,一个注册商标,经过多年使用,对商标注册人来说,已形成了一种无形资产。为了更好地维护企业的利益,法律又赋予企业延长注册商标有效期的机会,这就是注册商标的续展。所谓注册商标的续展,是指注册商标期满需要继续使用的,应在法律规定的期限内,通过向商标局办理续展注册申请手续,使商标有效期得以延长,商标权得以继续利用。

通过商标续展注册,注册商标的有效期得以延长,注册人对商标的法定权利得以延续,从而保证注册商标在市场经济活动中的连续性、稳定性,保护权利人运用商标作为载体体现其商誉的积极性,也使得商标权利的财产权性质得到进一步体现。法律对续展的次数没有限制,企业只要愿意,就可以通过不停地续展而使注册商标永久为其所用,使商标权成为其一种永久性的权利。

(一)续展与否的选择

商标续展是可选择的,企业可以续展,也可以不续展。企业在决定是否续展时应当考虑该商标对自己是否具有价值,如果该商标对自己已经没有任何价值,则可以放弃该商标而不予续展,若仍有价值则应及时续展。但是,企业放弃商标应当谨慎,应进行充分的评估。

(二)续展的时间

商标法为商标权人办理注册商标续展手续所规定的期间被称为续展期。根据我国《商标法》第 40 条的规定,续展期包括两部分:一是商标权人应当在注册商标有效期期满前 12 个月内申请续展注册;二是注册商标有效期满后 6 个月(即宽展期),商标权人仍然可以提出续展申请,在宽展期内还没有进行续展的,商标局将注销其注册商标。因此,企业应当及时进行续展。

三、商标淡化的防止

企业商标的日常事务管理还必须注意商标的淡化问题。商标淡化,是指减少、削弱驰名商标或其他具有相当知名度的商标的识别性和显著性，损害、玷污其商誉的行为。企业商标权刚刚获取时，一般并不具有多大价值，只有经过一段时间经营运作，使其具有一定的知名度，才能转化为一种含有较高价值的无形资产。企业的商标在经过大力推广和宣传之后，往往凝聚了企业的信誉，若企业的商标被淡化，将直接影响到该商标的形象和声誉。因此，企业必须对其商标实施有效的管理，以防止商标的淡化。

（一）防止相同或近似商标的注册

企业在注册了某一商标之后并非就万事大吉了，一些不诚实的经营者可能会采用搭便车的方式牟取利益，最典型的就是注册与该企业的商标相同或近似的商标，利用该商标已经积累起来的良好信誉，以扩大销路，而这将影响到商标的价值和企业的利益。因此，企业应当定期检索商标局发布的相关公告，一旦发现有搭便车的事情，可以利用现行的法律制度防止相同或近似商标的注册。例如，可口可乐公司对商标公告保持监视，一旦发现有人注册可口可乐中英文相同或相近的商标，就会及时向商标局提出异议，目前已经有好几件在相同或相近产品上注册的与可口可乐相同或相似的商标被宣布无效了。

（二）防止商标通用化

商标通用化，即通过使公众将驰名商标看作是一种商品种类而不是一种商品来源标志的使用方式使用该驰名商标的行为。这种通用化通常发生在某一类商品没有统一的通用名称或通用名称不为普通消费者所熟知之时，其结果可能就是此类商品中影响较大的商标被用来直接指代此类商品，而逐渐成为商品的通用名称。当商标成为某一类商品的通用名称时，将彻底丧失区分商品来源的作用，商标注册人不能继续享有商标专用权，也不能阻止他人使用这一商标（或名称）。

由于历史的原因，我国在相当长的时间内把吉普当成了越野车的通用名称，而吉普商标权人美国克莱斯勒汽车公司在进入中国时，在商标局注册了商标。克莱斯勒汽车公司对这种通用化提出了意见，商标局也向有关部门介绍说吉普商标已经注册，应该受到保护，于是我国公安部门迅速改变了在长安街上的指示牌，把吉普改成了越野车。吉普的商标权人克莱斯勒汽车公司一发现淡化就立刻提出来，这是一个成功的反淡化、保护自己商标权的案例。

防止商标的退化，可以从以下几种途径入手：① 积极主张权利。在产品销路较好、影响较大时，要定期到市场调查，一旦发现他人将自己的商标用作商品名称，应当予以阻止，必要时可以以侵犯商标权为由提起诉讼。② 可以适当扩大商标的使用范围，在多种商品上使用同一商标，打破该商标与某类商品的单一联系。由于有两种或两种以上的商品在使用同一商标，人们就不容易把该商标当成某类商品的通用名称。

（三）防止商标的丑化

所谓商标的丑化，是指商标受到污损、贬低或其他相对负面的影响，使得该商标及其所指产品的良好商誉或正面形象被冲淡、丑化的现象。商标可能因为下列行为而被丑化：① 在不健康或有伤风化的情况下使用他人商标。比如，将他人的健康商标用于黄色网站的域名、将他人的食品商标用作杀虫剂的商标、将他人的牙膏商标用于马桶之上等，这种使用行为实际上是损毁性的使用行为，将给商标带来负面影响。② 将他人用于高质量商品的商标用于低质廉价的普通商品上，这将损害商标与商品高品质形象的联系。

例如，德国有一个丑化他人商标而被判决禁止使用的案例。“4711”本是德国某公司拥有的驰名世界的香水商标，而德国一家污水处理公司在其臭气四溢的货车车厢上标上"4711"几个大字。尽管查明这其实是该公司的电话号码，但法院认为这种标志会在消费者中产生负面影响，损害香水商标的声誉，判决禁止污水处理公司在车厢上标"4711"。

商标的丑化行为可能是行为人的无意为之，也可能是竞争者的恶意为之。无论是哪一种使用方式，都会损害企业商标的形象和价值。因此，企业首先应当及时关注商标局公告，若发现有相关丑化商标的行为，立即提出异议程序；其次，应当采取措施防止自己的商标被丑化，在发现丑化行为之后，应当立即与行为人交涉，使其停止丑化行为，必要时可以采取法律手段，以维护企业商标的形象和价值。例如，可口可乐公司发现有人申请洗涤剂、杀虫剂等商品类别的"可口可乐"商标，立即提出异议程序，防止损害其声誉。

（四）防止他人将企业的商标用作其他标志

在生活中还存在企业名称（商号）、网络域名、地理标志等商业标志，还有很多具有公益性的非商业标志，如地名或道路。因此，企业在防范他人以商标的形式淡化其商标的同时，还应当注意他人在其他商业标志或非商业标志中损害其商标权。特别要注意，防止商标成名之后把商标作为地名或道路、标志性建筑物名称等公益性使用，从而使商标进入公有领域。

例如，我国以生产方便面为主的河北华龙食品集团有限公司，其使用在方便面及相关产品上的商标是华龙。1999 年华龙注册商标被认定为中国驰名商标。一些违背诚实信用原则的企业和个人，挖空心思傍"华龙"的名，分享"华龙"商标的商业信誉。由于华龙集团所在的生产基地叫华龙食品城，华龙食品城便成为分布在华龙集团周围 13 家方便面生产企业共用的经营地址，这些厂家堂而皇之将华龙使用在他们的产品包装上。从 2000 年起华龙集团所在地隆尧县莲子镇正式更名为华龙镇，华龙镇上的那些与华龙商标毫不相干的法人和自然人，都名正言顺地成为"华龙镇"的地名使用人。如果说过去那些与华龙比邻而居的小型方便面生产企业，曾偷偷摸摸地傍华龙的名，口头上宣称"与华龙是一个村的"、是"华龙的联营厂"，行动上假冒华龙商标，在相同商品上使用与华龙近似的商标，或仿冒华龙的包装、装潢的话，那么现在这些企业则完全可以理直气壮地使用"华龙"了。

企业在生产经营中，一定要注意防止他人在其他商业标志或非商业标志中损害其商标权，尤其是非商业标志性使用。如以商标作道路名称，确实可以作为一则长效的免费广告，对宣传企业商标、提高产品及其企业形象，可能起到较好的效果。但从长远来看，其后果就是商标的淡化、消费者的混淆和误解以及品牌价值的降低等负面效果。因此，不能简单地为了宣传商标，提升品牌形象，将商标使用为道路名称、地名等。

四、电子商务环境下的商标事务管理

在电子商务环境中，网络商标如同传统商标在传统贸易环境中一样，代表着企业的形象和信誉，是企业用来标明自己所生产、经营的商品或服务，并使之区别于其他商品或服务的标志。同时在电子商务环境中，由于网络信息技术的存在，使得网络商标表现出与传统商标显著的差异。在这种情况下，企业应该采取以下策略有效地对网络商标进行管理。

（一）开展电子商务前的商标跨国检索

商标具有地域性的特点，一般来说，不同国家不同企业使用相同的商标是允许的，一个国家的企业使用另一个国家企业的非驰名商标也不构成侵权。但是互联网是面向全球开放的，企业在电子商务活动中使用的商标，应该是可以在全球范围内使用的。企业在从事电子商务之前，首先应该对本企业的商标进行检索，看看是否对他国或他人的驰名商标构成侵权。而对其他相同或相似的商标，可以在使用本企业商标的同时明确标注商标的归属，避免顾客混淆，也使自己在可能出现的商标纠纷中免责。

（二）注重企业商标的域名注册

域名和商标都是极其重要的无形资产。将企业的传统商标注册为域名，无疑会加强商标在互联网上的知名度。同时，也有利于企业借助传统品牌的宣传，以较低的成本在互联网上顺利推广自己的产品或服务，有利于吸引已有顾客在电子商务中对本品牌商品的忠诚度。此外，还可以防止他人将本企业的商标注册为域名，避免商标的淡化和误用，从而有效减少商标和域名侵权的纠纷。

（三）在尽可能多的国家和地区进行注册

企业一旦进入互联网，按照传统商标的观念，就应该在所有互联网覆盖的国家或地区注册自己的商标，这显然是不大可能的。因为各国商标制度不同，而相关的管理和维持费用也是一笔相当巨额的开销。因此，比较可行的办法依然是参照传统商标的注册标准，选择一些业务量或市场潜力较大的国家和地区注册，放弃业务量较小或短期内不会从事贸易的国家和地区。即使在一些业务量小的国家或地区被他人注册，也不会对企业的该商标及其市场产生大的影响。

（四）加强网上监控

我国对防止域名抢注也有一些相关的规定，如《中国互联网络域名注册暂行管理办法》第 11 条第 5 项规定：不得使用他人已在中国注册过的企业名称或者商标名称。网上商标侵权具有隐蔽性，他人可以通过埋字串、链接、加框技术等方式对企业商标进行侵权。近年来，随着各种自媒体、微商的广泛普及，一些试图打擦边球的博主、公众号创作者、UP 主、小微店家可能直接或变形使用一些知名企业的名称、图形商标，以达到吸引流量、给自己增加知名度的目的。

因此企业若想对网上商标进行有效管理，必须对网上市场进行严格监控，及时发现和处理各种假冒和淡化企业商标的行为。可以采取与网络平台交涉、提请相关主管部门介入或者法律诉讼的方式解决。总之，要迅速而有效，以免造成更大的经济损失。

第四节　商标的运营管理

企业的商标价值要保值、增值，就需要通过灵活地运营商标来实现。一般而言，企业对其商标进行运营管理有以下几种类型：

一、商标的有效使用与使用策略

具有良好信誉的企业商标凝聚了企业职工的劳动和心血，企业投入了大量的人力、物力、财力和时间。而保持商标使用的稳定性和连续性是商标信誉价值产生的前提和基础，企业只有稳定地、连续地使用商标，才能逐渐提高其在消费者心中的地位，在消费者心中形成深刻、长期的印象，使人们成为该商标商品或服务的忠实消费者。如果经常变换商标，不但达不到培养忠实消费者的目的，还会使企业为之付出很大的代价。如果企业随意改变商标的文字、图形或者其组合,连续3年停止使用,还会导致商标专有权利的丧失。

(一)商标权的有效使用

商标注册申请的目的就是享有商标专用权,在使用商标权时能够区分不同企业提供的商品和服务,继而得到法律的充分保护。商标也是一种有限的资源,如果注册了商标而又不使用,不但商标不会产生价值、发挥其功能和作用,而且会影响到他人的正常使用,这无疑是一种资源浪费。因此,世界上很多国家的商标制度都规定了可以通过法律程序撤销连续3年不使用的商标。根据我国《商标法》第49条和《商标法实施条例》第66条的规定,连续3年停止使用的,商标局可以责令限期改正或者撤销其注册商标;任何人发现商标注册人连续3年停止使用注册商标的,都可以向商标局申请撤销该注册商标,并说明有关情况。商标局应当通知商标注册人,限其自收到通知之日起2个月内提交该商标在撤销申请提出前使用的证据材料或者说明不使用的正当理由;期满不提供使用的证据材料或者证据材料无效并没有正当理由的,由商标局撤销其注册商标。

我国《商标法》关于商标使用问题包含的内容非常广泛,既有商标与商品结合或者贴附商标,还包括为销售商品而开展的必要的、辅助性交易活动所使用的物品,比如合同、账簿、商品交易文书等,还包括为推销商品所做出的所有努力,如商品广告宣传、商品展示等。商标的使用不仅包括商标权人自己使用,也包括通过许可等方式授权他人使用的行为。

(二)商标的使用策略

商标注册后,企业要正确恰当地使用,才能使其在消费者心目中留下良好的印象,并能真正成为企业竞争取胜的有力武器。

1. 注册商标必须加注注册标记

注册商标使用时,必须加注“注册商标”标记。消费者看到标记后,产生对产品、企业的信任感,同时也防止他人侵权。

2. 商标的位置要醒目

商标在包装上位置应该突出、醒目,让消费者一目了然,既便于消费者选购产品,又达到扩大品牌知名度的目的。

3. 不要自行改变注册商标的注册人名义、地址或者其他注册事项

企业如确实需要改变商标注册人名义、地址或者其他注册事项的,应当向商标局提出变更商标注册申请。

二、商标的使用许可

商标使用许可是国际上通行的一种制度,是指商标权人依据一定的法律程序将注册商标许可他人使用,并可就给予的使用权取得报偿的制度。例如,可口可乐作为世界上最有价值的商标之一,其在中国的商标权人为美国可口可乐公司,该公司则把商标许可给中国的各区域合资公司使用。商标使用许可对许可人来说,可以进一步提高其商标的知名度,扩大商标核定使用商品在市场上的占有率和覆盖面,增加自身的经济效益。对被许可人来说,可以借助他人有一定知名度的商标发展自己,在很短的时间内使自己的企业产生大的飞跃。而对社会和广大消费者而言,实行这一制度,可以向社会提供更多质量可靠、适销对路的商品,从而最大限度地满足和丰富人们群众物质文化生活的需要。

商标代表着企业的信誉,把自己的商标许可他人使用,就是把自己的商誉托付给了他人。

因此,商标使用许可运用得当,就会提高企业的声誉,增强其市场竞争力,增加其商标的价值;反之,就会损害企业的声誉,造成无形资产的流失,削弱其市场竞争力。因而,企业对是否要实施使用许可应当作充分的分析和准备,科学运用商标使用许可策略,促进自身的发展。依照《商标法》的规定,企业许可他人使用其注册商标的,应当按照规定到商标局备案。

（一）许可方式的选择

商标权的使用许可分为三种:独占使用许可、排他使用许可和普通使用许可。

商标独占使用许可是指商标注册人在其商标专用权范围内,仅将该商标许可给一个被许可人使用,自己也放弃商标使用权的商标使用许可。独占使用许可的被许可人在许可合同有效期内可以作为商标权利人以自己的名义向工商行政管理机关投诉。

商标的排他使用许可是指商标注册人与被许可人签订排他使用许可合同,在约定的期间、地域以约定的方式,将该注册商标仅许可给一个被许可人使用,商标注册人依约定可以使用该注册商标但不得另行许可他人使用该注册商标。根据这种许可使用方式,商标注册人与被许可人可以同时使用一个注册商标,在市场上进行竞争,分享使用该注册商标的商品所产生的利益。被许可人的法律地位相当于"准商标权人"。当在规定地域内发现商标侵权行为时,排他使用许可合同的被许可人可以和商标注册人共同向人民法院起诉;在商标注册人不起诉的情况下,被许可人也可以以"利害关系人"身份直接起诉侵权者,追究商标侵权人的民事责任。

普通使用许可是指商标注册人在约定的期间、地域以约定的方式,许可他人使用其注册商标,并可自行使用该注册商标和许可他人使用。这种许可方式多适用于被许可人生产能力有限或者产品市场需求量较大的条件下,许可人可以多选择几个被许可人,而每个许可证的售价相对较低,因而是一种"薄利多销"的方式。对被许可人来说,其获得的商标使用权是非排他性的,因此如果合同涉及的注册商标被第三人擅自使用,被许可人一般不得以自己的名义对侵权者起诉,而只能将有关情况告知许可人,由许可人对侵权行为采取必要措施。

从上述可以看出,独占使用许可对许可人的限制最大,排他使用许可次之,普通使用许可则最小;对被许可企业则反之。至于采用何种使用许可的方式,企业应当根据具体情况而定。

（二）商标使用许可费的确定

商标使用许可费一般由许可人和被许可人进行协商。常见的有以下几种计算方法:① 根据产品售价的百分比计算,通常为1%~5%;② 根据产品利润率计算;③ 根据双方协商确定的一定数额计算。

企业在确定商标使用许可费时,可以考虑以下一些因素:① 商标的知名程度。商标的知名度越高,商标的使用许可费应越高。② 商标的使用许可方式。由于各种方式赋予被许可人的权利地位和权利范围不同,其商标使用许可费也应当有所差别。一般而言,独占使用许可的许可费最高,排他使用许可次之,普通使用许可则最低。③ 许可的时间、地域以及使用商标的商品范围。许可的时间越长,许可费应当越高。许可的地域大小及其市场成熟的程度、使用商标的商品范围也应当予以考虑。④ 市场前景。市场前景越好,许可费应当越高。其中,企业可以对市场的成熟程度以及前景进行评估。

（三）被许可人商品质量的监督

根据我国《商标法》第43条的规定,企业许可他人使用其注册商标的,应当监督被许可人使用其注册商标的商品质量。如果被许可人生产的商品质量低劣或者达不到企业的标准和要求,将会损害消费者的利益和被许可商标的品牌形象。因此,企业应当对被许可人使用其商标的商品质量进行监督,以维护消费者的利益和企业商标的品牌形象。这种监督既是许可人的权利,也是许可人根据《商标法》应尽的义务。"可口可乐"商标创立100多年来,公司通过在世界各地遍设分公司、子公司、分厂或分装车间、分销公司等,使其成为风行195个国家和地区的饮料。其秘诀就在于商标使用许可和与之相联的全方位质量监控。可口可乐公司为保证商品质量,对被许可人的原料来源及质量、生产工艺流程和操作方法、成品的质量检验等进行全方位监控,使"可口可乐"成为世界上无形资产价值最高的商标之一。

(四)许可合同的主要内容

企业在签订商标使用许可合同时,要做到规范、严谨,尽可能地避免缺漏。一般商标使用许可合同应具有以下主要内容:① 明确商标权,包括商标注册人名称、注册商标名称(或图形)、注册证号、核定使用的商品及注册商标的专用期限。② 明确被许可人的使用权限,包括被许可人的名称;被许可使用的商标、商品;被许可使用的具体时限(不能超越商标有效期限);商品的销售范围;合同期满后该商标货物销售的缓冲期限;商标标志的提供;被许可人无权再施许可;被许可人能否以自己的名义进行该商标的广告宣传。③ 明确双方的责任与义务。根据《商标法》及其《商标法实施条例》的有关规定,被许可人必须保证使用该商标商品的质量(应订立具体的质量标准);在该商标的商品上标明被许可人名称和地址;不能自行改变注册商标的文字、图形及其组合;对商标侵权时所承担的责任;许可人有责任监督被许可人的行为。④ 明确商标使用费用。商标使用许可合同应明确商标使用是否有偿,如有偿使用,应明确费用结算方式和支付的时间等。⑤ 违约责任。商标使用许可合同违约责任的内容应包括:被许可人如违约,许可人有权终止商标使用许可合同的履行,由被许可人承担因违约而造成的损失;若许可人无任何理由擅自终止许可合同,由此造成的一切损失由许可人承担。

三、利用商标进行投资

商标权是一种财产权,尤其驰名商标是企业的巨大财富。依照我国《公司法》的规定,知识产权可以作为资本进行投资。对于出资方来讲,用商标权投资可以减少现金支出,以较少的现金投入获得较大的投资收益;可以扩大使用注册商标的商品或服务项目的生产经营规模,进一步提高商标信誉。对于接受商标权投资的企业来讲,商标权资本化可使其直接获得名牌商标的使用权,进而打开市场,扩大生产经营;接受商标权投资,也可促使企业严格依法使用注册商标,提高经营管理水平和商品或服务质量,增加产品品种,增强企业产品或服务的市场竞争力。

(一)出资标的的确定

企业利用商标对外进行投资,必须首先确定用于出资的标的,也就是用于出资的对象。一般而言,用商标出资有两种方式:一是以商标所有权出资;二是以商标使用权出资。以商标所有权出资,在出资以后,企业将彻底失去该商标的专用权,该商标的商标专用权将成为出资设立的企业(公司)的权利,而与企业没有直接的关系,企业未经允许不能擅自使用该商标;以商标使用权出资的,企业并不失去出资商标的所有权,商标权仍为企业所有,只是出资设立的企业享有使用权而已。因此,企业利用商标进行投资,要首先确定出资的方式。一般而言,以商标所有权进行投资对企业的影响较大,应当慎重。

（二）商标价值的评估

企业利用商标进行投资,还必须对商标的价值进行评估。可能影响商标价值的因素有:① 该商标的广告宣传费用;② 使用该商标的商品在国内外的销售量和销售区域;③ 该商标最早使用及连续使用的时间;④ 该商标在国内外的注册情况;⑤ 使用该商标的商品近期主要经济指标(如年产量、销售额、利润、市场占有率等)及其在同行业中的排名等。按照商标局的规定,这种评估不能由企业自己进行,应当委托专业的商标评估机构进行商标评估。

（三）投资文件的约定与审查

企业以商标出资的,应当与其他有关的当事人在投资文件中明确约定商标投资的方式,商标作价数额,使用商标的商品品种、数量、时限及区域,商标收益分配,企业终止后商标的归属,违约责任以及纠纷解决机制等内容。

企业以商标权投资,报商标主管部门审查时,应提交商标评估报告及有关商标投资文件。商标主管部门对企业以商标进行投资的审查,实行分级管理的原则。企业是在国家工商行政主管部门登记注册的,由商标局审查;在地方各级工商行政管理机关登记注册的,由省级工商行政管理机关审查。

关键术语

品牌(brand)
品牌资产(brand equity)
无品牌化战略(non-brand strategy)
零售商品牌战略(retailer's brand strategy)
贴牌生产(original equipment manufacturing, OEM)
品牌延伸(brand extension)
多品牌战略(multi-brand strategy)
商标的续展(trademark renewal)
商标淡化(trademark dilution)
电子商务(electronic commerce, E-commerce)
许可(license)
投资(investment)

复习思考题

1. 简要论述品牌的功能。
2. 实施品牌延伸战略需要注意什么风险?
3. 多品牌战略在所有国家和地区、所有产品或服务领域都适用吗?

4. 商标续展的时机如何选择？
5. 商标淡化有哪些形式？如何防范？
6. 电子商务环境中，商标侵权与被侵权的风险有哪些？如何规避？

案例讨论

"好孩子"的品牌策略探析

一、好孩子公司介绍

好孩子公司，是全球领先的儿童用品公司及中国最大的母婴产品品牌商、分销和零售平台，于1989年由宋郑还先生在昆山创立，专业从事儿童及母婴产品的研发、制造及全渠道分销和零售。创立32年来，公司取得了长足的进步，已经从一家本土小企业成长为一家跨国公司，在世界母婴产品类市场中具有卓越的声誉。目前，公司在全球共有11 000多名雇员；公司累计持有各类专利超过1万件，自主推出或收购知名品牌8个；在全球有11个在地生产工厂，自有零售店超过850家；拥有7个全球研发中心，全球研发人才超过450人；获得全球各类设计大奖30多个、产品测试大奖250多个。[①]

二、好孩子的品牌声誉

1999年"好孩子"就被认定为"中国驰名商标"，当年出口到美国的童车市场占有率达到34%；[②]2003年荣获"向世界名牌进军，具有国际竞争力的11家中国企业"称号；2004年被评为中国儿童用品行业唯一的"中国名牌"；2007年，被CNN评价为"正在升起的全球之星"；2010年，获中国质量协会"全国质量奖"；2011年，公司获得亚太质量组织颁发的"世界级全球卓越绩效奖"；2014年，好孩子口袋车获吉尼斯世界纪录官方"全球折叠后最小婴儿车"称号；2015年，好孩子口袋车获国家知识产权局"中国外观设计金奖"；2019年获评中国新车评价规程（C-NCAP）评测最优；2020年，旗下Cybex E-Priam婴儿推车荣登《时代周刊》2020年度全球100大最佳发明榜单。[③]

2014年是好孩子发展历史上一个重要的时间节点。年初收购了欧洲知名高端汽车安全座椅品牌Cybex；年中，收购美国最大婴童耐用品品牌Evenflo。这两次收购为好孩子巩固其在全球儿童用品市场的领导地位的同时，亦支持其开展跨国国际品牌发展联盟关系的品牌战略。[④]至此，好孩子旗下拥有CYBEX、gb global、Evenflo、Rollplay、CBX、ExerSaucer、Urbini、hd 8个世界知名品牌。

三、好孩子公司的品牌策略分析

好孩子的品牌战略中，创新是重中之重，是赋予品牌源源不竭发展动力的根本。同

①③ 资料整理自好孩子官网.

② 岳善勇.一定要拿到这张"通行证"——好孩子集团实施知识产权战略纪实.中国发明与专利，2004（1）：57-58.

④ 好孩子集团连续全资并购欧美知名婴童品牌Cybex及Ecenflo. 2014-06-19.

时品牌是以产品为载体的，离开了不断推陈出新的高质量产品，品牌也就成了无源之水；品牌宣传推广的同时更需要质量的保障，品牌标识创新则起到辅助推动作用。

1. 技术创新为本

好孩子公司创始人宋郑还先生面对媒体时候曾多次提到过两句话："好孩子要自己打败自己"；"要创造世界上没有的产品"。这种敢于创唯一、勇于争第一的精神体现在公司的方方面面。

（1）以原创力量创办企业。1987 年，宋郑还临危受命，接手资不抵债、濒临倒闭的昆山陆家中学校办工厂。为寻找企业长久发展的出路，宋郑还领悟到"自主经营"的理念，认识到企业必须自己掌握自己的命运。为此，他第一次提出"要创造世界上没有的产品"，并开始翻阅大量书籍，自主研发，靠自己一个人的力量在 1988 年发明了一款摇篮式婴儿车，得到市场的热烈回应。1989 年好孩子公司成立，创立好孩子品牌。之后，好孩子童车打入美国市场的第一款产品"爸爸摇、妈妈摇"就是在他的领导下研发出来的。

（2）依托全球研发体系，善用全球智力资源。好孩子在荷兰阿姆斯特丹、美国波士顿、日本东京和中国香港等地建立海外研发中心，与昆山的本土研发中心形成网状的全球化研发体系，集市场调查、产品设计、工艺技术、标准研究于一体，以融合科技创新与艺术时尚的方式，集中力量在相关市场领域做好每一款产品研发推广。好孩子不断推出原创性、颠覆性、前瞻性的设计概念与产品，除经典的摇篮式婴儿车，好孩子还首创了摇马三轮车、单手开合婴儿车、自动折叠婴儿车、自动刹车婴儿车、电动助推婴儿车等，均已成为业内的标杆和市场的潮流。截至 2021 年初，好孩子累计获得国内国外专利超过 1 万项，获得"红点设计奖""iF 设计奖"累计超过 30 次。

2. 商标注册护航

好孩子公司通过强化商标的保护意识，规范国内外自主商标的管理和使用，促进品牌保护。在中国，好孩子向国家知识产权局商标局在 40 余个类别上分别申请注册了 gb、好孩子、Goodbaby、Geoby、小龙哈彼等商标，共计 1 304 件。[①]在境外，好孩子在美国、德国、法国、英国、日本、巴西、印度及中国港澳台等众多目标市场国家和地区申请注册了好孩子、gb、Goodbaby、Geoby、Globe Clairs、Mama's Goodbaby 等商标。好孩子通过国内外广泛注册商标，形成对自己的市场声誉的严密保护网。

3. 法律手段维权

好孩子公司拥有众多专利和商标，每年也在不断地推出新品。因此知识产权保护对其非常重要。品牌的壮大、效益的增长，好孩子在发展的同时也不可避免地遇到了侵权行为。公司在知识产权维权方面起步较早，而且是国内不多见的主动出击、维护自己正当权益的企业。

作为中国维权队伍的先锋，好孩子公司维权官司从 1996 年就开始了。多年来，公司在持续不断的侵权诉讼之中，建立和完善了企业知识产权管理体系。好孩子公司于 1997 年 10 月设立法律事务办公室，专门负责知识产权保护，从市场侦查、取证、证据保全、立案一直到诉讼、执行，面对侵权行为积极维权。[②]美国最大的玩具公司之一 Mattel

---

① 此数据通过国家知识产权局商标局网站检索得到，检索日期为 2021 年 2 月 28 日。

② 文馨．"好孩子"：百余场官司打出品牌路．大经贸，2008（10）：40–41。

和日本最大的婴儿车公司康贝公司侵犯好孩子相关专利权，好孩子均通过诉讼维护了自身的正当权益。

此外，企业制定了《专利申报与管理制度》《商标管理制度》等规章制度，将知识产权的保护贯穿于日常管理中，2009年获国家知识产权局授予“全国企事业知识产权示范单位”。

四、好孩子品牌战略的启示

好孩子公司品牌策略取得巨大的市场成功，得益于品牌定位清晰独特、品牌核心价值明确且切中要害、品牌延伸得当、品牌创新不断、品牌保护得力，特别是品牌保护的实施落在实处，措施得力。好孩子公司从事的是一个整体技术含量不太高的领域，但是通过深耕细作，在这个领域创立了很高的品牌价值，这表明我们国内的企业实施品牌战略一定要因地制宜，重视市场导向，不能单纯追求高、精、尖的技术创新。

这些经验不仅对好孩子公司自身今后的品牌建设具有重要价值，也对我国广大普通制造业领域的企业谋求发展、创立品牌声誉具有参考价值。

案例讨论题

1. 好孩子为什么在品牌延伸的时候是先国内后国外？
2. 好孩子在创世界名牌的时候，为什么积极使用法律武器来维权？
3. 为什么产品研发要越来越精细化？

第十三章

软件著作权管理

学习目标

1. 了解计算机软件的特点和保护模式
2. 区分不同情况下软件著作权的归属
3. 理解软件著作权的内容和权利限制
4. 熟悉软件著作权登记的操作流程
5. 掌握软件侵权认定要素和法律责任

计算机中文字库著作权纠纷案

字库是外文字体、中文字体以及相关字符的电子文字字体集合库，被广泛用于计算机、网络及相关电子产品上。近年来，涉及计算机字库和单个字体的著作权纠纷日益凸显，有关法院对字库的法律属性以及独创性的认定进行了不断探索和总结。其中，北大方正诉暴雪娱乐等侵害著作权纠纷案入选了最高人民法院发布的2012年中国法院知识产权司法保护十大案件。

1. 基本案情

北京北大方正电子有限公司（以下简称北大方正公司）是方正兰亭字库V5.0版中的方正北魏楷体GBK等5款方正字体的权利人。该公司认为暴雪娱乐股份有限公司（以下简称暴雪公司）旗下网络游戏《魔兽世界》的汉化版侵犯其计算机软件著作权以及其中每个汉字的美术作品著作权，据此向北京市高级人民法院提起诉讼，索赔4.08亿元。北京高院一审判定侵权成立，判令暴雪公司等立即停止侵权并赔偿北大方正公司经济损失140万元。最高人民法院终审判决暴雪公司等立即停止侵权并赔偿北大方正公司经济损失200万元。

2. 典型意义

本案涉及计算机中文字库的法律属性的认定。最高法院在本案中认为：方正兰亭字库应作为计算机软件而不是美术作品受到著作权法的保护。计算机中文字库运行后产生的单个汉字，只有具有著作权法意义上的独创性时方能认定其为美术作品。计算机中文字库运行后产生的单个汉字,无论其是否属于美术作品,均不能限制他人正当使用汉字来表达一定思想、传达一定的信息的权利。

(资料来源:魏小毛,祝文明.最高法院公布2012年度十大知识产权案.)

随着信息技术的不断发展,作为信息载体的计算机在社会生活中的地位日益凸显。一般而言,一个完整的计算机系统是由硬件和软件两部分组成的,硬件是可以看得见的具体实物,而软件则是计算机系统的灵魂所在。自1969年IBM公司首次将计算机软件和硬件分开出售以来,软件交易就从硬件交易中分离出来,软件产业也由此得到迅速发展。鉴于计算机软件具有较强的专业技术性,围绕计算机软件所产生的若干纠纷在处理过程中面临着许多实际的困难,主要表现为软件开发过程中的著作权归属、侵权认定要素的准确把握以及法律责任的承担等诸多问题。因此,我们有必要认清著作权管理在软件企业经营战略中的重要地位。

第一节 计算机软件概述

一、计算机软件的概念

关于计算机软件的概念在法律上该如何界定,世界各国并没有形成一个统一的定义。目前,大多数国家参考的是世界知识产权组织(WIPO)对计算机软件的界定方式,并结合本国的实际情况予以相应的修订。

1978年世界知识产权组织发表的《保护计算机软件示范条例》中将计算机软件的概念阐述为:计算机软件包括程序、程序说明和程序使用指导三项内容。"程序"指以文字、代码、图形或其他任何形式表达的能够使计算机具有信息处理能力,在与计算机可读介质结合为一体后,用以标志一定功能,完成一定任务或产生一定结果的指令集合。"程序说明"指用文字、图解或其他方式,对计算机程序中的指令所作的足够详细、足够完整的说明和解释。"程序使用指导"是指除了程序和程序说明以外的,用以帮助理解和实施有关程序的其他辅助材料。

美国于1980年12月修订了《版权法》,正式确认了计算机软件作为一般文字作品属于著作权法的保护客体。其中,第101条将计算机程序定义为:一组旨在直接或间接用于计算机以取得一定结果的语句或指令。此后,美国又通过联邦法院判例,把源程序、目标程序、固化在只读存储器中的程序、系统程序和应用程序都归为计算机程序,并纳入著作权法保护范围。

我国于2001年12月20日公布了《计算机软件保护条例》。《计算机软件保护条例》第2条明确规定:计算机软件"是指计算机程序及其有关文档"。其中,计算机程序是指为了得到某种结果而可以由计算机等具有信息处理能力的装置执行的代码化指令序列,或可被自动转换成代码化指令序列的符号化指令序列或符号化语句序列。同一程序的源文本和目标文本应当视为同一作品。文档是指用自然语言或者形式化语言所编写的文字资料和图表,用来描述程序的内容、组成、设计、功能规格、开发情况、测试结果及使用方法。如程序设计说明书、流程图、用户手册等。

二、计算机软件的特点

计算机软件除了具备知识产品的一些共同特性之外，还具备自身独特的技术特征和法律特征，主要表现在以下几个方面：

（1）软件开发的复杂性。计算机软件的开发具有程序复杂、工作量大、周期长、投资额高等特点。它一般是有组织的群体按照精细的分工协作，借助现代社会高科技手段和工具来从事生产创作，是建立在知识、经验和智慧基础上的智力劳动成果。

（2）计算机软件的设计思想与表达形式互相渗透，难以分割。计算机软件不仅是人类思维所形成的作品，也是一种技术方案，是兼备同文字作品相似的表现形式与实用工具的功能这两种特性的统一体。正是这一特点给司法实践带来了诸多的困难。比如，1987 年美国两家法院对于软件的表现形式与构思的划分，就曾做出过不同的判定。

（3）软件产品的复制和批量生产极其简单，其复制成本同其开发成本相比较几乎可以忽略不计。正是由于它具有极易复制和改编的特点，很容易被他人肆意地盗用和篡改，因此，软件生产商所面临的一个共同问题即如何有效应对各种侵权现象，扩大自己的市场占有率。

（4）表达形式的多样性。计算机程序的表达较著作权法保护的其他对象特殊，其既能以源代码表达，还可以以目标代码和微码等表达，形式多样。计算机程序表达的存储媒体也多种多样，同一种程序分别可以被存储在纸张、磁盘、磁带、光盘和集成电路等上。

（5）软件产品需要进行不断更新和有效维护。这种维护主要是出于三个方面的需求：首先，由于软件开发的高度复杂性，开发过程中可能存在一些漏洞需要进行改正性维护；其次，软件对运行环境有很强的依赖性，需要不断进行适应性维护；最后，软件公司需要不断升级新版本以增强软件功能和提高软件性能，因此需要进行完善性维护。

（6）软件产品品质的可变弹性极大，产品创新的平均周期很短，从而使其非价格的创新竞争成为主流竞争模式。

一般而言，软件的平均寿命大致为 3 年左右。而且，随着计算机技术的日益发展，软件的更新速度也将会越来越快。

三、计算机软件的法律保护

鉴于计算机软件产业的迅猛发展，各国逐渐加强了对计算机软件的法律保护。目前，计算机软件可以享有多种法律保护手段，比较常见的几种方式主要包括著作权法保护、专利法保护、商业秘密法保护、反不正当竞争法保护等。这些不同的保护模式也存在着各自的特点。当然，上述保护手段中究竟采用哪一种更为有效，各个国家的具体做法仍然是仁者见仁，智者见智。在此，我们主要探讨软件的著作权法保护。

（一）受著作权保护的条件

我国在计算机软件的法律保护方面顺应了软件保护的国际趋势，将计算机软件列入著作权法保护的客体。为了更加完备地保护计算机软件权利人的权益，《计算机软件保护条例》第 4 条对软件受著作权保护的前提做出明确规定："受本条例保护的软件必须由开发者独立开发，并已固定在某种有形物体上。" 因此，计算机软件作为一种知识产品，必须具备以下条件，才能获得法律保护：

首先，具备独创性。受著作权保护的软件必须是开发者独立开发的，即满足《著作权法》关于作品受保护的一般要件：独创性。软件应该是开发者独立设计、独立编制的编码组合，而不能是对他人软件的抄袭或者复制。这里所指的“软件开发者”，是指实际组织开发、直接进行开发，并对开发完成的软件承担责任的法人或者其他组织；或者依靠自己具有的条件独立完成软件开发，并对软件承担责任的自然人。

其次，具备固定性。著作权保护的软件必须固定在某种有形物体上，这里所说的有形物体是指一定的储存介质，如纸带、卡片、磁盘、磁带、图表、手册等。存在于软件开发者头脑中的软件设计思想并不受法律保护，只有当这种程序设计通过客观手段表达出来并为人所知悉时才能受法律保护。这一方面凸显出计算机软件的著作权保护模式的不足之处，同时也提醒软件开发者在开发阶段必须注意对研发思想进行严格保密。

（二）著作权保护的利弊

目前，著作权法是保护计算机软件的最普遍、最主要的一种法律形式。同其他保护方法相比，采用著作权保护计算机软件主要具有以下优点：

（1）保护条件比较容易，手续简便。著作权保护不需要经过审批，实行自动保护的原则，简单易行，节约了软件开发者的时间和成本，使得软件能够迅速及时地得到法律保护。

（2）保护门槛比较低，保护范围宽泛。只要是由软件开发者独立创作完成的，即使在软件之间存在相同或相似的内容，也可能获得著作权。

（3）以《伯尔尼公约》《世界版权公约》为基础形成的国际著作权保护体系在软件产业成长过程中已相对比较成熟。著作权保护作为一种主流的保护模式在国际上已经基本达成共识，有助于软件在世界范围内获得有效保护，各国在实践中也可以加以修正。

当然，仅仅依靠著作权法保护计算机软件也存在着局限性：首先，多数国家采用著作权法保护计算机软件是迫于国际压力的结果；其次，著作权法只保护软件作品的表现形式，对于软件的构思、设计方案和功能的保护几乎无能为力；再次，软件著作权的保护实行自动取得原则，不利于促进软件的公开，从而会导致相同软件的重复开发；最后，保护期过长无法适应计算机软件更新速度快的特点，可能对他人的继续开发造成障碍。

（三）软件的保护期限

软件著作权的保护期限是指软件著作权受法律保护的时间界限。《计算机软件保护条例》第 14 条规定了软件著作权的起算时间：“软件著作权自软件开发完成之日起产生。”其终止情况又具体分为自然人、法人或者其他组织两种不同情况。

自然人的软件著作权，保护期为自然人终生及其死亡后 50 年，截止于自然人死亡后第 50 年的 12 月 31 日；软件是合作开发的，截止于最后死亡的自然人死亡后第 50 年的 12 月 31 日。

法人或者其他组织的软件著作权，保护期为 50 年，截止于软件首次发表后第 50 年的 12 月 31 日，但软件自开发完成之日起 50 年内未发表的，《计算机软件保护条例》不再保护。

第二节 软件著作权的归属管理

企业在计算机软件开发过程中最常见的纠纷就是权利的归属不明。在通常情况下，计算机软件的著作权属于软件开发者。此外，《计算机软件保护条例》还规定了几种特殊情况下软件著作权的权利归属，主要包括合作开发、委托开发、指定开发、职务开发等。因此，企业所采取的软件开发模式不同，其著作权的归属也会有所不同。

一、通常情况的著作权归属

一般情况下，软件开发者就是软件著作权的主体。软件开发者是经过原创性智力劳动，将计算机程序固定在某种有形物体上的人。既然是创作计算机软件作品的人，其所创作的软件作品的著作权当然应该归其所有，即“谁开发谁享有著作权”。但在一些特殊情况下，又必须将软件开发者与软件著作权人予以区分。因此，在确认软件著作权的归属问题时，不能简单地把计算机软件开发者等同于计算机软件著作权人。

（一）软件开发者与软件著作权人

《计算机软件保护条例》第 3 条规定，“软件开发者，是指实际组织开发、直接进行开发，并对开发完成的软件承担责任的法人或者其他组织；或者依靠自己具有的条件独立完成软件开发，并对软件承担责任的自然人。”“软件著作权人，是指依照本条例的规定，对软件享有著作权的自然人、法人或者其他组织。”从以上规定可以看出，软件开发者与软件著作权人并不完全等同。

（二）软件著作权人所需的要件

根据法律的要求，自然人、法人或其他组织要取得软件著作权主体身份也要具备相应的条件，包括形式要件和实质要件。

1. 形式要件

《计算机软件保护条例》第 9 条规定：“软件著作权属于软件开发者，本条例另有规定的除外。如无相反证明，在软件上署名的自然人、法人或者其他组织为开发者。”自然人、法人或者其他组织应该在软件上署名，以明确其开发者的身份。此外，我国还建立了计算机软件的登记管理制度，并将这种登记确定为软件著作权有效的初步证明，所以法人或者其他组织和公民可以进行软件著作权登记，以使其软件开发者的身份得到公示。

2. 实质要件

法人或者其他组织必须实际组织开发或者直接进行开发，并对开发完成的软件承担责任才能成为软件开发者；自然人则需要依靠自己具有的条件独立地完成软件开发工作，并对软件承担责任才能成为软件开发者。

二、特殊情况下的著作权归属

《计算机软件保护条例》除了规定软件著作权归属的一般原则外，在第 10 条至第 13 条还规定了软件著作权归属的几种特殊情况。

（一）合作开发

在实际的软件开发过程中，由于软件开发需要巨额投资并且周期长、难度大，往往必须通过两个以上的自然人、法人或者其他组织提供物质、技术条件进行合作开发。在软件的合作开发模式下，其著作权的归属主要包括以下两种情况：

1. 合同优先原则

《计算机软件保护条例》第 10 条明确规定：“由两个以上的自然人、法人或者其他组织合作开发的软件，其著作权的归属由合作开发者签订书面合同约定。”这充分体现了合同法律制度中的意思自治原则。如果合作开发者之间签订了关于共同完成的软件著作权归属的书面协议,应根据书面协议的约定来确定该软件著作权的归属。因此,为了避免后续的著作权纠纷,合作开发者应该在开发合同签订时对相关的著作权归属予以明确约定。

2. 无书面合同约定或者合同未作明确约定的情况

合作开发者之间没有签订关于软件著作权归属的书面合同或者合同约定不明确的,著作权的归属问题在认定中又可以细分为可以分割和不能分割两种具体情形。

（1）可以分割使用的情形。合作开发的软件可以分割使用的,开发者对各自开发的部分可以单独享有著作权;但是值得注意的是,每个开发者在行使自己的著作权时,不得扩展到合作开发的软件整体的著作权。该软件著作权整体的行使,必须得到各合作开发者的同意。

（2）不能分割使用的情形。合作开发的软件不能分割使用的,其著作权由各合作开发者共同享有,通过协商一致行使;不能协商一致,又无正当理由的,任何一方不得阻止他方行使除转让权以外的其他权利,但是所得的收益应当合理分配给所有合作开发者。

因此,在软件合作开发过程中,合作方最好能签署一份书面合同,明确约定著作权的权利归属,以免日后发生权属纠纷。

（二）委托开发

委托开发,是指委托方和受托方签订委托开发软件的协议,由委托方提供资金、设备等,确定所开发的软件内容,受托方负责开发的一种开发模式。《计算机软件保护条例》第11条规定:"接受他人委托开发的软件,其著作权的归属由委托人与受托人签订书面合同约定;无书面合同或者合同未作明确约定的,其著作权由受托人享有。"具体理解为以下两点:

1. 合同优先原则

如果委托人和受托人之间签订了书面的委托开发合同,并对委托开发的软件著作权的归属有明确约定,那么该委托开发软件著作权应依照双方的协议约定来做出最终的权属认定。

2. 无书面合同或者书面合同约定不明的,受托人所有

如果委托人和受托人之间没有签订书面的委托开发合同,或者虽然签订了书面的委托开发合同,但是合同中对该委托开发软件著作权的归属约定不明确,那么,委托开发软件的著作权则属于受托人所有,但是委托人可以享有该软件的使用权。

（三）指定开发

由国家机关下达任务开发,在学理上一般被称为"指定开发"。关于指定开发的情形,《计算机软件保护条例》第12条对其著作权归属也做出了明确规定:"由国家机关下达任务开发的软件,著作权的归属与行使由项目任务书或者合同规定;项目任务书或者合同中未作明确规定的,软件著作权由接受任务的法人或者其他组织享有。"因此,关于指定开发的著作权归属问题,实际上和委托开发软件的著作权归属有些类似,即首先还是遵循合同优先原则:看指定开发合同或者项目任务书有无明确的约定来确定其著作权的归属。如果在国家机关下达的项目任务书或者双方签订的合同中没有规定著作权的归属或者规定不明确的,其著作权应由接受任务的法人或者其他组织享有。

（四）职务开发

关于职务开发，《计算机软件保护条例》第 13 条规定："自然人在法人或者其他组织中任职期间所开发的软件有下列情形之一的，该软件著作权由该法人或者其他组织享有，该法人或者其他组织可以对开发软件的自然人进行奖励。"具体而言，在职务开发过程中软件开发者个人仅对职务软件享有署名权，而其他权利均由法人或其他组织享有，享有著作权的法人或其他组织可以给予开发软件的自然人奖励。具体而言，企业软件开发只要符合下列情形之一的，就可以认定为职务开发：

（1）针对本职工作中明确指定的开发目标所开发的软件。职务软件是自然人在法人或者其他组织任职期间所开发的软件，并且是针对本职工作中明确指定的开发目标。

（2）开发的软件是从事本职工作活动所预见的结果或者自然的结果。

（3）主要使用了法人或者其他组织的资金、专用设备、未公开的专门信息等物质技术条件所开发并由法人或者其他组织承担责任。所谓物质技术条件主要是指开发该软件所必需的计算机硬件系统、软件环境、资金、设备及与其相关的文档、技术资料等。

需要注意的是，如果一个自然人所开发的软件不是执行本职工作的结果，并与其在法人或者其他组织中从事的工作内容没有直接联系，而且也没有利用法人或者其他组织的物质技术条件，则该软件不属于职务软件，其著作权属于开发者本人。在软件开发实践中，具体判定是属于职务开发还是非职务开发往往存在很多疑难之处，必须结合以下因素予以综合考虑：① 所进行的开发是不是执行本职工作的结果；② 软件的内容是否和开发者的工作内容有直接联系；③ 开发者在开发过程中使用单位的物质技术条件的具体状况。

三、软件著作权的继受取得

上述不同模式主要针对的是计算机软件著作权的原始取得。此外，通过受让、继承、承受等方式继受取得软件著作权的自然人、法人或者其他组织也可以成为软件著作权人。

（1）"继承"专指原著作权人（自然人）发生死亡，而由合法的继承人（自然人）依法继承软件著作权的情况。依据《计算机软件保护条例》第 15 条的规定，软件著作权属于自然人的，该自然人死亡后，在软件著作权的保护期内，软件著作权的继承人可以依照《民法典》的有关规定，继承本条例第 8 条规定的除署名权以外的其他权利。继承人申请软件著作权登记时，应该提交合法的继承证明，如经公证的遗嘱或者法院的判决等。

（2）"受让"指通过自然人之间、自然人与法人或者其他组织之间、法人之间、法人或者其他组织之间转让后，而取得软件著作权的情况。受让人申请软件著作权登记的，提交依法签订的著作权转让合同或者相关证明。

（3）"承受"专指法人或者其他组织发生变更（如改制）、终止（如合并），而由其他法人或者其他组织享有软件著作权的情况。《计算机软件保护条例》第 15 条第 2 款明确规定："软件著作权属于法人或者其他组织的，法人或者其他组织变更、终止后，其著作权在本条例规定的保护期内由承受其权利义务的法人或者其他组织享有；没有承受其权利义务的法人或者其他组织的，由国家享有。"法人或者其他组织以权利承受人申请登记的，应当提交著作权承受的相关证明，如法人或者其他组织的工商变更证明，国有法人或者其他组织的上级主管机构的行政批复等。

第三节 软件著作权的权项管理

计算机软件著作权的内容具体包括人身权和财产权两大类。其中，人身权主要包括发表权、署名权和修改权；财产权又可大致分为使用权、许可权和转让权等几种具体情形。当然，软件著作权人在享受这些权利的同时，在软件作品的利用方面对社会也必须履行一些义务。因此，《计算机软件保护条例》还规定了软件著作权的若干限制情形。

一、著作人身权

人身权，是指计算机软件著作权人基于自己的软件作品而享有的并与该作品有关的以人格利益为内容的专有权利，这种权利是基于计算机软件著作权人人身的，并与人身不可分离、不能放弃或转让，并没有直接财产内容的权利。根据《计算机软件保护条例》第 8 条的规定，软件著作权的人身权主要包括发表权、署名权和修改权。

（一）发表权

发表权，是著作权人享有的决定是否将其作品公之于众，何时、何地以及以何种方式公之于众的权利。软件著作权人完成软件开发后不行使发表权而将程序转让、出租或许可他人使用、复制、改编，又未专门指明不允许他人发表的，则视为已同意发表。此外，《计算机软件保护条例》第 14 条第 3 款还规定："法人或者其他组织的软件著作权，保护期为 50 年，截止于软件首次发表后第 50 年的 12 月 31 日，但软件自开发完成之日起 50 年内未发表的，本条例不再保护。"由此不难看出发表权对于软件企业的重要意义。

（二）署名权

署名权，即作者表明自己是开发者身份的权利。署名权主要包括以下三个方面的内容：① 有权决定是否在自己开发的软件上署名；② 决定署名的方式，诸如真名、笔名、匿名、假名等；③ 禁止他人在自己的软件作品上署名。未经合作开发人同意，将合作开发的软件当做自己单独开发的软件发表仅署了自己的名字，或者将他人开发的软件当作自己开发的软件署名发表或者涂改他人署名，均侵犯了他人的发表权和署名权。此外，软件著作权人的署名权不仅体现在权利人在原作中行使也可在软件的演绎作品中行使，即原著作权人有权要求在修改版上标示"系根据原软件改编"。

（三）修改权

修改权是软件开发者自行或授权他人对软件进行增补、删节，或者改变指令、语句顺序等修改的权利。计算机软件的修改主要是对软件程序的修改，包括对源代码（open source）和目标代码的修改。它有些不同于对传统作品的修改。就其内容而言，修改权可以分为三类情况：第一，仅仅是对原有程序或者文档细微瑕疵进行修改，从而使原程序完善；第二，是一种创作辅助功能，即对没有完成的或存在功能障碍的软件进行修改，使之完成运行；第三，是对根本不具备软件价值的程序进行修改从而形成可以运行或完整的程序。

二、著作财产权

（一）使用权

软件使用权是指权利人在不损害社会公共利益的情况下，以复制、发行、出租、信息网络传播以及翻译等方式使用软件的权利。使用权是软件财产权的核心,更是权利人通过使用许可、转让来获得报酬的基础。使用权一般由开发者享有,其他人也可以通过继承、受让而取得使用权。《计算机软件保护条例》在第 8 条第 4 项至第 9 项规定了使用权的具体形式,包括:

(1)复制权,即将软件制作一份或者多份的权利。

(2)发行权,即以出售或者赠与方式向公众提供软件的原件或者复制件的权利。

(3)出租权,即有偿许可他人临时使用软件的权利,但是软件不是出租的主要标的的除外。

(4)信息网络传播权,即以有线或者无线方式向公众提供软件,使公众可以在其个人选定的时间和地点获得软件的权利。

(5)翻译权,即将原软件从一种自然语言文字转换成另一种自然语言文字的权利;但是应当注意的是,这里的翻译是指将在软件的程序或文档中采用的自然语言转换为另一种自然语言,而非指将软件的程序从一种编程语言转换为另一种编程语言。

(6)应当由软件著作权人享有的其他权利。

(二)许可权

软件著作权人可以许可他人行使其软件著作权,并有权获得报酬。为了避免许可合同的纠纷,许可人应该就许可的具体范围做出明确约定。《计算机软件保护条例》第 18 条规定:"许可他人行使软件著作权的,应当订立许可使用合同。许可使用合同中软件著作权人未明确许可的权利,被许可人不得行使。"此外,《计算机软件保护条例》第 19 条还特别规定:许可他人专有行使软件著作权的,当事人应当订立书面合同。没有订立书面合同或者合同中未明确约定为专有许可的,被许可行使的权利应当视为非专有权利。

(三)转让权

软件著作权人可以全部或者部分转让其软件著作权,并有权获得报酬。《计算机软件保护条例》第 20 条明确规定:"转让软件著作权的,当事人应当订立书面合同。"订立许可他人专有行使软件著作权的许可合同,或者订立转让软件著作权合同,可以向国务院著作权行政管理部门认定的软件登记机构登记。此外,中国公民、法人或者其他组织向外国人许可或者转让软件著作权的,应当遵守《中华人民共和国技术进出口管理条例》的有关规定。

三、权利行使的限制

著作权的限制,是指法律规定著作权人对某部作品享有充分权利的同时,在作品的利用方面对社会必须履行一些义务。为了维护社会公众利益,保障软件正常使用,促进软件开发技术的发展,《计算机软件保护条例》规定了软件著作权的若干限制情形。

(一)保护范围的限制

《计算机软件保护条例》第 2 条、第 4 条和第 6 条对软件著作权的保护范围进行了界定。《计算机软件保护条例》保护的计算机软件仅指计算机的程序和文档,软件的保护仅限于"由开发者独立开发,并已固定在某种有形物体上"的具有创造性的软件。对软件著作权的保护不延及开发软件所用的思想、处理过程、操作方法或者数学概念等。

(二)软件的合法复制品所有人的限制

《计算机软件保护条例》第 16 条明确了软件的合法复制品所有人享有下列权利:① 根

据使用的需要把该软件装入计算机等具有信息处理能力的装置内（即“装入权”）。② 为了防止复制品损坏而制作备份复制品。这些备份复制品不得通过任何方式提供给他人使用，并在所有人丧失该合法复制品的所有权时，负责将备份复制品销毁（即“备份权”）。③ 为了把该软件用于实际的计算机应用环境或者改进其功能、性能而进行必要的修改；但是，除合同另有约定外，未经该软件著作权人许可，不得向任何第三方提供修改后的软件（即“必要修改权”）。

（三）合理使用

合理使用是著作权法中的一项重要制度，是指根据著作权法的规定，以一定方式使用作品可以不经著作权人的同意，也不向其支付报酬。《计算机软件保护条例》第 17 条规定：为了学习和研究软件内含的设计思想和原理，通过安装、显示、传输或者存储软件等方式使用软件的，可以不经软件著作权人许可，不向其支付报酬。

2002 年 10 月 15 日，最高人民法院发布了《最高人民法院关于审理著作权民事纠纷案件适用法律若干问题的解释》。按照第 21 条的规定，计算机软件用户未经许可或者超过许可范围商业使用计算机软件的，依据著作权法第 53 条第 1 项、《计算机软件保护条例》第 24 条第 1 项的规定承担民事责任。这一解释把追究计算机用户未经许可使用软件的侵权民事责任之范围限制在商业使用的领域内。在司法实践中，是否属于商业使用行为应综合各方面的因素予以判断，主要应当结合使用软件行为的性质、使用目的、使用单位的经营范围等因素考虑。同时，软件使用者是否属于善意或恶意持有人，应当从其购买软件所付价款、购买渠道、认知能力等方面综合分析判断。

（四）表达方式的限制

《计算机软件保护条例》第 29 条规定：“软件开发者开发的软件，由于可供选用的表达方式有限而与已经存在的软件相似的，不构成对已经存在的软件的著作权的侵犯。”因为著作权法不保护思想，而在有些情况下，由于一种创意只能由少数的几种方式来表达，使得其表达与创意思想无法区分，所以此类表达方式不构成对软件著作权的侵犯。

（五）善意使用的限制

《计算机软件保护条例》第 30 条规定：软件的复制品持有人不知道也没有合理理由应当知道该软件是侵权复制品的，不承担赔偿责任；但是，应当停止使用、销毁该侵权复制品。如果停止使用并销毁该侵权复制品将给复制品使用人造成重大损失的，复制品使用人可以在向软件著作权人支付合理费用后继续使用。

第四节 软件著作权登记管理

2001 年颁布的《计算机软件保护条例》否定了 1991 年颁布的《计算机软件保护条例》中的“登记是提起软件权利纠纷行政处理或者诉讼的前提”的相关规定。根据现行《计算机软件保护条例》第 7 条规定：“软件著作权人可以向国务院著作权行政管理部门认定的软件登记机构办理登记。软件登记机构发放的登记证明文件是登记事项的初步证明。”可见，登记完全取决于当事人的自愿。此外，软件只要完成即自动享有著作权，因此，软件著作权是否登记与是否可以取得著作权也没有任何的关系。国家版权局 2002 年 2 月 20 日发布的《计算机软件著作权登记办法》，就计算机软件的登记事项做出了专门规定。

一、登记的法律意义

（一）作为软件得到国家重点保护的依据

《国务院关于印发进一步鼓励软件产业和集成电路产业发展若干政策的通知》(国发〔2000〕18号)第32条规定:国务院著作权行政管理部门要规范和加强软件著作权登记制度,鼓励软件著作权登记,并依据国家法律对已经登记的软件予以重点保护。

（二）作为税收优惠的依据

企业申请软件产品和软件企业的“双软”评估,除了获得相应认证资质,也是对企业知识产权的一种保护方式,更可以让企业享受国家提供给软件行业的税收优惠政策。

（三）享有软件著作权证明作用

如果尽早进行著作权登记,取得软件著作权登记证书,就是初步的权利证明。在发生软件著作权争议时,这是主张软件著作权的有力武器。

（四）通过登记机构的定期公告,有利于软件产品的宣传和推广

由中国版权保护中心发布的软件著作权登记公告可以为软件开发者、软件企业查询软件信息提供帮助,并为打击软件盗版、识别和推广使用正版软件提供信息和帮助。

二、登记事项与管理

（一）登记的范围

《计算机软件著作权登记办法》对软件著作权登记的范围规定了三类:独立开发的软件、软件的修改本以及翻译软件。此外,第21条还规定了不予登记的情形,不予登记并书面通知申请人:① 表格内容填写不完整、不规范,且未在指定期限内补正的;② 提交的鉴别材料不是《计算机软件保护条例》规定的软件程序和文档的;③ 申请文件中出现的软件名称、权利人署名不一致,且未提交证明文件的;④ 申请登记的软件存在权属争议的。

（二）登记申请人

1. 软件著作权登记

软件著作权登记申请人应当是该软件的著作权人以及通过继承、受让或者承受软件著作权的自然人、法人或者其他组织。合作开发的软件进行著作权登记的,可以由全体著作权人协商确定一名著作权人作为代表办理。著作权人协商不一致的,任何著作权人均可在不损害其他著作权人利益的前提下申请登记,但应当注明其他著作权人。

2. 软件著作权合同登记

软件著作权合同登记的申请人,应当是软件著作权专有许可合同或者转让合同的当事人。

3. 计算机软件著作权质权登记

国家版权局负责著作权质权登记工作,国家版权局指定中国版权保护中心进行著作权质权登记。著作权质权登记,应由出质人与质权人共同到登记机构申请办理,但出质人或质权人中任何一方持对方委托书亦可申请办理。目前,申请人申请著作权质权登记,暂时不需缴纳登记费用。

（三）主管机关

《计算机软件著作权登记办法》第 6 条规定：“国家版权局主管全国软件著作权登记管理工作。国家版权局认定中国版权保护中心为软件登记机构。经国家版权局批准，中国版权保护中心可以在地方设立软件登记办事机构。”需要注意的是，2009 年 3 月 1 日，工业和信息化部发布了新的《软件产品管理办法》也规定了软件登记，这个登记不是软件著作权登记，而是对软件产品的等级、报备和管理工作的登记，登记机关是省、自治区、直辖市及计划单列市的软件产业主管部门。2009 年 3 月 2 日，中国版权保护中心著作权登记管理系统正式启用，初步实现了登记申请和登记业务办理的网络化。申请人可以直接登录中国版权保护中心网站注册后进行在线填报。

三、登记所需的材料

（一）软件著作权登记

申请软件著作权登记，须提交计算机软件著作权登记申请表、登记软件的鉴别材料和证明文件，并缴纳相应的登记费用。

1. 登记申请表

按要求填写软件著作权登记申请表，申请表填写方式参照《计算机软件著作权登记申请指南》，申请表可从中国版权保护中心网站下载。

2. 软件的鉴别材料，包括程序和文档的鉴别材料

（1）鉴别材料的一般交存。程序和文档的鉴别材料应当由源程序和任何一种文档前、后各连续 30 页组成。整个程序和文档不到 60 页的，应当提交整个源程序和文档。除特定情况外，程序每页不少于 50 行，文档每页不少于 30 行。

（2）鉴别材料的例外交存。申请软件著作权登记的，可以选择以下方式之一对鉴别材料作例外交存：① 源程序的前、后各连续 30 页，其中的机密部分用黑色宽斜线覆盖，但覆盖部分不得超过交存源程序的 50%；② 源程序连续前 10 页，加上源程序的任何部分的连续 50 页；③ 目标程序的前、后各连续 30 页，加上源程序的任何部分的连续 20 页；④ 文档作例外交存的，参照前款规定处理。

（3）鉴别文件的封存。软件著作权登记时，申请人可以申请将源程序、文档或者样品进行封存。除申请人或者司法机关外，任何人不得启封。选择封存源程序的，应填写页数。选择封存样品的，应提供光盘。

3. 登记申请者的身份证明文件

（1）法人或者其他组织的身份证明。企业法人需要提供营业执照副本；事业法人需要提供事业法人代码证书；其他组织则需要当地民政机关或主管部门批文。此外，台湾地区法人应提供营业执照公证书（由当地法院或相关机构开具）；香港和澳门特别行政区法人应提供营业执照复印件及公证认证书；外国公司应提供营业执照复印件及公证认证书（经中华人民共和国驻所在国大使馆认证）。

（2）自然人的身份证明。中国公民提供居民身份证复印件或其他证明复印件，外国个人需提交护照复印件或个人身份证明认证件（经中华人民共和国驻所在国大使馆认证）。

4. 其他软件权属证明文件

（1）有著作权归属书面合同或者项目任务书的，应当提交合同或者项目任务书。

（2）经原软件著作权人许可，在原有软件上开发的软件，应当提交原著作权人的许可证明。

（3）继承、受让、承受软件著作权的申请人，提交以下证明文件：继承人申请软件著作权登记时，提交合法的继承证明（经公证的遗嘱或者法院的判决等）；受让人申请软件著作权登记的，提交依法签订的著作权转让合同或者相关证明；法人或者其他组织以权利承受人申请登记的，提交的著作权承受证明要有法人或者其他组织的工商变更证明、国有法人或者其他组织的上级主管机构的行政批复。

（二）转让合同或者专有许可合同登记

办理软件著作权专有许可合同和转让合同的前提是公示软件著作权专有许可和转让合同已经进行了依法登记备案。申请人为软件著作权专有许可和转让合同的当事人。申请经批准后，申请人将获得国家版权局颁发的计算机软件著作权转让合同登记证书、计算机软件著作权专有许可合同登记证书，并予以公告。软件著作权专有许可和转让合同登记的相关手续依据《计算机软件著作权登记办法》第 14 条的规定办理。

办理软件著作权专有许可和转让合同登记需要提交的文件包括：计算机软件著作权转让、专有许可合同登记申请表（可从中国版权保护中心网站下载）、软件著作权专有许可和转让合同、合同登记申请人的身份证明（个人为身份证复印件，企业法人为营业执照副本的复印件，机关事业法人为事业法人证明或者代码证书复印件）、软件著作权登记证书复印件。另外，转让人为有限公司或股份公司时，须提交公司股东（董事）会议决议。

（三）变更或补充登记

软件著作权登记人或者合同登记人可以对已经登记的事项作变更或者补充。申请登记变更或者补充时，申请人应当提交以下材料：① 按照要求填写的变更或者补充申请表；② 登记证书或者证明的复印件；③ 有关变更或者补充的材料。

此外，如果是申请登记软件 V1.0 以上的高版本或以其他符号作为版本号进行原创软件登记时，还应当提交版本说明。

四、登记的基本流程

办理软件著作权登记的基本流程如下：

（一）填写申请表

申请人登录中国版权保护中心网站进行用户注册，然后用户登录，在线按要求填写申请表后，确认、提交并打印。

（二）提交申请文件

申请人或代理人按照相关格式规范提交登记申请文件。

（三）初步审核

登记机构对申请人提交的文件材料进行初步审查，审查文件是否齐备、规范，如果表格内容、鉴别文件和证明材料不合规范，可以要求申请人在指定期限内补正，未补正的不予登记。

（四）登记机构受理申请

申请文件符合受理要求并缴纳申请费的，登记机构在规定期限内予以受理，并向申请人或代理人发出受理通知书及缴费票据。《计算机软件著作权登记办法》第 19 条规定：对于本办法第九条和第十四条所指的申请，以收到符合本办法第二章规定的材料之日为受理日，并书面通知申请人。

（五）补正程序

申请文件存在缺陷的，申请人或代理人应在30日内补正，逾期不补正的，申请将被视为撤回；经补正仍不符合登记办法的，登记机构将不予登记并书面通知申请人或代理人。

（六）登记并公告

中国版权保护中心应当自受理日起60日内审查完成所受理的申请，申请符合《计算机软件保护条例》和《计算机软件著作权登记办法》规定的，予以登记，向申请人发放相应的登记证书，并予以公告。除《计算机软件著作权登记办法》另有规定外，任何人均可查阅软件登记公告以及可公开的有关登记文件。到登记受理大厅领取证书，应当在受理之日起30个工作日后，持受理通知书原件领取证书。如需邮递的，应在申请表中填写准确的联系地址。

五、撤销登记的情形

依据《计算机软件著作权登记办法》第23条的规定，国家版权局可以根据最终的司法判决和著作权行政处罚决定撤销软件登记。经审查申请文件符合规定的，国家版权局予以撤销登记，向申请人发放撤销软件登记决定及送达通知书，并予以公告。此外，中国版权保护中心可以根据申请人的申请，撤销登记。撤销登记的申请需要注意的事项包括：

（1）撤销软件登记的范围是软件著作权登记、合同登记及变更/补充登记。

（2）撤销软件登记的申请人应当是与软件著作权有利害关系的人。

（3）申请人应当提交撤销登记申请表、申请人身份证明、法院判决书、撤销理由的说明等文件。

（4）申请人应书面陈述撤销软件登记的理由，并附上相关证明材料，如司法判决或行政处罚决定等。

（5）委托代理的，应当提交代理人的身份证明文件复印件。申请表中应当明确委托事项、委托权限范围等内容。

第五节 侵权认定与责任承担

在实践中，侵犯软件著作权的形式多种多样，其中最主要的表现就是“盗版”现象，即未经权利人许可复制或者部分复制著作权人的软件。在软件开发过程中，随意抄袭、复制他人软件的全部或者部分代码的行为都可能构成侵权。此外，《计算机软件保护条例》还对侵犯软件著作权的具体行为予以了类型化划分。

一、侵权行为的类型

根据《计算机软件保护条例》第23条和第24条的规定，有下列情形之一的，除《著作权法》或者《计算机软件保护条例》另有规定的以外，属于侵犯计算机著作权的行为：

（1）未经软件著作权人许可，发表或者登记其软件的；

（2）将他人软件作为自己的软件发表或者登记的；

（3）未经合作者许可，将与他人合作开发的软件作为自己单独完成的软件发表或者登记的；

（4）在他人软件上署名或者更改他人软件上的署名的；

（5）未经软件著作权人许可，修改、翻译其软件的；

（6）复制或者部分复制著作权人的软件的；

（7）向公众发行、出租、通过信息网络传播著作权人的软件的；

（8）故意避开或者破坏著作权人为保护其软件著作权而采取的技术措施的；

（9）故意删除或者改变软件权利管理电子信息的；

（10）转让或者许可他人行使著作权人的软件著作权的；

（11）其他侵犯软件著作权的行为。

在判断侵犯软件著作权的具体行为时，同时也应该注意到《著作权法》规定了权利限制的相关条款，此外《计算机软件保护条例》中也规定了诸如软件保护范围的限制、软件的合法复制品所有人的限制、善意使用的限制、表达方式的限制以及合理使用等情况，这些情况不视为侵犯软件著作权行为。

二、侵权认定的标准

软件侵权行为的认定，实际是指对发生争议的某一计算机程序与比照物（权利明确的正版计算机程序）的对比和鉴别。软件区别于一般文字或美术等作品的特异性，实践中常常表现为计算机程序的不唯一性。即两个运行结果酷似的计算机程序，或者两个计算机软件的源代码程序不相似或不完全相似，前者不一定构成侵权，而后者不一定不构成侵权。《计算机软件保护条例》虽然规定了构成软件著作权侵权的多种表现形式，却未对如何判定是否属于对他人软件的复制，并构成软件著作权侵权进行具体规定，由此造成了司法认定中的困难。

（一）软件侵权判定的主要标准

各国通过长期的著作权实践，在计算机软件著作权方面逐步摸索了一些用来判断侵权行为的标准，主要包括以下三种：

1. 传统标准：镜像复制法

这种以镜子反射原理来判断的传统镜像标准往往不能有效地打击著作权侵权活动，因为一般来说，不会有全部一样的计算机程序和文档。

2. 结构、顺序与组织标准（美国 SSO 标准）

结构（structure）是一个程序中的各个组成部分，如指令、语句、程序段、子程序和数据结构等。顺序（sequence）是让计算机先执行哪些结构，后执行哪些结构的前后次序，即程序中的处理流程。组织（organization）是指这些结构之间、流程之间以及结构和流程之间的相互关系（如层次嵌套关系、调用从属关系、串行并行关系等）的总体安排。

3. 实质相似性加接触标准（substantial similarity and access）

实质相似性有两类：一是文字成分的相似，以程序代码中引用的百分比为依据；二是非文字成分的相似，强调应该以整体上的相似作为确认两个之间实质上相似的根据。所谓整体上的相似是指程序的组织结构、处理流程、所用的数据结构、所产生的输出方式、所要求的输入形式等方面的相似。接触是指被控方曾有“看到或复制对方著作权作品”的机会。实质相似和接触结合起来即构成判断是否侵犯软件著作权的标准。

（二）我国司法实践的判定步骤

我国法院在司法实践中也基本上是采用以上三种方法来予以认定。此外，还有学者将司法实践中识别侵权盗版软件的具体方法和步骤归纳如下：

（1）对被识别的软件与正版软件直接进行内容对比或者目录、文件名对比。如果这两者完全一致，就可以认定没有手续而拥有该软件并进行使用或销售者为软件侵权者；如果并非完全一致，而只是大部分一致，就要在这个基础上进行下面的步骤。

（2）安装过程对比。对两套软件同时或先后进行安装，不管其安装使用的文件是不是相同，只需看其安装过程中的屏幕显示，包括软件信息以及使用功能键后的屏幕显示等是否相同。如果雷同，则可认定这两套软件的安装手段一致。

（3）安装成功后，要对其安装后的目录以及各文件进行对比。要重点对比的是表观现象，包括文件名、文件长度、文件建立（或修改）的时间、文件属性四个部分。

（4）安装成功后要进行使用过程对比。使用过程中涉及的加密、解密过程先暂且不去管它，只是对使用过程中的屏幕显示、功能、功能键、使用方法、以往范例等进行对比，特别是对于屏幕显示，要仔细对其普通文显和下拉、弹出菜单的方位、内容、选择项等进行对比。

（5）代码对比。计算机程序指为了得到某种结果而可以由计算机等具有信息处理能力的装置执行的代码化指令序列，或者可被自动转换成代码化指令序列的符号化指令序列或者符号化语言序列，包括源程序和目标程序。源程序指的是可以由人类理解的高级语言如C语言、FORTRAN语言等组成的代码序列，它必须进行编译才能被计算机运行。

三、诉前救济措施

（一）诉前禁令和财产保全

所谓诉前禁令，是法院根据当事人的申请，在软件著作权权利人起诉之前，出具民事裁定书，要求涉嫌侵权人停止使用侵权软件。此外，为了保障将来的生效判决能够得到有效执行或者避免财产遭受损失，权利人还可以根据一定条件提起财产保全。根据《计算机软件保护条例》第26条的规定，软件著作权人有证据证明他人正在实施或者即将实施侵犯其权利的行为，如不及时制止，将会使其合法权益受到难以弥补的损害的，可以依照《著作权法》第56条的规定，在提起诉讼前向人民法院申请采取责令停止有关行为和财产保全的措施。

（二）证据保全

计算机软件本身的物理属性比较特殊，不易查证且难以确定其源状态，因此在诉前权利人有必要申请证据保全。根据《计算机软件保护条例》的规定，为了制止侵权行为，在证据可能灭失或者以后难以取得的情况下，软件著作权人可以依照《著作权法》第57条的规定，在提起诉讼前向人民法院申请保全证据。

四、法律责任

（一）民事责任

行为人有《计算机软件保护条例》第23条和第24条规定的侵权行为的，应当承担停止侵害、消除影响、赔礼道歉、赔偿损失等民事责任。赔偿损失数额，可依照《著作权法》第54条的规定予以确定。具体的确定方式主要从以下几个方面予以把握：

1. 被侵权人因侵权遭受的损失

侵权人应当按照权利人因此受到的实际损失或者侵权人的违法所得给予赔偿。关于权利人因侵权遭受的损失,《最高人民法院关于审理著作权民事纠纷案件适用法律若干问题的解释》第 24 条规定:权利人的实际损失,可以根据权利人因侵权所造成复制品发行减少量或者侵权复制品销售量与权利人发行该复制品单位利润乘积计算。发行减少量难以确定的,按照侵权复制品市场销售量确定。

2. 侵权人因侵权获得的收益

实际损失难以计算的,可以按照侵权人的违法所得给予赔偿。一个管理较好的企业对其产品的生产销售情况一般都是有详细的账目可查的,查明侵权人因侵权所得相对要容易一些。具体计算方法是:侵权人从每件侵权复制品获得的利润乘以在市场销售的总数所得之积,即为侵权人所得的全部利润。如果侵权人采取比被侵权软件低的价格销售侵权产品,应以被侵权软件的销售价来计算侵权人所得,否则,不利于补偿被侵权人的损失;如果侵权人能证明其所得的成本或者必要费用的,予以扣除;不能证明或者成本太小的,以侵权所得之全部收入为其所得利润。

3. 法定赔偿

权利人的实际损失或者侵权人的违法所得难以计算的,可以参照该权利使用费给予赔偿。权利人的实际损失、侵权人的违法所得、权利使用费难以计算的,由人民法院根据侵权行为的情节,判决给予五百元以上五百万元以下的赔偿。人民法院在具体司法实践中确定赔偿数额时,应当综合考虑作品类型、合理使用费、侵权行为性质、后果等情节确定。

4. 合理开支

赔偿数额还应当包括权利人为制止侵权行为所支付的合理开支,包括权利人或者委托代理人对侵权行为进行调查、取证的合理费用。人民法院根据当事人的诉讼请求和具体案情,可以将符合国家有关部门规定的律师费用计算在赔偿范围内。

（二）行政责任

行为人如果有《计算机软件保护条例》第 24 条规定的侵权行为,且损害社会公共利益的,著作权行政管理部门可责令行为人停止侵权行为,没收违法所得,没收、销毁侵权复制品,可以并处罚款;情节严重的,著作权行政管理部门并可以没收主要用于制作侵权复制品的材料、工具、设备等。行为人有《计算机软件保护条例》第 24 条第(1)项或者第(2)项行为的,可以并处每件 100 元或者货值金额 1 倍以上 5 倍以下的罚款;有第 24 条第(3)项、第(4)项或者第(5)项行为的,可以并处 20 万元以下的罚款。目前,尚不能对软件侵权人处以行政拘留,因为限制人身自由的行政处罚只能由法律设定。

根据《计算机软件保护条例》第 24 条的规定可知,侵犯软件著作权的行政处罚主体是著作权行政管理部门而不是工商行政管理部门。承担行政责任的著作权侵权构成要件是:其一,侵权行为属于《计算机软件保护条例》第 24 条所列举的侵权行为;其二,行为人在侵犯他人软件著作权的同时,损害了社会公共利益。由于《计算机软件保护条例》对侵权行为作了列举式规定,因此把握承担行政责任的侵权构成要件,关键是怎样理解法律条文中所规定的“同时损害社会公共利益”,在实践中还需要根据个案逐渐摸索出具体的认定标准。

（三）刑事责任

计算机软件的刑法保护是确保软件权利人权利、维护社会主义市场竞争秩序和消费者合法权益的必不可少的法律手段。目前，针对计算机软件著作权的犯罪主要包括：侵犯计算机软件著作权罪和故意销售侵犯计算机软件著作权复制品罪。行为人如果有《计算机软件保护条例》第 24 条规定的行为的，情节严重，触犯刑律的，依照我国《刑法》关于侵犯著作权罪、销售侵权复制品罪的规定，依法追究刑事责任。

1. 侵犯计算机软件著作权罪

侵犯计算机软件著作权罪是指未经软件著作权人许可，以营利为目的，复制、发行计算机软件，违法所得数额较大或有其他严重情节的行为。本罪侵犯的客体是他人的计算机软件著作权。本罪客观方面表现为未经著作权人许可，复制、发行其计算机软件，违法所得数额较大或者有其他严重情节。本罪的主体是一般主体，包括达到刑事责任年龄、具有刑事责任能力的自然人和法人、非法人的单位等。本罪主观方面表现为以营利为目的而进行的直接故意犯罪，即明知其行为会发生危害社会的结果，并且希望结果发生，因而构成犯罪。

2. 故意销售侵犯计算机软件著作权复制品罪

故意销售侵犯计算机软件著作权复制品罪是指以营利为目的，故意销售明知是他人侵犯计算机软件著作权的复制品，违法所得数额巨大的行为。其构成特征为：① 主体既可以是自然人，也可以是单位。② 主观方面表现为故意构成，即以营利为目的，明知是他人侵犯软件著作权的侵权复制品而予以销售，如果不知道所销售软件是侵权复制品，则不构成本罪；关于“明知”的认定，不能仅仅凭借行为人的口供，而应根据全案情况尤其是侵权复制品的来源渠道、行为人进货与销售的价格等客观事实来综合分析判断。③ 客体是计算机软件著作权人的使用权。④ 客观方面表现为销售他人侵犯计算机软件著作权的侵权复制品，且违法所得数额巨大。在司法实践中，需要注意将本罪与侵犯软件著作权罪加以区别：如果行为人自己实施了《刑法》第 217 条规定的侵犯软件著作权的行为，又销售该侵权复制品，违法所得数额巨大的，只定侵犯软件著作权罪，不实行数罪并罚。而如果行为人实施《刑法》第 217 条规定的侵犯软件著作权的犯罪行为，又销售明知是他人的侵权复制品，构成犯罪的，应当实行数罪并罚。

关键术语

软件（software）
程序（program）
著作权（copyright）
继受取得（derivative acquisition）
登记（register）
开放源代码（opensource）
终端用户（end-user）
SSO 标准（Structure，Sequence and Organization）
实质相似性加接触标准（substantial similarity and access）

复习思考题

1. 企业在软件开发过程中如何保护著作权？
2. 实践中如何认定职务开发软件的著作权归属？
3. 软件著作权行使的限制情形包括哪些？
4. 软件著作权登记包括哪些基本流程？
5. 软件著作权侵权与犯罪的区分是什么？

案例讨论

微软“黑屏”事件引发的思考

2008年10月20日，微软公司宣布正式在中国市场推出两个重要更新：Windows正版增值计划通知和Office正版增值计划通知。届时，盗版XP专业版用户的桌面背景每隔1小时就会变成纯黑色，盗版Office用户软件上将被永久添加视觉标记。微软的“黑屏式反盗版验证计划”推出后，立即引起了国内新闻媒体和社会公众的高度关注。

例如，北京中银律师事务所律师董正伟向公安部举报微软黑屏计划侵犯用户隐私、危害信息安全，是中国最大的黑客行为，要求公安部展开侦查并追究微软公司的刑事责任。长期关注中国软件产业发展的中国科学院计算所研究员、中国工程院院士倪光南认为微软黑屏不仅垄断且违反了道德底线，呼吁盗版Office用户转投国产软件。国家版权局副局长阎晓宏公开表态，一方面理解并支持微软等各机构的正当维权行为，但同时也认为这些机构在维权中要注意方式，建议微软多考虑中国用户的现实承受能力。一些网友在互联网上发布了多个破解黑屏的办法。还有人表示正版微软价格过高，一般中国用户无法承受。但是，也有一些用户对此举表示支持，他们认为微软利用自己的技术打击盗版的行为是可以理解的。

针对微软黑屏行为的法律性质，北京、上海等地的权威机构联合举办了一场法律论坛，与会学者对此问题的看法不尽相同。有学者认为，黑屏行为侵犯了个人信息安全、侵害了个人财产权和人身权，同时又有垄断和控制市场的倾向；还有学者表示，企业自行行使法律救济超越了司法行政权力；但也有观点认为，“黑屏”不构成任何违法。

（案例来源：根据相关文献资料整理。）

案例讨论题

1. 微软“黑屏”行为是否合法？
2. 从知识产权管理的角度而言，该计划的运作是否妥当？

第十四章

商业秘密管理

学习目标

1. 掌握商业秘密的基本知识
2. 了解商业秘密的保密措施
3. 提高应用竞业禁止的能力
4. 理解商业秘密的救济方式
5. 掌握商业秘密的获取途径

可口可乐：保住秘密，即保住了市场

自1886年美国药剂师约翰·逢博顿调制出“可口可乐”以来，这种神奇的饮料以它不可抗拒的魅力征服了全世界数以亿计的消费者，成为“世界饮料之王”，而“可口可乐”也在近年来连续多次蝉联全球最有价值的品牌。可口可乐的成功，除了一系列成功的公关和广告活动外，就是神秘而独特的产品配方，而其配方从可口可乐诞生至今已保密130年之久。可口可乐公司有一个著名的经营信条：保住秘密，即保住了市场。众所周知，可口可乐中所占比例不到1%的神秘配料，是可口可乐的绝对机密，全世界众多化学家和竞争者已经花费了近百年时间，仍没有解开可口可乐的神秘配方。为了保护这一神秘的配方，可口可乐公司采取了堪称典范的保密制度和措施。可口可乐公司将约翰·逢博顿手书的配方藏在银行保险库，并规定要查询配方必须先提出申请，经由信托公司董事会批准，才能在有官员在场的情况下，在指定的时间内打开。公司掌握配方只有经理和技术主管等几个高级职员，且各自只能掌握配方的一部分，而他们相互之间不知道对方的配方内容，也不能相互透露自己所知道的东西。同时规定，掌管配方的人员只能凭脑子记忆配方的内容，而不能以任何方式形成书面记录。在技术合作或经济贸易中，可口可乐公司只提供用最关键技术制出的半成品给对方，而不告知原浆生产的配方及技术。即使现在，世界各国的分公司也只能到美国去提取母液，再回去添加其他配料来生产本土化的可口可乐。因此，可口可乐的市场虽然不断扩大，但掌握原始配方的人始终有限。正是如此严格的保密措施，才使得可口可乐的配方保密达130年之久。虽然，在2006年夏天，可口可乐的配方因故差点泄露"天机"，但这并不能否定可口可乐公司在商业秘密保护上的代表意义。

（资料来源：张殿清．窃密与反窃密．北京：世界知识出版社，1997.）

现代社会中，商业秘密是企业无形资产的重要组成部分，也是企业参与市场竞争的重要砝码。随着知识化和信息化进程的加快，商业秘密的地位和作用将会越来越重要，而围绕商业秘密的"战争"从未停止，商业秘密保护不当可能给企业带来难以估计的损失。2009年爆发的"力拓案"中，中国铁矿石谈判频频遭遇挫折，商业秘密泄露是其中的重要原因，其给中国钢铁企业造成了无法弥补的打击和损失。因此，如何保护和管理商业秘密已成为现代企业的重要课题。

第一节　商业秘密概述

一、商业秘密的概念

商业秘密（trade secret）是国际上较为通用的法律术语，而在法国、德国等国家，商业秘密被称为工商秘密，我国台湾地区称为营业秘密，而《与贸易有关的知识产权协议》则使用的是"未披露过的信息"（undisclosed information）这一术语。关于商业秘密的定义，国际上并未达成一致。一般认为，商业秘密是指那些处于秘密状态下的技术诀窍、技能、经验或信息。根据我国《反不正当竞争法》第9条的规定，商业秘密是指不为公众所知悉、具有商业价值并经权利人采取相应保密措施的技术信息、经营信息等商业信息。

二、商业秘密的范围

根据《反不正当竞争法》的规定，商业秘密从本质上来说，是一种商业信息，其主要包括两大类，即技术信息和经营信息。

技术信息，是指人们在生产实践或实验研究中所总结或发现的，能在实践中应用的技术信息、技术数据或技术知识。根据《最高人民法院关于审理侵犯商业秘密民事案件适用法律若干问题的规定》，技术信息包括与技术有关的结构、原料、组分、配方、材料、样品、样式、植物新品种繁殖材料、工艺、方法或其步骤、算法、数据、计算机程序及其有关文档等信息。技术信息可以是已经完成的完整的技术方案或者针对特定技术问题的技术诀窍，也可以是某一技术或产品中的部分技术要素或者是开发过程中所完成的阶段性技术成果以及取得的有价值的技术数据等。经营信息，是指经营管理方法及与经营管理方法相关的资料和信息。根据《最高人民法院关于审理侵犯商业秘密民事案件适用法律若干问题的规定》，经营信息包括与经营活动有关的创意、管理、销售、财务、计划、样本、招投标材料、客户信息、数据等信息。而这里的"客户信息"包括客户的名称、地址、联系方式以及交易习惯、意向、内容等信息。

可以看出，技术信息和经营信息涵盖的范围是极其广泛的，而企业中处于秘密状态且能为企业带来经济利益或竞争优势的技术信息和经营信息都属于商业秘密的范围。因此，任何一家企业从成立之日起，也就有产生商业秘密的可能，甚至可以说没有无秘密的企业。这就要求企业必须走出商业秘密认识上的一大误区：我的企业无秘密。比如，甲、乙两家小卖部都经营同一种商品，他们都以单件 10 元的价格进行销售；甲的进货价为 9 元，而乙的进货价为 8.5 元。那么只要乙的进货渠道是保密的，就构成乙的商业秘密。

三、商业秘密的判断标准

根据《反不正当竞争法》的规定，无论是技术信息还是经营信息，要构成商业秘密，应当具备以下几个条件：

（一）不为公众所知悉

只有那些不为公众所知悉的技术信息和经营信息，才可能构成法律意义上的商业秘密，即这些信息应当具有秘密性。“不为公众所知悉”是指该信息是不能从公开渠道直接获取。反之，如果该信息已经被公众所知悉或者能够从公开渠道直接获取，则属于“公知技术”或“公知信息”，而不构成商业秘密。比如，企业的技术信息在报纸或杂志等公开发行的出版物上公开发表过或者因为申请专利而被国家专利局公开过等，都会导致其秘密性的丧失，其他企业或社会公众都可以通过查阅相关的文献获得相关的信息。此时，这些信息也就不能构成商业秘密了。因此，秘密性既是企业维持商业秘密经济价值的必要条件，也是商业秘密受到法律保护的前提和基础，这就要求企业必须采取有效的措施对商业秘密进行管理和保护。在秘密性的判断中，有两点需要注意：一是“公众”有别于通常意义上的“社会公众”。《最高人民法院关于审理侵犯商业秘密民事案件适用法律若干问题的规定》第 3 条：权利人请求保护的信息在被诉侵权行为发生时不为所属领域的相关人员普遍知悉和容易获得的，人民法院应当认定为反不正当竞争法第九条第四款所称的不为公众所知悉。因此，这里的“公众”实际上是指有关信息所属行业或领域的一般人或多数人；即使某一信息不为一般的社会公众所知，但若其在本行业内众所周知，则其也不具备秘密性。二是构成商业秘密的信息是不能轻易获取的信息，那些通过正当途径能够比较容易获得的信息没有秘密性可言。根据《最高人民法院关于审理侵犯商业秘密民事案件适用法律若干问题的规定》第 4 条，具有下列情形之一的，可以认定有关信息为公众所知悉：

（1）该信息在所属领域属于一般常识或者行业惯例的；

（2）该信息仅涉及产品的尺寸、结构、材料、部件的简单组合等内容，所属领域的相关人员通过观察上市产品即可直接获得的；

（3）该信息已经在公开出版物或者其他媒体上公开披露的；

（4）该信息已通过公开的报告会、展览等方式公开的；

（5）所属领域的相关人员从其他公开渠道可以获得该信息的。

（二）具有商业价值

商业秘密必须具有商业价值，即具有价值性，没有商业价值的信息不构成商业秘密。关于商业价值的理解，需要注意以下几点：

（1）这里的商业价值不仅包含现实的商业价值，还包含潜在的商业价值。因此，我们不能以某一信息当前是否商业化或其是否在当前产生经济收益等来判断其是否具有商业价值。那些处在研究、试制、开发过程中而具有潜在的或者可预期价值的信息，如生产经营活动中形成的阶段性成果显然具有商业价值。此外,那些已经完成但尚未实际使用的信息,其一旦被使用就带来经济利益或者竞争优势,则此类信息也具有商业价值,如标书内容、股票投资信息等。

(2)具有商业价值的信息可以是积极的信息,也可以是消极的信息。那些直接应用于权利人生产经营的积极信息,往往能够为企业带来直接的经济收益或竞争优势,如有效的产品配方;消极信息无法直接带来利益或竞争优势,但其可以帮助权利人预防、消除某种不利或避免失败,如失败的试验报告等经验性信息同样可以发挥积极作用,具有相应的商业价值。

(3)商业价值没有时间的要求。无论是具有持续商业价值的信息(如产品配方),还是短暂甚至是一次性商业价值的信息(如标底及标书内容),只要具有商业价值,就可以构成商业秘密。

(三)权利人采取了适当的保密措施

商业秘密是一种特殊的知识产权,它要求权利人对其信息采取适当的、合理的保密措施使其处于秘密状态,从而使一般人不易从公开渠道直接获取,否则就不能作为商业秘密受到保护,此即商业秘密的"保密性"。保密性强调权利人的保密行为,而不是保密的结果,它并不要求权利人采取万无一失的保密措施,仅需采取合理的保护措施即可。所谓适当的保密措施,是指权利人根据不同信息的特点,采取的能够有效地控制和保护该信息的措施,如制定保密制度、与涉密人员订立保密协议或竞业禁止协议、设立保密场所等。根据《最高人民法院关于审理侵犯商业秘密民事案件适用法律若干问题的规定》,应当根据商业秘密及其载体的性质、商业秘密的商业价值、保密措施的可识别程度、保密措施与商业秘密的对应程度以及权利人的保密意愿等因素,认定权利人是否采取了相应保密措施。具有下列情形之一,在正常情况下足以防止商业秘密泄露的,人民法院应当认定权利人采取了相应保密措施:

(1)签订保密协议或者在合同中约定保密义务的;

(2)通过章程、培训、规章制度、书面告知等方式,对能够接触、获取商业秘密的员工、前员工、供应商、客户、来访者等提出保密要求的;

(3)对涉密的厂房、车间等生产经营场所限制来访者或者进行区分管理的;

(4)以标记、分类、隔离、加密、封存、限制能够接触或者获取的人员范围等方式,对商业秘密及其载体进行区分和管理的;

(5)对能够接触、获取商业秘密的计算机设备、电子设备、网络设备、存储设备、软件等,采取禁止或者限制使用、访问、存储、复制等措施的;

(6)要求离职员工登记、返还、清除、销毁其接触或者获取的商业秘密及其载体,继续承担保密义务的;

(7)采取其他合理保密措施的。

四、商业秘密保护方式的优势与风险

商业秘密主要包括技术秘密和经营秘密两种类型。经营秘密是企业经营管理的方法以及与经营管理方法相关的资料和信息,比如企业的客户名单、销售渠道等。这类商业秘密一般都不涉及具体的技术性问题,因而与专利没有什么关系。因此,对这类经营信息,采用商业秘密的保护方式是企业的最佳选择。与经营秘密不同,技术秘密本身就是解决企业生产经营过程中具体问题的技术方案或技术知识。在这些技术秘密中，有些技术方案因为不符合专利法中专利授权的条件，不能被授予专利权，对这类技术秘密，企业只能作为商业秘密进行保护；但有些技术秘密本身符合专利法中专利授权的条件，可以通过申请专利的方式进行保护，对于这类技术秘密，企业将面临一种选择：是申请专利，还是保持其作为一种商业秘密？

（一）商业秘密保护方式的优势和风险

实际上，专利和商业秘密两种保护方式有各自的优势和不足。

1. 商业秘密保护方式的优势

与专利保护比较，商业秘密保护方式的优势主要体现在以下几个方面：

（1）商业秘密不受时间限制。只要商业秘密没有被公开或泄露，其就可以无限期地受到保护；专利权则都有保护期限的限制，一般为10年、15年或20年，专利权到期后，任何人都可以自由使用该发明创造，这对于那些经济寿命比较长的技术或产品来说，不能很好地发挥它们的竞争优势。

（2）商业秘密获得保护的条件比较低，涵盖范围比较广。那些创新程度不高，不能被授予专利的发明创造，只要具备一定的商业价值，企业都可以采用商业秘密的方式对其加以保护；而获得专利保护的条件较高，若企业将其技术申请专利又没有获得批准，则该技术方案会因为申请专利而被公开，也就不能再受到商业秘密的保护。

（3）商业秘密保护不需要遵守披露发明创造相关信息的规定，可以在一定程度上防止竞争对手利用这些信息，而申请并获得专利则要以充分公开相关技术内容为代价，这可能会帮助竞争对手提高技术水平。

（4）可避免办理审批手续和费用。采用商业秘密的保护方式，企业不需要履行法定的程序和手续，也不需要缴纳相应的费用；而申请专利需要办理审批手续，并缴纳相应的费用。

2. 商业秘密保护方式的风险

采用商业秘密的保护方式也有一定的风险：

（1）与专利相比，商业秘密的独占性较差，它不能对抗通过合法方式获得同一商业秘密的第三人，任何合法获得相同商业秘密的第三人都可自由使用该商业秘密。而专利保护具有垄断性。企业将一项技术或产品申请专利，并被授予专利权后，其他任何企业或个人在没有取得权利人允许的情况下，都不能实施该专利；即使是在企业申请专利之前就开始使用相同的技术的企业或个人，他们的使用或实施都要受到极大的限制。

（2）秘密性是商业秘密保护的前提，商业秘密的内容一旦被公开就不能再受到法律的保护。因此，选择商业秘密的保护要求企业必须有一套完整和有效的保密措施，否则风险很大。

（3）商业秘密不能对抗专利权。如果相同的技术被他人研发出来并申请并获得专利权，由于商业秘密不能对抗专利权，则企业对该项技术秘密的使用将受到他人专利权的限制。

（4）举证的困难。在发生商业秘密侵权纠纷后，企业必须就其商业秘密的存在及其范围进行举证，而这存在一定的难度。与此不同，专利权的存在和范围比较明确，企业可以通过专利证书和权利要求书等文件来证明专利权的享有及其保护范围，可以避免商业秘密侵权举证困难的问题。

（二）企业技术成果保护方式选择的考虑因素

企业在选择技术方案的保护方式时，可以根据以下几个因素来进行综合判断和分析，然后决定其技术秘密是申请专利还是作为商业秘密加以保护。

1. 技术成果获得专利保护的可能性

企业应当对其技术的可专利性进行分析和评估，掌握其获得专利保护的可能性大小。对于那些根本不可能获得专利保护的技术或者获得专利保护可能性很小的技术应该采用商业秘密的方式进行保护；对于那些可以获得专利保护或获得专利保护可能性较大的技术，则既可以申请专利，也可以采用商业秘密的保护方式，应根据其他因素综合进行考虑。

2. 技术成果是否容易被破解

技术成果的难易程度也是企业进行保护方式选择时必须考虑的因素之一。如果企业的技术成果很容易被他人通过反向工程进行破解，则申请专利应该是最佳的保护途径，因为反向工程是法律所允许的获取他人商业秘密的方式，商业秘密的持有人无法阻止他人以此种方式获取并使用其商业秘密。反之，如果企业的技术成果很难被他人通过反向工程进行破解，那么就可以考虑采用商业秘密进行保护。比如，一些产品的质量既跟它的材料或原料相关，又依赖于它的制作工艺或生产工艺，即使材料完全相同，但制作工艺或生产工艺不同，最终的质量也可能具有很大的差异。对于这类技术，采用商业秘密的方式进行保护是不错的选择，米其林轮胎就是一例。米其林轮胎能成功地用商业秘密来保护其关键技术，原因是这种轮胎质量能得以保证的关键是生产工艺，如果竞争者不到现场仔细分析，很难把这种工艺的关键部分以质量分析数据描述出来，因为两种产品投放的物料可能都是一样的，但由于工艺不同，生产出来的产品质量也不一样。

3. 技术成果的生命周期

对那些生命周期长于专利保护期限，而且难以破解的技术成果，企业可以考虑采用商业秘密的保护方式，这样可以在更长的时间内维持企业的竞争优势。在美国，很多饮料和食品的配方均不再申请专利，而是采用商业秘密的方式加以保护，原因就在于这类产品生命周期很长，而且难以破解。比如，肯德基炸鸡的原始配方一直未加公开，至今仍然是肯德基公司的商业秘密。但如果企业对于技术成果的保密没有足够的能力和信心，则应该申请专利，这样更加稳妥。对那些技术更新快、生命周期和经济寿命在专利审批完成前就可能结束的技术成果，则应该采用商业秘密的形式加以保护。

4. 技术成果的商业价值

对于那些商业前景好、价值大的技术成果，企业应尽可能申请专利。以药物科技和生物科技为例，竞争对手对药物产品或生物产品进行反向工程的难度比较大，但同时药物科技和生物科技的经济价值又大得惊人，一些药物一年的销售额就有上百亿美元。例如，美国辉瑞制药公司的降胆固醇药立普妥（Lipitor）2005年一年的销售额达到129亿美元。尽管对药物科技或生物科技进行破解具有一定的难度，但是一旦被破解，将给企业带来巨大的损失。因此，企业对这种商业价值很大的技术成果应尽可能申请专利。那些商业价值比较小的技术成果，特别是商业价值小于申请专利和维持专利的成本的技术成果，则应采用商业秘密的方式进行保护。

5. 绕过或替代技术成果的可能性

如果企业的技术成果很容易被竞争对手绕过或者根据有关信息开发出相应的替代技

术,企业可以考虑对这类技术采用商业秘密的方式进行保护。

（三）专利与商业秘密的综合保护

实际上,单一的专利保护和商业秘密保护都有其局限性,而商业秘密的保护与专利的保护也并非水火不容、完全排斥。为了更好地维护企业的利益,企业在某些条件下,可以综合运用专利和商业秘密来保护同一项技术成果。事实上,以专利和商业秘密结合的方式来保护企业的技术,可以在一定程度上克服单纯商业秘密或专利技术保护的弊端,是目前较为有效的保护方式之一,在国外已被广泛采用。专利权人在申请专利之时,可以将容易破解的一些技术内容申请专利,而对于那些关键技术或核心技术,可以通过技术秘密的方式加以保护,或者用一般的技术方案替代企业的核心技术或关键技术部分,以满足申请专利的需要。这样,即使部分技术内容因为申请专利而被公开,企业的竞争对手也只能了解一些非核心技术。

第二节 商业秘密之人的管理

企业组织中商业秘密管理的内容十分广泛,根据管理对象不同,可以将其分为对"人"的管理和对"事"的管理。这里的"人"是指可能接触到商业秘密之人,既包括企业内部的员工,也包括企业外部的特定对象。"人"是商业秘密的活载体,"人的管理"之重点就在于限定商业秘密知悉人员的范围及控制商业秘密知悉人员的行为,以防止商业秘密因管理不善而泄露或扩散。

一、企业员工的管理

保护商业秘密的重中之重在"员工"。一方面,员工是企业商业秘密的主要创造者和贡献者;另一方面,员工往往又是企业商业秘密的知悉者,很多商业秘密的泄露与员工相关。因此,企业在进行专有信息内部控制时,应与企业的人力资源管理紧密结合,使其达到最佳的效果。

（一）员工招聘与商业间谍的防范

在现代经济形态下,商业秘密已成为企业重要的无形资产和竞争武器,有些商业秘密甚至关系到企业的生死存亡。随着经济技术竞争的日益激烈,以窃取商业秘密为目的的商业间谍越来越多,利用商业间谍窃取竞争对手商业秘密的事情时有发生,这给市场竞争和经济安全造成了极大的危害。鉴于此,一些国家甚至专门出台了相关的法律以应对商业间谍带来的问题,如美国 1996 年 10 月通过的《经济间谍法》。我国《反不正当竞争法》《刑法》和《民事诉讼法》等法律法规也对商业秘密的保护做了相应的规定。但法律对商业秘密保护之规定大多是事后救济,而侵权发生后的法律救济往往很难将损害恢复到侵害发生前的状态。因此,加强对商业间谍的防范尤其必要。

企业在招聘员工时,特别是在招聘某些重要的涉及商业秘密的岗位人员时,除了考察其专业能力外,还应对其职业道德和相关背景予以调查。考察应聘人员职业道德的目的在于了解其责任感和规范意识,将责任感和规范意识不强的人员排除在涉密岗位之外。相关背景调查应侧重于应聘人员的真实身份,以防范竞争对手向本企业派发的商业间谍;而对于非商业间谍的应聘人员应考察其是否有泄密或者违反"保密协议"的前科,对有此类前科的应聘人员应慎重处理。

（二）员工的教育和培训

在实践中，商业秘密的泄密有很多都是由于员工有意或无意的行为造成的。因此，对企业员工进行商业秘密的教育和培训是十分必要的。在国外，一些大公司都要对自己的员工进行保密教育。比如，美国通用电气公司对到该公司工作的人都要送上一份《保守商业秘密知识手册》，该手册既有普及性、教育性功能，还告知雇员负有什么样的保密义务。IBM 公司也采取了一系列保密培训，来提高员工的保密意识。公司有醒目的标语："谨言慎行""口不慎而船沉"。新员工的宣誓书写着：不在任何场所谈论技术秘密；在职人员参加一切活动，均不准触及秘密情况；对方如果问及，要明确拒绝；无法回避时，宁可退席。教育和培训可以采取入厂面谈、员工培训班、在公共场所张贴标语、在企业内部报刊上配以商业秘密保护的专题等形式进行。条件允许的，可以制作员工手册，印发给每一个新进员工，并组织员工学习。其中，应该告知企业的保密制度、员工的保密义务和保密纪律以及违反规定的责任和后果，并可以罗列一些保密的方法和注意事项等。通过企业商业秘密管理制度的规范和对员工的教育与培训，在企业内部逐渐培育和形成一种保密文化。

（三）员工接触和使用商业秘密的控制

为了有效地保护商业秘密，企业必须严格限制商业秘密"知悉人员"的范围，将知悉人员及其知悉范围限制在尽可能小的范围内。

1. 商业秘密接触授权制度

这种授权制度应当遵守"相关性原则"和"最小接触原则"。所谓"相关性原则"，是指员工接触和使用商业秘密必须以工作需要为原则。相关性原则有两层含义：一是员工接触或使用商业秘密必须与自己的工作直接相关，而不能以他人工作为由要求接触或使用商业秘密；二是员工所能接触或使用的仅仅限于与其工作直接相关的商业秘密，对于与其工作无关的商业秘密则不能接触和使用。"最小接触原则"，是指对确有必要接触或使用商业秘密的员工，应将其需要接触的商业秘密控制在最小范围内。"最小接触原则"的核心在于不影响员工工作的情况下，尽可能限制员工接触商业秘密的范围，以防止商业秘密的泄露或扩散。以产品研发为例，若产品的设计和研发在技术上是可分的，则可将该研发项目予以合理的分解，由多个项目组完成，各个项目组及其成员只能接触与其研发内容相关的产品和技术信息，对其他项目组研发的内容则无权过问与接触。通过这种方式就可以防止研发人员知悉和掌握整个项目的研发成果，进而可以降低商业秘密泄密的风险。

2. 商业秘密接触流程的控制

企业应设置一个合理的商业秘密接触流程控制制度，其内容包括对接触和使用商业秘密的程序、手续以及使用的方式、时间等予以规范，任何员工接触和使用本企业的商业秘密都应当严格遵守相关的规定。商业秘密接触流程控制的目的在于确保员工接触和使用商业秘密的行为是在相应的控制和监督的情况下进行的。

3. 工作日志或者接触记录的应用

企业应以研发记录、工作日志或者接触记录等形式保存员工接触或使用商业秘密的证据。商业秘密体现为企业的一种专有信息，而这种信息与企业员工可利用的一般性知识有时很难准确区分,如何证明该信息为企业的专有信息是企业必须解决的问题。同时,在与员工发生商业秘密归属纠纷或侵权时,企业也需要对员工研发、接触或使用商业秘密的事实进行举证。详细而准确的研发记录、工作日志或者接触记录,以文件的形式将员工研发、接触或使用商业秘密的情况记录下来,可以作为有效的证据维护企业的权益。

(四)保密协议与竞业禁止协议

企业的保密措施中,与员工最为直接相关者就是保密协议与竞业禁止协议。与员工签订保密协议是保护商业秘密的一个重要方式。企业既可以与员工在劳动合同中规定专门的保密条款,也可以在劳动合同之外专门与员工签订一份保守企业商业秘密的保密协议。一般而言,保密协议应当对员工的保密义务、商业秘密的范围、保密期限以及违反约定的责任等做出规定。

在市场经济中,人才的流动或跳槽是一种正常的现象,但员工的跳槽却可能导致企业商业秘密的流失。一些企业为了在竞争中获得优势,会利用优厚的待遇吸引竞争对手中那些掌握着重要秘密的员工到自己企业中来,从而获得对方的商业秘密;而企业中掌握商业秘密的员工也可能在具备一定条件后另起炉灶,自己创业,甚至经营与其原来任职企业相同的业务,与昔日雇主唱对台戏。在这种情况下,企业的商业秘密就可能被他人非法使用,进而给企业造成损失。西安市中级人民法院在2006年宣判了当时我国赔偿额最大的一起商业秘密侵权案。西安重型机械研究所一位前高级工程师是研究所某技术方面的专家,参与过多个重大课题的研究,掌握着所里的商业秘密。该工程师在“跳槽”后,将原单位为数不少的商业秘密技术图纸“剽窃”到新公司,并被对方聘为副总工程师。而其新公司则利用该工程师带来的技术资料为数家企业做了多套专业设备,合同金额达2亿多元人民币,同时使西安重型机械研究所失去很大的市场份额,经济上蒙受巨大损失。

对于员工离职或跳槽而可能侵害企业商业秘密的情况,与员工签订竞业禁止协议是一种不错的选择。

竞业禁止(non-compete),从语义上理解,就是禁止竞业,即不得从事竞争性的营业,其含义是掌握企业商业秘密的员工,在任职期间或离职后的一定期间,按照法律的规定或者与企业的约定,不得自营或者为他人经营与其所任职的企业同类性质的行业,不得泄露用人单位的商业秘密和与知识产权相关的保密事项。竞业禁止的核心内容在于阻止离职者利用在原单位掌握的商业秘密从事此行业的不正当竞争业务。作为一种法律制度,竞业禁止最早规定于民法的代理制度中,旨在用法律防止代理人对被代理人利益的损害。后来竞业禁止扩及公司法中的董事、经理等高级管理人员以及其他负有保密义务的人员。

竞业禁止有法定的竞业禁止与约定的竞业禁止之分。法定的竞业禁止,是指劳动者基于法律的直接规定而产生的竞业禁止。例如,根据《公司法》第148条第5项的规定,董事、高级管理人员未经股东会或者股东大会同意,不得利用职务便利为自己或者他人谋取属于公司的商业机会,自营或者为他人经营与所任职公司同类的业务。该项竞业禁止的规定只适用于公司董事和高级管理人员,而且仅限于其任职期间,就商业秘密保护而言显然不够:一是企业中掌握商业秘密的不限于董事和高级管理人员,而其他商业秘密的知悉人员则难以适用该条之规定;二是它无法延伸到董事和高级管理人员离职或跳槽后。因此,以契约的方式来设定商业秘密知悉人员的竞业禁止义务是更为有效的选择,此即约定的竞业禁止,它是由企业与特定的员工以合同的方式或者是保密协议的方式约定而产生的竞业禁止。《劳动合同法》第 23 条和第 24 条对竞业禁止协议做了规定。企业在与员工签订竞业禁止协议时应注意以下几个问题:

首先,签订竞业禁止协议的员工限于企业的高级管理人员、高级技术人员和其他负有保密义务的人员,对于根本没有机会接触雇主商业秘密的普通员工,应将其排除在竞业禁止范围之外。

其次,竞业禁止的范围要合理。在竞业禁止的地域范围上,一般以员工现阶段或将来可能的商业经营地域为限;竞业禁止协议应标明商业秘密的范围,而不应泛泛地约定员工在离职后一概不得从事同种行业;竞业禁止协议保护的对象,应是企业的重要商业秘密,而不是构成雇员一般知识、技能、经验的有关信息。如果把一般的商业信息、知识、技能和经验作为商业秘密,要求员工签订竞业限制合同,这种合同是无效的,对员工不具有约束力。竞业禁止协议应当包括在本企业任职期间的竞业禁止和离职后的竞业禁止两个部分,特别要对离职后的竞业禁止加以规定,但离职后的竞业禁止期限不能超过 2 年。

最后,要支付合理的经济补偿。从企业的角度来说,通过订立竞业禁止协议来保护其商业秘密,以杜绝员工转业对其商业秘密可能带来的伤害,实属不得已的选择。但离职后的竞业禁止限制了员工的工作权,还可能对员工的生存造成一定的妨碍,为了平衡和协调企业与员工的利益,法律要求企业必须对因竞业禁止而受到影响的员工支付合理的经济补偿,经济补偿的标准由企业与员工约定,但不能低于法律法规规定的标准。由于《中华人民共和国劳动合同法》对于竞业禁止经济补偿的标准没有明确规定,因此具体金额由各地根据当地经济发展水平的不同情况来确定。比如,2019 年修正后的《深圳经济特区企业技术秘密保护条例》第 24 条规定:竞业限制协议约定的补偿费,按月计算不得少于该员工离开企业前最后十二个月月平均工资的二分之一。约定补偿费少于上述标准或者没有约定补偿费的,补偿费按照该员工离开企业前最后十二个月月平均工资的二分之一计算。第 25 条规定:竞业限制补偿费应当在员工离开企业后按月支付。用人单位未按月支付的,劳动者自用人单位违反约定之日起三十日内,可以要求用人单位一次性支付尚未支付的经济补偿,并继续履行协议;劳动者未在三十日内要求一次性支付的,可以通知用人单位解除竞业限制协议。2008 年修正的《浙江省技术秘密保护办法》第 15 条规定:竞业限制补偿费的标准由权利人与相关人员协商确定。没有确定的,年度补偿费按合同终止前最后一个年度该相关人员从权利人处所获得报酬总额的三分之二计算。此外,《最高人民法院关于审理劳动争议案件适用法律若干问题的解释(四)》第 6 条规定:当事人在劳动合同或者保密协议中约定了竞业限制,但未约定解除或者终止劳动合同后给予劳动者经济补偿,劳动者履行了竞业限制义务,要求用人单位按照劳动者在劳动合同解除或者终止前十二个月平均工资的 30% 按月支付经济补偿的,人民法院应予支持。前款规定的月平均工资的 30% 低于劳动合同履行地最低工资标准的,按照劳动合同履行地最低工资标准支付。因此,企业应当在竞业禁止协议中注明补偿费的具体数额和给付方式,以免以后发生纠纷。需要说明的是,经济补偿只适用于离职后的竞业禁止,在职期间的竞业禁止是企业员工应遵守的义务,企业无须支付经济补偿。

(五)员工离职的处理

建立完善的离职流程,在涉密员工离职时,企业应当及时予以处理。一是离职交接。

企业应对离职员工进行离职调查，并确定其工作交接的具体内容，明确要求员工必须交还相应的资料，如技术资料、培训资料等，并要求其在相关资料交接完成后方可离职。二是离职面谈。向离职的涉密员工重申其在离职后仍需对企业所负有的保密义务或竞业禁止义务以及违反这一义务的法律责任，以增强其保密的观念和意识。有必要时，可与员工签订《离职承诺书》，明确其离职后所应承担的义务。

二、外部人员的管理

在市场经济条件下，企业不可避免地要与他人进行交易或者交流，如技术合作、产品贸易、技术授权等，在对外交易或交流中管理不善也可能导致企业商业秘密流失。因此，企业应该加强管理，以防止外部人员以交易或交流的方式获取企业的商业秘密。

（一）与合作研发或委托研发对象订立商业秘密归属协议

在委托他人研发或者与他人合作研发时，为了防止因为商业秘密的权利归属而发生纠纷，企业应在委托研发合同或合作研发合同中对因研发而获得的商业秘密的归属做出约定。

（二）签订保密协议或保密条款

如果在进行贸易或合作的过程中，要涉及企业的商业秘密，则应该在对方接触到自己的商业秘密以前就与对方签订一份保密协议或保密条款，规定对方的保密义务、保密范围以及相应的责任等，以防止那些借谈判、合作之名来窃取商业秘密之人。在签订正式的贸易或合作合同时，也应该签订保密协议或保密条款。

（三）在谈判、考察、参观、交流时防止商业秘密泄露

企业进行贸易或合作、谈判、参观或者考察是必要的，但企业必须注意那些假借谈判之名来窃取商业秘密之人；有些企业在谈判、参观或者考察的过程中透露的信息过多，而使对方掌握了相关的商业秘密，此时，企业的商业秘密对对方已经没有吸引力了，合作或贸易也可能就此结束；有的企业在接待外单位参观时，缺乏警惕性，或急于谈判成功，过于热情，最终造成商业秘密被泄露。例如，某外国企业到中国某工厂购买某种型号的五金工具。谈判之前，外方提出要参观中方的工艺流程，中方很热情地接待了这个外国客户。在参观过程中，外方人员进行了照相和摄像，还参观了关键技术的生产流水线。通过这些活动，外方已经完全掌握了中方的技术。事后，他们非但没有购买中方的产品，反而将窃取到的技术申请了专利，并开始生产同种型号的产品。因此，我国的企业必须吸取这样的教训。实际上，只有保密的技术或产品才会对对方有吸引力。

在谈判中，应尽量不透露商业秘密的任何信息，确实需要透露部分信息的，也只能限于非核心、非关键的信息；参观或者考察时，要限制参观人员的行为，一般应禁止参观人员拍照和摄像，一些关键的场所不允许进入；提供样品时，也要谨慎。

第三节 商业秘密之事的管理

“事的管理”是指对企业的商业秘密自身、商业秘密的载体以及与商业秘密有关的事件进行的管理。以“事”涉及的范围不同，可以分为“内部事的管理”和“外部事的管理”。“内部事的管理”主要体现为企业对商业秘密的内部管制，而不直接与外界发生联系；“外部事的管理”则涉及企业外部的人员或事件。

一、企业内部事的管理

（一）商业秘密本身的管理

1. 商业秘密的认定

商业秘密管理的前提是首先要确定哪些信息属于企业的商业秘密，即需要对企业的商业秘密予以认定。企业应当对商业秘密的状况进行调查摸底，将符合商业秘密条件的技术信息或经营信息筛选出来。为了方便日常的管理和使用，可以在这些信息的载体上做好相应的标记，使它与其他东西区别开来。

2. 商业秘密的归档

在商业秘密认定完成以后，应该按照一定的标准对商业秘密进行归档。首先，企业应该根据商业秘密所属的范围、商业秘密价值的大小以及重要程度等对其进行分类、分级，并分别标示“绝密”“机密”“秘密”等不同密级。为了保密的需要，企业也可以用一些特殊的符号来标示相应的密级，比如用“▲”代表绝密，用“■”代表机密，用“●”代表秘密等。然后，企业应该根据这些密级对商业秘密进行归档。比如，对载有商业秘密的文件进行登记、编号等，并对不同密级的商业秘密设置不同的保密期限和采取不同的保密措施。

3. 商业秘密的更新和整理

在企业的生产经营过程中，可能会有新的商业秘密产生，同时也有一些商业秘密的价值会因各种原因而发生变化，如失去价值或重要程度下降等，这就要求企业对商业秘密进行更新和整理。商业秘密更新和整理的内容主要包括：对新的商业秘密进行认定，并纳入企业的保护范围；对已经失去价值的商业秘密进行处理。比如，对商业秘密进行价值评估和审核，在确定已经没有价值以后，进行销毁等。

（二）商业秘密载体的管理

商业秘密一般都会记录或体现在一定的载体上。比如，载有商业秘密的文件就是一种载体。相同领域的专业人员通过对载体的阅读、了解等，就可以掌握相应的商业秘密。因此，企业应当加强对商业秘密载体的管理。商业秘密的载体有狭义与广义之分。狭义的载体仅指物理性的载体，是指具有商业秘密内容的各种文件、资料、书刊、图表、数据、录音、录像、照片、储存光盘和硬盘等；广义的载体除了物理性的载体外，还包括掌握和知悉商业秘密的人。这里讲的载体仅指狭义上的载体。

1. 对商业秘密的载体采取有效的保密措施

对商业秘密的载体，在条件允许的情况下应该采取有效的保密措施，以防止商业秘密的泄露。至于应该采取什么样的措施，则要根据这些载体本身的特点、商业秘密的密级以及企业自身的情况而定。常见的保密措施主要有以下几种：

（1）对一般的载体可以采取的措施。对于那些载有商业秘密的文件、图片、资料等实行上锁管理，避免其他人轻易接触到这些商业秘密；如果这些载体上的商业秘密很重要，还可以考虑将这些文件、图片、资料等载体放入保险柜中，这样会更加安全；如果商业秘密极为重要，企业还可以采取一些特殊的措施，比如，采用特殊用纸及墨水，使秘密文件无法用一般复印机进行复印，或者用一些自创的特定语言或密码来记载文件内容，以避免商业秘密被窃取。

（2）对数字化的载体可以采取的措施。在现代社会，计算机及网络已经成为企业办公的重要工具。同时,很多企业的商业秘密和信息也以数字化的形式储存在相关的载体之中。比如,使用光盘或移动硬盘(优盘)保存相关的电子文档,或者直接将其储存在计算机硬盘之中等。对这些数字化的载体,可以采取以下措施:① 对载有商业秘密的电子文档(如 Word、PDF 以及其他格式的电子文档)设置密码,且密码不能过于简单,以防止他人破解。② 对于载有商业秘密的计算机也应该设置进入操作系统的密码,并由专门的管理人员掌握,密码要注意更换。在必要的情况下,可以对计算机的 USB 接口、光驱进行封闭或上锁,以防止他人未经允许拷贝相关的资料。③ 企业内的计算机应该进行必要的区分,一些保存企业重要商业秘密的计算机最好不要连接到互联网,而可以企业内部的局域网代替或者根本就不连接到任何网络,以防止他人通过黑客技术入侵企业的计算机以窃取企业的商业秘密。④ 对于那些确实需要使用互联网的计算机或者在企业的网站中有商业秘密的,企业应该在计算机中设置防火墙等安全系统,防止黑客入侵;同时,要采取技术措施监控电子邮件信箱,防止他人通过电子邮件发送载有商业秘密的文件。

(3)设置保密区域,严格门禁制度。企业应当将研发中心、实验室、档案室、资料室等涉及商业秘密的地方设置为保密区域,与企业的普通区域加以区分,并限制无关人员进入这些区域。条件允许的,可以设置电视屏幕监视系统,就保密区域的入口及各主要通道,实行控制管理。同时,在保密区域应当严格实行门禁制度,由专门的保安人员对出入这些区域的人员进行监督。对进入这些区域的人员应当验明身份,对于来访者应当进行检查和登记;应该限制进入保密区域的人员携带拍照、录像以及无线通信工具,并且不允许他们随意走动,以防范商业间谍行为。

2. 对接触、使用商业秘密载体的行为进行控制

任何人确因工作原因需要接触或使用商业秘密的,必须出具相关的证明,并进行登记,无关人员一律不得接触、使用商业秘密的载体。同时,对于复印、拍照、拷贝以及录像等可能产生复制品的行为要进行严格控制。

3. 商业秘密载体的销毁

在商业秘密已经失去价值时,要对其进行清理,可以将其载体予以销毁。值得注意的是企业在日常生活中“办公垃圾”的处理。比如,企业的打印废纸、废弃的计算机等办公用品,这些“垃圾”很有可能含有某些商业秘密。例如,有人为了获取微软的信息,曾经出价 1 200 美元收购微软的垃圾。因此,企业在处理这些“垃圾”时应该首先检查它是否含有商业秘密,对还有商业秘密的应予以销毁,以避免商业秘密因为这些“办公垃圾”而泄露。

(三)企业信息发布的控制

企业信息的发布也是商业秘密泄露的一种途径。有些企业对要发布的信息没有经过认真的检查,从而导致一些商业秘密泄露。例如,我国科技人员发明了“两步发酵法生产维生素 C”的技术,这是一项极具经济价值和实用价值的科研成果。世界两大产业国瑞士和美国闻风而至,竞相出高价购买这项技术。不料一星期以后,原来争得面红耳赤的两国代表握手言和,都欢天喜地地回国了。原来是国内某学术期刊将这项技术的全部研制过程、细节、配方、剂量等以学术论文的方式作了全面披露,生产者只要根据这些内容就完全可以生产。这样,我国花费了巨大人力和财力而得到的本来效益可观的技术被“老外”花了一本杂志的钱就得到了。因此,企业必须加强信息发布的管理,如新闻发布的管理、网站内容的管理等,对拟发布信息的内容进行必要的检查,以防止泄密。特别要注意的是,对企业员

工发表学术论文、发表演讲或者参加学术会议等，都必须进行审查，只有经过审查，确实没有商业秘密内容的，才允许进行。

二、企业外部事的管理

（一）合法获取他人的商业秘密

商业秘密是受法律保护的，法律不允许使用不正当竞争乃至犯罪的手段去获取他人的商业秘密，但这并不意味着商业秘密不能运用合法的手段获取并拥有。企业可以通过以下方法合法地获取商业秘密。

1. 独立开发

所谓独立开发（independent development），是指企业通过自行独立研发而获得某项技术或信息，即使该技术或信息与他人的商业秘密之信息构成实质相似（substantial similarity），也不构成侵害。《最高人民法院关于审理侵犯商业秘密民事案件适用法律若干问题的规定》第14条第1款规定："通过自行开发研制或者反向工程获得被诉侵权信息的，人民法院应当认定不属于反不正当竞争法第九条规定的侵犯商业秘密行为。"这是由于商业秘密权与专利权不同，商业秘密权不具专有性和垄断性，一个企业或个人拥有一项商业秘密并不能排除其他企业或个人通过合法方式获取相同或相似的商业秘密，独立开发就是一种典型的合法获取他人商业秘密的方法。进行独立开发首先要求企业收集商业秘密的有关情报，逐渐缩小商业秘密的范围，然后对商业秘密的核心部分进行研究开发，开发成功就可能获得完全相同的技术或信息，当然，也可能会获得不同但可以达到相同甚至更好的效果的技术或信息。在获得商业秘密后，企业可以将它作为商业秘密加以保护和利用。如果是技术秘密且符合专利法的规定，企业还可以将这项技术申请专利，这样就可以限制其他企业的使用。如果企业出于战略意义考虑，还可以将自己独立开发的商业秘密予以公开，这虽然不会构成侵权，但因为直接涉及企业自身的利益，应当慎重。

为了避免纠纷和更好地保护自身的利益，企业在商业秘密的研发过程中，应该注意通过研发日志或研发记录的形式，记录下研发的过程，并保存研发的相关证据。这样，在其他企业或个人指控自己侵权时，可以出具独立研发的有力证据进行反驳，从而证明自己的行为合法。

2. 反向工程

反向工程（reverse engineering），又称还原工程、逆向工程。根据《最高人民法院关于审理侵犯商业秘密民事案件适用法律若干问题的规定》第14条第2款的规定，反向工程是指通过技术手段对从公开渠道取得的产品进行拆卸、测绘、分析等而获得该产品的有关技术信息。从本质上来看，反向工程实际上也是一种独立研究开发获取商业秘密的方法，与一般的独立研发的区别在于反向工程使用了公开的产品。合法的反向工程是获取商业秘密的正当方法，不会构成侵权，这是国际上通行的做法。日本的摩托车制造业的发迹史就是利用反向工程的典型例子。20世纪60年代，日本为了振兴自己落后的摩托车制造工业，以设计并建设摩托车生产线为名，向美国、法国、英国、德国等各国有名的摩托车厂发出征询，希望寻求帮助和合作。然后，派出大量的工程技术人员并分成若干小组分赴各厂家进行为期1年的考察。考察结束后，他们带回了大量的资料，并空运回大量样机。通过对这些样机进行反向工程，掌握了各种摩托车的制造技术，并且综合各家技术之所长，研制出性能更好、更美观的摩托车，投放市场就取得了巨大的成功，但却没有购买那些厂家的一项专利和生产线。

企业要通过反向工程获取商业秘密，需要注意以下几点：① 实施反向工程的产品必须具有合法的来源，如通过在合法的市场上购买而获得的或者他人赠与的等。为了日后举证方便，企业应当保留购买的发票、供货合同或其他凭证；如果是赠与或其他方式获得的，也要保存相关的证据。《最高人民法院关于审理侵犯商业秘密民事案件适用法律若干问题的规定》第 14 条第 3 款规定："被诉侵权人以不正当手段获取权利人的商业秘密后，又以反向工程为由主张未侵犯商业秘密的，人民法院不予支持。" ② 与独立研发获取商业秘密一样，企业也应该保存研究过程的证据，如研发日志、研发材料和成果等，以证明商业秘密确实是通过反向工程获得的。一旦与商业秘密的合法持有人发生纠纷，这些资料都是维护自身权益的有力保证。

3. 情报分析

情报综合分析的方法是获取商业秘密的重要方法，对于经营秘密信息尤其有效。企业与社会各方面都有着千丝万缕的联系，其内在的、非公开的一些信息必然会在经营运作中透射出来，而通过收集这些信息，然后进行综合分析，完全有可能获取企业的商业秘密。

情报分析方法使用得当，往往能取得意想不到的效果。这种方法实际上在政治、军事竞争中早已被广泛使用。例如，20 世纪 30 年代中期，英国作家雅各布发表了一本震动世界的小册子，它将希特勒军队的组织机构、各军区的概况、参谋部人员部署及 160 多名指挥官的姓名、简历，甚至连刚成立不久的装甲师的步兵小队都披露无遗。如此重要的军事机密被泄露，希特勒大发雷霆。纳粹德国情报机构把雅各布绑架到柏林，严讯其情报来源。雅各布的回答出乎意料："我的全部材料都来自德国的报刊，对于军事方面的任何点滴材料，我都用卡片摘录下来，连某某将军婚礼的报道也不放过。" 又如，20 世纪 60 年代初，日本情报人员察觉到北京大街上公共汽车上的瓦斯气包已消失。又根据《人民日报》上刊登的照片中铁人王进喜的衣着装束、工人们顶风冒雪搬运钻机的场面以及相关的文字报道等公开资料，精确地估测出大庆油田的地理位置、油井直径和石油产量，并准确地推断出中国开发大型油田对进口设备的商贸需求。在向中国提供石油采炼成套设备的竞标中，最终击败欧美对手。因此，在激烈的市场竞争中，现代企业应学会调查、跟踪、收集、研究竞争对手的情报信息，并通过科学的分析方法来获取商业秘密。

进行情报分析，首先要收集足够的情报资料。一般而言，企业可以从以下渠道去收集情报：① 通过收集对方在报刊上公开发表的文献和资料，获得有关信息；② 收集对方的招聘广告和合同，了解竞争对手人才资源状况；③ 通过与对方有关的商品展销会、鉴定会、新闻发布会、交易会等，获取信息；④ 通过市场调查，收集和分析对方的信息；⑤ 通过收集对方废弃的"办公垃圾"，获取有用的信息；⑥ 通过对方的墙报、内部发行物、厂房、运载企业货物与原材料的车辆、员工培训资料等了解其商业秘密；⑦ 通过网络了解对方的信息，比如浏览对方的网站、参加一些行业性的聊天室以及通过 Google 或百度等搜索工具来收集对方的资料和信息；⑧ 通过专利检索来了解对方的信息，通过检索对方在某一技术领域申请的专利，并对这些专利及专利文献内容进行深入分析，便能判断出竞争对手的研究与开发方向、经营战略以及产品和技术优势等；⑨ 其他合法的方式。

在情报收集完成以后，就应该进行分析和提炼，将那些真实的、有用的情报挑选出来，然后对这些情报进行科学的综合分析，以获取对方的商业秘密。运用这种方法，一般要求企业进行长期的、持续的跟踪、收集和积累，并要借助科学的分析方法。

4. 合法交易

企业也可以通过合法交易的形式获取他人的商业秘密。一般来说，主要有两种交易形式：一是受让他人的商业秘密，即企业通过支付转让费购买他人的商业秘密。这是一种商业秘密权利的转让，企业可以通过这种方式获得商业秘密的相关权利，商业秘密的原权利人则因此失去此种权利。企业选择这种方式时，必须充分考虑到因商业秘密本身的特殊性而可能带来的风险。一方面，与著作权、专利权和商标权等知识产权不同，商业秘密的权利状态具有极大的不稳定性，商业秘密信息的公开或泄露都会导致原来的商业秘密不再受法律保护。另一方面，商业秘密的独占性较差，企业无法阻止他人以合法的方式获得相同的商业秘密。因此，对商业秘密进行评估实为必要。评估的内容包括商业秘密的价值、破解难度以及保密程度等。此外，在交易中应与商业秘密的原权利人签订保密协议，以防止其在交易完成后泄密。二是以支付许可使用费获得商业秘密的使用权，但商业秘密的相关权利仍属于原权利人，企业只是在合同约定的时间和地域范围内获得商业秘密的使用权。相对而言，这种方式风险较小，企业可以对交易风险较大的商业秘密采用这种形式。

5. 由权利人的疏忽泄露而获取商业秘密

在实践中，经常发生因商业秘密持有人自己的疏忽而导致商业秘密泄露的现象。比如，权利人自己发表文章，或者通过技术展览会、学术交流会透露了商业秘密，或者因为载有商业秘密的文件因自己的原因丢失等。因此而获得的权利人的商业秘密，任何人可以自由使用甚至披露。这也是一种合法获取商业秘密的方式，其行为不构成侵权。

（二）商业秘密被侵害后的救济

1. 商业秘密的救济方式

（1）行政救济。根据《反不正当竞争法》及《关于禁止侵犯商业秘密行为的若干规定》的规定，当企业的商业秘密被侵犯时，可以向市场监管部门提供商业秘密及侵权行为存在的有关证据，申请市场监管部门查处侵犯商业秘密的行为；侵权人的行为可能给企业造成不可挽回的损失的，企业可以在出具书面保证的情况下，申请市场监管部门责令侵权人停止销售使用其商业秘密生产的产品，也可以要求工商行政管理机关责令侵权人将载有商业秘密的图纸、软件及其有关资料返还给企业或者销毁可能造成商业秘密公开的侵权物品；企业也可以请求工商行政管理机关对侵犯商业秘密的赔偿问题进行调解。通过行政救济措施的方式，可以及时消除侵犯商业秘密的行为对企业的影响，并为进一步追究商业秘密侵权人的民事责任和刑事责任提供证据上和事实上的准备。目前，国家市场监管总局组织已经开展了对《关于禁止侵犯商业秘密行为的若干规定》的修订工作，并起草了《商业秘密保护规定（征求意见稿）》，因此企业在商业秘密管理中应关注相关制度的变动情况。

（2）司法救济。企业的商业秘密被侵犯时，可以直接向人民法院起诉，寻求司法救济。对于侵犯企业商业秘密的行为人，企业可以依法追究侵权人的民事责任；如果行为人侵犯商业秘密的情节严重，造成严重后果的，企业还可以依法追究侵权人的刑事责任。在采取司法救济的方式时，企业应请求人民法院不公开审理商业秘密案件，以防止商业秘密的泄露或扩散。

（3）向仲裁机构申请仲裁解决。企业的商业秘密被侵犯时，如果企业与侵权行为人之间就此纠纷订有仲裁协议，在纠纷发生后，企业可以根据双方当事人之间的仲裁协议向双方约定的仲裁机构申请仲裁，以此方式来解决相互间的纠纷。

（4）进行调解。在双方当事人同意的情况下，可以将纠纷提交给中立的第三人进行调解，以此来解决纠纷。

（5）协商解决。企业的商业秘密受到侵害时，可以与侵权方进行协商，要求其停止侵害并做适当赔偿，以维护自身的合法权益。如果能够通过协商达成一致，对双方都是有利的。

2. 救济方式的选择

各种救济方式都有其优缺点，企业在选择救济方式时，应综合考虑各救济方式的成本、企业有无诉讼的精力、救济的效率以及证据的占有情况、诉讼对企业声誉的影响等因素。在必要时，可以采取与侵权人协商、调解或和解的方式来解决相互间的纠纷。

3. 防止损害扩大的策略

企业在侵权行为发生后，应及时要求侵权人立即停止侵权行为，以防止损害扩大，具体包括：

（1）在侵权发生后应要求侵权人立即停止侵犯商业秘密的行为，避免商业秘密进一步扩散；企业要求市场监管部门予以救济或者向人民法院起诉的，也可以请求市场监管部门或人民法院责令侵权人停止侵犯商业秘密的行为。

（2）要求侵权人将载有权利人商业秘密的图纸、软件及其他资料返还或销毁。

（3）要求销毁使用权利人商业秘密生产的、流入市场将会造成商业秘密公开的产品。

（4）在市场监管部门进行调查之前，或调查过程中，如果权利人认为被申请人违法披露、使用、允许他人使用商业秘密将造成不可挽回的损失，可以向市场监管部门出具自愿对强制措施后果承担责任的书面保证，请求市场监管部门责令被申请人停止销售使用权利人商业秘密生产的产品。

（5）要求侵权人保守商业秘密。

关键术语

商业秘密（trade secret）
竞业禁止（non-compete）
独立开发（independent development）
反向工程（reverse engineering）

复习思考题

1. 简述商业秘密的概念及其判断标准。
2. 比较商业秘密保护与专利保护的优势和风险。
3. 结合我国实际情况，说明竞业禁止协议在商业秘密管理中的重要意义。
4. 简述合法获取他人商业秘密的方式。

案例讨论

层层布防：华为商业秘密管理秘籍

深圳华为技术有限公司（以下简称“华为”）在经历了“沪科案”以后，似乎更加深刻地意识到了商业秘密是企业的生存之本，华为对商业秘密的重视与保护超出了一般企业所能想象的程度。

华为每年销售额的10%要投入研发当中。2007年华为销售额在160亿美元左右，其中10%即16亿美元要投入研发当中，而研发成果的绝大部分是以商业秘密的形式存在的，这些商业秘密不但是企业最重要的价值，而且是其发展的根基。为了保护自己的商业秘密，华为采取了极为严密的保护措施，使其得到了双层甚至多层架构上的保护。

1. 设立商业秘密的管理部门

为了保护和管理自己的知识产权，华为设立了一个专门的知识产权部门。同时，华为还专门设立了信息安全部，其主要工作内容就是商业秘密的保护，而信息安全部中从事这项业务的员工将近200人。

2. 产品开发：软件捆绑硬件

在华为的产品战略中，历来有一条不成文的规定，即绝不生产应用型和通用型软件。所有研发的软件必须与硬件捆绑。这是由于应用型和通用型的软件大多是以光盘的形式存在的，其很容易被破解和被盗用，企业难以控制侵权风险。华为通过软件捆绑硬件策略，提高了侵权门槛，进而降低了风险。

3. 专利和商业秘密交叉保护

在华为，商业秘密是知识产权所有的权利形式中最大的一部分，其在进行知识产权保护的时候，往往采取专利和商业秘密交叉保护的方式。即针对比较容易构成侵权的、比较容易看到的成果，采用专利技术来保护；对于很难通过外部形式来看到的成果，则采用商业秘密的形式来保护。这种“专利和商业秘密交叉保护”策略可以在一定层次上解决专利之外的商业秘密保护问题。

4. 研发过程控制：分项目、分地域进行研发

在华为，很多研发设计是分项目进行的，把一个产品分解，由多个项目组完成。这样，没有哪一个人包括这个业务领域的最高行政长官都没有权力拿到所有的东西。因此，泄密者也不可能拿到一个产品所有的东西，最多只能拿到一部分。

5. 系统的信息安全保护

华为的信息安全保护采用最严格的方法，分为三个方面：第一是制度设计；第二是管理授权的设计；第三是技术设计。在制度设计上，华为有一整套管理文件，并赋予该管理文件以最高权力，如果有工程师触犯相应的管理规定，就要承担非常严重的后果。在管理授权的设计方面，华为建立了基于国际信息安全体系架构的流程和制度规范。在“进驻安全”和授权的控制上，华为保证一个“相关性”原则和“最小接触”原则，也就是说，所有的文档和技术根据其保密的分级分层来进行不同的授权，只有一个完全必要的人才能接触相关的技术，而且接触是在相应的控制和监督的情况下进行的。

为了维护系统的信息安全，华为还采用了有关技术设计的手段。比如，华为公司中所有的研发网络是跟大网断开的。再如，在全球化异域同步开发体系中，研究人员开发的成果并不在本地的计算机上，而是在一个设控状态的服务器上，任何从该服务器发出的信息都有备份，如果有问题可以回溯和检查等。

（资料来源：屈丽丽．华为商业秘密管理：多层布防．中国经营报，2008-02-24.）

案例讨论题

1. 分析华为公司商业秘密管理策略的特点。
2. 你认为华为的商业秘密管理策略中有哪些值得其他中国企业借鉴之处？

延伸阅读

专利分析方法适用表

主要参考文献

[1] 郑成思 . 知识产权论 . 北京：法律出版社，2007.
[2] 郑成思 . 知识产权法 . 北京：法律出版社，2003.
[3] 郑成思 . 知识产权论 . 北京：社会科学文献出版社，2007.
[4] 吴汉东 . 知识产权法 . 中国政法大学出版社，2012.
[5] 吴汉东 . 知识产权法 . 北京：法律出版社，2014.
[6] 吴汉东 . 知识产权法通识教材 . 北京：知识产权出版社，2007.
[7] 江平，王家福 . 民商法学大辞书 . 江苏：南京大学出版社，1998.
[8] 李明德，许超 . 著作权法，北京：法律出版社，2009.
[9] 李明德 . 知识产权法 . 北京：法律出版社，2014.
[10] 张玉敏 . 知识产权与市场竞争 . 法律出版社，2005.
[11] 朱雪忠 . 企业知识产权管理 . 北京：知识产权出版社，2008.
[12] 朱雪忠 . 知识产权协调保护战略 . 北京：知识产权出版社，2005.
[13] 张平，马骁 . 标准化与知识产权战略 . 2 版 . 知识产权出版社，2005.
[14] 冯晓青 . 企业知识产权战略 . 4 版 . 北京：知识产权出版社，2015.
[15] 何敏 . 企业知识产权管理战略 . 北京：法律出版社，2006.
[16] 蒋坡 . 知识产权管理 . 北京：知识产权出版社，2007.
[17] 罗国轩 . 知识产权管理概论 . 北京：知识产权出版社，2007.
[18] 李兆阳 . 公司知识产权的保护和管理 . 北京：清华大学出版社，2002.
[19] 费安玲 . 著作权法教程 . 北京：知识产权出版社，2003.
[20] 李建蓉 . 专利文献与信息 . 北京：知识产权出版社，2002.
[21] 李建蓉 . 专利信息与利用 . 北京：知识产权出版社，2006.
[22] 汤宗舜 . 专利法教程 . 北京：法律出版社，2003.
[23] 尹新天 . 专利权的保护 . 2 版 . 北京：知识产权出版社，2005.
[24] 黄晖 . 商标法 . 2 版 . 北京：法律出版社，2015.
[25] 国家知识产权局条法司 . 专利法实施细则第三次修改导读 . 北京：知识产权出版社，2008.
[26] 中国资产评估协会 . 专利资产评估指导意见 . 2008.
[27] 中国资产评估协会 . 资产评估准则——无形资产 . 2008.
[28] 陈祝平 . 品牌管理 . 北京：中国发展出版社，2005.
[29] 黄江松 . 品牌战略 . 北京：中国金融出版社，2004.
[30] 李德成 . 著作权——战略、管理、诉讼 . 北京：法律出版社，2008.

[31] 李雨峰．著作权法．厦门：厦门大学出版社，2006.

[32] 张耕．商业秘密法律保护研究．重庆：重庆出版社，2002.

[33] 唐海滨．美国是如何保护商业秘密的．北京：法律出版社，1999.

[34] 岳贤平．专利交易中专利资产评估研究．北京：科学出版社，2009.

[35] 徐杰．技术合同法教程．北京：知识产权出版社，2004.

[36] 袁娟，宋鱼水，等．知识产权人才管理与开发．北京：知识产权出版社，2008.

[37] 张玉卿，庞正中．国际特许经营指南．北京：法律出版社，2002.

[38] 余凯成等．人力资源管理．3 版．大连：大连理工大学出版社，2006.

[39] Charles.W. L. Hill, Gareth R.Jones，周长辉．战略管理．7 版．孙忠，译．北京：中国市场出版社，2007.

[40] Stephen C. Glazier. 商务专利战略．李德山，译．尹新天，校．北京：北京大学出版社，2001.

[41] 迈克尔·波特．竞争优势．（中文版）．北京：华夏出版社，2005.

[42] 斯蒂芬·P. 罗宾斯，玛丽·库尔特．管理学．7 版．孙健敏，黄卫伟，等，译．北京：中国人民大学出版社，2004.

读者意见反馈

为收集对教材的意见建议，进一步完善教材编写并做好服务工作，读者可将对本教材的意见建议通过如下渠道反馈至我社。

咨询电话　400-810-0598

反馈邮箱　gjdzfwb@pub.hep.cn

通信地址　北京市朝阳区惠新东街4号富盛大厦1座

　　　　　高等教育出版社总编辑办公室

邮政编码　100029